D1920070

Bartosz Krzemiński

POLSKA JAK PETARDA

czyli praktyczny patriotyzm

WARSZAWA / KATOWICE 2023

SPIS TREŚCI

ROZDZIAŁ 2

ROZDZIAŁ 3

Książka, którą trzymasz w ręku jest próbą spisania zrębów strategii Polski – przez pryzmat trzech problemów: jakości polskich instytucji państwowych, wykorzystania siły polskiej gospodarki, odpowiedzenia na pytanie: jakiej Unii Europejskiej potrzebujemy. Szukam odpowiedzi na kilka pytań. Jak stworzyć zborne, sprawcze, przedsiębiorcze państwo? Jakie cele stawiać sobie w gospodarce, która była jednym z największych sukcesów ostatniego 30-lecia? W które atuty inwestować? Jaki kształt Unii możemy zaproponować naszym partnerom? Jesteśmy przecież w sytuacji przymusowego ruchu, świat się zmienia, a i nasze instytucje, organizacja gospodarki stają się nieadekwatne do potrzeb.

To nie jest swobodny tekst, a raczej propozycja rozwiązań wynikająca z diagnozy sytuacji, w tej właśnie kolejności. Wychodzę z założenia, że strategia to zestaw działań odpowiadających na konkretny problem. Dlatego staram się odwrócić porządek i szkicować prototypy, kładąc nacisk na CO i JAK, mniej uwagi poświęcając analityce. W sensie formy eseje są bliższe założeniom *issue paper*, dokumentu problemowego będącego czymś więcej niż rozprawka. Jestem przekonany, że potrzebna jest nam publiczna rozmowa tego typu – eksponująca argumenty, a nie opinie, jednocześnie kładąca nacisk na to, co można zrobić, zamiast opisywania krajobrazu. Staram się stronić od fatalistycznych konstatacji, że nic się w Polsce nie da, bądź, że od czasu wojny w Ukrainie staliśmy tak ważnym punktem na mapie świata, że geopolityka sama nas wydźwignie. Staram się pisać o tym, co polskie państwo może uzyskać w średnim okresie, własnymi środkami – w miarę konkretnie, jednocześnie ograniczając spekulacje na temat bardzo odległej przyszłości oraz rozwiązań bardzo sytuacyjnych, wynikających z temperatury zdarzeń w tym kwartale czy nawet półroczu.

Impulsem do napisania książki były zebrane doświadczenia zawodowe w zakresie strategii, transformacji, zarządzania projektami. Miałem też okazję przyjrzeć się z perspektywy przedsiębiorstwa, jak kształtuje się prawodawstwo UE związane z Zielonym Ładem, gdzie jako państwo sobie z tym radzimy, a gdzie zupełnie nie.

Książka powstała z potrzeby oskładkowania się „na rzecz republiki" – jeśli chcemy ją utrzymać, musimy mieć w niej udział, czego dobitnie dowiodły ostatnie lata. Przygotowanie materiału wymagało kilku miesięcy przerwy w regularnej pracy zawodowej. Chciałbym oddać do wspólnego worka to, co dostałem od kilku-, kilkunastu osób, które bez większego własnego interesu podzieliły się ze mną inspiracją, metodami i standardami pracy, doświadczeniem. Być może same komuś się w ten sposób rewanżowały – w tym sensie staram się ten łańcuch przedłużyć i utrwalić.

ROZGRZEWKA

Polska jak petarda, czyli praktyczny patriotyzm

Zbliżamy się do punktu przecięcia. Zmiana warunków gry na świecie działa otrzeźwiająco na parciejące polskie państwo. Mamy państwo bez realnej strategii w chwili przełomowej, gdy musimy znaleźć odpowiedź na trzy wyzwania:

- → Jak zmodernizować instytucje państwa, by były o klasę bardziej skuteczne, otwarte i odporne?
- → Jak awansować do pierwszej ligi gospodarczej? Dodatkowo – zdając sobie sprawę z punktu, w którym jesteśmy, jak w międzyczasie zdobyć mistrzostwo drugiej ligi, bo tylko w ten sposób można osiągnąć awans?
- → Jakiej Unii Europejskiej chce Polska? Albo – bardziej właściwie – jaką Unię możemy zaproponować partnerom, tak by przy okazji zostały zrealizowane nasze cele?

Dla naszej racji stanu te trzy kwestie są absolutnie fundamentalne. Jasno dziś widać, że tworzą się nożyce wyzwań i ograniczonych możliwości, których pokonanie zdecyduje o naszej trajektorii rozwojowej – ku miejscu dobrego życia lub ku peryferiom europejskiego dobrobytu.

Aby poradzić sobie w chwili przełomu, potrzebujemy *Polski jak petarda*. Polski, która raz jeszcze w spektakularny sposób przekroczy oczekiwania. Opracowanie, które Czytelnicy trzymają w rękach jest próbą sformułowania pewnej strategii, całościowego sposobu na działanie. Wychodzę z założenia, że w całym myśleniu strategicznym najbardziej brakuje nam prototypów – syntetycznych odpowiedzi na wyzwania, przekraczających analizę wydarzeń i sformułowanie pojedynczych propozycji. Prototypy mają tę zaletę, że nadają kształt dyskusji, nie pozwalają jej rozwijać się od bandy do bandy, a przy tym można je tworzyć na różnym poziomie szczegółowości i swobodnie modyfikować.

Marzenie o otwartej, samodzielnej i partnerskiej Polsce nakłada na nas obowiązek i przywilej wspólnej pracy nad czekającymi nas wyzwaniami. Można nie zgodzić się z odpowiedzią na nie, trudno jednak je unieważnić. Wybór trzech pytań podyktowany był obserwacją sytuacji na świecie i refleksją nad siłą polskiej państwowości – która została oceniona w dalszej części wstępu. Co można powiedzieć o trzech pytaniach strategicznych stojących przed naszym krajem?

O PIERWSZYM: państwo zbankrutowało nam pięć razy w ciągu pięciu lat. Jak je zmienić i czego nam brakuje, by stworzyć Rzeczpospolitą Konkretną – państwo zborne, sprawcze, przedsiębiorcze i odporne? Potrzebujemy propozycji, które można wdrożyć niezależnie od zbudowania większości niezbędnej do zmian w konstytucji. Ciężar dyskusji spada więc na władzę wykonawczą. Szerszą dyskusję ustrojową o roli sądów i parlamentu pomijamy, bo ogólna potrzeba trójpodziału władzy jest znana, a jej uszczegółowienie spokojnie wyczerpałoby objętość całej tej książki. O odporności państwa nie sposób jednak mówić bez refleksji, czy społeczeństwo je akceptuje, czy mu ufa i jak o taką akceptację zabiegać. Dialog jest witaminą demokracji. Dlatego potrzebujemy odnowienia umowy społecznej, zwłaszcza takich pojęć jak sprawiedliwość, równość i godność obywatelska. Jeśli udałoby się przy okazji znaleźć na tyle wspólnego gruntu, by zamknąć podstawowe postulaty rozwoju Polski w powszechnie uznanej doktrynie państwowej – moglibyśmy spokojniej patrzeć w przyszłość, państwo byłoby bardziej odporne. Może z tego punktu udałoby się wrócić do pracy nad korektą konstytucji.

O DRUGIM: potrzebujemy pomysłu na pięć-sześć działań gospodarczych, które przedłużą sukces ostatnich 30 lat na kolejne dwie dekady – i pozwolą marzyć o tym, byśmy zbudowali zieloną gospodarkę o silnej pozycji w światowych łańcuchach produkcyjnych, która jest w stanie podtrzymać na wysokim poziomie świadczenia społeczne takie jak zdrowie i edukacja. To w praktyce oznaczałoby dla Polski dołączenie do grona rozwiniętych gospodarek. W przypadku gospodarki szczególnie dobrze trzeba przyjrzeć się punktowi startu, żeby w zestawie działań – z pragmatyzmu ograniczonego do kilku postulatów – znalazły się te, które rzeczywiście niosą znaczny potencjał zmiany. Jednocześnie musimy zarezerwować część energii na wyjście z ryzykownych sytuacji, w które uwikłaliśmy się w ostatnich latach (albo które same się przydarzyły). Inflacja, kryzys demograficzny, rozproszone wydatki publiczne finansowane skomplikowanym systemem podatkowym – podjęcie tych problemów jest niezbędne z samej rzetelności ekonomicznej. Będą musiały zostać rozwiązane, choćby w tle. Ale co dalej? Kiedy po 30 latach transformacji dochodzimy do granic działania po staremu, igły na kompasach zaczynają wariować, bo mamy wreszcie prawdziwy wybór. Dlatego ciekawe jest to, co możemy zrobić na rzecz naszego wzrostu, te pięć interwencji nadających sprawom bieg.

O TRZECIM: największą dźwignią, którą możemy powołać do realizacji naszych krajowych interesów jest kształtowanie Unii. Za rok Polska obejmie prezydencję Unii Europejskiej – jedną na 13 lat okazję, by wypromować kilka swoich priorytetów. Już w najbliższej perspektywie budżetowej, w ciągu 5 lat, staniemy się płatnikiem netto do wspólnej kasy UE – będziemy więcej wpłacali, niż wypłacamy. Jeśli nie mamy pomysłu gdzie znaleźć zwrot z takiej inwestycji – co my tu w ogóle robimy? Tymczasem w sferze międzynarodowej kończy się pewien etap gry strategicznej, zmieniają się reguły gry. Wiele dotychczasowych stałych porządku międzynarodowego się przesuwa. Ale nie wszystkie i nie w dowolny sposób. Z bardzo uregulowanego świata nie trafiliśmy do krainy dowolności, świat nie rozsypał się na kawałki. Osłabła siła instytucji międzynarodowych, które porządkowały wiele wymiarów życia międzynarodowego i obniżały koszty prowadzenia swoich interesów zasadniczo dla wszystkich uczestników. Do wczoraj siła ładu międzynarodowego była na tyle duża, że reguły stały ponad interesami. Teraz wydaje się, że jest na odwrót. Ze świata globalizacji, dynamicznego, ale dość bezpiecznego, wypływamy na wzburzone wody splątanego świata. Jakie przekształcenia w UE powinniśmy wobec tego promować, by jednocześnie służyły naszym interesom i odpowiadały na wyzwania zmieniającego się otoczenia?

Pytania będące myślą przewodnią trzech rozdziałów z rozmysłem zaczynają się od „jak". Choć właściwa odpowiedź na nie wymaga uprzedniej, rzetelnej diagnozy, zrozumienia tego „co" i „dlaczego" dzieje się w państwie, gospodarce, otoczeniu międzynarodowym, celem opracowania jest zarysowanie prototypu działań, które powinniśmy podjąć. Strategia nie może składać się tylko z marzeń o stanie docelowym, opisu otoczenia czy ogólnych kierunków rozwoju – musi składać się z działań do podjęcia, które wpisują się w kierunki, które z kolei wynikają z diagnozy sytuacji[1]. To oznacza, że musimy mieć rozeznanie tego, czym dysponujemy i gdzie jesteśmy w stanie rozpocząć budowę.

W ostatecznym rozrachunku strategia zawiera w sobie odpowiedź na wyzwania, przed którymi stajemy (zmiany na świecie, szanse, problemy) i jest tworzona ze świadomością, że dysponujemy ograniczonymi środkami. Dlatego niniejsze opracowanie stanowi *issue paper* motywujący do myślenia strategicznego. Zależy mi na połączeniu celów ze środkami, którymi dysponujemy – i stworzeniu na tej podstawie pewnej „teorii zwycięstwa", czyli strategii.

1 Nawet jeśli przeprowadzimy pełny proces analizy od ogółu do szczegółu (tj. do wniosków wdrożeniowych), należy potem ćwiczenie odwrócić. Odwrócenie polega na zadawaniu pytań o to, w jakich warunkach nasze rekomendacje mają zastosowanie; jakie krytyczne założenia muszą być spełnione, by proponowany zestaw działań mógł przynieść oczekiwane rezultaty; nad jak dużym zestawem działań możemy zapanować, biorąc pod uwagę nasze finanse, zdolności organizacyjne, podzielność uwagi, energię do działania, ludzi; gdzie leży ryzyko.

Fakt ograniczonych środków ma bardzo duże znaczenie – musimy uznać, że dzieląc je między wyzwania, nie możemy uzyskać 100% pewności osiągnięcia wszystkich celów. Oznacza on również, że musimy tak kombinować, by względnie małymi interwencjami osiągać duży postęp, korzystając z efektu dźwigni. Równolegle oznacza to, że musimy dbać o zapas własnej energii i nie realizować wszystkiego samemu, a zaprzęgać do tego otoczenie.

Cele strategiczne Polski. Czego warto chcieć?

Odpowiadając na te wyzwania, warto zastanowić się, co właściwie chcemy ugrać. W ostatnich latach wyznaczaliśmy sobie wiele dużych celów, które wyglądały dobrze tylko do chwili konfrontacji z rzeczywistością. W ostatecznym rozrachunku zostało po nich niewiele kapitału, który możemy wykorzystać w przyszłości. Poszukując osiągalnego celu, warto zwrócić uwagę na postulat Rafała Matyi, by uczynić peryferyjność Polski bardziej znośną i stworzyć warunki oraz okazje, które umożliwią przy pełnym zaangażowaniu i odrobinie szczęścia przejście do grona krajów centralnych, najbardziej rozwiniętych.

Cel wydaje się o tyle dobry, że nie ma charakteru pościgowego. Nie ścigamy się z wyobrażeniem o dobrobycie zachodniej Europy, chcemy natomiast uzyskać pewną konkretną korzyść – samodzielność i sterowność. Taką, jaka jest możliwa w zglobalizowanym świecie.

Rozpakujmy ten cel na:

- → posiadanie sprawnego, sprawczego i odpornego państwa,
- → przejście o stopień wyżej w organizacji gospodarki (obsługiwanych łańcuchach dostaw i tworzonej przez nią wartości dodanej),
- → regenerację pozycji geostrategicznej,
- → przewodzenie UE i kształtowania jej stanowiska w wybranych inicjatywach,
- → osiągnięcie spójności społecznej jako warunku trwałości procesów demokratycznych,
- → otwarcie państwa na zaangażowanie społeczne i obywatelskie, uzyskanie pewnej samodzielności ducha.

W przedstawionym ujęciu tylko pośrednio uwzględnione są postulaty lepszej ochrony zdrowia, edukacji czy spraw mieszkaniowych. Nie wynika to z uznania ich za nieważne, a z próby spojrzenia na siłę państwa samego w sobie. Realizacja postulatów związanych z dobrobytem jest traktowana jako drugi krok po zapewnieniu sterowności państwa, choć jest prawdopodobne, że ostatecznie są one ważniejsze. Taki wybór wynika z chęci utrzymania spójności książki oraz mojego lepszego przygotowania do rozmowy o kwestiach gospodarczych, energetycznych i międzynarodowych. Także w polityce obronnej ograniczam się do ogólnych obserwacji. Wszystkie te kwestie z pewnością zasługują na opracowanie, w których zostaną poruszone obszernie i w sposób nietrywialny.

Jak te definicje doprecyzować, by stały się użytecznym probierzem jakości państwa? Przez → SPRAWNE, SPRAWCZE I ODPORNE PAŃSTWO można rozumieć takie, które stawia sobie cele w oparciu o klarowne rozpoznanie sytuacji. Jest w stanie realizować postulaty wyznaczane demokratycznie przez społeczeństwo i – na drodze racji stanu – określone przez elity polityczne poza reżimem bieżących sondaży. Działa w sposób zorganizowany i skoordynowany, a dotyczy to sfer krajowej i międzynarodowej. Państwo to jest w stanie adekwatnie i dynamicznie dopasowywać stosowane narzędzia i poziomy reakcji do skali oraz charakteru wyzwań, dzięki pełnemu obiegowi informacyjnemu, a także bieżącej współpracy na różnych szczeblach i rodzajach władzy. Jest odporne, bo zdolne do zapobiegania ryzyku i zaradzenia mu na etapie początkowym. Wyzwania są podejmowane z dala od Polski w sensie geograficznym (dotyczy to zwłaszcza konfliktów zbrojnych) i z wyprzedzeniem, czyli zanim dotkną wyników finansowych polskich przedsiębiorstw i portfela konsumenta. Sprawcze państwo nie przegrywa 1:27 oraz nie ulega nawet silnym zawirowaniom na arenie międzynarodowej.

Przez → PRZEJŚCIE O STOPIEŃ WYŻEJ W ORGANIZACJI GOSPODARKI można rozumieć zmianę pozycji z podwykonawstwa na samodzielne tworzenie produktów – projektowanie ich i kontrolę nad utworzonymi sieciami wartości. Celem jest zdobycie pozycji kowala własnego losu. Optymalne w perspektywie 10–15 lat byłoby osiągnięcie przez polskie przedsiębiorstwa centralnej pozycji w dwóch lub trzech „nieutowarowionych" (*non-commoditized*) łańcuchach produkcyjnych, niekoniecznie najbardziej zaawansowanych, za to dających szanse zarządzania siecią gospodarczą i tworzenia decydowania o marżach. Fakt dążenia do tego celu sam w sobie powinien przynosić korzyści w postaci wzrostu PKB i poprawiania struktury zatrudnienia oraz zwiększonych możliwości finansowania i dostarczania usług świadczących o cywilizacyjnym dobrobycie. Cechą tak rozumianej gospodarki jest zachowanie silnej, rynkowej, konkurencyjnej organizacji przy jednoczesnym wsparciu infrastrukturalnym państwa oraz tworzeniu przez kraj szans międzynarodowych dla polskiego biznesu. Potwierdzeniem takiego statusu byłoby wejście do grona G20, natomiast nie jest to sprawa najważniejsza.

Bardzo istotna jest → REGENERACJA POZYCJI GEOSTRATEGICZNEJ. Chodzi o stworzenie sytuacji, w której sąsiedzi Polski nie prowadzą wojen, a ich mieszkańcy mogą cieszyć się poszanowaniem podstawowych praw człowieka i obywatela. W szczególności sprawa dotyczy Ukrainy i Białorusi, w przypadku których pojawia się problem „żelaznej kurtyny" upośledzającej rozwój gospodarczy Polski, zwłaszcza jej wschodnich województw. To więcej niż po prostu bezpieczeństwo kraju. Fakt, że Polska może solidarnie pełnić rolę centrum logistycznego dla Ukrainy, sytuacyjnie wzmacnia naszą pozycję międzynarodową, jednak jest niczym w porównaniu z kosztami wojny i możliwościami rozwoju, które mielibyśmy jako sąsiedzi w warunkach pokoju. Solidarność z Ukrainą wymaga też i tego, by jak najszybciej mogła powrócić do swoich prawowitych granic. Cel regeneracji pozycji geostrategicznej wiąże się ściśle z uczestnictwem w ugrupowaniach integracyjnych (UE, NATO). Polska ma być rzecznikiem ich aktywności, a nie kostnienia. W oparciu o te ugrupowania Polska powinna zdobyć możliwość prowadzenia swobodnego obrotu gospodarczego, handlowego i inwestycyjnego na wszystkich kierunkach geograficznych.

Realnie oznacza to dążenie do sytuacji, w której angażujemy się w → PRZEWODZENIE UE I KSZTAŁTOWANIA JEJ STANOWISKA w wybranych inicjatywach o szczególnym znaczeniu dla polskiej racji stanu. Będzie ono potrzebne do oddziaływania na naszą wschodnią granicę, która stanowi też granicę Unii. W szerszym ujęciu, chodzi o zdolność państwa do tworzenia inicjatyw wymagających wyprzedzającego myślenia, budowania koalicji i mięśnia organizacyjnego. Zasadniczym punktem, w którym zawodzimy jest systematyczność. Działania akcyjne, wynikające z okolicznościowej mobilizacji i osobistych kompetencji osób piastujących stanowiska państwowe, czasem nam się udają. Są oczywiście bardzo cenne, kryterium dla państwa powinna być jednak pewna powtarzalność w osiąganiu wyników.

Jeśli mamy dołączyć do grona krajów najbardziej rozwiniętych, przynajmniej w europejskich realiach, wymaga to → OSIĄGNIĘCIA SPÓJNOŚCI SPOŁECZNEJ jako warunku trwałości procesów demokratycznych. Ważne osie podziału społecznego dotyczą spójności międzypokoleniowej, geograficznej, rekompensowania skutków transformacji energetycznej, równego dostępu do dobrej edukacji i ochrony zdrowia.

Wydaje się, że jednym z ostatecznych dowodów na przynależność do grona krajów rozwiniętych jest zdolność do samodzielnego wyznaczania swojego programu działania, a w warunkach demokratycznych → OTWARCIE PAŃSTWA NA ZAANGAŻOWANIE SPOŁECZNE I OBYWATELSKIE, uzyskanie pewnej samodzielności ducha. Prędzej czy później musimy nabrać zaufania do własnego kapitału cywilizacyjnego, społecznego, duchowego, zdolności znajdowania dobrych rozwiązań społecznych w drodze demokratycznego dialogu, sposobu funkcjonowania w obliczu jasnych różnic światopoglądowych. Już nie musimy kopiować, możemy wymyślać swoje, nawet jeśli przy ich wyznaczaniu korzystamy ze skromniejszym środków niż koledzy z bogatszych krajów. Chodzi też o wiarę w zdolność Polski do eksportowania w świat pewnych postaw – choćby jednoznacznej niezgody na agresję, gotowości do walki o wolność i solidarności z sąsiadem, który o nią walczy.

Jeśli postulaty te wydają się zbyt proste, ogólne i już osiągnięte – to warto przeczytać je na chłodno. Na dziś żadnego z tych standardów Polska nie realizuje. Pewna powściągliwość w precyzowaniu celów wynika z konieczności zmieszczenia rozwiązań w budżecie określonym możliwościami finansowymi i organizacyjnymi Polski oraz z przekonania, że warto pozostawić przestrzeń na demokratyczny dialog i nowe pomysły.

Państwo, gospodarka, Europa – to problemy polskie czy uniwersalne?

Wyzwania, jakie pojawiają się wokół Polski i aspiracje, które sobie wyznaczamy, są ze sobą splecione. Wzmocnienie państwowości będziemy musieli osiągnąć mimo istniejących podziałów społecznych, w świecie, który przyspiesza. Przejście na wyższy poziom organizacji gospodarki odbywać się będzie po 30 latach sukcesów osiąganych sprawdzonymi metodami, z których części będzie trzeba się oduczyć. Zmiany w otoczeniu międzynarodowym, w tym Unii Europejskiej, określają zestaw szans dla poprawy tak polskiej gospodarki, jak i pozycji geostrategicznej. Na ile te wyzwania są wyłącznie polskie? A na ile uniwersalne? Kto jeszcze mierzy się z podobnym zestawem zadań? To wartościowa informacja o potencjalnych partnerach i rywalach, a także naszych specyficznych siłach i słabościach.

Kształt Unii Europejskiej jest bólem głowy dla wszystkich w Europie, bo płyty tektoniczne porządku międzynarodowego już się przesuwają. Świat wzbogacił się, zaludnił, nadużywa surowców naturalnych, w wyniku postępu technologicznego potrzebuje coraz więcej energii – wprawdzie tą samą energią obsługujemy coraz więcej usług, ale efekt jest tylko taki, że wzmaga się na nią zapotrzebowanie. Dostęp do informacji, swoboda podróżowania i kontaktów sprawiła, że porównują się wszyscy ze wszystkimi[2]. Mimo ogólnej poprawy dobrobytu, rosną też różnice dochodowe i poczucie, że wszyscy wygrywają na współpracy międzynarodowej rozwiewa się w powietrzu. Do tego stare ryzyka zmaterializowały się, choć to nie prawdziwi przegrani globalizacji naruszyli *status quo*, tylko pretendenci. Najazd Rosji na Ukrainę i rozpętana wojna. Ekspansja dyplomatyczna Chin zmieniająca charakter z asertywnego na agresywny. Migracje, które przez lata stanowiły o sukcesie gospodarczym Zachodu, stają się źródłem napięć i strachu. Boimy się ich skali, gdyby miało dojść do katastrofy klimatycznej. Jednocześnie słabną odruchy humanitarne i wartości, które spajały Europę. Będziemy walczyli o dobre zamienniki dla zglobalizowanego świata – choćby o częściową transformację energetyczną czy transfer technologii w ramach mniejszych układów sojuszniczych.

Choć ryzyka otwierają się dla wszystkich krajów UE, to duże państwa mają nieco większy ból głowy. Małe gospodarki UE w pewnym sensie są w awangardzie – już wcześniej były zmuszone do odrobienia lekcji elastycznego działania i projektowały swoje zaplecze społeczno-gospodarcze tak, by konkurować w każdych warunkach. To średniacy – jak Polska i Rumunia – polegający na Wspólnym Rynku i transferach oraz duzi, z istotnymi interesami międzynarodowymi poza

2 Rozmowa G. Wolffa z M. Leonardem, *The Age of Unpeace: How connectivity causes conflict*, podcast Bruegel.org, The Sound of Economics, 15 December 2021.

Unią Europejską – jak Francja, Włochy, Hiszpania czy Niemcy – są w sytuacji przymusowej. W tym gronie dysponujemy mniejszym kapitałem i nadwyrężonym zaufaniem do naszej dyplomacji, za to nieźle rozumiemy wyzwania stojące przed wschodnią Europą i mniejszymi krajami.

Jest kilka czynników specyficznych dla Polski, które powinny nas motywować do pracy nad Europą. Nieco mimowolnie (przynajmniej na kilka lat) staliśmy się osią obrotową regionu, dzięki rozwojowi infrastruktury logistycznej i – to smutna okoliczność – w wyniku wojny w Ukrainie. W obliczu wojny zachowaliśmy się tak, jak należało i zostało to dostrzeżone – z pewnością zaowocowało wzrostem sympatii do Polski. Jesteśmy w NATO i UE, co ważne: blisko Niemiec, chłonnego rynku zbytu otwartego na obrót zaawansowanymi produktami. Przede wszystkim zaś rynku eksportującego dużo dóbr finalnych, co otwiera cały wachlarz możliwości polskim przedsiębiorcom. Obok Rumunii należymy do grupy podstawowych kandydatów do relokacji biznesów do UE po COVID. Rzadkim w ostatnich wiekach zbiegiem okoliczności nasze położenie na mapie okazuje się raczej korzystne niż niekorzystne.

Potrzebujemy pomysłu na Unię Europejską i jej przyszłość – bo prawdą jest, że za pięć lat Polska prawdopodobnie przestanie być odbiorcą netto transferów unijnych, a jednocześnie Europa, świadoma wyzwań w otoczeniu międzynarodowym, podejmie reformy. Polska na obecnym etapie może już pokusić się o współkształtowanie tych odpowiedzi – i powinna, bo następna okazja do definiowania celów może przyjść za piętnaście lat.

W sferze gospodarczej dojeżdżamy do progu prawdy, wybijemy się dobrze albo wcale. Przetoczenie się z grona nienowoczesnych do najbardziej rozwiniętych gospodarek na świecie to znane wyzwanie, z którym w przeszłości z powodzeniem zmierzyły się Irlandia, Finlandia, Hiszpania, Korea Południowa. Świeżo po awansie są Czechy i Estonia. Przed drogą w drugą stronę broni się Grecja i Portugalia, a Włochy ugrzęzły. W podobnej sytuacji do Polski jest przede wszystkim Rumunia – ze świetną dynamiką gospodarczą, powoli wygrywająca walkę z korupcją, dysponująca istotnym potencjałem ludnościowym i dostępem do Morza Czarnego.

Czy mamy szansę na powtórzenie sukcesu ostatnich dwóch dekad, kiedy rośliśmy właściwie o 4–5% PKB rocznie? Jak utrwalić nasze przewagi konkurencyjne? Jak zbliżyć się do takich celów w 4–5 równoległych ruchach, tak by nie drobić i by całość była możliwa do zarządzenia? I czy mamy pomysł na nowy napęd? Na razie nie, o czym świadczy niski poziom inwestycji w Polsce i dość umiarkowana złożoność wytwarzanych dóbr czy usług. To inny sposób powiedzenia, że gospodarka jest mało produktywna.

Co prawda za nami trzy dekady rozwoju – jedna dekada nadziei związanej z transformacją i wejściem do UE, dwie w stabilnym i przewidywalnym środowisku Unii. Mamy żwawy i żywotny sektor prywatny, podparty nieźle wykształconymi kadrami. Choć naturalnej przedsiębiorczości i elastyczności wciąż nie zagłuszyliśmy (będą one procentowały w burzliwym środowisku), przyzwyczajamy się do komfortu i braku ryzyka. Kiedy jako tako opanowaliśmy prowadzenie okrętu na spokojnych wodach, nieco pochopnie zaczęliśmy testować jego odporność na błędy. Dostęp do rynku europejskiego napędził nam eksport, w który nie trzeba było przesadnie inwestować własnych pieniędzy, bo były fundusze. My zaś porzuciliśmy stare kotwice programowej modernizacji na obraz i podobieństwo Zachodu na rzecz żywiołowej konsumpcji, a kilka innych ruchów nadszarpnęło zaufanie do prawa i stabilności finansowej kraju. Gospodarka jest wciąż silna, ale utrzymuje się z renty wczorajszych, blaknących pomysłów i inwestycji.

Tymczasem koszty pracy rosną, rośnie poziom skomplikowania nowych inwestycji (tych, które w zaistniałej sytuacji mogą się opłacać) i potrzebnego dla nich zaplecza. Nawet w warunkach zglobalizowanego świata o łatwo dostępnych technologiach trudno o zbudowanie w Polsce silnych centrów gospodarczych kontrolujących łańcuchy wartości na podobnej zasadzie jak Niemcy motoryzację. W świecie wielobiegunowej rywalizacji coraz bardziej prawdopodobne jest, że wniosek o przeszczepienie kolejnych ogniw łańcuchów produkcyjnych z gospodarek zachodniej UE spotka się z odmową – ostatecznie odebralibyśmy pracę naszym partnerom. Powinniśmy zatem rozbudować skrzynkę narzędziową, by trafnie i hurtowo poprawiać naszą infrastrukturę, licząc, że inwestycja wróci do nas w postaci nowych branż i sektorów. Musimy pochylić się nad brakiem sprzęgła gospodarczego, łączącego cele strategiczne rządu ze spontanicznym rozwojem gospodarki, które umożliwiłoby wyjście z konkurencji kosztowej i realizację ambitnych projektów o wysokiej wartości dodanej.

Na tle tych uniwersalnych wyzwań tekturowość państwa jest, w najbliższym nam otoczeniu, specyficznie Polska. Państwo opisywane jako teoretyczne, nieodporne i pozbawione zdolności do refleksji – było dotąd niestety wystarczające. Nie całkiem polegliśmy w wysiłku państwotwórczym, choćby dlatego, że nie dzielimy problemów korupcyjnych z innymi krajami byłego Bloku Wschodniego. Z drugiej strony Estonia, Słowenia i Czechy wybiły się już chyba na sprawny aparat ustrojowy – rządy i administrację. Nasze problemy są związane z rozmiarem kraju, zróżnicowaniem społecznym, kilkoma miastami-ośrodkami grawitacji gospodarczej, które są jednocześnie dość mocne, ale wciąż za słabe.

Być może potykamy się o własną historię – Polska nie dopracowała się zwartej państwowości nawet w czasach prosperity. Etap tworzenia nowoczesnych instytucji ustrojowych przypadający na XIX wiek przeszedł nam nad głowami. Mimo że każde z tych tłumaczeń zawiera ziarno prawdy, nie sposób wymówić się od odpowiedzialności za kraj dziś. Tym bardziej, że wiele zjawisk udowadniających słabość naszego państwa jest wspólnych dla świata (podziały społeczne, pandemia, zmiany klimatyczne).

Przeszliśmy serię kryzysów, na które państwo okazało się nieodporne. Pierwszy był społeczny – to poczucie dużej części elektoratu, że znalazła się w zaniedbanej, nieszanowanej części Polski, nieuczestniczącej we wzroście gospodarczym, a nawet z niego wykolegowanej. Kryzys ten przyczynił się do zmiany władzy w 2015 roku. Potem, mimo dobrej koniunktury, państwo zbankrutowało w co najmniej pięciu sytuacjach – od tysięcy przedwczesnych zgonów w czasie epidemii COVID, po wyprowadzenie długu publicznego i deficytu poza budżet[3]. Koszty kolejnych bankructw udawało się ukryć, przeksięgować, przykryć nowymi kryzysami albo podnoszeniem poprzeczki marzeń. Usterki są jednak fatalne i trudno uciec od refleksji, że państwo składa się jak harmonijka przy kolejnych poważniejszych wyzwaniach.

Wobec zmieniającego się świata działamy w nieskoordynowany sposób. Jeśli już nawet gdzieś uświadomiliśmy sobie zachodzące zmiany, to – przez systematyczne psucie reguł i instytucji – nie potrafimy zbudować ramienia zdolnego poruszyć materię.

Spróbujmy poprawić rusztowanie instytucjonalne państwa – może nawet zanim zresetujemy państwowy komputer i skasujemy wiedzę ostatniego zaciągu osób (dla jasności: jest to wniosek pragmatyczny). O odpowiedź proszą się pytania: ile władzy powinien mieć premier – i czy lepiej, by miał ją bezpośrednio w rządzie, czy wyprowadzoną na jego zaplecze? Jak wzmocnić realizację podstawowych zadań publicznych wewnątrz rządu? Jak myśleć o rządzie, by był bardziej otwarty na rozwiązania społeczne i udział obywateli we władzy? Jak otworzyć przestrzeń dla demokracji pozaparlamentarnej – na przykład przesuwając edukację, naukę, kulturę do pozarządowej agencji? W co inwestować, by podnieść społeczną odporność na nasz swojski autorytaryzm – samolubstwo władzy i samodzierżawie? W tym ostatnim punkcie właściwie chodzi o to, by po raz drugi nie pokpić sprawy.

Jakim bolidem dysponujemy? Siła strategiczna kraju

Wszystkie wymienione problemy są w naszym zasięgu, jeśli tylko wykażemy się szczyptą pomysłowości i dobrze zaprojektujemy trampolinę, z której chcemy się wybić. Potrzebujemy do tego narzędzi. Czy mamy ich pod dostatkiem?

Atrybuty, które stanowią o sile kraju można podzielić na cztery kategorie[4]. Są nimi: *Siła gospodarki*, *Soft power*, *Polityka bezpieczeństwa* oraz *Odporność instytucjonalna państwa*. Wybór został zainspirowany brytyjską koncepcją *Fusion Doctrine*, która ma pokazywać łączną siłę narzędzi, jakimi dysponuje

3 To zjawisko ma swoje obiektywne przyczyny polityczne inne niż gra wizerunkowa z wyborcami – więcej w rozdziale trzecim.

4 Pojęć „państwo” i „kraj” będę używał zamiennie, starając się podkreślić miejsca, w których odwołuję się do państwa w węższym sensie instytucji władzy.

państwo[5]. W tych elementach mieści się i rynek, i społeczeństwo, i instytucje państwa – bez rozstrzygania o ich ważności względem siebie[6].

Pierwsze trzy wymiary pokazują zdolność państwa do kształtowania otoczenia. Dodatkowym problemem w Polsce, który pewnie już nie dotyczy Wielkiej Brytanii, jest samosterowność państwa i utrzymanie zdolności do działania, mimo nieraz gwałtownych zmian w otoczeniu. Będziemy potrzebowali państwa, które potrafi określać sobie cele i skutecznie je realizuje. W „Odporności instytucjonalnej państwa" chodzi o zdolność adaptacji w sensie angielskiego *resilience*, obejmującą niepodatność na zdarzenia zewnętrzne, ale również zdolność reagowania w niespodziewanych sytuacjach. Odwołują się do niej: Bartłomiej Sienkiewicz, kiedy pisze o potrzebie wyjścia z „państwa teoretycznego", Rafał Matyja, krytykujący brak „mózgu państwa", Jerzy Hausner, kiedy mówi o potrzebie budowania odporności na poziomie pojedynczych instytucji, zakotwiczenia ich działań w kulturze i świadomej odpowiedzi „po co?" czy Ludwik Dorn, wskazując na brak centrum dyspozycji politycznej w Polsce[7].

Te atrybuty można poddać ocenie, zestawiając wydarzenia z ostatnich lat, w których się one przejawiały. Dowodem na siłę gospodarki może być skala wzrostu PKB lub fakt przejęcia przez polską firmę znaczącego łańcucha dostaw o znaczeniu międzynarodowym. Przykładem siły polityki bezpieczeństwa może być obecność w strefie Schengen, a dowodami słabości – opóźnienie, z jakim została podjęta decyzja o niezbędnych inwestycjach w modernizację wojska czy też niezdolność do rządu do sformułowania humanitarnej polityki migracyjnej. Zebranie kilku przykładów pozwoli wypośrodkować ocenę.

Sukcesy i niepowodzenia można umieścić na skali, w taki sposób, by kolejne szczeble odpowiadały rosnącym zdolnościom do działania w poszczególnych obszarach:

→ POZIOM 1: ponosimy koszty niekompetencji w wybranej sferze,
→ POZIOM 2: nie ponosimy wyraźnych kosztów niekompetencji w danej sferze, ale nie wykazujemy też inicjatywy. Jesteśmy w stanie co najwyżej naśladować działanie innych krajów,

5 Od czasu nieudanych interwencji w Iraku i Libii służy ona brytyjskiemu rządowi do upewnienia się, czy realizacja celów strategicznych państwa odbywa się przy użyciu wszystkich dostępnych narzędzi i przy optymalnym ich wyważeniu. Wymiar odporności instytucjonalnej jest rozszerzeniem brytyjskiej, pierwotnej wersji *Fusion Doctrine*, na potrzeby krajowej sytuacji. Por. HM Government, *National Security Capability Review*, www.gov.uk, March 2018, s. 10.

6 Znaczenie narzędzi jest zależne od kontekstu. Szczególnie uniknięcie dyskusji o wyższości rynku nad państwem (i na odwrót) wydaje się tu atrakcyjne i praktyczne.

7 Por. B. Sienkiewicz, *Państwo teoretyczne*, R. Matyja, *Wyjście awaryjne*, L. Dorn *Rzeczpospolita Trzecia i pół*, J. Hausner, *Kultura jako ścieżka wyjścia z kryzysu*, Krytyka Polityczna, 28 listopada 2014, krytykapolityczna.pl

→ POZIOM 3: potrafimy poprawnie wykorzystać swoje kompetencje, czynimy to na poziomie regionalnym, ale przeważnie sytuacyjnie i kosztem nadzwyczajnego wysiłku,
→ POZIOM 4: jesteśmy równoprawnym, regularnym, skutecznym uczestnikiem gry w danym obszarze, możemy mierzyć się z innymi na poziomie międzynarodowym,
→ POZIOM 5: dysponujemy zdolnością operowania na poziomie światowym, wyznaczania nowych rozwiązań, które są adaptowane przez inne państwa.

Do jakiego standardu warto dążyć? Solidne państwo nie powinno poruszać się na POZIOMIE 1, bo to świadczy o jego niekompetencji i oznacza przenoszenie jej kosztów na obywateli. POZIOM 3 można traktować jako docelowy dla większości obszarów państwa na średnim poziomie rozwoju – trudno oczekiwać, by dysponowało ono środkami umożliwiającymi pracę na POZIOMIE 4 w przekroju wszystkich zadań. Generalnie powyżej POZIOMU 3 solidna państwowość powinna cechować się zdolnością do elastycznego wyboru stopnia swojego zaangażowania w zależności od tematu. Dobrze, by w poszczególnych obszarach pojawiły się zachowania z POZIOMU 5 – jeśli państwo chce liczyć się w międzynarodowej grze, musi zainwestować w dziedzinę, w której będzie prymusem.

Oczywiście z poszczególnymi ocenami można i warto polemizować – grunt, żebyśmy zaczęli tworzyć wspólne definicje i uzgadniać przyznawane noty.

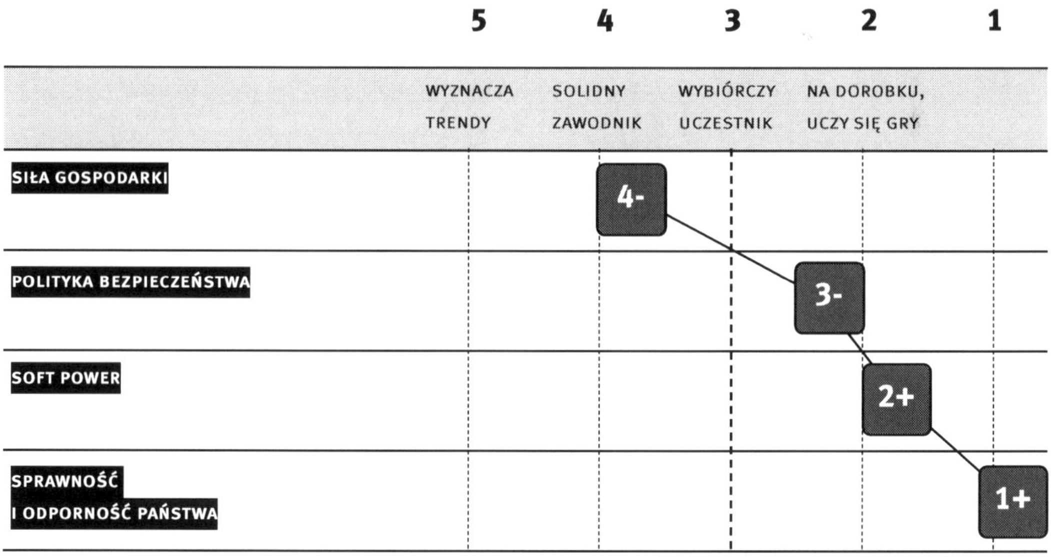

rubież kompetencji

Narzędzia, którymi dysponuje polskie państwo są ogólnie najbardziej dojrzałe w sferze gospodarczej, wybiórczo skuteczne w sferze bezpieczeństwa, raczkujące w obszarze *soft power* – miękkiego wpływu na otoczenie za pomocą charyzmy lub tradycji. Dodajmy, że *soft power* wymaga pielęgnowania miękkich partnerskich relacji między państwem a innymi podmiotami ze sfery kultury, społeczeństwa obywatelskiego, które to związki są w ostatnich latach bardzo ułomne. Najgorzej jest w obszarze samych instytucji państwa – regularnie płacimy za jego niezorganizowanie i kolejne kryzysy.

Nie nota jest najważniejsza, a rozpoznanie sytuacji i stwierdzenie, które niedostatki należy poddać obróbce w interesie lepszego jutra, a na których atutach można polegać, planując przyszłe działania. Tym bardziej, że w silnie zagregowanych kategoriach głównych muszą równolegle pojawić się przykłady praktyk o zróżnicowanej jakości.

Siła gospodarki

Na siłę gospodarki składają się wartość sektora prywatnego, jakość polityki rozwojowej oraz zdolność państwa do reagowania w nagłych przypadkach. Pewnie moglibyśmy ocenić ją w Polsce jako solidną, a potencjalnie wyznaczającą trendy.

SEKTOR PRYWATNY. Gospodarkę mamy w swojej klasie raczej silną, trochę nadwyrężoną niepewnością prawa, inflacją i zmiennością obciążeń finansowych. Trudno jednak polemizować z sukcesem 30-lecia i wzrostem PKB, gdy polska dynamika wzrostu gospodarczego ustępowała na świecie bodaj tylko Chinom. To jest jednak sukces na teraz, bo w coraz bardziej burzliwym otoczeniu trudniej będzie pozostać „po prostu gospodarką na ścieżce szybkiego wzrostu". Musimy nauczyć się działania w stylu najlepiej rozwiniętych gospodarek, jednocześnie realizując już nasze własne cele i pomysły.

Strukturalny problem zasadza się na zbyt małych inwestycjach, przy za dużej konsumpcji publicznej i prywatnej. Bardzo silnym motorem wzrostu jest eksport. Jego rola jest nie zawsze doceniana, co powoduje np. niedoszacowanie potrzeby szybkiej transformacji energetycznej albo utrzymania wysokich standardów prawa.

Choć eksport śmiga, mamy deficyt marek międzynarodowych kojarzonych z Polską. Skutkuje to brakiem polskich łańcuchów wartości, które wyjątkowo trudno zbudować. Sektor prywatny i przedsiębiorstwa państwowe są na równi dotknięte nieumiejętnością organizacji naprawdę złożonych projektów pogłębiających łańcuchy wartości dodanej.

Duże podmioty gospodarcze w Polsce to przedsiębiorstwa użyteczności publicznej, dostarczające paliwa i energię do domów czy prowadzące podstawową obsługę bankową Polaków – nie będzie łatwo je wyprowadzić na (między)narodowego czempiona.

POLITYKA ROZWOJU GOSPODARKI I REGULACJE. Polityka gospodarcza jest rozproszona po kilku ministerstwach, silosowa, gros zadań realizowany jest obecnie przez Grupę PFR, co oznacza de facto wytransferowanie jej z rządu.

Fundamentalne, strukturalne zaległości w reformie systemu energetycznego bazującego na kilkudziesięcioletnich elektrowniach są przykrywane kolejnymi pretekstami społeczno-politycznymi.

Współpraca pionowa między rządem a samorządami jest wątła. Brakuje też wyraźnego punktu, w którym następuje połączenie okazji inwestycyjnych trafiających do rządu z polityką regionalną, wydatkowaniem środków UE w jednolite, sensowne biznesowo strategie regionalne. Jeśli za taki uznać PFR – to odbywa się to istotnym kosztem czytelności finansów publicznych i osłabienia tkanki rządu. To także jedna z przyczyn, dla których działania systemowe rządu udają się bardzo umiarkowanie.

Rząd jest mało aktywny w tworzeniu regulacji na forum UE, co dławi rozwój polskich przedsiębiorstw. Wynika to głównie z braku zaplecza koncepcyjnego.

SIŁA GOSPODARKI: 4-

	5	4	3	2	1
	WYZNACZA TRENDY	SOLIDNY ZAWODNIK	WYBIÓRCZY UCZESTNIK	NA DOROBKU, UCZY SIĘ GRY	
SEKTOR PRYWATNY					
30 lat wzrostu PKB gospodarki / Sektor prywatny odporny na kryzysy	5				
Pojedyncze sukcesy budowania firm w dużych łańcuchach wartości (np. guma)			3+		
Niska wartość 1 tony eksportu / Eksport kontrolowany przez podmioty z zagranicy				2	
Niemal brak marek kojarzonych z Polską / Sektor prywatny zatrzymał się na MŚP					1
POLITYKA ROZWOJU GOSPODARKI I REGULACJE					
Zdobywa inwestycje zagraniczne ważnych koncernów / PFR		4			
Słabość koordynacji silosowej w rządzie / Nie inicjuje tworzenia prawa w UE / Izera				2	
Słabość współpracy rząd–samorządy / Zaległości w polityce energetycznej					1
SPRAWNOŚĆ DORAŹNYCH INTERWENCJI					
Odpowiedź BGK-PFR na COVID – wsparcie dla gospodarki		4			
Nikłe inwestycje Polski za granicami				2+	
Brak umowy o KPO / Spór o Turów z Czechami					1

rubież kompetencji

Konsekwencją pasywności rządu jest często strata czasu na polemikę z przyjętymi już rozwiązaniami oraz słabe przygotowanie krajowego biznesu do nowych realiów konkurowania w Europie. Nieumiejętność skalkulowania bilansu kosztów i korzyści oraz zbudowania wokół nich konsensusu prowadzi między innymi do kłopotów z otrzymywaniem pieniędzy na rozwój z Krajowego Planu Odbudowy (KPO).

SPRAWNOŚĆ DORAŹNYCH INTERWENCJI. PFR niejednokrotnie prowadził ciekawe interwencje związane z COVID, ratując słabość centrum rządowego. Zasadniczo ma przewagę kompetencyjną nad Radą Ministrów – z uwagi na możliwość budowy zespołów w oparciu o bardziej rynkowe wynagrodzenia, przy swobodniejszym dostępie do opracowań analitycznych i usług doradczych.

A GDYBYŚMY...

...popchnęli Unię Europejską, by inwestowała w rozwój nowych branż, w których może zaistnieć Polska? Potrzebne byłoby w UE dalekosiężne programowanie rozwoju technologii, otwarcie rynku usług, relokacja biznesów do Europy. To pomogłoby w popchnięciu transformacji sektora prywatnego w kierunku bardziej złożonych produktów, wyższej produktywności – tak, by polska gospodarka z pozycji solidnego gracza przeszła do wyznaczania trendów.

Przedsiębiorcy nie zainwestują ani w kraju, ani za granicą, jeśli nie przywrócimy zaufania do systemu gospodarczego – prawa, stabilności finansowej (inflacja!, deficyty!), nie wyeliminujemy przywilejów w dostępie do rynku.

Aby nadać kształt gospodarce, przydałoby się coś na kształt sprzęgła instytucjonalnego między rządem i gospodarką, pozwalającego wykorzystać siłę rynku i partnerów gospodarczych, organizującego ład gospodarczy, a nie szczegółowe interwencje. A więc coś innego niż rządowe spółki celowe, spółki państwowe i specustawy. Można wykorzystać kompetencje PFR, by podnieść responsywność państwowych mechanizmów i struktur decyzyjnych, tak by szybciej i w bardziej systemowy sposób reagowały na potrzeby gospodarcze.

Drugą stroną sprzęgła gospodarczego mogą być samorządy, a w największej mierze aglomeracje – potrzebujemy przeniesienia decyzyjności niżej. To wokół aglomeracji budować można „aktywa" służące rozwojowi regionów, np. w postaci infrastruktury dla biznesu, sprzyjających warunków współpracy B+R. Tu też można w sposób konkretny zmniejszać różnice rozwojowe (uwzględniając dopuszczalne poziomy pomocy publicznej z UE).

Przydałoby się też skorelowanie rozwoju infrastruktury publicznej z planowaniem przestrzennym. Wzmocnienie transportu publicznego i unikanie zbytniej centralizacji funkcji gospodarczych. Zapewnianie dostępności usług publicznych w praktycznym zasięgu zwykłych obywateli. Aktywizacja partnerów społecznych. Promowanie inwestycji zagranicznych polskich przedsiębiorstw. Budowanie regionalnych rynków pracy sprzyjających włączeniu nowych pracowników.

Polityka bezpieczeństwa

Przekrojowo i systematycznie trudno nazwać Polskę „solidnym zawodnikiem" w dziedzinie polityki bezpieczeństwa. I to mimo pewnych pozytywów: zdecydowanych ruchów, które w przyszłości poprawią stan wyposażenia polskiej armii, sił zbrojnych, które zdobyły doświadczenie w międzynarodowych misjach, oraz właściwej reakcji władz państwowych w obliczu konfliktu w Ukrainie (które przekazały duże wsparcie i niejednokrotnie motywowały sojuszników z NATO do zdecydowanego działania).

Gdzie leży podstawa niekorzystnej oceny? Można wymienić kilka elementów. Trzy razy warto podkreślić fakt, że polityka bezpieczeństwa to nie tylko siły zbrojne – to także siła państwa prawa oraz miękkie bezpieczeństwo w postaci silnych i niezmanipulowanych mediów. Jedno i drugie jest podważane. Ponadto potencjał na przecięciu obronności z gospodarką nie jest należycie wykorzystywany. Do listy zastrzeżeń można dodać, że refleksja na temat konieczności modernizacji armii pojawiła się dramatycznie późno. W tym świetle polityka bezpieczeństwa jako całość jawi się umiarkowanie korzystnie.

EGZEKWOWANIE PRAWA. Z perspektywy przedstawionych wyzwań najtrudniejszą przeszkodą jest erozja prawa i sądów jako instytucji obsługującej system prawny. Prawo staje się uznaniowe, chwilowe i zmieniane w trybie trudnym do zrozumienia dla partnerów. To musi prowadzić do „wyłączania się z..." lub „niebycia przyjmowanym do..." projektów międzynarodowych ważnych dla krajowego bezpieczeństwa.

Niska akceptacja dla łapówkarstwa zwiększa odporność systemu gospodarczego na zawirowania. Osłabiają ją miękkie formy korupcji politycznej w rodzaju obsadzania stanowisk w sektorze państwowym z pominięciem kryterium kompetencji i bardzo głęboko sięgający podział powyborczych, partyjnych łupów. Takie państwo jest skorumpowane z definicji i z samej swojej materii będzie podatne na przekupstwo, próchnienie, strach przed komunikowaniem prawdy przełożonym i podejmowaniem prawdziwych decyzji.

SIŁY ZBROJNE I OCHRONA GRANIC. Po stronie pozytywów – fundamentalna jest obecność w NATO, aktywizacja polityki obronnej od początku wojny w Ukrainie oraz wzmocnienie obecności sojuszników w regionie, choć będące niestety wynikiem tejże wojny.

Po stronie minusów – fakt, że potrzeba było aż katastrofalnej wojny w sąsiedniej Ukrainie, by wyrwać politykę obronną z opieszałości.

Ważniejsze pytanie gospodarcze dotyczy zdolności połączenia inwestycji w obronność z rozwojem technologii w Polsce – a tym samym tworzenie nowych perspektyw gospodarczych, także przez *Joint Ventures*. Do wygrania jest runda offsetowa związana z zamówieniami publicznymi w energetyce i obronności – szczególnie, że niektóre firmy z sektora obronnego zaczynają odnosić sukcesy

POLITYKA BEZPIECZEŃSTWA: 3-	5	4	3	2	1
	WYZNACZA TRENDY	SOLIDNY ZAWODNIK	WYBIÓRCZY UCZESTNIK	NA DOROBKU, UCZY SIĘ GRY	
EGZEKWOWANIE PRAWA					
Niski poziom i brak zgody na korupcję / Korzystanie z dorobku prawa UE		4			
Eliminacja karuzeli podatkowych, przemytu paliw, szarej strefy – choć niepełna			3		
Odradzanie się przestępczości zorganizowanej (śmieci, przemyt ludzi, inne)				2	
Fatalna sprawność sądownictwa					1
SIŁY ZBROJNE I KONTROLA NAD GRANICAMI					
GROM i inne formacje specjalne	4+				
Wojsko Polskie na misjach za granicą / Strefa Schengen / Spóźnione, ale jednak zakupy sprzętu		4			
Wyegzekwowane na NATO plany reakcji w przypadku ataku na Polskę			3		
Polityka obronna zaktywizowana dopiero po agresji Rosji na Ukrainę				2	
Późna kontraktacja systemów uzbrojenia – „5 po 12”					1
SŁUŻBY WYWIADOWCZE, BEZPIECZEŃSTWO CYFROWE I MEDIÓW					
Mimo wszystko działają / Cyberbezpieczeństwo raczej działa			3		
Bezpieczeństwo Narracyjne – zbożny cel, toporna realizacja / Sieć na Wschodzie mniej rozwinięta, niż pokazały potrzeby				2	
Użycie narzędzi pracy do polityki (Pegasus) / Czystki kadrowe / Brak zaufania polityków do szyfrowanej łączności					1

rubież kompetencji

eksportowe (drony produkowane przez prywatne przedsiębiorstwo, systemy uzbrojenia produkowane przez państwowe przedsiębiorstwo, samoloty dla USA budowane dzięki obecności zagranicznego partnera).

SŁUŻBY WYWIADOWCZE, BEZPIECZEŃSTWO CYFROWE I MEDIÓW. Upolitycznione wykorzystanie służb specjalnych obniża ich gorliwość i morale, a prawdopodobne wykorzystanie do walki politycznej narzędzi typu Pegasus obniża skuteczność, prowadząc do mieszania celów prawdziwej pracy operacyjnej z celami o wysokim ryzyku wizerunkowym. Finalnie wiąże ręce służbom i osłabia państwo.

Świadomość wyzwań cyfrowych i medialnych rośnie, niestety wdrożenie postulatu Maszyny Bezpieczeństwa Narracyjnego ze względu na sposób organizacji mediów pozostaje ułomne.

A GDYBYŚMY...

...wypromowali w UE rozszerzenie na Wschód i programy inwestycyjne dla krajów Europy Wschodniej, a także otwarli się na politykę sąsiedztwa z Unią np. w basenie Morza Śródziemnego? Zwiększenie skali unijnych inwestycji oraz integracja ze Wspólnym Rynkiem pozwolą na partnerskich zasadach porozumieć się z sąsiadami zanim zrobią to Chiny, Rosja i inni konkurenci. Tym sposobem moglibyśmy zorganizować miejsca pracy, współpracę energetyczną, ograniczyć korupcję czy w skrajnych wypadkach rozwój terroryzmu w bezpośrednim otoczeniu UE.

Jakie działania moglibyśmy podjąć w Polsce? Co gdybyśmy rozwój współpracy w zakresie bezpieczeństwa przekuli w potencjał offsetowy współpracy technologicznej i naukowej?

Ważne „a gdybyśmy..." znajduje się w sferze ustrojowej – gdyby udało się skrócenie listy tematów, w których rząd ma tendencję do nadaktywności (jak kultura i edukacja), to udałoby się skierować większą dawkę uwagi na temat bezpieczeństwa. W tematach kultury i edukacji rząd powinien oddać pole inicjatywom społecznym, a my – wykorzystać mechanizmy demokracji pozaparlamentarnej do kształtowania tych dziedzin.

Soft power

Potencjał polskiego *soft power* wydaje się ogromny. Wynika z tak mocnych zjawisk jak: żywa kultura, udana transformacja, demokracja, samorządność, a jednak nie potrafimy go zdyskontować. Choć mamy fajny kraj i zupełnie przyzwoite społeczeństwo, to na polskiej zdolności perswazji ciąży wiele zjawisk negatywnych. We wszystkich składowych *soft power* mamy deficyty – w dyplomacji, w sile kulturowej i mediach, w polityce społecznej. Co stoi na przeszkodzie, by stać się liderem w tym obszarze? Przede wszystkim bardzo trudno jest być latarnią *soft power*, kiedy podstawowym kierunkiem polityki w kraju i za granicą jest antagonizowanie, porównywanie się i pretensje. Sygnalizują one brak wiary w siebie, podkopują zaufanie partnerów. Przywrócenie dobrego klimatu rozmów po pojedynczym zgrzycie wymaga więcej niż jednokrotnego pozytywnego wysiłku. A tematy kontrowersyjne otwieramy dla zasady, na wszystkich frontach, wobec nawet najważniejszych partnerów – bez szacunku dla kapitału, na który wcześniej ciężko pracowaliśmy[8]. Przy takim podejściu możemy liczyć na przypadkowe sukcesy: uzyskiwane statystycznie, dzięki dużej ilości prób.

DYPLOMACJA. Erozja zaufania wynika z licznych mało konstruktywnych działań polskiej dyplomacji na forum UE[9]. Szczególnie mowa o wetowaniu zmian w Europie. Jest ono silnie powiązane ze słabością ustrojową państwa – ponieważ nie potrafimy skalkulować korzystnych dla Polski projektów gospodarczych, jesteśmy zdani na recenzowanie gotowych rozwiązań, które – tu nie ma niespodzianek – powstają w interesie krajów je zgłaszających. Także niejasna, nieprzejrzysta i motywowana interesem partyjnym polityka wewnętrzna prowadzi do utraty wiarygodności i problemów – choćby z pozyskaniem KPO.

W sprawach wielkiej polityki sojuszniczej postępujące osłabienie mięśnia dyplomatycznego zostało zaasekurowane aktywnością Pałacu Prezydenckiego. W polityce gospodarczej takiego zabezpieczenia zupełnie brak – nie mamy silnej polityki wymiany gospodarczej z zagranicą, a próba konsolidacji jej narzędzi w PFR jeszcze nie osiągnęła masy krytycznej i jest na kursie potencjalnie kolizyjnym z działaniami MSZ.

8 Ci sami politycy, którzy pracowali na wzmocnienie postrzegania Polski jako wiarygodnego partnera, solidarnego, wspierającego walczącą Ukrainę, w spektakularny sposób trwonią zgromadzony kapitał.

9 Nawet gdyby utrata zaufania partnerów w UE wynikała ze zbyt szybkiego wzrostu Polski jako konkurenta, to należałoby te deficyty dyplomatyczne wyeliminować – po pierwsze we własnym interesie, po drugie dla wyczyszczenia obrazu i pozbycia się pretekstu. Poza tym nie wydaje się, żeby rozwój gospodarczy dodatkowego rynku zbytu był dla kogoś w UE większym zmartwieniem.

SOFT POWER: 2+

	5 WYZNACZA TRENDY	4 SOLIDNY ZAWODNIK	3 WYBIÓRCZY UCZESTNIK	2 NA DOROBKU, UCZY SIĘ GRY	1
DYPLOMACJA					
Odpowiedź na najazd Rosji na Ukrainę (społeczeństwo / państwo)	5 (społeczeństwo) →			2+ (państwo)	
Partnerstwo Wschodnie		4			
Roczne przywództwo w OBWE			3		
Międzymorze – start / Porażki 1:27 w UE / Cedowanie pracy na spółki Skarbu				2	
Kryzys w Białorusi – rozgrywany nad naszymi głowami / Brak własnej wizji UE					1
SIŁA KULTUROWA I MEDIA					
Muzea Solidarności, Powstania, POLIN / Zagraniczne nagrody dla twórców kultury			3		
Otwarcie uczelni na studentów z Ukrainy, Białorusi				2	
Telewizja publiczna zredukowana do propagandy / Brak wpływów medialnych w Europie					1
POLITYKA SPOŁECZNA					
500+ jako narzędzie zwiększające spójność społeczną			3		
Polityka migracyjna – niehumanitarna, niekonsekwentna, toporna, bez celu				2	
Słabe świadczenia publiczne / Polityka demograficzna / Przekraczanie granic sumienia (aborcja)					1

rubież kompetencji

Obiektywną przeszkodą na drodze do *soft power* jest również brak *hard power* – brak konkurencyjnego zaplecza kapitałowego, finansowego, technologicznego zawęża możliwość formułowania oferty miękkiej.

SIŁA KULTUROWA I MEDIA. Pozytywnym prognostykiem jest reakcja społeczna na wojnę w Ukrainie. Warto ją odnotować i na niej budować, choć na dziś ma w sobie więcej z wyjątku, niż z zasady działania państwa.

Państwu natomiast brakuje miękkości w działaniu, by stworzyć aurę atrakcyjności. Zawęziło to sukces inicjatywy Trójmorza do zgody na budowę infrastruktury północ-południe, faktycznie niezbędnej. Natomiast nie otworzyło bramy do realizacji innych celów, nie wzmocniło specjalnie relacji między ludźmi – między innymi na skutek demonstrowania przez niektórych polityków ambicji „jagiellońskich" nieprzystających do współczesności[10]. Prowokują one w pełni zrozumiałe i niezbyt przychylne reakcje ze strony innych krajów regionu, które oczywiście chcą uczestniczyć w tych inicjatywach tylko jako równi partnerzy.

Udało się stworzyć kilka ciekawych ośrodków kultury – jak Muzeum Powstania Warszawskiego czy Polin, choć sukces ten blednie, kiedy na drugiej szali położymy dekonstrukcję telewizji publicznej. Wzmocniła ona podziały w kraju, nie przekłada się na oddziaływanie za granicą. Wskutek jednostronności mediów i ich podporządkowania partii nie udało się stworzyć Maszyny Bezpieczeństwa Narracyjnego[11].

Do wielu kontr-produktywnych skutków prowadzi podporządkowanie sfery zagranicznej polityce krajowej. W bardziej dojrzałym państwie nikt przytomny nie zarzuciłby możliwości promowania autentycznych krajowych sukcesów tylko dlatego, że kojarzą się z inną opcją polityczną – przedsiębiorczości, solidarności, samorządności, przemian demokratycznych. Podobnie nie promujemy polskiej kultury „takiej jaka jest", w zamian treść tego, co promowane, filtrując pod kątem potrzeb krajowych.

POLITYKA SPOŁECZNA: ma strukturalne braki. Przede wszystkim dziurawa jest infrastruktura usług publicznych – od zdrowia, przez mieszkalnictwo, po edukację. Częściowe rozwiązania zasypujące nierówności dochodowe (500+, dodatkowe emerytury) zostały przeprowadzone w taki sposób, że stworzyły kolejne napięcia między wyborcami. Nie ma polityki demograficznej, zwłaszcza powiązanej z migracyjną.

W zakresie migracji mieliśmy do czynienia po pierwsze z niehumanitarnym, a po wtóre fatalnym w treści i formie sprzeciwem wobec migracji i podziału odpowiedzialności w czasie europejskiego kryzysu migracyjnego – tworząc wrażenie okazjonalnego wypisywania się Polski z odpowiedzialności za utrzymanie europejskiej siatki wzajemnych ubezpieczeń.

10 Mam tu na myśli próby narzucenia sąsiadom rozwiązań politycznych atrakcyjnych dla Polski, ale nieuwzględniających ich potrzeb, interesów, ustawiające Polskę w pozycji w oczywisty sposób uprzywilejowanej, a nie partnerskiej.

11 Chyba że to, co widzimy, jest tym, co Autor pomysłu miał na myśli. Wtedy wszystko jasne.

Ponadto w przypadku aborcji państwo przekroczyło granice sumienia i naruszyło ustalone umowy społeczne, które już w punkcie wyjścia były dla wielu kontrowersyjne. Narzucanie swojej woli przez państwo społeczeństwu będzie je systematycznie osłabiało.

A GDYBYŚMY...

...mieli własny pomysł na UE i zaczęli ją kształtować? Promowanie takiej przyszłości UE, byśmy mogli korzystać z jej narzędzi do uzupełniania braku krajowych kapitałów – mogłoby przynieść nam więcej i przyjaciół, i korzyści na forum UE. To wzmocniłoby nasze oddziaływanie dyplomatyczne.

W zakresie siły kulturowej: trudne w świecie rozdawania grantów kolegom, kuzynom, sąsiadom i tylko ludziom myślącym podobnie – ale jednak warte rozważenia – są celowe inwestycje państwa w kulturę. Chodzi o opracowania dotyczące „dorobku cywilizacyjnego Polski", czyli inwestycję w zrozumienie i przetworzenie wydarzeń z historii państwa i społeczeństwa tak, by mieć bazę do formułowania propozycji z zakresu *soft power*. Chcemy pamiętać o pierwszej Solidarności i o tym, że to był silnie lewicowy ruch? Musimy nakręcić kilka filmów. Być może proces przyznania grantów należy zdemokratyzować, korzystając z możliwości, jakie dają platformy *crowdfundingowe*.

W świecie szybkich mediów, zmanipulowanych poprzez AI, przydałoby się wzmocnienie mediów, szczególnie w obszarze relacji międzynarodowych w celu lepszego rozumienia świata.

Wycofanie się państwa z regulowania sumień obywateli – jest sprawą podstawową.

Sprawność i odporność państwa

Państwo jest o tyle sprawcze i odporne, o ile dysponuje sprawnymi strukturami władzy, opiera się na pewnej umowie społecznej oraz nie jest zachłanne, czyli samo ogranicza swój apetyt na władzę. To najsłabszy punkt na naszej mapie narzędzi.

SPRAWNOŚĆ STRUKTUR WŁADZY, PAŃSTWO NIETEORETYCZNE I MYŚLĄCE. Państwo kilkukrotnie bankrutowało przy realizacji swoich podstawowych zadań – na wszelkich możliwych etapach, od diagnozy (inflacja, CO_2), przez projektowanie rozwiązań (CO_2, COVID, edukacja), aż po wdrożenie (edukacja).

Jest kilka paradoksów w podziale władzy. Państwo jest centralistyczne, trochę na wzór francuski – ale rząd jest bardzo słaby. Sejm zastępuje rząd, a rząd – sejm. Wydaje się, że to rząd produkuje projekty ustaw, które następnie wchodzą pod obrady sejmu jako projekt poselski, by uniknąć konsultacji społecznych. Z drugiej strony reprezentacja klubowa sejmu składa się z szabel do głosowania, przez co ciężar pracy merytorycznej trafia na zaplecze ministerialne. Dominuje działanie odgórne, nakazowe, mimo oczywistych sukcesów samorządów i inicjatyw oddolnych. Średnie i niższe szczeble władzy oraz samorządy są pozbawione inicjatywy, co wynika nieraz z braku zaufania do ich kompetencji. Brakuje narzędzi współpracy i przekazywania odpowiedzialności. Ostatecznie rząd chętnie spycha swoje obowiązki i zadania na spółki Skarbu Państwa. Nie potrafiąc zorganizować pracy wykorzystującej potencjał ministerstw gospodarczych – zepchnął zadania na PFR. Nie potrafiąc zorganizować transformacji energetycznej – zepchnął zadania na spółki Skarbu Państwa.

Proces polityczny jest tak ukształtowany, że wiele informacji jest gubionych w obróbce skrawaniem. Poglądy polityczne nawet licznych grup opozycyjnych, ich potrzeby i przede wszystkim informacje, którymi dysponują, zostają zamrożone na okres całej kadencji, bo nie są uwzględniane w projektowanych rozwiązaniach.

SIŁA UMOWY SPOŁECZNEJ. Nie ma ani umowy społecznej, ani prób jej ukształtowania – przeciwnie, rządzący intensywnie ideologizują kolejne dziedziny, starając się zbudować wokół nich wygrywające kolejne wybory osie podziału społecznego. Programy społeczne zorientowane na transfery (500+, 13 i 14 emerytura) dość spektakularnie zostały zmarnowane, a były okazją do wypromowania zasad sprawiedliwości społecznej. Z jednej strony pieniądze przyznano wszystkim potencjalnym wyborcom – nie tylko potrzebującym, a zdolność państwa do ich sfinansowania przedstawiono jako dowód na rozkradanie państwa przez poprzednią załogę. Ze strony opozycyjnej zostały podkopane jako promocja rzekomego nieróbstwa i patologii.

ETOS SAMOOGRANICZANIA SIĘ PAŃSTWA. Nie ma etosu samoograniczania się państwa. Partyjna nomenklatura z obocznościami pochłania państwo – czego skutkiem jest próchnica struktur rządzenia. Da się wyróżnić osoby i grupy działające dla sprawy, w imię racji stanu – jednak są to częściej wyjątki niż reguła.

Po wyrugowaniu służby cywilnej państwo jest wiotkie.

SPRAWNOŚĆ I ODPORNOŚĆ PAŃSTWA; 1+

	5	4	3	2	1
	WYZNACZA TRENDY	SOLIDNY ZAWODNIK	WYBIÓRCZY UCZESTNIK	NA DOROBKU, UCZY SIĘ GRY	
SPRAWNOŚĆ STRUKTUR WŁADZY, PAŃSTWO NIETEORETYCZNE I MYŚLĄCE					
Think Tanki – coraz szerszy obszar zainteresowań i kompetencji			3		
Brak spójnych i wyprzedzających strategii rządowych wspierających biznes				2	
Bankructwa państwa: COVID i zdrowie / Białoruś / inflacja / energetyka i CO_2					1
SIŁA UMOWY SPOŁECZNEJ					
Aktywność społeczna po inwazji Rosji na Ukrainę	5				
Ignorowanie głosu przegranych w wyborach przy podejmowaniu decyzji				2	
Brak prób umówienia się, do czego służy państwo. Podsycanie podziałów społecznych					1
ETOS SAMOOGRANICZANIA SIĘ PAŃSTWA					
Państwo dla działaczy partyjnych – sprywatyzowane przywileje				2	
Demontaż korpusu służby cywilnej i brak odpowiedzi, co w zamian					1

rubież kompetencji

A GDYBYŚMY...

...wzmocnili rząd, jednocześnie doprecyzowując zakres jego zadań i decentralizując władzę w sferach nienależących do „państwa minimum"? Społeczeństwo ma w sobie energię, a mechanizmy demokracji pozaparlamentarnej albo zarządzania sprawami publicznymi poza rządem – z udziałem opozycji i przedstawicieli samorządów – są do pomyślenia. Z drugiej strony mniejszy rząd mógłby być bardziej niezależny od sejmu – na tyle, by rząd był w stanie prowadzić bieżącą politykę własnymi siłami, a nie poprzez pisane na kolanie ustawy poselskie zaspokajające potrzeby Rady Ministrów. Także wewnątrz rządu potrzebne jest wzmocnienie podstawowych łańcuchów decyzyjnych złożonych z kilku ministerstw – tak, by rząd myślał o wyzwaniach do zrealizowania, a nie o księstwach do obsadzenia funkcjonariuszami.

Kluczowym „gdyby" jest stworzenie przestrzeni na inicjatywę oddolną i wzmocnienie przepływu informacji, tak by w projektach nowych rozwiązań nie gubić wiedzy z różnych źródeł.

Trzy eseje

Z taką diagnozą w głowie przyjrzyjmy się podstawowym pytaniom stojącym przed Polską – i spróbujmy zaprojektować odpowiedź.

- → **ESEJ 1.** Rzeczpospolita Otwarta, czyli jak zmienić państwo, byśmy mogli mu zaufać? Czego brakuje nam od strony ustrojowej, by stworzyć zborne, sprawcze, przedsiębiorcze państwo? Jakie przyjąć źródło umowy społecznej?
- → **ESEJ 2.** Gospodarka PL 2.0, czyli jak zacząć podróż po własnej mapie? Na co obrać azymut w gospodarce? I jakie punkty powinniśmy obrać za orientacyjne w horyzoncie najbliższych 5–10 lat?
- → **ESEJ 3.** Jaką Unię może Europie zaproponować Polska? Jakie przekształcenia w UE powinniśmy wobec tego promować, by jednocześnie służyły naszym interesom i odpowiadały na wyzwania zmieniającego się świata?

ROZDZIAŁ 1

Rzeczpospolita Konkretna

Pięć bankructw systemu władzy

Bronimy się przed przyjęciem do wiadomości, że w ostatnich latach Polska jako państwo zbankrutowała faktycznie już pięć razy. To, że żyje, zawdzięcza żonglerce rozwiązaniami „na ostatnią chwilę", obecności w ugrupowaniach międzynarodowych jak NATO, sprzyjającej koniunkturze i odroczonym w czasie kosztom. Jesteśmy w sytuacji podobnej do Niemiec, którym krótkookresowe zyski pozwoliły na życie ponad stan. Niemcy na później odłożyły wydatki na obronność i korzystały koniunkturalnie z rosyjskich surowców energetycznych oraz dogodnie dla nich ułożonej strefy euro. My na później odkładamy inwestycje, budowanie „polskiego kapitału" i rozwój usług publicznych, a korzystamy na świetnej koniunkturze w eksporcie. Kolejne kryzysy są coraz większe, więc z perspektywy czystej arytmetyki politycznej stare problemy udaje się przykrywać nowymi. Ale one z nami zostają i nie widać wśród nich problemu, który możemy przeczekać i zażegnać dzięki mechanicznemu wzrostowi PKB. Kryzysy powinny dać nam do myślenia co najmniej pięciokrotnie.

1. W czasie COVID – pandemia była prawdziwie zaskakującym epizodem, który jednak ujawnił, że w skomplikowanych sprawach braki zaplecza organizacyjnego potęgują wszelkie negatywne zjawiska – widać to w liczbie 150–200 tysięcy przedwczesnych śmierci pacjentów. Gdyby lepsza była infrastruktura szpitalna i zaufanie do wyników badań naukowych, wielu ludzi mogłoby dłużej cieszyć się życiem.

2. W czasie pierwszego skokowego wzrostu cen uprawnień do emisji CO_2 w systemie EU ETS – uwidocznił się brak inwestycji w transformację sektora energetycznego oraz niezdolność sformułowania z wyprzedzeniem diagnozy strategicznej, wiążącej koszty zaniechania inwestycji z transformacją energetyczną w Europie. Choćby stały za tym deficytem i poprzednie ekipy rządzące, sześć lat to wystarczający okres, by główną część odpowiedzialności za to bankructwo ponosił obecny rząd. Kosztem jest i ograniczenie bezpieczeństwa energetycznego, i uszczerbek na konkurencyjności polskiego eksportu.
3. W czasie przyspieszonego dozbrajania polskiego wojska po inwazji Rosji na Ukrainę – pomimo sześciu lat rządów jednej formacji politycznej – programy zbrojeniowe leżały odłogiem i były przyspieszane w ostatniej chwili. Do MON musiał pofatygować się prezes Kaczyński w roli wicepremiera. Naprędce polityka obrony narodowej została zaasekurowana zakupami sprzętu obronnego „z ręki"; wprawdzie od najbardziej zaufanych i strategicznych sojuszników, jednak w sposób pokazujący kompletne niewykorzystanie czasu, który był do dyspozycji wcześniej[1].
4. Czwartym, może mniej kryzysowym, a bardziej systemowym zjawiskiem jest sprywatyzowanie usług, które faktycznie powinny być dostarczone publicznie – jak prywatna opieka medyczna czy prywatna edukacja[2]. Pisał o tym Łukasz Pawłowski w 2020 r., lecz – co ciekawe – fakt podwójnego opodatkowania został osobno zdiagnozowany niemal dziesięć lat temu – w programie wyborczym Prawa i Sprawiedliwości na 2014 r. Po ośmiu latach rządów tej formacji sprawy nie nabrały biegu, pewnie wskutek braku wyobraźni, doświadczenia zarządczego, determinacji, zagadywania problemów PR-em, rozmontowania służby cywilnej i niepostawienia w jej miejsce silnego zamiennika.
5. Piąte bankructwo jest ukryte w statystykach deficytu budżetowego i rozbraja demokrację, bo pozbawia obywateli możliwości kontrolowania wydatków władzy. W 2022 r. było 12,4 mld zł deficytu budżetowego. Byłby to niezły wynik, gdyby nie lista problemów[3]. Po pierwsze – jest on przykryty 18% inflacją. Po drugie – do tego trzeba doliczyć kilkukrotnie większy deficyt sektora samorządowego, który i okrawa się z dochodów, choćby wpływów z PIT przy okazji Polskiego Ładu, i przesuwa w jego kierunku zadania rządowe związane z COVID czy przyjęciem uchodźców[4]. Po trzecie,

1 Dużym otwartym pytaniem jest szczególnie to, czy i na ile udał się offset gospodarczy. Pewna aktywizacja działań partnerów sugeruje, że mimo awaryjnego trybu, udało się uzyskać pewne korzyści.

2 Ł. Pawłowski, *Druga fala prywatyzacji. Niezamierzone skutki rządów PiS*, Fundacja Kultura Liberalna, Warszawa 2020.

3 PAP, *Premier: deficyt budżetu w 2022 roku wyniósł 12,4 mld zł*, 06.03.2023, www.pap.pl.

4 Por. „Rzeczpospolita", *Samorządy odcięte od dochodów z PIT. Proponują rozwiązanie*, 18.04.2022, regiony.rp.pl. Notabene, tym sposobem w końcu wykreuje się

mamy problem Funduszy Celowych. Wydatki, które faktycznie są państwowe i ostatecznie zostaną rozliczone z naszych kieszeni, są dość ochoczo transferowane do funduszy celowych, a potem przekładane na zasadzie „z lewej kieszeni do prawej”[5]. Choć fundusze radzą sobie z wydawaniem pieniędzy pewnie lepiej niż ministerstwa, to problem leży w słabości ministerstw i albo trzeba ministerstwa wzmocnić, albo fundusze obudować demokratyczną kontrolą.

Każdy z tych tematów faktycznie ociera się o bankructwo jednego z frontów polityki: ochrony zdrowia, energetyki, obrony narodowej, gospodarczej, instytucji państwa. Nie mieliśmy do dyspozycji narzędzi, gdy były konieczne, bo przez szereg lat zaniechaliśmy inwestycji, nakładu pracy oraz rekrutacji kadr według kryteriów merytorycznych. Nie oznacza to, że przyjęliśmy kryzysy do wiadomości. COVID został zagadany i zamieniony w tysiąc teorii spiskowych, choć 150 tysięcy przedwczesnych śmierci wydaje się trudne do ukrycia. Do niektórych się przyzwyczailiśmy – jak do płacenia za opiekę medyczną. Rozwiązanie części kryzysów przesunęliśmy w nieokreśloną przyszłość, zasypując je tymczasowo pieniędzmi. To ostatnie zastrzeżenie jest może najmniejsze – w pewnym stopniu zadaniem rządu jest też tamowanie kryzysów, nieraz polegające na opatrzeniu złamania plastrem, by rozwiązać problem w bardziej sprzyjających okolicznościach. Kolejne rządy otrzymają za to skumulowany problem do rozwiązania, a koszty robienia tego z opóźnieniem odbiją się na świadczeniach dla obywateli. Już to widzimy w rosnących kosztach obsługi długu publicznego – kilkudziesięciu miliardów złotych rocznie, których nie możemy przeznaczyć na rozwój. Podstawowym zarzutem nie jest jednak to, że państwo zbankrutuje w sensie braku pieniędzy w kasie, ale że osiąga bankructwo systemowe – powołany do zarządzania finansami publicznymi aparat rządu jest na tyle niewydolny, że swoje zadania musi *outsourcować*, pozbawiając parlament możliwości kontroli i tworząc poważne ryzyko dla instytucji demokratycznych.

Dla porządku – w kilku sprawach rząd PiS nie przewrócił się, a mógł. Pierwsza na myśl przychodzi dywersyfikacja źródeł energii, w której przepięcie dostaw udało się właściwie w ostatniej chwili[6]. Postępem było zacieśnienie wpływów z podatków VAT, nawet jeśli jest nieco przereklamowane. Są dwie sprawy bardziej

sukces polityczny – wykazując nieudolność zadłużonych samorządów, często niezależnych lub opozycyjnych, na tle rzekomej skuteczności administracji centralnej, która pokaże mały deficyt.

5 O pozabudżetowym zadłużeniu państwa obszernie wypowiadał się pisał S. Dudek, por. rozmowa P. Skwirowskiego w „Rzeczpospolitej”, *Dr Sławomir Dudek: Budżet państwa jest fikcją, to patobudżet. Najważniejszy trik to raj wydatkowy Morawieckiego. Tam są wyprowadzane miliardy*, 25.07.2023, www.rp.pl..

6 Trafne i konsekwentnie prowadzone okazały się inwestycje promowane przez P. Naimskiego w zakresie samodzielności gazowej, gazoport realizowany przez rząd D. Tuska i kilka innych decyzji w obrębie bezpieczeństwa energetycznego.

kontrowersyjne – choć kosztowało to dużo i być może zostało zrealizowane nieefektywnie, to jednak 13 i 14 emerytury oraz 500+ zadziałały jako mechanizm redystrybucji dochodów. Zapobiegły bankructwom na froncie sprawiedliwości społecznej, tu rozumianej jako pozostawienie bez pomocy obywateli w bardzo trudnej sytuacji finansowej[7].

Nie w tym rzecz jednak, by się nie przewracać, bo to zawsze nastąpi. Problem pojawia się, gdy wywrotki są systematyczne i możliwe do wyjaśnienia powtarzającą się przyczyną – labilnością państwa. Z takimi dziurami nie zostaniemy drugą Szwecją, Japonią, Ameryką, Hiszpanią, Niemcami. Bo oczywiście każdy z tych krajów na którymś kryzysie poległ. Ale nie na wszystkich naraz i nie z tych samych przyczyn. Skala problemów jest większa niż dowody sprawności, które kolejne rządy mogą przedstawić na swoją obronę – bilans bankructw i tego, co skądinąd się udało, pozostaje więc niekorzystny. Wymienionym wyżej wyzwaniom poświęciliśmy za mało uwagi i ten deficyt odłożył się jak zaległość na rachunku. Problemy zasypaliśmy pieniędzmi, a nie zorganizowaliśmy dobrych rozwiązań. Brakuje i „mózgu państwa", i „państwo jest teoretyczne" – ma braki w zrozumieniu wyzwań rozwojowych, przygotowaniu koncepcyjnym odpowiedzi na nie, zorganizowaniu wdrożenia[8]. Problem ma charakter chroniczny, bo rozwiązania wymienionych problemów nie staną się tańsze wraz ze wzrostem gospodarczym. Wielu nie da się kupić z półki na rynku – potrzebny jest raczej nakład żywej pracy na ich przygotowanie.

Lista wyzwań wydłuży się. Jak radzić sobie z wyzwaniami demograficznymi, zmianami klimatycznymi i migracją, bezpieczeństwem, uczestnictwem w gospodarce cyfrowej – wszystkim, co nadciąga nad Europę i świat?

Wyobraźmy sobie władzę publiczną, która jest lepiej rozprowadzona wszerz i w głąb Polski.

Pierwszym jej elementem byłoby oddzielenie w pracach rządu funkcji państwa minimum – jak obrona narodowa, funkcji strategicznych – jak rozwój gospodarczy, energetyka, zdrowie oraz funkcji tworzących dodatkową wartość – jak edukacja i kultura. Każde z nich otrzymałyby swój model działania, bardziej lub mniej scentralizowany. Scentralizowanych obszarów rządu byłoby mniej i dzięki temu łatwiej byłoby skoncentrować uwagę na stojących przed nimi wyzwaniach. Mniej scentralizowane obszary zyskiwałyby szansę bardziej intensywnej współpracy ze społeczeństwem, trzecim sektorem, przedsiębiorcami, zwykłymi obywatelami. Przemodelowanie tych ostatnich mogłoby prowadzić

7 Odrębnym pytaniem jest na jakiej sprawiedliwości nam w ogóle zależy. Całkiem możliwe, że gasiliśmy pożary, które sami wcześniej wznieciliśmy i więcej niż prawdopodobne, że przy okazji gaszenia tych pożarów narażiliśmy na szwank inne wartości oraz stabilność finansową państwa.

8 Brak „mózgu państwa" i „państwo teoretyczne" – to wnioski zapożyczone od R. Matyji i B. Sienkiewicza.

wręcz do utworzenia pozarządowych agencji – przedsiębiorstw społecznych i przeniesienie kilku z nich poza Warszawę.

Drugim elementem byłaby zamiana państwa etatystycznego, starającego się dostarczyć wszystko i wiedzieć lepiej czego obywatel potrzebuje, na państwo współpracujące i przedsiębiorcze. Wymogiem powstania państwa przedsiębiorczego jest panowanie przez nie nad własnymi zasobami, a więc dobra koordynacja wewnętrznych procesów decyzyjnych pozwalająca zdobyć przełożenie na rzeczywistość. Stąd już tylko krok do skutecznego współdziałania z biznesem, trzecim sektorem, bezpośrednio z obywatelami. Chodziłoby też o państwo skutecznie wykorzystujące informacje, dzięki rozszerzeniu dialogu społecznego. W ten sposób uruchomić można ciągłe doskonalenie rozwiązań edukacyjnych, zdrowotnych, kulturalnych, naukowych.

Trzecim – skoordynowanie władzy państwowej w pionie przez wzmocnienie pasa transmisyjnego rząd-PFR-samorządy, a właściwie rząd-aglomeracje, tak byśmy problem „zaprojektowania całej Polski odgórnie", wymyślenia dla niej CPK-ów, przekopów mierzei oraz gigantycznych węzłów kolejowych zamienili na kilka prostszych zagadnień. Przykładowo, na problem „współpracy rządu z 10 regionami wzrostu", niekoniecznie odpowiadającymi dokładnie województwom. Chodzi o to, by poszczególne ośrodki wzięły realny udział w strategicznej polityce rozwojowej Polski, otrzymały wystarczająco dużo uwagi z centrum i dostateczne narzędzia finansowe.

Czwartym – budowa państwa, w którym dobrze się czujemy i które dzięki temu będzie odporne. Chodzi o czytelność państwa, otwartość na dialog, istnienie podstawowej równości pozwalającej na przeświadczenie o tym, że żyjemy w sprawiedliwym kraju. Chodzi też o to, by państwo doceniało właściwe postawy obywatelskie – tworzyło użyteczne pojęcie republikańskiej godności, starając się budować uniwersalny panteon bohaterów. Państwo, które broni się jako demokracja i stoi na straży jej zasad.

Czy rząd może rządzić i ile władzy ma premier?

Najniżej zagnieżdżonym problemem z władzą w Polsce jest słabość rządu jako Centrum Dyspozycyjnego Państwa[9]. Czy jest w ogóle jakieś Centrum Dyspozycyjne Państwa zdolne do przewidywania ryzyka i rekonfiguracji zasobów w przypadku zmian w otoczeniu, bardziej lub mniej spodziewanych?

Coś szwankuje – w stanowisku premiera mieści się za mało władzy, by sterować państwem[10]. Potrzebnej nie tyle po to, by naruszać trójpodział władz i wchodzić

9 Wywiad J. Piekutowskiego z L. Dornem, *Rzeczpospolita Trzecia i pół*, Fundacja Nowa Rzeczpospolita, Warszawa 2021.

10 To duża sprawa, bo władza rodzi się w momencie powstania wspólnoty politycznej i jej upośledzenie osłabia wspólnotę jako całość. Podważa zaufanie do instytucji państwa i ogranicza reformowanie kraju zgodnie z intencją wyborców.

JAK JEST?	CO MOŻEMY ZROBIĆ?
SPRAWCZOŚĆ RZĄDU	
Rząd wydmuszkowy – jest sprawczy tam, gdzie działa „ponad prawem"	**Wzmocnienie rdzenia**
→ **Rząd niesamodzielny, nie może kształtować własnego zaplecza.** Bez jednoczesnej ścisłej kontroli sejmu i rządu, potrzebnej do uchwalania polityki administracyjnej, KPRM pozbawiony szans efektywnego zarządzania → **Odwrócenie ról rząd-sejm.** Sejm wchodzi w buty władzy wykonawczej, a rząd dzięki silniejszemu zapleczu merytorycznemu staje się władzą ustawodawczą, której propozycje sejm kwituje → **Rozpiętość rządu rozprasza uwagę.** Podstawowe zadania nie są realizowane – spóźnione zakupy uzbrojenia, słabość w polityce zagranicznej → **Ministerstwa przeważnie nieskuteczne** – skuteczny PFR, spółki Skarbu, tam przerzucane zadania → **Wydatki PFR: brak demokratycznej kontroli budżetu** – wielomiliardowe wydatki PFR niewidoczne w ustawie budżetowej i dla komisji w sejmie	→ **Więcej autonomii rządu względem sejmu,** w ramach węższego mandatu → **Koncentracja uwagi rządu na „Ministerstwach Siłowych"** i centralnych ministerstwach społeczno-gospodarczych. → **Przeniesienie odpowiedzialności za kulturę, naukę, edukację, cyfryzację z rządu do agencji** podobnych do Polskiego Funduszu Rozwoju. Chodzi zwłaszcza zadania wymagające dialogu społecznego i myślenia długoterminowego. Włączenie opozycji i trzeciego sektora w ustalanie celów dla tych agencji.

w paradę sądom albo sejmowi, a by w ogóle dysponować własnym zapleczem i podejmować działania wdrożeniowe, do których powołany jest rząd. Premierowie ostatnich lat próbowali obejść to wyzwanie różnymi metodami. Za długo jednak siłujemy się z problemem, by była to kwestia tylko osobistych predyspozycji tego czy innego polityka. Potrzeba raczej korekt systemowych w rozdziale zadań między instytucjami. W pierwszym kroku należałoby dowartościować rząd względem sejmu.

Władza wykonawcza potrzebuje swobody poruszania się w ramach raz stworzonego prawa. Ma wykonywać prawo, a nie chwilową wolę władzy ustawodawczej, jaką jest sejm. W Polsce system ma przechył na korzyść władzy ustawodawczej i to od niej uzależniona jest skuteczność działań politycznych. To być może dziedzictwo XVIII w. Spisując konstytucję w 1997 roku, elity nawiązywały do polskich tradycji demokratycznych i dążyły do stworzenia pomostu nad dwustuletnią wyrwą od przyjęcia Konstytucji 3 Maja[11]. Mimochodem także

11 Poniekąd także uniknięciem błędów, jakie pojawiły się w II RP, kiedy najpierw poprawki do Konstytucji marcowej, a potem Konstytucja kwietniowa przyniosły Polsce autorytaryzm, w którym kolejne błędy w polityce osłabiały kraj na drodze do tragicznej w skutkach II wojny światowej. Dawały prezydentowi możliwość sterowania krajem przez rozporządzenia o mocy ustaw, osłabiały kontrolę parlamentu nad rządem.

dziś mierzymy się z problemem słabego rządu i praktycznego braku władzy w państwie.

Problemy rządu zaczynają się od niemożności organizacji własnego zaplecza. Czy premier decyduje o liczbie i sposobie organizacji ministerstw, agencji i urzędów w swoim rządzie? W sprzyjającym układzie politycznym – tak. Relacje na linii Jarosław Kaczyński-Mateusz Morawiecki pokazują, że niekoniecznie. Na problem ten wskazywał kilka lat temu Jan Rokita w swoim *Planie budowy państwa* – pisząc między innymi o władzy, jaką nad kształtowaniem zaplecza administracyjnego rządu mają komisje sejmowe[12]. Jeśli decydują one za premiera o sposobie organizacji pracy administracji – jego władza drastycznie spada. Prezes Rady Ministrów w tym sensie nie ma władzy analogicznej do prezesa w dużej spółce giełdowej, a nawet podobnej do władzy szefa rządu w innych krajach. O ile w Wielkiej Brytanii czy Niemczech można wyobrazić sobie w miarę skuteczne zarządzanie państwem bez większości parlamentarnej z pozycji premiera, kanclerza, a we Francji – prezydenta, to w Polsce jest to zupełnie abstrakcyjne. Praktyka działania kolejnych szefów rządów zdaje się tylko potwierdzać diagnozę o słabości tego stanowiska.

Punktów, w których rząd traci atrybut centralnego ośrodka dyspozycji politycznej państwa jest więcej. Inicjatywy legislacyjne wychodzą od rządu – jak Polski Ład, a decyzje bieżące – wymagają parafki parlamentu. Czyli odwrotnie, niż wskazywałyby podział ról, na który jesteśmy umówieni w konstytucji. Dzieje się tak, ponieważ rząd dysponuje ministerstwami – strukturami zdolnymi do zespołowego myślenia (choćby tylko w ramach swoich silosów). Parlament zarządza teatralnym konfliktem politycznym, nikłą infrastrukturą refleksyjną na zapleczu partyjnym, a jego decyzje mają postać ustaw – czyli prawa (co do zasady) długofalowego. Czas potrzebny zbiorowemu ustawodawcy na podjęcie decyzji jest niewspółmiernie długi w stosunku do czasu, w którym należałoby odpowiedzieć na realne wyzwania gospodarcze czy społeczne. Zadania parlamentu powinny być bardziej długoterminowe, gdy tymczasem musi produkować legislację wekslującą bieżące potrzeby rządu (szczególnym przykładem jest wchodzenie w tryb inicjatywy poselskiej z ustawami faktycznie rządowymi[13]).

Nie tyle zwycięstwo konkretnej formacji politycznej jest frustrujące – wygrana Kaczyńskiego czy porządki Tuska – a to, że system ma zaprogramowaną niedoskonałość na etapie założycielskim. Krytyczna ścieżka bieżącego reagowania,

12 O problemie zarządzania zapleczem administracyjnym i szerzej budowania centrum państwa pisze J. Rokita, wsp. S. Starnawski: *Plan budowy państwa. 20 idei na rzecz poprawy jakości rządzenia*, Raport 3/2015, Centrum Analiz Klubu Jagiellońskiego, klubjagiellonski.pl, s. 18–19.

13 Tegoroczne przykłady obejmują Lex Czarnek czy ustawę o jakości w ochronie zdrowia. Praktyka zgłaszania projektów rządowych jako poselskich była stosowana także w poprzednich kadencjach, por. Prawo.pl, *Rząd zgłasza odrzuconą ustawę jako projekt poselski – przepisy tego nie zabraniają*, 27.04.2023, www.prawo.pl.

która powinna być domeną rządu, wymaga obecnie skonfigurowania ścisłego pasa transmisyjnego na nadliczbowej linii partia-parlament-rząd, podczas gdy wszystkie inne rozwiązania są wywrotne. Taka konfiguracja promuje monopolizację władzy – najwidoczniej do rutynowego rządzenia trzeba mieć pod kontrolą parlament, rząd i partię oraz przychylną neutralność prezydenta i Trybunału Konstytucyjnego. Taka władza jest amorficzna i po prostu słaba.

Rada Ministrów, nie mogąc pełnić swojej roli wykonawczej, przestaje być krytycznym nerwem państwa i w poszukiwaniu narzędzi skutecznego oddziaływania, zaczyna anektować następne obszary. Sięganie przez kolejne rządy po nie swoje narzędzia jest dowodem słabości tych frakcji i ich niepewnego umocowania w ich podstawowej roli. Rola rządu wymaga dowartościowania, bo w ostatecznym rozrachunku to na Prezesie Rady Ministrów ciąży przymus ruchu. Bez wzmocnienia rządu trudno będzie utrzymać trójpodział władzy, ponieważ obywatele oceniają, czy państwo działa, zaczynając od jego elementu wykonawczego, sprawczego. Jeśli jest źle, to nie upada szef Sądu Najwyższego, Trybunału Konstytucyjnego, marszałek, prezydent – tylko premier. I to on co do zasady powinien być realnym ośrodkiem skutecznych decyzji w trybie bieżącym. W Polsce dzieje się tak tylko w warunkach kryzysowych, kiedy premier dostaje większe pole działania lub nikt inny już nie nadąża za sytuacją i przewaga informacyjna KPRM pozwala mu faktycznie kuć żelazo.

Rzecz jasna, wzmacnianie rządu może kojarzyć się z autorytaryzmem i postulatem „szarpnięcia cuglami". Czym innym jest jednak zapewnienie narzędzi właściwego wykonywania zadań, dlatego bardziej właściwe jest pytanie o możliwość przekształcenia sposobu pracy rządu; wzmocnienia jego rdzenia, a zmniejszenia zakresu, w jakim się porusza; zwiększenie jego praw do działania względem władzy ustawodawczej, przy jednoczesnym umożliwieniu uczestnictwa we władzy obywatelom, samorządom, podmiotom trzeciego sektora, opozycji.

Istotne jest też pytanie co można z tym fantem zrobić, nie zmieniając konstytucji[14]. Większe zmiany w zakresie praw rządu wymagałyby porozumienia o zmianach w ustawie zasadniczej i uzupełnieniu jej o wnioski z ostatniego ćwierćwiecza. To wymaga poważnej większości sejmowej, na którą się nie zanosi. Dlatego, na ile się da, trzeba naprawiać te defekty podnoszeniem kultury dialogu politycznego, wracać do dobrych zwyczajów sejmowych i poprawiać struktury organizacyjne na tyle, na ile pozwalają istniejące ustawy.

14 Warto myśleć o korekcie konstytucji po 25 latach jej działania. Jest więcej przykładów na odpowiedzialność poprzesuwaną między instytucjami. Łączenie roli prokuratora generalnego z Ministerstwem Sprawiedliwości, które jednocześnie ma duży wpływ na sądownictwo, władza ustawodawcza w rękach Trybunału Konstytucyjnego interpretującego z ogólnych przesłanek szczegółowe wytyczne dla rządu, władza wykonawcza przesuwająca się w ręce sejmu. Skala i forma związków państwo-kościół. Przygotowanie przyjęcia euro jako waluty w zastępstwie złotego.

Gdzie leży Centrum Dyspozycyjne Państwa?

Gdzie do tej pory leżało Centrum Dyspozycyjne Państwa, jeśli w ogóle próbowano je stworzyć[15]? Z problemem niewystarczającej władzy rządu musieli mierzyć się kolejni liderzy ostatniej dekady i znaleźli przynajmniej trzy rozwiązania, niestety każde powodowało poważne dysfunkcje w systemie decyzyjnym i sporo kosztów ubocznych[16]. Jak problem niedowładzy rządu rozwiązali Donald Tusk i Jarosław Kaczyński?

System trzeszczał w obliczu determinacji liderów, by zrealizować cele wyborcze. W sumie każdy mierzył się z mocno ograniczającym, nieelastycznym porządkiem instytucjonalnym. Trudnym do zmiany, bo zapisanym w konstytucji. Sposób sprawowania władzy osobno przez Jarosława Kaczyńskiego i Donalda Tuska zdaje się tę obserwację potwierdzać. Wypracowane przez nich bajpasy, praktyczne rozwiązania dla dysfunkcji, z którymi musieli się zmierzyć, są obarczone bagażem niedogodności – każde z osobna.

Mieliśmy przynajmniej trzy próby obejścia problemu.

Donald Tusk postanowił rządzić z pozycji czołowej, Jarosław Kaczyński porządkował swój pas transmisyjny z głębi pola. Tusk został premierem, Kaczyński pozostał prezesem partii. Obaj musieli dokonać podporządkowania pozostałych elementów łańcucha decyzji. W tym celu Donald Tusk wyeliminował ze swojego zaplecza parlamentarnego i partyjnego gros głosów sprzeciwu, ociosując ją do samego rdzenia i odbierając swojej organizacji zdolność odnowy. Kaczyński wybrał politykę równoważenia wpływów frakcyjnych, świadczącą o tym, że frakcje w ogóle były. Taka metoda skazywała go na prowadzenie polityki w sposób cyniczny – nie zawsze frakcje partyjne dostępne jako przeciwwaga były estetyczne, a jednak w imię użyteczności prezes korzystał z ich głosów. Utrzymywanie chwiejnej równowagi kosztuje, nieraz wymaga dodatkowych ustępstw, za które płaciło państwo. Obok oczywistego podziału stref wpływów w ministerstwach i spółkach państwowych, poszczególne koterie najwyraźniej zdobywały tolerancję centrali dla promowania swoich skrajnych postulatów. Owocowało to kosztownymi, teatralnymi konfliktami z UE i rozjątrzeniem podziałów społecznych – jak przy odrzuceniu tzw. „kompromisu" aborcyjnego. W zamian Jarosław Kaczyński zyskał szerokie możliwości oddziaływania na kilka grup wyborców, co stabilizowało możliwość wprowadzania nowych inicjatyw politycznych. Kolejne konfrontacje prowadziły jednak do eskalacji kosztów i ścierania się koterii. Prowadzenie taktycznych gier

15 Sporo myślenia o centrum państwa pojawiało się na prawicy – niestety nie znalazło to przełożenia na realne korekty instytucjonalne. Por. J. Rokita, *Plan budowy państwa* oraz L. Skiba, *Rządzić państwem. Centrum decyzyjne rządu w wybranych krajach europejskich*, Instytut Sobieskiego, Warszawa 2010.

16 Ewa Kopacz i Beata Szydło prowadziły prace swoich rządów stosunkowo krótko i nie były faktycznymi liderkami środowisk politycznych, z których się wywodziły.

politycznych i rozbrajanie pułapek jest jednak czasochłonne. Musiało odebrać Kaczyńskiemu sporą część energii potrzebnej do strategicznego myślenia. Został cynizm taktycznych gier o sumie zerowej.

Tusk wybrał politykę cesarską, Kaczyński dworską. Tusk zyskał zdolność operowania międzynarodowego, tracąc zróżnicowanie i kreatywność na zapleczu, którego aktywność musiał ukrócić, by nie stanowiła dla niego zagrożenia. Przy okazji być może poświęcił także zakotwiczenie partii w elektoracie, a potem musiał je odbudowywać. Większe inicjatywy polityczne z czasów, gdy sprawował władzę pojawiały się w okolicach rządu tylko za sprawą silnych indywidualności i w obszarze kontroli premiera – jak działalność Radosława Sikorskiego i zaangażowanie w Partnerstwo Wschodnie.

Jarosław Kaczyński przydeptał pozycję premiera, wybierając na to stanowisko osoby, które z różnych względów mógł zdominować. Mogły nie być faktycznymi liderami, mogły być skłonne podporządkować się koncepcjom prezesa, bo nie wypracowały własnego programu politycznego lub były skłonne nagiąć się do drugorzędnej roli w imię przyszłej kariery. Ich predyspozycje lokowały się raczej w kontaktach międzyludzkich, znajomości partii lub polegały na umiejętnościach menedżerskich. Tym sposobem Jarosław Kaczyński drastycznie ograniczył swoją zdolność poruszania się po polityce międzynarodowej, bo ta wymaga obecności faktycznych decydentów przy stole. Zarazem nie chciał zrezygnować z możliwości szybkiego działania, jaką miałby jako premier, więc nagiął rolę sejmu do granic i zatrudnił go do administrowania bieżącymi sprawami państwa. Skutkiem ubocznym było osłabienie ministerstw i ministrów, które rozmnożył i oddał jako łupy koalicyjne osobom o umiarkowanej pozycji politycznej – bo łatwiej rozgrywa się mniej samodzielne gremia, a stanowiska łatwiej dzielić najpierw je mnożąc.

Fakt, że obu politykom materia ostatecznie się popruła, daje pretekst do myślenia o tym, że koordynacji przewidzianej w konstytucji jest za dużo. Bo przecież nie można odmówić im talentów i sprawności. Wybór dokonany przez Kaczyńskiego jest o tyle wymowny, że podejmowany już względem doświadczeń z rządu 2005–2007. Przykład Tuska pokazuje, że przy obecnym podziale obowiązków rząd-parlament i ordynacji wyborczej nie da się dłużej zachować sterowności dużej partii, zostając premierem. Przykład Kaczyńskiego – że nie da się zrezygnować z samodzielnego premiera i przenieść centrum decyzyjne z Alei Ujazdowskich do siedziby partii na Nowogrodzką, bo skala i tempo problemów koncentrujących się na wierzchołku piramidy kilkunastu ministerstw nie pozwala na taką sztuczną rundę dodatkowych konsultacji. Jest to szczególnie trudne, gdy wraz z demontażem służby cywilnej rozmontowuje się kolejne poziomy automatyzmu decyzyjnego w państwie i zamienia je na uznaniowe, zależne od „prymatu woli politycznej". Doraźnie to może być wygodne i przynosić zyski polityczne, lecz w tym czasie państwo słabnie.

Niestety takie inwazyjne działanie rozbija procesy decyzyjne, pozbawia państwo szkieletu i zdolności automatycznego działania. Automatyzm państwa oznacza, że aparat urzędniczy działa niejako na autopilocie – na podstawie ustaw, procedur, które muszą być przygotowane z myślą o wielu różnych sytuacjach i są interpretowane przez ludzi, którzy zostali ukształtowani przez określone studia i sposób codziennego postępowania instytucji. Procedury trudno mądrze skorygować, natomiast łatwo ośmieszyć, powołując się na wybrany przykład dysfunkcji i wykazując, że lepiej rozumie się sprawiedliwość, rację stanu. Niestety, interwencja idąca w poprzek procedurom podważa zaufanie do nich na dłużej. Następnym razem, kiedy potrzebny będzie szkielet – państwo złoży się jak harmonijka, nie będzie na czym się oprzeć. Kiedy premier zamawia węgiel z poziomu KPRM, ogłasza na ostatnią chwilę wybór dostawcy elektrowni atomowej – żeby zdążyć przed weekendem, choć jeszcze bez uchwały Rady Ministrów czy w czasie negocjacji KPO, kiedy trudno znaleźć odpowiedzialnego za przyjęte stanowisko rządu – tak właśnie złożyło nam się państwo. Strefa zgniotu w *crash teście* wypadła gdzieś przed okularami premiera, a zapewne i naczelnika państwa.

Bezsprzecznie, pewną rolę w zdominowaniu życia politycznego w Polsce grały charaktery liderów. Obaj politycy są ambitni i chcą kontrolować sytuację – ryzyko osobowościowe powinno być jednak wkalkulowane w zapisy konstytucji. Trudno też wskazać, w jaki prostszy sposób obaj liderzy mogliby wywiązywać się z celów politycznych, nie ryzykując kompletnej utraty skuteczności. Także odpowiedź, że lekarstwem na monopolizację władzy jest „więcej dialogu" i „uwzględnienie potrzeb wszystkich zainteresowanych" jest tyle prawidłowa, co niewiele wnosząca. Dialog będzie nam potrzebny zawsze, zwłaszcza przy większych reformach państwa, lecz nie gwarantuje skuteczności. Państwo nieskuteczne nie będzie wiarygodne, przez co nie będzie budziło zaufania.

Trudno zdobyć wiarygodność, gdy nie kontroluje się wyników swoich prac. Byłoby inaczej, jeśli pozycja premiera byłaby silniejsza. Szczególnie w sprawach bieżących i mieszczącej się w jakkolwiek ustalonych „widełkach zaufania", tak, by rutynowe zarządzanie nie wymagało chodzenia po zgodę do sejmu i faktycznie poddawania się bieżącej kontroli parlamentu, by w ogóle rządzić. Polemiki w sejmie straciłyby nieco na jaskrawości, bo ogień dyskusji częściej dotyczyłby długookresowych problemów, za to państwo by zyskało na sterowności[17].

Opcja dwa i pół

Pojawił się i trzeci sposób na znalezienie brakującej sprawczości w polityce – przez wytransferowanie władzy poza ścisłą jurysdykcję Radę Ministrów. Wynalazł go, pewnie korzystając z doświadczenia zdobytego na korytarzach korporacji, Mateusz

17 Jakimś tropem byłoby też silniejsze skontrastowanie ról sejmu i senatu. Pierwszego w roli ustawodawczej, a drugiego w roli Rady Nadzorczej, zatwierdzającej bieżącą pracę administracyjną rządu.

W JAKI SPOSÓB LIDERZY ZAPEWNIALI SOBIE MINIMUM SPRAWCZOŚCI?

DONALD TUSK	JAROSŁAW KACZYŃSKI	MATEUSZ MORAWIECKI
Prymat rządu – kosztem sejmu i następców	**Prymat partii – upośledzony rząd, wywrotność**	**Rząd wydmuszkowy – wytransferowanie władzy**

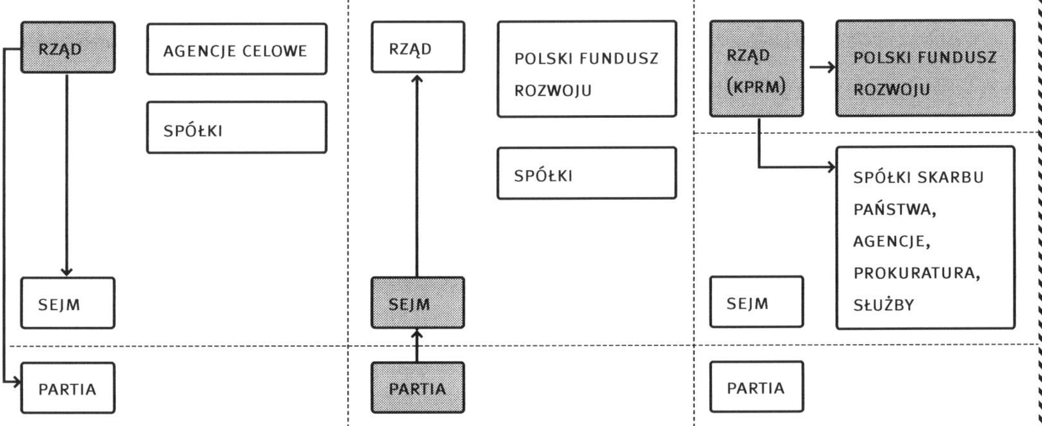

ZALETY

Donald Tusk	Jarosław Kaczyński	Mateusz Morawiecki
→ **Wysoka sprawność rządu** z właściwie osadzonym liderem politycznym jako premierem → **Sprawność w warunkach kryzysowych** i dość duża odporność na zawirowania w sejmie	→ **Duża kontrola nad całością procesu legislacyjnego,** przy zachowaniu szerokości prac, lider rozgrywa	→ **Skuteczne zarządzanie – wysoka sprawność PFR,** możliwość doboru kadr wg rynkowego klucza, lżejsze procesy, samodzielne stawianie sobie celów → **Sprawność kryzysowa**

WADY

Donald Tusk	Jarosław Kaczyński	Mateusz Morawiecki
→ **Słabość legislacyjna** – niezdolność do stworzenia prawa pozwalającego przezwyciężyć „państwo teoretyczne” → **Państwo przypadkowe** – wprawdzie wycofuje się z życia obywateli, ale swoje problemy też spycha na mieszkańców (edukacja, służba zdrowia) → **Zawężenie dialogu, brak fermentu myślowego** w partii i sejmie. Praca głównie ze „sprawdzonymi druhami” → **Zubożone zaplecze osobowe,** brak naturalnych kontynuatorów	→ **Rząd niesprawny i fasadowy** bez faktycznego lidera politycznego. Sejm przejmuje rolę władzy wykonawczej → **Zarządzanie z tylnego siedzenia** pozbawia lidera narzędzi władzy → **Kryzysy przeciążają rząd,** marazm legislacyjny, gdy koalicja się chwieje – rząd zbyt słaby, by wziąć grę na siebie → **Słabe ministerstwa** nie przyciągają silnych kadr → **Państwo nadaktywne** – każda sfera życia staje się upolityczniona	→ **Słabość premiera** – brak kontaktu z partią, niepełna kontrola nad rządem → **Systemowe upośledzenie państwa** – rząd traci naturalny obszaru zadań i uczenia się. Improwizowanych bajpasów nie przekuto w instytucje i procesy → **Wypychanie odpowiedzialności** poza rząd do spółek i agencji → **Utrata kontroli demokratycznej,** zwłaszcza nad długiem publicznym w PFR → **To nie rząd nadaje ton dyskusji,** partia wrzuca tematy poboczne

Morawiecki. Zbudował on obok rządu swoje własne zaplecze złożone z agencji rozwojowych: przenosząc tam narzędzia, zasoby i decyzyjność. Brak możliwości kształtowania instytucjonalnego zaplecza rządu doprowadził do stworzenia obok ministerstw dodatkowego ośrodka realnej władzy. Ta grupa jest całkiem liczna i można zaliczyć do niej Grupę Polskiego Funduszu Rozwoju z właściwym PFR, Bankiem Gospodarstwa Krajowego, Agencją Rozwoju Przemysłu oraz PARP, PAIiH, KUKE. Przede wszystkim PFR i BGK urosły w kompetencje i w pieniądze, które były faktycznie wydawane poza zdolnością sejmu do demokratycznej kontroli zadłużenia publicznego[18]. Do tego KPRM nabrała masy, bo pozbawiony sojuszników i zaufania do swojego zaplecza premier dublował kontrolę nad ministerstwami z poziomu Kancelarii. Krytyczne zadania były wciągane do Kancelarii szczególnie z MSZ, który został pozbawiony kontroli nad relacjami z UE[19]. Mnogość słabszych ministerstw leżała też w jego interesie, bo ułatwiała sterowanie nimi, mimo słabszej pozycji w partii, oraz pozwalała budować własną grupę poparcia przez kolejne nominacje. Inflacja liczby stanowisk rządowych oznacza dokładnie to, na co wygląda – tracą one na znaczeniu i wartości, stając się przedmiotem targów między koteriami, szczególnie tymi nieorientującymi się, gdzie leży realna władza. Ale tworzy dodatkowe szable.

Pomysł chwycił bo, *like it or not*, PFR jest szybszy i bardziej skuteczny niż ministerstwa. Siła zdaje się leżeć w przewadze instytucji, która jest chroniona parawanem od bieżącej rozgrywki politycznej, może działać zgodnie z rzeczywistym zapotrzebowaniem, układać swoje struktury bez ubiegania się o zgody oraz zatrudniać pracowników, za których szefowie są skłonni wziąć odpowiedzialność – a nie wskazanych przez kolegów z partii. Mechanizm musi cieszyć się pewnym uznaniem, o czym świadczy próba modernizacji systemu opieki zdrowotnej – zakładająca przeniesienie nadzoru nad reformowanymi centrami ochrony zdrowia do Agencji Rozwoju Szpitali[20].

Podobne manewry z przenoszeniem władzy i zaszywaniem jej poza bezpośrednim zasięgiem konkurentów zaczęli wykonywać wicepremierowie i koalicjanci. W wyniku tych wydarzeń zamiast zwartego rządu mamy coraz bardziej rozparcelowany ośrodek władzy, w którym realna sprawczość jest wyprowadzana na linię MAP-spółki, premier-PFR, Ministerstwo Sprawiedliwości-prokuratura, KPRM-partia.

18 Instytucje wspierające rząd mają dobrą tradycję na świecie – były pożyteczne w Finlandii i Japonii, kiedy te transformowały swoje gospodarki. BGK ma też dobrą tradycję w Polsce – został utworzony przez Władysława Grabskiego. Więc początek był obiecujący, problemy pojawiają się gdzie indziej – w przejmowaniu słabiej legitymizowane instytucje zadań ministerstw.

19 Innym przykładem jest urząd pełnomocnika rządu do spraw polsko-ukraińskiej współpracy rozwojowej, który został skojarzony z Ministerstwem Funduszy i Polityki Regionalnej, a nie z MSZ. Ministerstwo Funduszy leży oczywiście w sferze wpływów premiera.

20 O zapowiadanej formie organizacji Agencji Rozwoju Szpitali por. Rynekzdrowia.pl, Agencja Rozwoju Szpitali. Forpoczta rewolucji w szpitalnictwie ze sporym budżetem. Jak będzie działać?, 10.01.2022.

Tu zaczynają się schody. PFR może i jest bardziej skuteczny niż ministerstwa, ale ponieważ jest wyizolowany z aparatu władzy, nie musi brać na siebie całego ciężaru gry w każdych warunkach i może wybrać pracę tylko nad atrakcyjnymi tematami. Potężnym problemem jest to, że premier nie może nakazać szefowi PFR objęcia faktycznej osobistej odpowiedzialności za gospodarkę w czasach kryzysu przez przejęcie ministerstw finansów i rozwoju. A przecież to szef PFR, ze względu na siłę posiadanych narzędzi, decyduje o losach gospodarki w dobrych czasach. To znaczy oczywiście Prezes RM może zaproponować taką unię personalną, ale rozsądny szef PFR złoży wtedy rezygnację. Zarządzanie na wzburzonych wodach spada na zubożone ministerstwa, przez lata pozbawiane narzędzi i interesujących tematów na rzecz PFR, odcinane od dopływu kompetentnych kadr. O tym, że ministerstwa same są niezbyt mocne, świadczy skala konsultacji i *outsourcingu* zadań do spółek Skarbu Państwa, a domyślać się można, że także skala pytań zadawanych profesjonalnym firmom doradczym była znaczna. Z kolei zwrotny przepływ wiedzy z ministerstw do podmiotów gospodarczych jest niewystarczający – choćby w tematach zielonej transformacji i CO_2 przedsiębiorstwa są zdane na siebie.

Poważnym problemem jest też pozbawienie nowych instytucji PFR legitymacji demokratycznej i ograniczenie ich rozliczalności przez parlament. Sejm może kontrolować budżet, ale nie ma takich samych narzędzi do odpytania PFR. Nie wie do końca co składa się na finanse państwa, a rząd może uciekać od odpowiedzi – grać w ciuciubabkę. Nawet przy poprawnych relacjach personalnych między PFR a ministerstwami problem nie znika, tworzy się ryzyko wbudowane w ścieżkę podejmowania decyzji. Rynki finansowe nie muszą ufać ministrowi finansów emitującemu obligacje, kiedy osobną akcję pozyskiwania kapitału na podobne potrzeby rządowe może przeprowadzić szef PFR. Kluczowe pytanie brzmi: jak obligacje ministra finansów wyceni rynek – jakiego oprocentowania zażąda? A to zależy od zaufania w słowa ministra i wyceny całości potrzeb pożyczkowych państwa. Jeśli minister finansów ma pełną kontrolę nad finansami państwa, wie, co obiecuje inwestorom. Zaufanie do niego zależy wprost od jakości jego polityki oraz kompetencji osobistych. Kiedy emitentów jest więcej, zaczyna się gra – i nie zawsze rząd będzie w niej górą.

Czy wobec tego PFR należy skreślić? Nie, bo – w sumie – działa! Wręcz przeciwnie, rząd powinien korzystać z modelu PFR w szerszym, a nie w węższym zakresie. Wprawdzie bez zmian w prawie i konsekwentnego zarządzania wszystkimi „ogonami", które po sobie pozostawia, to tylko model połowiczny i nie można uznać go za podstawę państwa. Lista tematów, które rząd może wyeksportować, nie przestając być rządem, jest ograniczona. Są takie, które musi brać na siebie. Gdyby szukać instytucjonalnych przyczyn niepowodzeń Polski w XVIII w., można odnaleźć je m.in. w słabej organizacji poczty aż do reform Stanisława Augusta oraz *outsourcowaniu* władzy sądowniczej szlachcie jeszcze przez Stefana Batorego. Obsada trybunałów stała się przedmiotem walki frakcyjnej, a drugoplanowa rola, jaką względem dominującej szlachty odgrywali prawnicy przyczyniła się do spadku jakości orzecznictwa[21]. Rząd nie może więc pozbawić się struktur i kontroli, powinien za to korzystać z najlepszych struktur i najskuteczniejszej, najmniej uciążliwej kontroli, jaką może sprawować.

Istotne byłoby rozważne przeprowadzenie linii podziału między funkcjami, które dla rządu są centralne, a które pomocnicze i co z pomocniczych funkcji może być realizowane lepiej przez delegowaną agendę inną niż przez ministerstwo. Jest bardzo wątpliwe, czy dwie-trzy spółki Skarbu Państwa wespół z PFR będą w stanie przejąć od rządu odpowiedzialność za transformację energetyczną, rozwój gospodarki, digitalizację. Mogą co najwyżej dostarczyć wsparcia na ważnych odcinkach, tym lepszego, im szybciej rząd zregeneruje swój krytyczny mięsień decyzyjno-rozwojowy.

Kluczowe jest to, by rdzeń rządu, składający się z podstawowych funkcji państwa, został jasno zdefiniowany i zaczął się bronić, a pozostałe obszary rządu nauczył szerokiej współpracy z otoczeniem i otworzył na nowe sposoby dostarczania wartości obywatelom.

Optymalizacja mocy obliczeniowej rządu

Podzielmy zadania publiczne na trzy koszyki. Koszyki ułożone tak, by wyważyć dwa elementy – skuteczność i różnorodność. Są z jednej strony podyktowane profitami, które wynikają z centralizacji, a z drugiej: korzyściami z bardziej rozbudowanego dialogu społecznego, ciągłego doskonalenia i dopuszczenia nowych informacji. Pierwszy koszyk to państwo minimum, inaczej mówiąc ministerstwa siłowe. Drugi koszyk to kluczowe „misje rozwojowe", rozumiane jako oczekiwanie obywateli, by rząd zorganizował pewien stan końcowy w wybranym obszarze życia społecznego, pewien efekt. Niekoniecznie własnymi rękami, ale w sposób zauważalny dla wyborcy. Trzeci koszyk zawiera te funkcje rządu, które potencjalnie nadają się do wyłączenia z bieżących prac Rady Ministrów i przeniesienia do niezależnych lub w połowie zależnych od rządu Agencji Rozwojowych. To zadania, w których znaczenie dialogu dla tworzenia wartościowych rozwiązań jest największe.

Pytanie o moc obliczeniową państwa jest jednocześnie pytaniem o jego siłę względem społeczeństwa obywatelskiego[22]. Utrzymanie dobrej demokracji, wolności, wymaga przestrzeni dla działania społecznego. Państwo, które zagarnia

21 Utworzenie trybunałów wynikało z przeciążenia króla liczbą spraw oczekujących na rozstrzygnięcie, trybunały nadały nowe znaczenie miastom Lublin i Piotrków, zapewne też poszerzyły dostęp do władzy sądowniczej.

22 Por. wywiad z D. Acemoglu, *The Narrow Corridor to Liberty: An Interview with Daron Acemoglu*, Harvard Political Review, 29 lipca 2020.

zbyt wiele, będzie osiadało, pozbawiało się atutów, grawitowało w stronę autokracji i dyktatury. Państwo, które będzie tworzyło przestrzeń do współpracy i „szukało gry" ze społeczeństwem, będzie żywotne, pomysłowe, bardziej odporne na kryzysy w otoczeniu międzynarodowym. Mamy więc państwo zachłanne kontra państwo otwarte. To drugie jest lepsze, choć trudniejsze do zorganizowania i w codziennym zarządzaniu – wymaga aktywności, obok współpracy będzie też nieraz w pewnym sensie konkurowało ze społeczeństwem czy z rynkiem o to, kto stworzy lepsze rozwiązania.

Rozpoznanie warstw w działaniu rządu pozwoliłoby wyklarować zakres zadań, którymi rząd powinien się zajmować[23].

Obecnie mamy jedną politykę na wszystko: pełną kontrolę i dostarczanie usług przez rząd. Jeśli coś wymyka się temu schematowi, to przez zaszłość historyczną, którą rząd chętnie wyeliminuje (przykładem niech będzie chociażby niezależna edukacja). Warto dysponować bardziej zróżnicowanym repertuarem. Choć nie sposób zarządzać 17 ministerstwami na 17 sposobów, można pomyśleć o podzieleniu ich na kilka koszyków mających cechy wspólne.

Istnieją tematy, choćby dotyczące dyscypliny budżetu państwa, gdzie obranie zdecydowanego kierunku i spójność działań różnych instytucji jest kluczowa dla powodzenia. Struktura hierarchiczna, system scentralizowany, brak inicjatywy oddolnej, nikła współpraca z otoczeniem, mechaniczny podział odpowiedzialności za cele – nie może być panaceum na wszystko: od obrony narodowej aż po rolnictwo i kulturę. W innych tematach, jak tych dotyczących kultury, nauki, edukacji ogromną wartością jest interakcja z otoczeniem, w tym także z opozycją. Wbudowanie do rozwiązania większej wiązki wiedzy, eksperymentu i informacji zwrotnej tworzy nową jakość, pozwala ograniczyć koszty, zwiększa elastyczność i niezawodność rozwiązań, skraca czas uzyskania wyników[24]. Pomiędzy tymi biegunami leżą tematy polityki gospodarczej, zdrowotnej, rolnictwa, które wymagają opanowania dużych programów gospodarczych i jednocześnie korzystają z dialogu z otoczeniem. Jednocześnie nie należą do podstawowych funkcji państwa w tym sensie, w jakim jest nią na przykład Ministerstwo Spraw Wewnętrznych.

Za zróżnicowaniem funkcji idzie zróżnicowanie zaplecza, które musi dostarczyć rząd. W koszyku nr 3 położonym najdalej od ścisłego rdzenia rządu może wystarczyć zapewnienie finansowania, stworzenie standardów zarządzania obowiązujących partnerów i dostarczenie podstawowej infrastruktury, na

23 Obok pytania technokratycznego związanego ze sprawnością władzy pozostaje też to o sens rządu, zasługujące na osobny tekst. Czy w ogóle powinien mieszać się do życia obywateli w tak wielu sprawach – od regulaminu zapłodnienia, aż po nominacje dyrektorów teatrów? Każda taka aktywność rządowa zbliża nas do pytania, kto tu jest dla kogo.

24 Tu mowa o 5 parametrach procesów: koszt, jakość, elastyczność, szybkość, niezawodność.

GDZIE POWINIEN KOŃCZYĆ SIĘ RZĄD? JAK ZRÓŻNICOWAĆ REALIZACJĘ JEGO ZADAŃ?

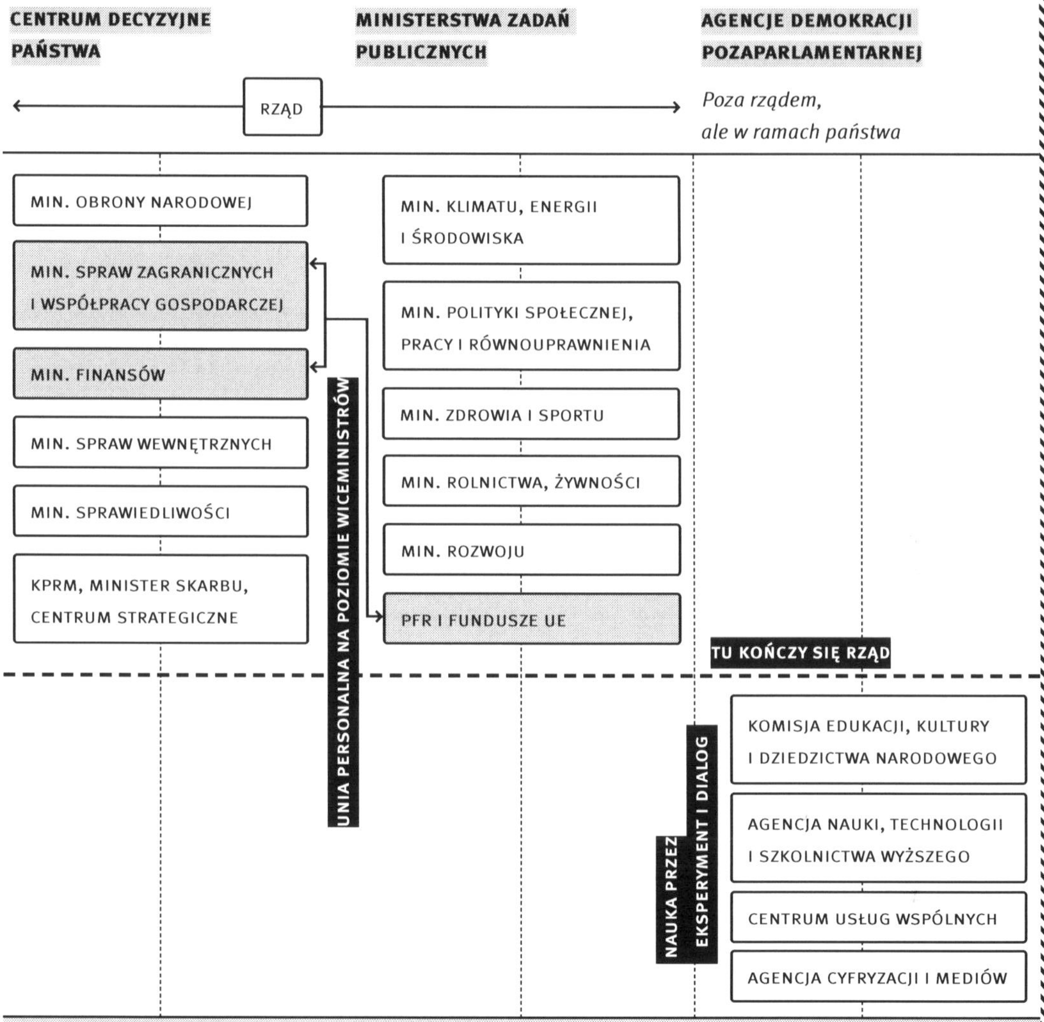

Podstawowe zadanie to...
tworzenie zrębów państwa według definicji „państwa minimum".

Źródłem sukcesu jest...
SKUTECZNOŚĆ I NIEZAWODNOŚĆ- Utrzymanie zwartego państwa, prostego, skutecznego, mającego kontrolę nad wdrożeniami.

Pętla uczenia się ulokowana w...
MSW: ciągłe doskonalenie procesów oraz rozwój Służby Cywilnej.

Podstawowe zadanie to...
rozwiązywanie dużych problemów zleconych przez wyborców.

Źródłem sukcesu jest...
KREATYWNOŚĆ I SKUTECZNOŚĆ
Ministerstwa – centra kompetencji. Bliski kontakt z samorządem regionalnym, gospodarczym.

Podejście bardziej menedżerskie niż administracyjne, zorientowane na współpracę i łączenie tematów: na zasadzie *polityka regionalna ↔ infrastruktura ↔ samorządy*

Podstawowe zadanie to...
tworzenie rozwiązań w tematach supernowoczesnych i wrażliwych.

Źródłem sukcesu jest...
AUTONOMIA. Dla wzmocnienia dialogu, eksperymentowania, zapewnienia ciągłości rozwiązań.

Na co zwracać uwagę?
Innowacje, twórcze eksperymentowanie i skalowanie wyników. Dialog jest potrzebny, by eksperymenty były mądre, a pomysły nie zmieniały się co kadencję.

której potem budują partnerzy. W koszyku drugim potrzebne jest dostarczenie centralnej wizji rozwoju oraz zaangażowanie w budowę już nie podstawowej, a skrojonej na miarę infrastruktury, która będzie tak fizyczna, jak prawna czy finansowa i ogólnie bardziej kosztowna. W koszyku 2 dużego znaczenia nabiera wykorzystanie pozycji rządu do *networkingu*, łączenia partnerów którzy mogą współpracować ze sobą i z rządem przy wybranych rozwiązaniach. Przykładem może być próba zbudowania klastra przemysłowego w wybranym regionie, który wymaga silnych partnerów, prawdopodobnie dedykowanej infrastruktury związanej z wybraną branżą, odpowiedzenia na potrzeby lokalnego rynku pracy. W koszyku 3 zaangażowanie rządu w *networking* będzie raczej obciążeniem, kontakty między partnerami mogą przebiegać bardziej spontanicznie, a z rządem na zasadzie wpisania się w pewne ustalone reguły. Rząd może stworzyć infrastrukturę dla nauki, kultury czy mediów cyfrowych, natomiast poza ustaleniem ogólnych reguł nie powinien mieszać się w jej wykorzystanie. Prawdopodobnie nie nadążyłby za nowymi inicjatywami.

Czego powinniśmy oczekiwać od koszyków? Jakie cele przed nimi stawiać? Pierwszy koszyk, „państwa minimum" czy Centrum Decyzyjnego Państwa należałoby konsolidować i kompresować, by uzyskać jak najsilniejszą integrację państwowego „nerwu strategicznego". Chodzi o państwo silne samo w sobie oraz o upakowanie możliwie największej i najbardziej wszechstronnej zdolności reagowania w kilku kluczowych ministerstwach. Zgódźmy się, że w niektórych obszarach centralizacja jest konieczna, a hierarchia sprawdza się nieźle – np. w tworzeniu prawa utrzymującego funkcjonowanie rynku w gospodarce czy w obronie narodowej[25]. Państwo nie może zrezygnować z ich realizacji, a robi to w równej mierze dla obywateli, jak dla siebie. Są to ministerstwa „racji stanu" i podstawowym kryterium oceny powinna być ich skuteczność przy zachowaniu pewnej ascezy, powściągliwości władzy, ekonomii środków.

Drugi koszyk zawiera priorytetowe zadania rozwoju społeczno-gospodarczego. Ich podjęcie lub nie przez odpowiednie ministerstwa wiele mówi o tym, jak daleko w gospodarkę sięga rząd. Formalnie te zadania nie mieszczą się w „państwie minimum". Podjęcie ich przez państwo wynika z myślenia o dobru wspólnym, z refleksji, że skoordynowanie niektórych wysiłków przez państwo przynosi obywatelom korzyści. Są realizowane przez rząd z pragmatycznych powodów – choćby takich, że korzyści z centralizacji i wspólnych rozwiązań są wysokie, a rząd dysponuje masą krytyczną, by nadać bieg rozwojowi gospodarki. O ile jednak w pierwszym koszyku rządzenie odbywa się niemal dekretami (a co rząd postanowi, tak będzie), o tyle obszary koszyka drugiego nie dotyczą już

25 Przykład militarny udowadnia, że nawet tutaj zdecydowanie lepsze wyniki osiągają siły zbrojne zdolne do utrzymania wielokierunkowego przepływu informacji i powierzające istotną część inicjatywy średniemu szczeblowi zarządzania.

kręgosłupa państwa. W wielu wypadkach rozwiązania państwowe mierzą się tu z rozwiązaniami dostarczanymi przez rynek (służba zdrowia) czy społeczeństwo (zrzeszenia branżowe). Są to dziedziny zbyt rozległe, by łudzić się co do możliwości ich pełnego kształtowania. Ponieważ państwo nie ma tu monopolu: więcej jest w nich zarządzania obarczonego pewną niepewnością i ryzykiem, niż rządzenia i administracji. Rząd jest tu mniej wykonawcą, a bardziej inicjatorem. Zdolność określania kierunków rozwoju, siła oddziaływania, umiejętność lewarowania małych środków w celu osiągania dużych celów, to w tej grupie parametry, na które powinniśmy zwracać uwagę. Doskonalenie tego obszaru powinno iść w kierunku ściślejszej koordynacji procesów wewnątrz rządu oraz wzmacniania współpracy z zewnętrznymi partnerami.

Trzeci koszyk to funkcje, wokół których można budować demokrację pozaparlamentarną. Też dotyczą dóbr wspólnych, czy dobra publicznego, tyle że korzyści z pracy z otoczeniem i pracy specjalistycznej przeważają tu nad korzyściami z integracji z centrum rządu. Dlatego powinniśmy maksymalizować liczbę i jakość pomysłów, które tworzą. Można wyobrazić sobie dla nich lepsze formy organizacji niż schematyczna administracja rządowa; każdy z nich mógłby się stać niezależną agencją działającą jak PFR. Są to tematy A) bardzo specjalistyczne i eksperckie, przykładem: cyfryzacja czy centrum strategiczne rządu, B) dość neutralne względem oczekiwań wyborców decydujących w dniu głosowania, przykładem: nauka, C) korzystające na ciągłym dialogu i skierowane do użytkowników-partnerów o różnym światopoglądzie, w pewnym sensie „prosumentów" rozwiązań publicznych, współtworzących je – przykładem: kultura i edukacja.

To w tematach koszyka drugiego i trzeciego szczególnie łatwo gubimy ładunek informacyjny znajdujący się w otoczeniu – na skutek obróbki skrawaniem w dniu wyborów i schematycznego ukształtowania instytucji. A obowiązuje zasada „I/O", czyli „*input/output*" – zwykle jaki wsad, taki w najlepszym razie wynik. Korzyści jakie niesie ciągła integracja impulsów z otoczenia powinny być uszanowane przez stworzenie instytucji najlepiej zagospodarowujących dostępny i dostarczony wkład informacyjny. W szczególny sposób dotyczy to kwestii takich jak rozwój regionalny, edukacja czy cyfryzacja. Istotny jest zarówno fakt współtworzenia wyników przez wszystkie zaangażowane strony, jak i zróżnicowanie poglądów osób korzystających z systemu. Nieraz użytkownicy tych systemów mają możliwości wycofania się z rozwiązania oferowanego przez rząd, wobec czego uczciwe byłoby zapewnienie im wpływu na to, co otrzymują. Celowe byłoby wyjęcie wybranych kompetencji z rządu i usytuowanie ich poza bieżącą polityką administracyjną w agencjach zewnętrznych. Przeformatowanie ministerstw wymusiłoby również wprowadzenie nakładów na indywidualną pracę poznawczą w tych instytucjach i zwiększyło zdolności adaptacyjne do wymogów zmieniającego się świata.

Uniezależnienie agencji od ministerialnego trybu pracy to pretekst, by zmienić metody pracy. Warto, by praca opierała się na projektach, miała możliwość podejmowania decyzji zagwarantowaną w akcie założycielskim (i nie wymagała ich potwierdzania ustawami) i zostawiała duży margines na dopasowanie rozwiązania do bieżących warunków i okoliczności. Dobrych analogii dostarczają tu firmy informatyczne, które przemodelowały swoje metody pracy z klientem względem klasycznego zarządzania projektami, by dostarczane przez nie rozwiązania ewoluowały w odpowiedzi na zgłaszane na bieżąco zapotrzebowanie użytkowników. Zmiana form pracy sprzyja otwarciu dwustronnej komunikacji z użytkownikami usług. Dzięki temu firmy są bardzo responsywne, mogą być szybko dopasowane do potrzeb. Przekładając to na dostarczanie usług publicznych, dyskusja wokół nowych rozwiązań mogłaby być prowadzona na gorąco, w oparciu o wczesne wersje testowe. Dzięki temu zainteresowani mieliby bieżący wpływ na ostateczny kształt rozwiązania – w trakcie, a nie na końcu procesu legislacyjnego. Przejście na bardziej elastyczny tryb pracy pozwoliłoby ograniczyć tworzenie wielkich i skomplikowanych wdrożeń na rzecz prostszych, ale działających wersji systemów, które mogą być doskonalone – zgodnie z myślą, że każdy działający skomplikowany system był u swoich podstaw prosty i nabrał złożoności z czasem, a systemy, które od początku były skomplikowane – raczej nie działają. A że tematy są długofalowe, to metoda krok po kroku, tylko do przodu, może przynieść wiele korzyści. Do takich metod pracy łatwiej wpleść przedsiębiorstwa z zewnątrz, startupy. Obok samej digitalizacji, w dziedzinach typu nauka i zdrowie może z czasem przynieść to jakościowy krok naprzód.

Model dystrybucji zadań rozwojowych poza rząd ma swoje europejskie prototypy. W Finlandii może nie jest to model na poziomie państwowym *sensu stricte*, ale funkcjonują pewne wzorce, które stałyby się modelem, gdyby je zastosować konsekwentnie. Przykładem są agencje VTT i SITRA, sterujące polityką innowacyjną państwa.

Katalog ministerstw należących do koszyka trzeciego jest otwarty, choć rzecz jasna przesuwanie tematów między drugim i trzecim koszykiem generowałoby w realnym życiu istotne koszty, przez co nie da się go łatwo odwracać (chodzi o kadry, nieruchomości, przerywanie realizacji zadań lub ich realizację z pogorszoną jakością w czasie przenosin). Dlatego dziś tylko kilka tematów warto byłoby przesunąć w całości na zewnątrz, a zadania z rozwoju społeczno-gospodarczego, czyli koszyka drugiego, kształtować w ten sposób, by centrum sterowania pozostało blisko KPRM, ale rząd był przede wszystkim dostawcą reguł, koordynatorem i liderem, a nie tylko bezpośrednim dostawcą finalnego produktu.

Pozostaje pytanie o organizację zarządzania w nowych instytucjach. Zupełne odseparowanie nowych instytucji od cyklu wyborczego nie wygląda ani na wykonalne, ani na praktyczne. Musielibyśmy dokonywać wyborów szefa

Polskiego Instytutu Nauki lub Agencji Cyfryzacji i Mediów w rytmie wyborów prezesa NBP lub Trybunału Konstytucyjnego. Zamawianie szefa takiej agencji na lat 7 czy 8 skończy się traktowaniem go jako politycznego cienia odchodzącej formacji politycznej, chcącej zachować wpływy – a w efekcie upolitycznieniem jak Trybunału Konstytucyjnego albo wojnami elekcyjnymi jak w Sądzie Najwyższym w USA. Ciekawsze byłoby złożenie zarządu takiej instytucji równolegle z polityków rządu i opozycji, w proporcjach wynikających z wyniku wyborów i postawienie ich w sytuacji wymagającej realizowania zadań wspólnie oraz uwzględniania wzajemnie swoich racji bez prawa weta. Wyboru mógłby dokonywać albo sejm, albo senat. Być może w zarządzie takiej instytucji powinno być 2 przedstawicieli opozycji, 2 rządu, oraz 2 kandydatów wybranych łącznie przez samorządy i trzeci sektor – tak by możliwie szeroko otworzyć dyskusję.

Do wygrania przy zmianie formatu ministerstw jest też ich przeniesienie poza Warszawę[26]. To dowartościowałoby Polskę regionalną. Pomogłoby zarówno miastom (w stworzeniu wyrazistej oferty i podniesieniu wartości inwestycyjnej), jak i ekonomice pracy. Warszawa staje się bardzo kosztowna. Miasta takie jak Łódź czy Lublin dają więcej przestrzeni na zbudowanie instytucji o wysokiej wartości społecznej. Dzieje się tak dzięki niewielkiej odległości od stolicy, niższym cenom nieruchomości, mniejszym kosztom utrzymania działalności, a także łatwiejszym dostępie do wykwalifikowanej kadry. Tym bardziej, że wiele kompetencji potrzebnych do projektowania nowych rozwiązań, prowadzenia warsztatów, koordynowania autorów nowatorskich pomysłów, będzie trzeba stworzyć od podstaw. Powinno się opłacić, bo w sumie cały ferment stworzony wokół usług publicznych może zakorzenić się, dając początek nowemu życiu gospodarczemu w regionie. Pomogłoby to też w odsunięciu pokusy ręcznego sterowania i zdemokratyzowaniu dostępu obywateli do władzy[27]. Z drugiej strony decentralizacja ma też swoje granice. Nowe miasta muszą (jeśli nie przed decyzją, to na pewno na końcu tego procesu) dysponować masą krytyczną pozwalającą utrzymać atrakcyjny rynek w otoczeniu agencji czy ministerstwa. Nie ma sensu parcelowanie agencji leżących na obrzeżach rządu tak silnie, by stawały się one jedynym centrum zapotrzebowania na kompetencje danego

26 Dyskusja decentralizacyjna ma pewien rozpęd. Podejmowały ją Klub Jagielloński, por. P. Śleszyński, *Polska średnich miast. Założenia i koncepcja deglomeracji w Polsce*, Raport 02/2018, Klub Jagielloński czy Zdecentralizowana Rzeczpospolita, zdecentralizowanarp.pl. Szczególnie ta ostatnia ma przewagę nad niniejszym opracowaniem, bo jest rozmową o całym ustroju, co może jednak pociągać korekty na poziomie konstytucji. Tekst, który Czytelnik ma w rękach jest skoncentrowany na sprawczości państwa i rozmyślnie porusza się bliżej rozwiązań możliwych do osiągnięcia krótkimi ruchami, możliwie prostymi – co może być pewną zaletą.

27 Deglomeracja mogłaby być ciekawym narzędziem jednoczesnego wsparcia rozwoju regionalnych rynków pracy i ograniczenia kosztów funkcjonowania ministerstw w Warszawie – gdzie konkurencja dotyczy i wynagrodzenia, i kosztów powierzchni biurowej.

typu w regionie. Przykładowo Centrum Usług Wspólnych rządu nie powinno być lokowane w mieście, w którym jest słabe zaplecze edukacyjne w kierunku księgowości i gdzie nie ulokowały się jeszcze żadne większe przedsiębiorstwa. Brak naturalnej rotacji kadr w krótkim czasie prowadziłby do skostnienia tych instytucji.

Przy okazji zmian organizacyjnych dobrze byłoby wbudować w instytucje pętle zorganizowanego uczenia się. W Centrum Decyzyjnym Państwa, powierzając to pewnie MSWiA jako integratorowi procesów. Szczególną funkcję może mieć Centrum Strategiczne Rządu, tj. w roli jednostki zajmującej się kształtem państwa, projektowaniem polityki. Dziś takie zaplecze w części tworzy PFR, a w części Polski Instytut Ekonomiczny – są wartościowe same w sobie i dla otoczenia. Niestety im większa separacja, tym trudniej powierzyć tematy z klauzulą tajności i związane z bieżącą agendą, więc kształtując dalszy rozwój zaplecza, może warto byłoby zbudować centrum bliżej związane z KPRM. W grupie Ministerstw Zadań Publicznych każde będzie na tyle duże, by doskonalić się samo. Niemniej jest miejsce na koordynatora i taką funkcję powinien pełnić PFR, którego rola jako pośrednika między otoczeniem a ministerstwami pozwala zbierać ciekawe spostrzeżenia. Agencje Demokracji Pozaparlamentarnej są odrębne właśnie między innymi ze względu na charakter ich pracy, polegający na ciągłym uczeniu się i szukaniu nowych rozwiązań.

Najważniejsza byłaby jednak zmiana sposobu pracy w koszyku 2 i 3 – szczególnie przejście od rządu w roli „Zosi Samosi", do roli interfejsu koordynującego wysiłek grona dostawców. Wpływ tej zmiany byłby silny dla obszarów w koszyku trzecim i dość odczuwalny – w koszyku drugim. Wymaga ona jednak uporządkowania ciągów decyzyjnych wewnątrz rządu i przygotowania się do współpracy z otoczeniem w różnych rolach – jako lidera, koordynatora, stanowiącego prawo.

Wnioski

O granicach możliwych zmian decyduje siła mandatu wyborczego – czy wystarczy do korygowania konstytucji, czy nie? Pewnie nie, więc trzeba znaleźć mniej maksymalistyczne *just enough*. Wiele interesujących zmian można wprowadzać drobniejszymi krokami, zwyczajem, ułożeniem relacji między partią a rządem – która, zgodnie z przedstawionymi opisami, jest dość elastyczna. Kierunkowo warto rozważyć zmiany takie jak:

1. Podnoszenie zdolności bieżącego zarządzania państwem przez KPRM, także by ograniczyć koszty realnie tworzonych bajpasów. W tym: możliwość dowolnego kształtowania liczby i funkcji ministerstw oraz urzędów na ich zapleczu. Być może także ograniczone w jakiś sposób prawo tworzenia rozporządzeń działających z mocą ustawy („słabych dekretów").

2. Skoncentrowanie uwagi rządu na funkcjach Centrum Decyzyjnego + Ministerstwach Zadań Publicznych (rozwojowych) typu rozwój regionalny i zdrowie.
3. Zamiana części ministerstw w Agencje Demokracji Pozaparlamentarnej ukierunkowane na dialog i pracę specjalistyczną. Usankcjonowanie transferu władzy do agend celowych, takich jak PFR, NCBR. Dotyczy szczególnie edukacji, cyfryzacji, kultury i nauki.

Opcjonalnie: przeniesienie w/w Agencji poza Warszawę.

4. Obowiązek konsultacji społecznych także przy projektach poselskich.
5. Skoncentrowanie roli sejmu na projektowaniu rozwiązań średnio – i długookresowych, wymagających pogłębionej refleksji, oceny skutków wdrożenia.

Opcjonalnie: silniejsze zróżnicowanie ról sejmu i senatu, tak by to senat dawał kontrasygnatę bieżącym działaniom rządu, a sejm tworzył nowe prawo. Wymaga zmiany konstytucji.

Opcjonalnie: pomogłoby zwiększenie podmiotowości posłów względem partii np. przez ordynację mieszaną, ułatwiającą wyborcom odsianie głosów skrajnych i niechcianych. Szanse liderów, by zwasalizować parlament złożony z silniejszych osobowości spadłyby, a premier zyskałby zaplecze parlamentarne bardziej zdolne do tworzenia własnych rozwiązań. Wymaga zmiany konstytucji.

Sprawność łańcucha władzy publicznej

Drugi z zagnieżdżonych problemów leży poziom wyżej – mowa już nie o sprawności samego rządu, a całych łańcuchów produkcyjno-decyzyjnych, które państwo organizuje w celu dostarczenia usług publicznych. Polski rząd, który sam w sobie nie jest zbyt silny, stara się dostarczać bardzo obszerny zakres świadczeń dla obywateli. Kluczowe jest tu słowo „dostarczać". Wskazuje, że rząd chce działać sam, nie oddając innym podmiotom pola, czego *in gremio* doświadczyły samorządy oraz organizacje trzeciego sektora. Urzędujący kierują się zapewne chęcią ścisłej kontroli wyników swoich działań. Tolerancja na rozwiązania odmienne od tych, które ułożyli sobie w głowach rządzący jest wyjątkowo niska[28]. Takie usposobienie Rady Ministrów uniemożliwia słuchanie obywateli i bardzo spowalnia uczenie się rządu jako organizacji. Następuje zachwianie równowagi między celami obywateli, państwa i biznesu – priorytet mają rozwiązania etatystyczne. Wycofanie się rządu z dialogu i traktowanie mandatu wyborczego jako czeku *in blanco* niestety prowadzi do sytuacji, w której gubimy informację i szczegóły potrzebne do stworzenia rozwiązań dobrych dla obywateli. Rozwój biznesu,

28 Wyrazistym przykładem jest tu sprawa Telefonu Zaufania dla Dzieci i Młodzieży z 2022 roku, kiedy świadczenie, którego wcale nie musi obsługiwać rząd, a było dostarczane przez trzeci sektor, spotkało się z nagłym ograniczeniem finansowania.

który powinien zasilać usługi publiczne jest niemożliwy, a w najlepszym razie biznes tworzy alternatywne świadczenia dla państwowych – jak w ochronie zdrowia. System przestaje się uczyć, a w przypadku kłopotów stać go tylko na wycofanie się do jednej z poprzednich wersji – co widzieliśmy zwłaszcza w sektorze edukacji. Jest to prawie taki sam sposób na dotarcie do „państwa teoretycznego", jak nierobienie nic – tylko nieco dłuższą drogą.

Punktem łączącym wielość informacji na drodze do rozwiązania problemu społecznego powinien być sejm. Częścią wiedzy kodyfikowanej przez parlament w formie ustaw są informacje od elektoratu (zgromadzone w dniu wyborów), częścią wnioski pojawiające się rok dwa i trzy po wyborach. Wygrana w wyborach daje zwycięskiej partii prawo do przesądzenia o kształcie rozwiązania. Jeśli jednak zwycięstwo jest marginalne, a różnice w koncepcjach duże – to narzuca się pytanie, czy nie utraciliśmy pewnego „ładunku informacji", który chcieli przekazać przegrani i czy przez to rozwiązanie nie odchyla się poniżej optimum. Straty informacji mogą się nawarstwiać w wyniku opisanych wcześniej problemów, kiedy to rząd wchodzi w rolę ustawodawczą, natomiast sejm zajmuje się produkowaniem wąskich aktów wykonawczych. Inne punkty widzenia niż rządowy mogą wtedy w ogóle do władzy wykonawczej nie dotrzeć.

Łatwiej jednak rozwiązywać problem współpracy na poziomie rządu niż sejmu, zwłaszcza bez uciekania się do zmian w konstytucji. Rząd może zwiększyć swoją zdolność oddziaływania na rzeczywistość społeczną i gospodarczą, dokonując trzech przesunięć:

1. Integracji łańcuchów decyzyjnych wewnątrz rządu.
2. Zaangażowania otoczenia w realizację zadań publicznych dzięki wykorzystaniu szerszego wachlarza postaw rządu wobec partnerów – można to nazwać lepszą „współpracą poziomą" między ministerstwami a otoczeniem.
3. Pogłębienie współpracy z Samorządem Terytorialnym – szczególnie poprzez PFR jako instytucję skupiającą rządowe agencje przedsiębiorczości, wsparcia inwestycji i eksportu, czyli kluczowe wymiary rozwoju regionalnego. Można to nazwać „współpracą pionową".
4. W wyniku tych ruchów urosłaby też rola urzędników średniego szczebla, którzy w coraz większym zakresie musieliby brać na siebie ciągłe doskonalenie instytucji, w których pracują i kreowanie wartości dodanej dla otoczenia (w zamian otrzymaliby bardziej satysfakcjonującą pracę, w otwartym i dającym możliwości rozwoju środowisku, z naturalnym transferem z i do biznesu).

Dzięki potraktowaniu dialogu jako procesu, a nie jednorazowego wydarzenia, uzyskalibyśmy więcej demokracji w Polsce, choć nie byłaby wyrażona obecnością przedstawicieli w parlamencie, a bezpośrednim uwzględnieniem postulatów obywatelskich w instytucjach programujących rozwój wybranych dziedzin publicznych, także poprzez współpracę z organizacjami trzeciego

JAK JEST?	CO MOŻEMY ZROBIĆ?
SPRAWCZOŚĆ RZĄDU	
Rząd wydmuszkowy – jest sprawczy tam, gdzie działa „ponad prawem”	**Wzmocnienie rdzenia**
→ Rząd niesamodzielny, nie może kształtować własnego zaplecza → Odwrócenie ról rząd-sejm → Rozpiętość rządu rozprasza uwagę → Ministerstwa przeważnie nieskuteczne → Wydatki PFR: brak demokratycznej kontroli budżetu	→ Więcej autonomii rządu względem sejmu → Koncentracja uwagi rządu na „Ministerstwach Siłowych” → Przeniesienie odpowiedzialności za kulturę, naukę, edukację, cyfryzację z rządu do Agencji
SPRAWNOŚĆ ŁAŃCUCHA WŁADZY PUBLICZNEJ	
Poszatkowane ministerstwa + odcięty dopływ informacji + brak współpracy = niska jakość usług publicznych	**Otwarcie i aktywizacja**
→ **„Centralne rozdawnictwo” zastępuje „zdecentralizowane organizowanie”.** Nie potrafimy zorganizować łańcuchów decyzji i dostaw. Poszatkowaliśmy odpowiedzialność między wiele ministerstw, które nie mają dużej władzy. Dlatego jedyne projekty, które się udają to transfery → **Etatyzm. Mimo w/w ograniczeń rząd próbuje być dostawcą wszystkiego.** Nie ufa i chce kontrolować. Skutkiem są usługi publiczne niskiej jakości → **W dniu wyborów odcinamy dopływ impulsów informacyjnych spoza rządu**, potrzebnych do projektowania odpornych rozwiązań społecznych o wysokiej rozdzielczości. Z edukacji, kultury, ochrony zdrowia korzystamy wszyscy. Dialog z obywatelami i opozycją musi być wbudowany w prace rozwojowe, a kontakt z materią następować bliżej problemu, na przykład – przez samorządy → **Słabe delegowanie odpowiedzialności i brak przewodzenia zmianom upośledza** sprawność łańcucha władzy jako żywej organizacji inicjującej, reagującej i kodującej reakcje	→ **Zintegrowanie łańcuchów decyzji wewnątrz rządu,** by maksymalizować skuteczność wdrożeń → **Zaangażowanie otoczenia do realizacji zadań publicznych.** Ograniczenie roli rządu jako dostawcy. Rząd korzysta z szerszej gamy postaw – jako lider, regulator, koordynator → **Pogłębiona współpraca z samorządami via PFR.** Zwłaszcza prezydenci dużych miast stają się „Prezesami Regionów”, współkształtującymi programy rozwojowe z PFR → **Wzmocnienie administracji publicznej – zwłaszcza średniego szczebla,** tak by umożliwić jej tworzenie rozwiązań ad hoc oraz dwukierunkowy przepływ informacji

sektora[29]. Obywatele często chcą jakiejś formy bezpośredniego wyrażenia swoich oczekiwań, co widzieliśmy przy reformach systemu edukacji, natomiast nie może być tak, że interesy społeczne reprezentuje najbardziej wyrazista grupa najsilniej zideologizowanych aktywistów.

Integracja łańcuchów decyzyjnych – z wewnątrz rządu w kierunku partnerów

Rząd traci koncentrację. Zaniechanie wielu dostępnych trybów współpracy z otoczeniem, koordynacji decyzji i wymiany informacji może skończyć się tylko źle. Postanowienie, że samemu dostarczy się wszystko jest z definicji zachłanne zasobowo. Przeszacowuje możliwości podzielenia uwagi na dużą liczbę tematów, nie tylko na etapie koncepcji, a przede wszystkim na wdrożeniu, które jest podwodną częścią góry lodowej. Ponadto ustawia dostawcę w roli kontrolera jakości własnych produktów – rozliczenie odbywa się w dniu wyborów lub poprzez strajk i protesty, czyli w sytuacji trudnej. Taki układ bardzo spowalnia doskonalenie rozwiązań. „Dostarczanie" usług publicznych przez rząd to faktycznie praca ręczna, pozbawiona wszystkiego, co dobre w refleksji obywateli, nowych technologiach, możliwościach biznesu. Modelowo rząd powinien jej unikać jak ognia i podejmować na zasadzie wyjątku. Państwo, które uprze się na omnipotencję, będzie dostarczało drogo i ułomnie[30]. Ograniczeń jest sporo – kadry rządowe będą zawsze tak kosztowne jak cena dobrych specjalistów na rynku krajowym. Po wpływy z podatków będzie zgłaszało się coraz starsze statystycznie społeczeństwo, a wskutek niskich inwestycji kapitał zamknięty w maszynach i nieruchomościach wcale nie jest nadzwyczajny.

Gdzieś pomiędzy „dostarczamy wszystko" a „umywamy ręce od odpowiedzialności" leży szereg rozwiązań opartych na zaufaniu i dialogu, na stwierdzeniu „mamy zaufanie do partnerów pozarządowych i jesteśmy w stanie określić warunki gry, tak by były stabilne i w interesie społecznym".

Rola rządu powinna być stopniowana, choć bez zrzeczenia się odpowiedzialności za państwo. Nie chodzi o porzucenie usług publicznych przez „przekazanie ich rynkowi", przy niemym założeniu, że same się dostarczą, a urzędy zostaną odciążone od tematów, które są „obiektywnie rzecz biorąc za trudne". Chodzi o sprowadzenie rządu do roli bardziej pomocniczej, by rozwijał się przy nim biznes i trzeci sektor. Po to, by (szczupłe z założenia i zawsze niewystarczające) wspólne

29 Jakub Wygnański, w „Więzi", pisze o panelu obywatelskim jako o trzeciej izbie parlamentu – i pokazuje, że „ekspresja bezpośrednia" interesów obywateli może być cenniejsza niż ekspresja przedstawicielska. J. Wygnański, *A może trzecia izba parlamentu?*, „Więź", wiez.pl, 16 marca 2022 r.

30 Por. World Bank, *The future of government: reimagining government for good*, Washington DC 2022.

zasoby zostały zatrudnione przy zadaniach o największym przełożeniu na efekty społeczne.

Sieć partnerów musi być otwarta na nowych graczy, dobieranych według kryteriów merytorycznych. Wtedy także rząd ma szansę dostarczyć mniej osobiście, ale więcej poprzez system, z korzyścią dla obywateli – ustalając standardy, promując zachowania produktywne, eliminując nieefektywności. Bez zaufania do otoczenia i stopniowego uczenia się reguł współpracy to się nie uda. Maksimum energii powinno iść w tworzenie warunków prawnych dla ich działania i inicjatyw wspierających biznes.

Aby stopniować rolę rządu, trzeba dysponować szkieletem, na który można scedować poszczególne zadania. Mamy duży potencjał w przekładaniu działań państwa na mechanizmy partnerstwa publiczno-prywatnego o różnym zaangażowaniu państwa. Ile rząd może wziąć na siebie, faktycznie robiąc to dobrze, a co powinni wnieść obywatele?

Obiecująca wydaje się próba podzielenia rządu i decyzji wzdłuż kluczowych ciągów zadań, tak by wyznaczyć ministrów o roli wiodącej i zwiększyć ich kontrolę oraz rozliczalność za pewną misję rozwojową – transformację energetyczną, regionalną infrastrukturę eksportową, poprawę systemu ochrony i pielęgnacji zdrowia, transformację obszarów wiejskich i małych miast[31]. Spięcie takich ciągów decyzyjnych warto ustalić przed wyborami w ramach potencjalnej koalicji rządzącej, a jeśli to niemożliwe, to powierzyć KPRM lub komórce MSWiA zajmującej się porządkowaniem i doskonaleniem systemu decyzyjnego państwa.

Dwóch dobrych przykładów na potrzebę integracji łańcuchów decyzyjnych dostarczają A) rozwój gospodarki eksportowej oraz B) transformacja energetyczna. Oba są na liście priorytetów gospodarczych rozpoznanych w Rozdziale 2. Aktualnie rozwój gospodarki eksportowej jest powierzony PFR. Nie ma faktycznego Ministerstwa Gospodarki/Rozwoju, którego odpowiedzialność została podzielona i oddana osobom o nieraz mocnym przygotowaniu i często słabej pozycji politycznej.

31 Łańcuchy decyzyjne warto przemyśleć jeszcze przed podziałem „łupów politycznych" po wyborach. Wprawdzie podział łupów jest niezbywalną cechą polityki, warto myśleć o kierunkach cięcia tortu, tak by ułatwiać decyzje związane z realizowaniem misji powierzonej przez wyborców, a ograniczać bunkrowanie zasobów, luki w przepływie informacji i przeszkody na drodze do skoordynowanego działania. Można podzielić się silosowo – tak, by różne grupy sobie przeszkadzały, wtedy zyskuje się możliwość rozgrywania jednych przeciw drugim, niestety często ze szkodą dla sprawy. Ten układ będzie różny w zależności od zwycięzcy wyborów, jego priorytetów, momentu w gospodarce – dlatego należy zachować zdolność do rekonfiguracji. Bardzo trudno jest w ogóle uniknąć ryzyka politykowania, bo nie da się nie podzielić odpowiedzialności – lider ugrupowania ostatecznie musi z kimś pracować. Podział silosowy, nieco feudalny, z silnym wyprowadzeniem odpowiedzialności poza rząd sprawdzaliśmy przez ostatnie lata – może warto podjąć inną próbę.

RZĄD NIE MUSI DOSTARCZAĆ WSZYSTKIEGO, A SIĘGNIĘCIE PO WSPÓŁPRACĘ Z OTOCZENIEM POZWALA URUCHOMIĆ SILNIEJSZĄ DŹWIGNIĘ ROZWOJU

GOSPODARKA EKSPORTOWA I ROZWÓJ REGIONÓW

Napędzanie produktywności i transformacji regionalnej przez koordynację infrastruktury, *offsetów* i nowych inwestycji

100% z budżetu

Subsydia, przesunięcie kosztów, ale i potencjalnych korzyści do sektora prywatnego

ZADANIE	JEST: kilka słabszych politycznie ministerstw z silnym narzędziowo, ale nie do końca umocowanym formalnie PFR	MOŻE BYĆ: szersze rozprowadzenie odpowiedzialności i zintegrowany łańcuch decyzyjny
Rząd dostarcza CENTRALNIE	Podzielona odpowiedzialność: MIN. ROZWOJU, PRACY; MIN. FUNDUSZY I POLITYKI REGIONALNEJ; MIN. INFRASTRUKTURY	MINISTERSTWO ROZWOJU, POLITYKI REGIONALNEJ I INFRASTRUKTURY
Dostarcza **AGENCJA PAŃSTWOWA**	PFR	WICEPREZES PFR (=WICEMINISTER W MSZ) kontakty z inwestorami i wzmocnienie strategii regionalnych
Dostarcza państwo przez **SAMORZĄD**	✕	Samorząd regionalny współtworzy infrastrukturę istotną strategicznie
Dostarcza **SPÓŁKA SKARBU** państwa	✕	CENTRUM KSIĘGOWE RZĄDU (SSC) → obsługuje Fundusze UE Obligo udziału Spółek Skarbu w *offsetach* itp.
Zakontraktowanie dostaw poza państwo × **PARTNERSTWA PUBLICZNO-PRYWATNE** **OBYWATELE** sami organizują wybraną usługę publiczną	✕	RADY BRANŻOWE, IZBY GOSPODARCZE – udział w procesie decyzyjnym, np. identyfikacja potrzebnej infrastruktury, wyzwań na rynku pracy

RZĄD NIE MUSI DOSTARCZAĆ WSZYSTKIEGO, A SIĘGNIĘCIE PO WSPÓŁPRACĘ Z OTOCZENIEM POZWALA URUCHOMIĆ SILNIEJSZĄ DŹWIGNIĘ ROZWOJU

TRANSFORMACJA ENERGETYCZNA

Sterowanie celami klimatycznymi, transformacją energetyki i zrównoważonym wzrostem

100% z budżetu → *Subsydia, przesunięcie kosztów, ale i potencjalnych korzyści do sektora prywatnego*

ZADANIE	**JEST:** nominalna odpowiedzialność w Min. Klimatu, realnymi narzędziami dysponuje w MAP i Min. Infrastruktury	**MOŻE BYĆ:** odpowiedzialność za transformację i narzędzia jej realizacji w jednym miejscu
Rząd dostarcza CENTRALNIE	Podzielona odpowiedzialność: MIN. KLIMATU, MIN. INFRASTRUKTURY, MIN. AKTYWÓW PAŃSTWOWYCH	MIN. KLIMATU, ENERGII I ŚRODOWISKA Stabilne regulacje dla inwestycji w OZE; Koordynacja całego łańcucha
Dostarcza **AGENCJA PAŃSTWOWA**	×	PFR z BGK jako operator preferencyjnych linii kredytowych dla OZE
Dostarcza państwo przez **SAMORZĄD**	! Tworzenie, a potem demontaż np. programu „Czyste Powietrze”	Program „Czyste powietrze” Regionalne programy transformacji rynku pracy
Dostarcza **SPÓŁKA SKARBU** państwa	! Spółki energetyczne w rozkroku między obowiązkami giełdowymi wobec inwestorów a zadaniami „misyjnymi”	Sieci przesyłowe, dystrybucyjne, gazowe Duże projekty OZE
Zakontraktowanie dostaw poza państwo × **PARTNERSTWA PUBLICZNO-PRYWATNE**	! Skasowana ustawa 10H, brak gotowości do przyłączania instalacji PV do sieci	Spółdzielnie OZE
OBYWATELE sami organizują wybraną usługę publiczną	! Skala oddolnych inwestycji w energetykę OZE wciąż zaskakuje rząd	Izby Gospodarcze – udział w decyzjach Domowe instalacje PV. Pompy ciepła

Źródło: opracowanie własne na podstawie World Bank, *The future of government: reimagining government for good*, 2022 (zwłaszcza strony 51–54, 65).

Niektóre ważne ministerstwa – np. Infrastruktury – zostały rozdysponowane na podstawie arytmetyki koalicyjnej. Trudno znaleźć przekonujące dowody na współpracę z samorządami (zwłaszcza z regionów opozycyjnych, ale nawet regiony z władzami sprzyjającymi rządowi zgłaszały brak wizji rozwojowej). Na osi spółek publicznych z decydującym głosem Skarbu Państwa również jest konflikt – tu polityczny, z Ministerstwem Aktywów Państwowych. Być może porozumienia offsetowe towarzyszące dostawom energii atomowej ujawnią bardziej istotny udział sektora prywatnego. Ale można by też cały łańcuch spróbować poukładać, z myślą o tym, że wiele podmiotów ma interes w rozwoju eksportu i specjalizacji regionalnych – Rady Branżowe czy Izby Gospodarcze jako właściwy reprezentant obywateli, którzy pewnie chętnie podpowiedzą jakie są potrzeby rozwojowe i włączą się w koordynację np. finansowania projektów infrastrukturalnych po stronie biznesu (niech to będzie biurowiec dla MŚP chcących rozwijać centra usług wspólnych, przestrzeń laboratoryjna albo programy szkoleń). Spółka Skarbu Państwa może programowo dostarczać „otwartych opcji *Joint Venture*", czyli tworzyć szanse rozwoju biznesom w otoczeniu międzynarodowym (niechby w OZE czy recyclingu). Samorząd we współpracy z PFR może pracować nad regionalnym rynkiem pracy itd. Podobnie jest przy transformacji energetycznej, gdzie możliwość dostarczenia części rozwiązania problemu przez dostawców prywatnych – w energetyce wiatrowej – była konsekwentnie torpedowana. Program Czyste Powietrze również został zdemontowany. Rozbiórka różnych elementów programu pewnie ma ważne źródło w rozparcelowanej odpowiedzialności rządowej – formalnie za cele klimatyczne odpowiada Ministerstwo Klimatu, lecz to MAP ma „duże" narzędzia, a Infrastruktura znów jest z boku. Jeśli jeszcze do transformacji energetycznej dodamy działania związane z ochroną regionalnych rynków pracy, to z tego punktu łatwo już docenić potrzebę integracji decyzji oraz angażowania możliwie silnej grupy partnerów zewnętrznych.

Szerszy repertuar zagrań rządu

Obok mechaniki podziału odpowiedzialności, istotna jest jakość współpracy, jaką proponuje rząd.

Rozwój Polski przesuwa nas w obszary, w których efekty możemy osiągać dzięki twórczemu i krytycznemu myśleniu, tworzeniu dźwigni wykorzystujących niezbędne minimum środków do osiągnięcia znacznego oddziaływania na otoczenie. Ważne jest budowanie rozwiązań odpornych na turbulencje społeczne i gospodarcze, czyli takich, którym w potrzebie i niemal w biegu można zmienić konfigurację oraz wyzyskujących maksimum informacji z otoczenia. Kusi, by te wymagania przeciwstawiać sobie, a jednak sytuacja wymaga łączenia ich, także w dostarczaniu usług publicznych od resortu zdrowia, po obronę narodową i kulturę. Stworzenie kombinacji tak różnorodnych cech jest dużo bardziej prawdopodobne przy pracy zespołowej, nawet jeśli początkowo potykamy się o własne nogi, niż przyjmując metodę „Zosi Samosi". Bardzo utrudnimy sobie życie, korzystając z kaskadowego, hierarchicznego, jednokierunkowego systemu rządzenia państwem. Szybko bowiem okaże się, że informacja się gubi, ludzie czują się niewysłuchani, a decydenci popadają w pułapkę jednoosobowego, tunelowego widzenia świata. Rozwiązania stają się:

→ przewidywalne i odtwórcze, (przykładem: system edukacji),
→ niesprawdzone – wdrażający staje się swoim kontrolerem, gubiąc po drodze krytycyzm, (przykładem: poziom skomplikowania systemu podatkowego),
→ przegadane i zachłanne na zasoby – zamiast zorientowane na maksymalne wykorzystanie minimalnej energii oraz faktycznie dostępnych umiejętności, (przykładem: próby zorganizowania CPK),
→ sztywne, bo przez brak dialogu szybko pociągają za sobą duże wydatki, od których potem trudno się odciąć, nawet jeśli projekty są nieuzasadnione biznesowo (przykładem: przekop Mierzei Wiślanej),
→ jednostronne – uwzględniające ograniczoną część informacji, co skutkuje mniejszym zaangażowaniem uczestników i propozycją niedopasowaną do ich potrzeb.

Trochę przejaskrawiając: jest to pytanie o to, czy chcemy liberalizmu czy centralnego sterowania. Gdzie jest niuans? Systemy centralnie sterowane są niewydolne między innymi dlatego, że pozbawiają dostawców bodźców do uczenia się i tworzą skorumpowane hierarchie decydentów. Na większą obecność państwa możemy pozwolić sobie warunkowo, jeśli państwo będzie powściągliwe i otwarte na impulsy z zewnątrz – wtedy zachowa zdolność uczenia się i wymiany kadr. Nawet jeśli nie będzie tak szybkie jak „rynek", może dostarczać użytecznych rozwiązań w obszarach, gdzie ten sam „rynek" z innych powodów zawodzi (bo na przykład wytwarza zbyt drogie świadczenia medyczne, odcinając część obywateli od ochrony zdrowia).

Rząd ma jednak wybór i w tym wyborze jest siła. Jest wprawdzie odpowiedzialny za zorganizowanie dostaw pewnych usług publicznych, nie musi jednak być ich dostawcą – może sterować rozwiązaniami pomiędzy wierzchołkami trójkąta, na których mieszczą się biznes, obywatele i państwo. Może wybrać formę swojej aktywności względem otoczenia. Grunt, żeby realizacja celu postawionego przez wyborców została skoordynowana i nawet lepiej, gdyby rząd nie zabierał powietrza zwykłej energii społecznej.

Aby rząd mógł czerpać z otoczenia, musi wypracować szerszy repertuar postaw względem partnerów – obok Dostawcy stać się Koordynatorem, świadomym Regulatorem oraz Liderem promującym pewne kierunki polityki[32].

32 Por. World Bank, *The future of government: reimagining government for good*, Washington DC 2022.

Każda z tych postaw to wyzwanie. Bo rzecz prosta nie chodzi już o to, by na boku „coś uregulować", „stworzyć akcję promocyjną", „coś skoordynować", tylko żeby przy pomocy narzędzi takich jak koordynacja, regulowanie standardów czy promowanie (nad których oddziaływaniem rząd ma mniej bezpośrednią kontrolę) wciąż dostarczyć wyniki, jakich spodziewa się społeczeństwo. Mimo ograniczonej kontroli nad skutkami wykorzystania tych narzędzi, rząd może z ich pomocą uzyskać większe oddziaływanie na otoczenie, niż gdyby zdecydował się dostarczać wszystkie świadczenie publiczne sam[33]. Na przykład: promując zdrowy styl życia, sięgamy do potencjału energii społecznej, a próbując dostarczyć poprzez Ministerstwo Zdrowia usługi lekarzy i dietetyków oraz infrastrukturę fitness, zamknęlibyśmy się w wewnętrznym potencjale instytucji i oczywiście nie dotarlibyśmy do ułamka zainteresowanych. Co więcej, przez uelastycznienie pracy Ministerstw możliwe jest stworzenie bardziej pojemnego systemu, który uwzględnia w proponowanych rozwiązaniach więcej różnorodnych informacji już na etapie projektowania. Wymiana wiedzy w parlamencie temu nie sprzyja, bo ma formę obrotu informacjami tekstowymi, wymienianymi w dokumentach, na podstawie uwag z trzeciej ręki. Zaangażowanie użytkowników usług publicznych i dostawców-partnerów rządu przenosi dialog na forum bardziej neutralne politycznie. Pozwala na wprowadzenie testów, pilotaży, stworzenie przez rząd jakiejś części rozwiązania, która jest potem uzupełniana przez przedsiębiorców, obywateli i trzeci sektor. Być może nawet stworzenie ustawy na dany temat można byłoby odroczyć do momentu stworzenia działającego prototypu ostatecznej usługi.

Przyswajając nowe formy współpracy rząd ma szansę wybrnąć z dylematu „Zosi Samosi" – czyli z niekomfortowej sytuacji, w której musi alokować koszty własnych deficytów na różne usługi. Przesuwa granicę, po przekroczeniu której konieczna jest decyzja, czy zapewniać mniej szpitali, wolniej dokształcać nauczycieli, bardziej wybiórczo monitorować jakość wody w rzekach czy przerzucić więcej kosztów edukacji na rodziców. Istotne jest też systemowe, organizacyjne uczenie się i możliwość korygowania systemu. Rząd, przyjmując odpowiedzialność za świadczenia społeczne jako ich wyłączny dostawca, stawia się w pozycji pomysłodawcy, wykonawcy i recenzenta, a tych funkcji nie da się na dłuższą metę skutecznie łączyć.

Pogłębiona praca z otoczeniem pociąga za sobą pewne koszty, zwłaszcza jeśli ma być realna, a nie kończyć się na deklaracjach ze spotkania inicjującego. Oznacza trochę bardziej skomplikowane zarządzanie z mniejszą kontrolą nad

33 Gdyby rząd dostarczał tylko jedno świadczenie, na przykład zajmował się tylko budową dróg, nie byłoby problemu – mógłby robić to doskonale i nie musiałby pracować z partnerami. Jako że lista świadczeń publicznych jest dużo dłuższa, niemożliwe staje się powtórzenie tego dla wszystkich.

wynikami, dodatkowe wymagania kompetencyjne względem ministrów, wykształcenie nowych kompetencji organizacyjnych w ministerstwach. Trudnym wyzwaniem będzie pielęgnowanie współpracy pomiędzy kolejnymi rządami i kadencjami parlamentu, na zakładkę, a nie tylko w ramach własnych inicjatyw. Znalezienie zasad tej współpracy jest ważne, by państwo nie przerywało procesu uczenia się. Warto powiedzieć jasno, że otwarcie systemu władzy na współpracę to relacja zwrotna – tworzy wymagania wobec obywateli. Ci muszą i więcej wnieść, i być odpowiedzialni za poziom oczekiwań, by nie zmieniały się w roszczenia. Jest dość czytelne, że to podejście nie bardzo pasuje do linii obecnej partii władzy, która chętnie podbija oczekiwania i obsługuje roszczenia, nieraz chowając koszty.

Edukacja jako przykład

Na czym mogłaby polegać różnica – przykładem niech będzie edukacja. Od edukacji zależy równość szans na rynku pracy i szansa na zmianę miejsca zamieszkania, stworzenie wartościowego biznesu. Edukacja decyduje o tym, czy jako społeczeństwo będziemy prezentować postawę aktywną lub roszczeniową wobec nieuchronnych zmian na świecie oraz jaka będzie społeczna nasza odporność na manipulację. Ale to też dobry przypadek do dyskusji od strony zarządczej. System polega na bardzo wielu rozproszonych komórkach, czyli szkołach, które funkcjonują w płaskiej strukturze – istnieją kuratoria, natomiast poza tym nie ma nad nimi wielu pięter zarządzania. Co do zasady można go więc kształtować w wielu miejscach jednocześnie – pozwalając na większą samodzielność szkół lub ich zrzeszeń w imię bardziej twórczych efektów. Ministerstwo usadowione jako trzon polityki ideologicznej doprowadzi jednak do jednowymiarowej edukacji, starając się objąć kontrolą każdy jej element, a przy okazji psując jej jakość i podważając zaufanie do państwa (jak można mu ufać, jeśli wkracza na teren sumienia i osobistych przekonań?).

Dziś jednak rząd stara się dostarczyć i ometkować wszystko, przez co dźwignia, którą dysponuje jest paradoksalnie ograniczona. Wszystko, licząc od podstawy programowej, przez szkoły, lektury, zawartość podręczników i harmonogram lekcji. Trudno taki wymuszony system nazywać kulturą, skoro niczego nie kultywuje, tylko narzuca. Przede wszystkim jednak prowadzi do sytuacji, w której zasoby intelektualne rządu i czas możliwy do poświęcenia na doskonalenie efektów nauki zostają poświęcone na czynności o znikomej wartości dodanej. Tyle zostanie wyciągnięte, ile zostanie włożone – co to za sztuka? W jednostce pracy zostanie stworzony jeden podręcznik, jeden plan zajęć, jeden egzamin. Nawet przekazywanie „tradycji", na której chyba zależy rządzącym, mogłoby odbywać się skuteczniej, gdyby wykorzystać możliwość promowania, koordynacji i regulacji całego systemu, nie starając się go w każdym szczególe kontrolować.

RZĄD MÓGŁBY DOSTARCZYĆ CIEKAWSZE ROZWIĄZANIA, NA PRZYKŁAD EDUKACYJNE, INACZEJ INTERPRETUJĄC SWOJĄ ROLĘ

	EDUKACJA OBECNIE SYSTEM FABRYCZNY. POWTARZALNOŚĆ I KONTROLA NAKAZY I BRAK ZAUFANIA	**EDUKOWANIE W PRZYSZŁOŚCI** ZAUFANIE I WSPÓŁPRACA Z OTOCZENIEM KRYTYCZNE MYŚLENIE, KONSTRUKTYWNE ROZWIĄZYWANIE, PRACA ZESPOŁOWA, WŁASNA INICJATYWA, ODPORNOŚĆ NA MANIPULACJĘ
RZĄD... DOSTARCZA	→ Program → Lista przedmiotów → Lista lektur → Egzaminy → Podręczniki → Budynki z 30-osobowymi salami → Nauczycieli	→ **Standard kompetencji**, z którymi wyjść ma absolwent → **Minimum programowe** opisujące 65% a nie 105% czasu zajęć → **Oczekiwania wychowawcze** np. w zakres edukacji obywatelskiej → **Podstawową siatkę szkół**, zwłaszcza w mniej zurbanizowanych regionach
RZĄD... KOORDYNUJE		→ **Pilotaże nowych zajęć** i form nauki → **Skalowanie wyników pilotaży** na cały system edukacji → **Dostępność kadr**, właściwej jakości i liczby specjalistów dydaktyków → **Kursy doskonalące** dla nauczycieli
RZĄD... REGULUJE I ZAPEWNIA JAKOŚĆ ROZWIĄZAŃ	→ **Kolejność zajęć szkolnych w ciągu dnia**	→ **Tworzenie własnych inicjatyw programowych przez szkoły**, np. filozofii, krytycznego myślenia, *design thinking*, programowania → **Sposób wykorzystania 35% czasu** powyżej minimum programowego → **Standardy wynagradzania**
RZĄD... PROMUJE, JEST LIDEREM		→ **Edukacja cyfrowa** i medialna → **Aktywność obywatelska** uczniów → **Akcje edukacyjne**, związane np. z działaniem Ministerstwa Kultury → **Zajęcia aktywizujące** z kultury, sztuki

Źródło: opracowanie własne na podstawie World Bank, *The future of government: reimagining government for good*, Washington DC 2022.

Alternatywna dla ministerstwa jednostka, nazwijmy ją Komisją Edukacji Narodowej, mogłaby dysponować dużo większym przełożeniem na otoczenie, gdyby część zadań jedynie koordynowała. Na przykład nadzorując dostosowanie profilu szkół do regionalnych potrzeb gospodarczych. Wyznaczając standardy doskonalenia nauczycieli, pozostawiając stworzenie samych szkoleń rynkowi. Część kwestii mogłaby tylko regulować – jak zasady tworzenia oferty programowej i wykorzystania 35% czasu pozostającego po realizacji minimum programowego. Powinna wskazywać standard kompetencji ucznia, ale już nie tworzyć przesadnie precyzyjnego programu, który ma za zadanie wyprowadzić wystandaryzowanego ucznia ze szkoły średniej. Owszem, mogłaby taki program zaproponować jako wzorzec, o którego wykorzystaniu decydowaliby dyrektorzy wraz z rodzicami. KEN mogłaby tworzyć i finansować akcje promujące – choćby edukację z zakresu nowych mediów, filozofię, kształtowanie twórczego myślenia, naukę pracy zespołowej[34]. I znów, promować, a nie narzucać, bo z promowania wynikną chętni, a z narzucania: przeładowanie podstawy programowej niedostosowanej do możliwości przerobowych przeciętnej szkoły. Zamiast próbować wstrzelić się dekretem w model szkoły edukującej do wyzwań współczesnego świata, KEN mogłaby wejść w rolę „lidera-koordynatora" i rozdać granty na stworzenie w ciągu kilku lat modelu lepszej szkoły, monitorować postępy, zebrać wyniki i przygotować wdrożenie najlepszych elementów wypracowanego rozwiązania w innych placówkach. NCBR działa na podobnych zasadach – wspiera, pośredniczy, promuje. Dlaczego w edukacji miałby to być krok wstecz?

34 Potrzebę większego krytycyzmu, bardziej całościowego nauczania, bardziej twórczych relacji między nauczycielem a uczniem, większej samodzielności – widzą i lewicowi, i liberalni, i konserwatywni komentatorzy, nieco różnie rozkładając akcenty. Tylko działalność MEN nie pasuje do żadnego z tych modeli.

Bodźce do współpracy po stronie finansowej

OGRANICZENIA BUDŻETOWE SKŁANIAJĄ DO POSZUKIWANIA LEPSZYCH MECHANIZMÓW WSPÓŁPRACY

Wpływy i wydatki sektora finansów publicznych w Polsce, % PKB, 2021

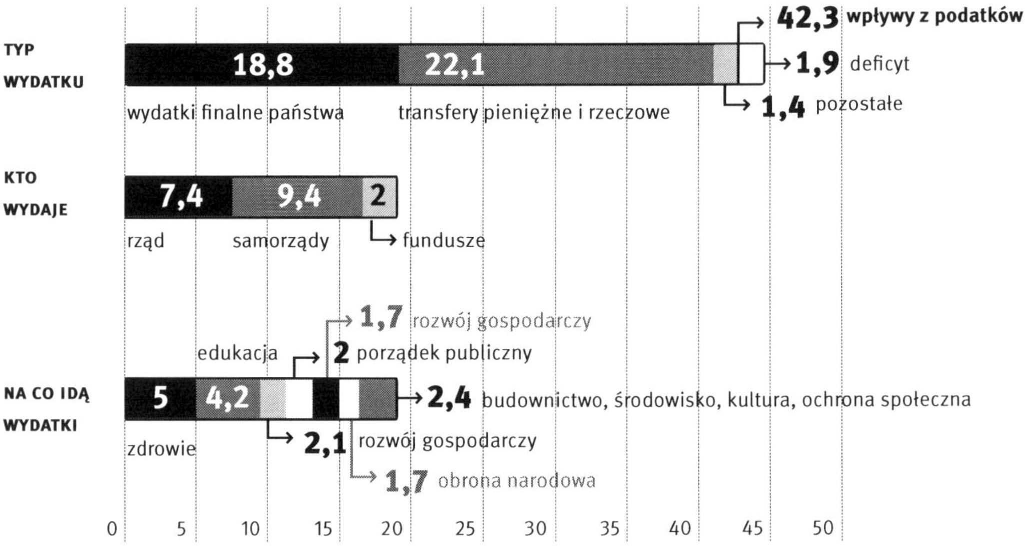

Źródło: opracowanie własne na podstawie Eurostat.

Przez instytucje państwowe przechodzi znaczna część PKB – w Polsce około 40%. Nieco więcej, jeśli liczymy z deficytem sektora finansów publicznych, nieco mniej bez niego. Dlaczego w powszechnym odczuciu za wysokie podatki otrzymujemy niewiele? Dlatego, że faktycznie spora część podatków idzie na transfery. Tylko 18% PKB przybiera kształt realnych wydatków państwowych: w 2022 r. ≈7% wydał rząd, ≈9% samorządy, ≈2% fundusze. Co z tego wynika?

Musimy zawrzeć ze sobą dwa kompromisy. Pierwszy kompromis dotyczy kierunku działania państwa przy uwzględnieniu tych szczupłych środków. Które nierówności uważamy za priorytetowe do wyrównania? Czy chcemy w pierwszej kolejności korygować nierówności w rozwoju regionalnym, nierówności między grupami zawodowymi lub wiekowymi, czy nierówności w dostępie do usług publicznych? Ile z tego chcemy dostarczać realnie, a ile tylko transferami. Bez rozmowy o proporcjach utkniemy w debacie na tym, że wszystkiego powinno być więcej. Państwo, które będzie próbowało przy użyciu szczupłych środków dostarczyć wszystko, potknie się o własne nogi. Czesi wydają poprzez państwo 7% PKB na zdrowie, Francuzi 8%, my 5%[35]. To 40% różnicy. Trudno się dziwić, że ich opieka medyczna działa lepiej.

35 Por. Eurostat, *General government expenditure by function (COFOG): Final consumption expenditure*, ec.europa.eu/eurostat.

Drugi kompromis dotyczy finansowania. Jeśli chcemy od państwa więcej realnych usług, możemy zmniejszyć transfery, zgodzić się na wyższe podatki lub znaleźć lepsze sposoby dostarczania świadczeń publicznych. Czy realne jest szybkie wyjście z szerokiej polityki transferowej? Przy bardzo nierównomiernym rozłożeniu infrastruktury w Polsce: prawdopodobnie nie, transfery między innymi pozwalają kompensować jej braki. Dlatego inwestycje jeszcze przez pewien czas będą realizowane z długu, podniesienia podatków lub funduszy europejskich. Ale można zadbać o jakość transferów, tak by trafiały do tych odbiorców, których aktywizacja rzeczywiście leży w interesie polityki społecznej i gospodarczej. Czy można wykorzystać dług? Tylko pod warunkiem, że dodatkowe fundusze pójdą na reformy, a nie na bieżące wydatki. Zadłużenie państwa o dodatkowe +5% PKB jest łatwe, ale przy jego pomocy można co najwyżej podnieść nakłady na oświatę o ≈20% na okres 5 lat. Do obecnych 4,2% dołożymy 1% PKB rocznie – i tylko tyle. Co potem?

W ostatecznym rozrachunku zostaje nam poprawa reguł zarządzania, tak by z jednostki nakładów publicznych osiągać lepsze efekty. Z tego względu potrzebujemy szczupłych, wysokosprawnych rozwiązań, na jakie pozwala digitalizacja czy telekomunikacja. Przykładem mogą być centra usług wspólnych rządu.

Można też postawić na lepszy dialog w zakresie potrzeb edukacyjnych, zdrowotnych, w zakresie kultury: angażując szersze grono zainteresowanych, budując konsensus między rządem i opozycją. Ograniczenie liczby znoszących się wzajemnie postulatów zaowocowałoby podniesieniem efektywności wydatków publicznych.

Biorąc pod uwagę istniejące ograniczenia finansowe, to jak poprowadzimy linie pomiędzy regionalnym i centralnym oraz między dostarczanym i organizowanym, będzie decydujące dla jakości państwa[36]. Zgoda: pewna centralizacja wydatków w Polsce jest potrzebna, choćby po to, by wyrównywać zróżnicowanie infrastruktury między regionami. Samorządy jednak mogą i powinny być partnerem rządu w prowadzeniu polityki gospodarczej i społecznej. Skoro wydają 9% PKB, dobrze byłoby, żeby miały rzeczywistą zdolność zarządzania środkami w ich dyspozycji. Ponieważ mamy kilka silnych ośrodków miejskich rozłożonych równomiernie na mapie kraju, możemy zawęzić skalę wydatków centralnych i przekazać je na poziom regionalny. Polsce potrzeba mniej Warszawy, a więcej Lublina, Gdańska, Krakowa, Szczecina, Wrocławia, Katowic i Łodzi.

36 Dyskusja o podnoszeniu efektywności rządu i sposobie zaangażowania zewnętrznych podmiotów do realizacji zadań publicznych ma dłuższą tradycję. Wciąż aktualne spojrzenie można znaleźć u autorów A. Halesiak, R. Petru, *Groźny dualizm*, Rzeczpospolita, www.rp.pl, 13.08.2013.

Pionowy nerw państwa – do samorządów

Lepsze zintegrowanie władzy państwowej w pionie to czwarta dźwignia podnosząca sprawczość aparatu władzy – obok koncentracji rządu na zmniejszonej liczbie obszarów i przesunięcia części obecnych zadań rządu poza jego bezpośrednie oddziaływanie (agencje demokracji pozaparlamentarnej), zintegrowania łańcuchów decyzyjnych i wykorzystania szerszego zestawu środków współpracy z otoczeniem. Jest spora szansa, że rząd skupiony wokół działań centralnych, w tym rozwoju gospodarczego, byłby w stanie poświęcić więcej uwagi i dobrej woli na współpracę z aglomeracjami i marszałkami województw[37].

Można to przeprowadzić na dwa sposoby – podporządkowując samorządy przymusem finansowym albo ustawiając rząd w roli pomocniczej. W pierwszym przypadku – rząd da lub nie da pieniędzy z programów nadzwyczajnych samorządom kojarzonym z opozycją, przesunie wydatki unijne, przeprogramuje system podatkowy, tak by mniej z CIT i PIT trafiało do kasy lokalnej – i zejdzie z zarządzaniem rządowym niżej. To dość wątpliwe rozwiązanie w świetle sukcesu, jakim jest polska samorządność. Jeśli w swojej historii polska cierpiała na decentralizację, to raczej z braku sprawnej władzy centralnej niż z powodu dobrej sprawności struktur oddolnych – te raczej sobie radziły. Drugie rozwiązanie jest trudniejsze, bo wymaga odwrócenia logiki pracy rządu – z odgórnej, nakazowej, musiałby przejść na bardziej służebną, w pewnej mierze sterowaną zapotrzebowaniem samorządów czy aglomeracji, o których mowa w rozdziale 2. To nie przekreśla celu, jakim jest wzmacnianie sprawności Centrum Decyzyjnego Państwa, ustala tylko nieco inną rolę w tematach przynależnych Ministerstwom Zadań Publicznych, bo te będą najbardziej interesujące dla polityki regionalnej. Jeszcze głębsze byłoby przesunięcie w obszarach Agencji Demokracji Pozaparlamentarnej – edukacji, nauki, kultury, digitalizacji, sportu. Potencjał wspólnych inicjatyw na poziomie regionalnym jest szczególnie duży.

Odwrócenie ról między rządem i samorządami nigdy nie byłoby pełne w tym sensie, że rząd zachowa możliwość wyznaczania kierunku rozwoju państwa, a obrany kurs nie będzie średnią arytmetyczną postulatów samorządowych. Rząd i agencje zachowałyby rolę punktu integracji, węzła koordynacyjnego centrum strategicznego. W zmianie chodzi o to, by działania PFR|wojewodów były prowadzone bardziej „na rzecz" samorządów, a działania samorządów były wykonywane „również w imieniu rządu". Przykładowo PFR powinien być partnerem wspierającym uzgodnienie regionalnych strategii gospodarczych z krajowym planem i możliwościami – jest ostatecznie miejscem, w którym spotykają się inwestorzy, świadomość interesów gospodarczych państwa i narzędzia

37 Stanowiska marszałka i wojewody dublują się i wycofanie z tej niezręczności ustrojowej byłoby pożyteczne. Niestety wymagałoby to zmiany konstytucji. Dopóki nie ma widoków na konsensus w tej sprawie, trzeba przyjąć je za dane.

współpracy. Polityka ciągniona przez samorządy|aglomeracje|metropolie, oznaczałaby w praktyce możliwość zamówienia przez samorząd zadań rozwojowych do realizacji przez PFR|wojewodę|rząd. I w drugą stronę – wojewoda|marszałek (czy istnieją ważne powody, by rozdzielać te urzędy?) powinien móc zlecić samorządom aglomeracji zadania centralne, wynikające z całokształtu strategii państwa, które byłyby dodatkowo premiowane wynagrodzeniem w zależności od ich wykonania[38]. Suwak między inicjatywą rządu i aglomeracji można przeciągać, dając jednej lub drugiej instancji więcej do powiedzenia.

Podstawową usługą świadczoną przez PFR-wojewodę i rząd na rzecz regionów byłoby zapewnienie wizji rozwojowej oraz jej koordynacja. Zamierzeniem ogólnym jest sparowanie szerokiego spojrzenia centralnego, rządowego, dotyczącego strategicznej konkurencyjności na arenie międzynarodowej z lokalnym zrozumieniem potrzeb przedsiębiorczych. Od samorządu powinniśmy z kolei wymagać, by wszedł na wyższy poziom gry – przyjął odpowiedzialność wykraczającą poza uporządkowanie sytuacji wewnętrznej w dzielnicach. Prezydenci Wrocławia czy Poznania powinni współodpowiadać za konkurencyjność regionu, z uwzględnieniem wszystkich większych miast pomiędzy nimi a kolejną dużą aglomeracją i ustalać role dla uczestników całej sieci metropolitalnej, która tworzy się wokół miasta. Nie przez narzucanie, a w drodze dialogu, pewnej konkurencji i choćby zwrócenia uwagi na podział podatków między miastami. Samorządowcy powinni aktywnie budować sieci współpracy uniwersyteckiej, zapewniać dostęp do nieruchomości dla przedsiębiorstw typu centra usługowe, tworzyć klastry innowacji i moderować wzrost kosztów wynagrodzeń w sferze IT w regionie choćby przez przyciąganie kadr zagranicznych.

Rolą rządu byłoby także stawianie wymagań – wyborcy lokalni będą wyznaczali cele dotyczące ich życia, a nie te wynikające z refleksji nad miejscem miasta w polityce krajowej. Może poznaniacy zerkną na Wrocław, Szczecin i Warszawę jako punkty odniesienia. Ale już raczej nie sformułują celu „oczekujemy, że Poznań do roku 2030 będzie konkurencyjny strategicznie względem Barcelony, szczególnie w pozyskiwaniu inwestycji zagranicznych oraz będzie jako organizm tworzył własne nowe biznesy i miejsca pracy, pozwalając mieszkańcom osiągnąć 95% PKB *per capita* UE". A takie są faktyczne wyzwania stojące przed Polską wraz z jej regionami i nie da się ich uniknąć.

Wdrażanie strategii dla Polski warto opierać na silnej więzi instytucjonalnej, a nie tylko zdając się na zawodne założenie, że „wszyscy mamy interes w rozwoju". Niestety nie zadziała program polskiego zdrowego rozsądku: „dogadajmy się i niech będzie zgoda". Miękka koordynacja w przypadku poważnych inwestycji

38 Obecnie racją przemawiającą za oddzieleniem funkcji marszałka i wojewody jest to, że wojewoda reprezentuje zwycięzcę wyborów parlamentarnych, a marszałek – często opozycję. To jednak tylko okoliczność, a ważny nie powód państwowy.

MINISTERSTWA	PFR/INNA AGENCJA	SAMORZĄDY/ AGLOMERACJE
⇄ RAMY PRAWNE KIERUNKI ROZWOJU FINANSOWANIE ⇄	⇄ ZASADY PROGRAMY STRATEGIE ⇄	
MINISTERSTWA ZADAŃ PUBLICZNYCH („ROZWOJOWE") ⇄	**AGENCJA-INTERFEJS** ⇄	**SAMORZĄDY**
→ **Wytyczają kierunki rozwoju**. Tworzą krajowe strategie, ramy prawne → Tworząc strategie szukają obszarów, gdzie można **wykorzystać na zasadzie dźwigni współpracę z otoczeniem**, tak rząd nie był dostarczycielem wszystkich usług, a raczej liderem i promotorem → **Przekazują do PFR operacjonalizację** – współpracę z samorządami, trzecim sektorem, przedsiębiorstwami (do PFR lub do innej Agencji-Interfejsu)	→ **Pośredniczy między ministerstwami a samorządami** w realizacji polityki rozwojowej → **Pomaga samorządom tworzyć strategie regionalne**, a następnie spina je ze strategią krajową → **Bezpośrednio odpowiada za powierzone programy rozwojowe.** Przy ich realizacji oliwi współpracę różnych ministerstw realizujących program rozwojowy, tak by wykorzystać ich kompetencje. Działa na rzecz ministerstw tam, gdzie potrzeba szybkości przedsiębiorcy → **Rozpowszechnia standardy „przedsiębiorczego myślenia i działania".** Koordynuje szkolenia sektorowe, cyfryzację, wymianę najlepszych praktyk (np. w ochronie zdrowia). Reguluje zasady wsparcia inwestycji	→ **Zgłaszają do PFR zapotrzebowanie na regionalne programy rozwojowe** – w postaci celów, kierunków, pomysłów, potencjałów, zainicjowanych kontaktów, partnerstw → **Tworzą inicjatywy regionalne**, przykładowo inicjatywy odblokowujące regionalne rynki pracy → **Koordynują** inwestycje w regionach

spali na panewce, bo nawet dla słusznych powodów nikt nie podejmie się realizowania zadań ponad miarę narzędzi, które ma do dyspozycji. Zbyt wiele działań będzie „na wiarę" i za mało efektywnego umocowania prawnego, by zareagować w sytuacji kryzysowej. Chodzi również o nieparcelowanie inicjatyw mających wnieść nową jakość na drobne czynniki poprawy, tylko o atakowanie ich w całości – zbyt często suma przyczynków nie składa się na sumę problemu. Kto weźmie na siebie ciężar przywództwa, obejmie właścicielstwo problemów?

Obecnie niełatwo zidentyfikować osoby czy urzędy, które w sposób faktyczny już pełniłyby tę rolę. Wobec zimnej wojny na linii rząd-samorządy podstawowym dziś mechanizmem zapewniającym spójność polityki regionalnej i rządowej wydaje się być Unia Europejska. To ona wymaga, by strategie regionalne wpisywały się w strategię krajową. I te strategie na poziomie województw istnieją, są niejednokrotnie ciekawe. Można by na tym budować, układając wzdłuż nich więź instytucjonalną między rządem a samorządami. Bez współpracy rząd-samorządy przeoczymy sporo potencjału wynikającego z zaufania, że rząd może coś samorządom powierzyć, a samorządy w pełni skorzystać z wyspecjalizowanych zasobów, którymi dysponuje rząd. Szczególnie chodzi o taki dostęp do potencjału rządowego, by samorządy nie musiały ograniczać się do tego, co mają pod sobą w „ludziach i podatkach". Istotne jest też to, by wyspecjalizowane zasoby i rezerwy strategiczne budować w kraju tylko raz, dzieląc się ryzykiem, ewentualnie na poziomie regionów. Przy braku współpracy każdy z samorządów musi na własną rękę tworzyć zakładki, bufory i szkolić kadry. W tak małym kraju jak Polska, który zaraz zacznie mierzyć się z wyzwaniem demograficznym i niedoborem rąk do pracy, trzeba wykorzystać wspólny potencjał.

Zmianie można pomóc przez bodźce finansowe. Zazębienie systemów wynagrodzeń w ten sposób, by samorządy były wynagradzane za realizację celów rozwojowych a PFR/wojewoda za listę tematów rozwiązanych dla samorządu – w środowisku biznesowym częściej działa, niż nie. Można to rozszerzać. Gdyby rząd lub jego centrum strategiczne przed wyborami samorządowymi pokazywał regionalne wyzwania rozwojowe, do których samorządowcy w kampanii mieliby okazję się odnieść – poskutkowałoby to bardziej konstruktywną dyskusją i mniejszą ilością „zgubionych" informacji.

Wnioski

Zbudowanie sieci partnerów współpracujących z rządem w dostarczaniu świadczeń publicznych jest złożonym przedsięwzięciem, którego owoców nie zobaczymy od razu. Dlatego warto zacząć od stosunkowo prostych ruchów, które możemy mieć pod kontrolą.

Sprawność łańcucha władzy będzie wypadkową jego skuteczności i zdolności wykorzystania dźwigni do osiągania postawionych sobie celów. Aby działać skutecznie, rząd powinien skoncentrować działanie na mniejszej liczbie ministerstw, lepiej zintegrowanych między sobą. Aby je zintegrować konieczne jest przemyślenie i podporządkowanie wewnętrznej organizacji rządu łańcuchom decyzyjnym biegnącym pomiędzy nimi, które miałyby dostarczać istotne dla wyborców zmiany.

Aby wydłużyć dźwignię, rząd musi nauczyć się pracy w dodatkowych trybach – bycia koordynatorem, regulatorem, liderem, promotorem. Natomiast powinien unikać zbyt częstego wchodzenia w rolę dostawcy.

Agencje położone obok rządu – dziś PFR – warto potraktować jako docelową część aparatu władzy i wykorzystać ich doświadczenia przy projektowaniu bardziej skutecznych rozwiązań administracyjnych na poziomie ministerialnym. Jednocześnie konieczne jest ich poddanie pełnej kontroli demokratycznej, tak by parlament mógł nadzorować je jak ministerstwa.

Komisja Edukacji Narodowej, Agencja Cyfryzacji czy Centrum Usług Rządu mogą stworzyć nowy rodzaj niezależnych, choć wciąż realizujących interes publiczny instytucji – działających obok rządu. Nadal byłyby demokratyczne, a nawet w bardziej efektywny sposób – bo w sposób ciągły uwzględniałyby głosy niezależne i opozycyjne.

Wartościowe byłoby większe zaangażowanie Samorządu Terytorialnego i samorządów gospodarczych w kreowanie polityki rozwojowej, szczególnie na poziomie aglomeracji. Częściowe odwrócenie relacji tak, by to aglomeracje stały się klientem agencji rozwojowych i mogły wychodzić z inicjatywą, oczekiwaniami i pytaniami, co mogłoby korzystnie wpłynąć na dynamikę i zarządzalność coraz bardziej złożonej gospodarki. Rolę katalizatora mógłby wziąć na siebie PFR.

Umowa społeczna

Państwo polskie nie jest dziś przesadnie silne samo w sobie, ani nie realizuje przekonująco interesów obywateli przez dbałość o dobro wspólne – w toczącym się od wieków sporze o ideał państwa nie dajemy więc pocieszenia ani Platonowi, ani Arystotelesowi. Jednak nawet kiedy państwo radzi sobie średnio w obu wymiarach, społeczeństwo może budować własną tkankę odporności, zapewniającą ciągłość wspólnoty i w ten sposób przedłużyć nadzieję na zbudowanie dobrych instytucji państwa. Odporność na niedostatki państwa przydawała się w czasie rozbiorów, PRL, przydaje się i obecnie – to społeczeństwo zareagowało pierwsze na wojnę w Ukrainie, przed państwem. Ten rodzaj zapasowego myślenia zastępującego nieskuteczne państwo mamy nieźle przećwiczony. Choć to żadna wymówka dla tworzenia sprawnego państwa, warto go utrwalać jako kapitał rezerwowy na czarną godzinę. Nasze powodzenie na dłuższą metę będzie zależało od utrzymania równowagi między silnym państwem oraz silnym społeczeństwem z jego obywatelami i obywatelkami[39].

Demokracja, odporne państwo, broni się umową społeczną. Zawiera ona zapas energii na wypadek, gdyby wszystkie inne mechanizmy kontroli władzy zawiodły, czasem z konstytucją włącznie. Napędza ją poczucie, że gdzieś na końcu jesteśmy w jakiś sposób równi i że jest to warte uszanowania i pielęgnowania. Pielęgnowania, czyli właściwie kultywowania, a więc w zasadzie chodzi o pewną kulturę. Tym samym umowa społeczna zawiera w sobie zobowiązanie do ciągłej odnowy wspólnoty, w której funkcjonujemy. Kiedy państwo nie działa, podstawowe staje się pytanie co do wspólnoty wkłada obywatel.

39 Por. wspomniany wcześniej wywiad z D. Acemoglu, *The Narrow Corridor to Liberty: An Interview with Daron Acemoglu*, Harvard Political Review, 29 lipca 2020 i książka pod tytułem *Wąski korytarz* napisana z J. Robinsonem.

JAK JEST?	CO MOŻEMY ZROBIĆ?
SPRAWCZOŚĆ RZĄDU	
Rząd wydmuszkowy – jest sprawczy tam, gdzie działa „ponad prawem”	**Wzmocnienie rdzenia**
→ Rząd niesamodzielny, nie może kształtować własnego zaplecza → Odwrócenie ról rząd-sejm → Rozpiętość rządu rozprasza uwagę → Ministerstwa przeważnie nieskuteczne → Wydatki PFR: brak demokratycznej kontroli budżetu	→ Więcej autonomii rządu względem sejmu → Koncentracja uwagi rządu na „Ministerstwach Siłowych” → Przeniesienie odpowiedzialności za kulturę, naukę, edukację, cyfryzację z rządu do agencji
SPRAWNOŚĆ ŁAŃCUCHA WŁADZY PUBLICZNEJ	
Poszatkowane Ministerstwa + odcięty dopływ informacji + brak współpracy = niska jakość usług publicznych	**Otwarcie i aktywizacja**
→ „Centralne rozdawnictwo” zastępuje „zdecentralizowane organizowanie” → Etatyzm. Mimo w/w ograniczeń rząd próbuje być dostawcą wszystkiego → W dniu wyborów odcinamy dopływ impulsów informacyjnych spoza rządu → Słabe delegowanie odpowiedzialności i brak przewodzenia zmianom upośledza	→ Zintegrowanie łańcuchów decyzji wewnątrz rządu, → Zaangażowanie otoczenia do realizacji zadań publicznych → Pogłębiona współpraca z samorządami via PFR → Wzmocnienie administracji publicznej – zwłaszcza średniego szczebla
ŻYWOTNOŚĆ UMOWY SPOŁECZNEJ	
Dialog witaminą demokracji!	**Użyźnienie gruntu**
→ **Mamy państwo silne samo w sobie czy dla realizacji interesu obywateli?** Na razie ani-ani, przy czym na „państwo wygodne” nas nie stać → **Jako społeczeństwo nieźle reagujemy na kryzysy** – potrafimy uzupełniać dziury po państwie np. płacąc za szkoły → Choć trójpodział władzy słabo działa, to potrzeba wiecowania i brak zgody na tyranię – całkiem nieźle → **Postawa propaństwowa ≠ etatyzm. Etatyzm nie, republikanizm tak.** Elity muszą być otwarte. Dobór z klucza partyjnego oznacza martwy obieg idei	→ **Rozmawiajmy serio, jakiej sprawiedliwości potrzebujemy**. Na jakie obowiązki wobec siebie się umawiamy? Kto komu może wchodzić na głowę? → **Inwestujmy we własny „kapitał cywilizacyjny”** – refleksję o państwie i naszej tożsamości, przetrawienie dorobku → **Wbijajmy bezpieczniki demokracji** – brak zgody na prywatyzację państwa :: media służące wszystkim obywatelom :: pewność prawa

Podtrzymywaniu takiej umowy sprzyja kilka okoliczności. Na ostatnie reduty obrony demokracji składają się społeczne poczucie sprawiedliwości i sprzeciw wobec jej braku, wspólne przekonanie o tym, co uważamy za godne społecznego uznania i nagrodzenia, wspólny dorobek cywilizacyjny, porozumienie odnośnie do ogólnego kierunku, w którym powinna poruszać się wspólnota. Od strony praktycznej umowę społeczną budują: brak barier, łatwość wejścia w życie społeczne, możliwość zgłoszenia swoich postulatów, bycia wysłuchanym, możliwość ich realizacji.

Istotne wydaje się też kilka praktycznych bezpieczników, które są uruchamiane w przypadku wykolejenia się z trasy, więc w pewnym sensie działają „negatywnie" – takich jak opór wobec monopolizacji władzy, osobista niezgoda na gwałt, przemoc i wchodzenie sobie na głowę.

Ważne, by rządząca większość poruszała się z przekonaniem, że w ostatecznym rozrachunku jest wywrotna i jutrzejsze rozdanie może być dla niej mniej łaskawe[40]. W wymiarze praktycznym sprzyjają temu wolne media, brak zgody na prywatyzację państwa, domaganie się powszechnego i nieuznaniowego prawa. Jeśli skompromitowany rząd nie jest skłonny, by odsunąć się od władzy, obywatele powinni być gotowi wydrzeć ją z rąk uzurpatorów.

Nowe rozdanie polityczne, jeśli się powiedzie, nie może uciec od inwestowania w umowę społeczną czy wspierającą ją od strony praktycznej miękką infrastrukturę demokracji. W szczególności nie może traktować jej jak stratę ekonomiczną, marnotrawstwo pieniędzy. Miękka tkanka demokracji u nas się trochę sprawdziła, w każdym razie lepiej niż na Węgrzech, a trochę nas zawiodła, bo jednak minęło 8 lat niejednokrotnie wątpliwych praktyk władzy. Jednocześnie jest i na czym budować, i są braki, które musimy uzupełnić. Sytuacja dojrzała już do tego, by witalność państwa i zaufanie do niego potraktować jako samoistny cel polityczny, konkretną inwestycję w aktywa niematerialne krajowego systemu politycznego. Na równi ze szpitalami, obronnością, 500+, Orlikami czy budową autostrad. Rezygnując z pracy nad państwem czytelnym, równym, doceniającym zasługi, otwartym na dialog, sami siebie namawiamy do demontażu demokracji. Próbować trzeba do skutku – dążenie do trudno osiągalnego celu nie jest naiwnością, naiwna jest rezygnacja ze starań[41].

40 To nawiązanie do minimalistycznej definicji demokracji A. Przeworskiego, który wskazuje, że demokracja to system, w którym rząd może (realistycznie) przegrać wybory i zostać odsunięty od władzy. Warunki funkcjonowania demokracji, które wskazuje Przeworski to równość (każdy obywatel ma taki sam wpływ na wspólne decyzje), partycypacja (każdy może skutecznie uczestniczyć we wspólnych decyzjach), reprezentacja (decyzje obywateli są przekładane na działanie przez wybranych przedstawicieli) i wolność (uszanowanie wolności osobistej). por. biogram A. Przeworskiego na www.wikipedia.org, oraz zamieszczona tam fiszka na temat jego książki *Democracy and the Limits of Self-Government*, 2010.

41 Naiwne jest właśnie zaniechanie pracy nad umową społeczną i miękką infrastrukturą demokracji, bo wiąże się z wiarą, że podobne korzyści wyłonią się spontanicznie

Jaka sprawiedliwość? Opuścić bagno nieufności

Zaufanie do państwa wyraża się poczuciem, że można położyć się spać i obudzić bez przewrotu pałacowego, stanu wojennego za oknem, strajku górników, kryzysu w służbie zdrowia, newsa o korupcji w rządzie, że można wysłać dzieci do szkoły publicznej niegorszej niż prywatna, powierzyć państwu swoją przyszłość na emeryturze. Gdzieś w strefie głębokiej szarości na takim gradiencie sytuuje się Polska i jej mieszkańcy. Nie jest zupełnie źle, ale też nie trzeba zaliczyć wszystkich stopni regresu, by poczuć znużenie państwem i utracić do niego zaufanie. Na pocieszenie pamiętajmy, że zaufanie do państwa to samonapędzający się proces, a nie tylko stan.

Do większego zaufania do państwa przyczyni się każde działanie, które usuwa wątpliwości na temat tego, jak państwo będzie współpracowało z nami, ułatwiało realizację nowych pomysłów, wspierało wspólne rozumienie tego, co jest sprawiedliwe i honorowane. Jak rozumieć te okręgi, które pewnie nigdy do końca się nie nałożą[42]?

Odnawiający się potencjał zmiany oznacza tyle, że wygrani żyją w niepewności co do następnej kadencji i w cieniu możliwego rozliczenia. Państwo aktywnie rozbija, a nie tworzy, sytuacje sprzyjające powstawaniu koterii. Na pewno kryje się tu potężne wyzwanie związane z działaniem partii politycznych, które stały się polską para-oligarchią, sprofesjonalizowanym aparatem przejmowania stanowisk w spółkach Skarbu Państwa, radach nadzorczych wodociągów i tym podobnych. Do tej pory koterie były wywracane przy zmianie władzy w zasadzie co kadencję. Skoro jednak system polityczny ustabilizował się i partie mamy właściwie te same od dwóch dekad, to częściej będzie się zdarzało, że władza nie zmienia się po wyborach. Trzeba spowodować, by świeże myśli, inne perspektywy, mimo wszystko wciąż zasilały życie publiczne. Ministerstwa bardziej otwarte na współpracę i z wbudowanym w zarządzanie „głosem z zewnątrz", więcej współpracy na linii rząd-samorządy, nowa karta zasad regulująca zadania i sposób zarządzania spółkami Skarbu Państwa to korekty wewnątrz systemu, które wzmacniają potencjał zmiany[43].

w wyniku gry prywatnych interesów. Małe na to szanse. Zaufanie społeczne nie ma innego właściciela niż społeczeństwo – jest dobrem publicznym. Zawsze będzie trudno znaleźć chętnych do jego sfinansowana, choć wszyscy z niego korzystamy. Odpuszczenie starań o zaufanie, otwartość na współpracę, dialog oznaczać będzie poddanie się dyktatowi najgłośniejszych grup interesu, krzykaczy. W praktyce potrzebne jest więc porozumienie elit, które trzeba wymusić w wyborach. Tu nie chodzi o idealizm, tylko o to, że w zasadzie nie ma innej drogi.

42 O równości, wolności i niepewności por. wywiad T. Sawczuka z J-W. Mullerem, *Nigdy nie wierzyłem, że istnieje fala populizmu*, kulturaliberalna.pl.

43 Temat uregulowania działań spółek Skarbu Państwa został poruszony w rozdziale o gospodarce.

JEŚLI ZALEŻY NAM NA ZAUFANIU DO PAŃSTWA, ZADBAJMY O FUNDAMENTY

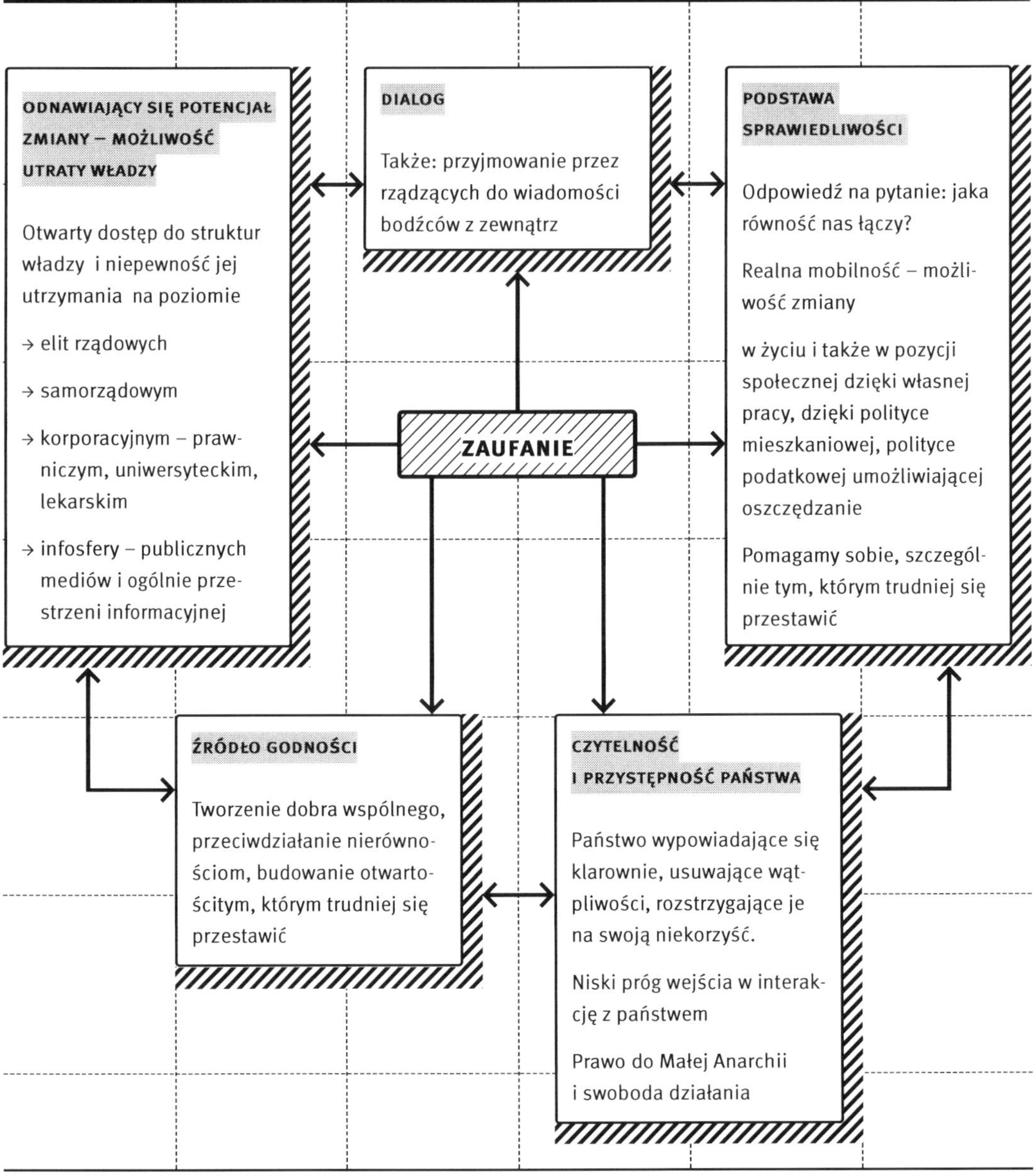

Czytelność państwa i dialog sprowadzają się do realnej możliwości wejścia w interakcję z państwem. Państwo zbyt często ustawiające obywatela w roli nawet nie tyle petenta, co biernego odbiorcy, przekreśla swój republikański oraz demokratyczny charakter. Nie można wprawdzie oczekiwać, że każdy niuans skomplikowanego prawa będzie dostępny dla niefachowca. Natomiast możemy i powinniśmy wymagać, by chociażby formularze podatkowe były zapisane przyjaznym językiem, z jednoznacznymi instrukcjami sformułowanymi językiem powszechnym, a nie księgową nowomową i nie sprawiały wrażenia, jakby urzędnicy i państwo chcieli przepchnąć odpowiedzialność za wszelkie niejasności na obywatela. Skoro potencjalnym płatnikiem podatków jest już osoba tuż po maturze, to tak napiszmy instrukcje, by egzamin dojrzałości wystarczał do świadomego rozliczenia. Tylko przy takim otwartym rozliczeniu można oczekiwać od obywateli zaufania, że nikt nie chce wykorzystać ich słabości, tylko umożliwić uczestnictwo w obowiązkach. Chodzi o wzajemność, a nawet wzajemność ze wskazaniem na korzyść obywatela, który przecież na starcie jest słabszy, niż państwo. Cyfryzacja i automatyzacja rozliczeń PIT czy aplikacja mObywatel to działania w bardzo dobrą stronę. Kto jednak rozliczał dobrowolne składki ZUS wie, że standard jest nierówny. Im czystsze i prostsze w obsłudze będzie państwo na podstawowym poziomie, tym trudniejsze będzie mydlenie oczu na szczytach władzy, bo spotka się z bardziej świadomymi i aktywnymi obywatelami. Państwo czytelne jest niezbędne, jeśli myślimy poważnie o włączeniu obywateli czy trzeciego sektora do tworzenia ministerialnych rozwiązań w edukacji, zdrowiu czy kulturze. Bez tego obywatele będą niechętni współpracy. Na domiar złego do opisanego w zagmatwany sposób systemu trudno projektować kompatybilne rozszerzenia. Do tanga trzeba dwojga i zmiana musi być obustronna – państwo musi tworzyć opcje działania dla społeczeństwa, by nie dawać argumentów malkontentom, a my musimy działać i domagać się tworzenia przez państwo trampolin i przestrzeni maksymalnej swobody. Dla dobra państwa trzeba ludzi wyrzucić z domów – niedosłownie oczywiście. Pobudzać do działania w sferze społecznej, a nie zniechęcać. Przydałyby się Urzędy Małej Anarchii, które pozwalają inicjatywom społecznym działać na zasadzie wzajemnego zaufania do momentu nabrania istotnej masy. W międzyczasie powinny patrzeć przez palce na małe odstępstwa i niesubordynację, kasować wszelkie czepialstwo.

Równość uczestnictwa w państwie to jakiś pierwszy krok do zapewnienia poczucia sprawiedliwości. Często wiąże się ono z jakimś rodzajem równości – pisał o tym Amartya Sen w książce *Idea of Justice*[44]. Aby system polityczny się zgadzał, miał silną legitymację do działania, musi mieć u swojej podstawy jakieś porozumienie, że możemy spojrzeć sobie w oczy jak równy z równym. Nawet gdy zawodzą formalne instytucje systemu demokratycznego, to wciąż pozostaje nam demokracja jako dialog, który umożliwia wydobycie się z najgłębszych kłopotów. Ale żeby dotrzeć do porozumienia poza twardymi regułami sądów, sejmów i nawet konstytucji, musimy być jako społeczeństwo przekonani, że sprawiedliwość jest możliwa i że na jakiejś zasadzie jesteśmy sobie równi, kiedy chcemy się wypowiedzieć i działać. Nie tylko nominalnie – faktycznie. Równi w szansach, równi w godności, równi przed Bogiem albo równi niezależnie od wyznania, orientacji seksualnej i tak dalej – można to uzasadniać na wiele sposobów. Pojawia się więc pytanie – o jaką równość jesteśmy gotowi walczyć, co nas ma spajać? Co rozumiemy przez sprawiedliwość?

44 A. Sen, *The Idea of Justice*, Penguin Books, London 2010.

Trudnym punktem w tej dyskusji jest to, że chodzi o sprawiedliwość konkretną, którą trzeba sfinansować, a nie tylko książkową, z podręcznika historii idei. Nie zbudujemy zaufania, jeśli nie przekroczymy tego mostu rozmowy o pieniądzach jako o wspólnych środkach, ograniczonych, słusznie gromadzonych przez państwo, słusznie wydawanych. Nazywając każde świadczenie państwa na rzecz obywatela populizmem, obrażamy osoby, które je pobierają. Przecież strażacy, lekarze, policjanci wnoszą do społeczeństwa wartość, choć ich miejsca pracy nie są finansowane z prywatnej kasy. A osoby pobierające emerytury kiedyś na nie zapracowały.

Choć w ostatnich latach wzrost PKB umożliwił eliminację wielu rażących przykładów niesprawiedliwości, to na horyzoncie pojawiają się wciąż nowe wyzwania. Małe i średnie miasta i ich mieszkańcy mają pod górkę. Nie czerpią z dotacji unijnych dla rolnictwa, a włączenie się do handlu międzynarodowego jest trudniejsze niż dla metropolii. Dobre zagospodarowanie przestrzeni publicznej jest większym wyzwaniem dla ich budżetów niż w większych ośrodkach.

Równość można rozumieć też jako prawo do separacji od protekcjonalnego traktowania, rzekomej wiedzy rządu na każdy temat, myśleniu za obywatela. Możliwość decydowania o swoim ciele, płodności, stylu życia to już tematy, które wchodzą pod skórę właśnie dlatego, że dotyczą fundamentalnej równości i godności. Wcześniej poruszony został temat rządu, który stara się dostarczyć i kontrolować wszystko, przez co jest niewydolny. Tu bardziej jaskrawy staje się drugi problem – trudno znaleźć miejsce na inne postępowanie niż to przewidziane przez ministra. Ponieważ rząd stara się równolegle być aktywnym w bardzo wielu dyscyplinach, prowadzi to do sytuacji, w której rządzący dyktują nam życie według swojego *credo* i tłumaczą nam rzeczywistość – tak, jak ją widzą. A przecież nie po to przychodzimy na świat, by realizować program obowiązkowy zaprojektowany przez kilku urzędników w garniturach!

Na zupełnie prostym poziomie, rząd PiS stworzył wielką podstawę niesprawiedliwości, stawiając w uprzywilejowanej pozycji członków partii, ich rodziny i znajomych. Jak to się ma do szans na sukces zwykłych, niepowiązanych z partyjnymi koteriami przedsiębiorców? To się może wciąż jeszcze rozmywa i jest tak powszechne, że nam ucieka, ale zobaczymy to i w rachunkach narodowych, i jako koszt braku zaufania do państwa.

Tymczasem wiele dyskusji o sprawiedliwości przedwcześnie zamykamy, nieraz przy pomocy ironii lub sarkazmu. To niedobrze, bo taki styl komunikacji jest sygnałem, że prawdziwe problemy społeczne leżące u źródła tych dyskusji nie zostały potraktowane poważnie (albo co gorsza zostają unieważnione, bo jako pierwsi zauważyli je oponenci polityczni). Weźmy 500+ albo 13. i 14. emerytury, zaproponowane przez PiS. Rozmowa o 500+ została zamknięta, zanim się zaczęła przez powiedzenie, że podniesie ono poziom patologii społecznych. Przewidywania leżące u źródeł tej inicjatywy nie sprawdziły się, bo program znacząco nie wpłynął na dzietność. Choć jego głównym kierunkiem okazała się redystrybucja dochodów, to w tym punkcie program trafił w potrzeby społeczne. Prawo i Sprawiedliwość właśnie przy okazji 500+ zdefiniowało swoje rozumienie sprawiedliwości – należy zwrócić część kosztów utrzymania dzieci tym, którzy biorą na siebie ciężar wychowania przyszłych podatników. Siła ich oferty wynikała nie tylko z „kupienia wyborców", a właśnie z odniesienia się do bardzo podstawowego problemu, na dyskusję o którym opozycja się nie zdobyła.

Z 13 i 14 emeryturą jest bardzo podobnie. Tak – przekazanie jej wszystkim emerytom, niezależnie od stanu majątkowego – przypomina handel głosami wyborczymi. Ale bardzo trudno przejść do porządku dziennego nad faktem, że jeszcze w 2019 roku ponad 2 miliony emerytów, właściwie głównie emerytek, miało pobory nieprzekraczające 2000 zł brutto, z czego ponad milion poniżej 1600 zł miesięcznie[45]. Możemy długo dyskutować o przebiegu kariery zawodowej i zasłużonej lub nie wysokości emerytur – w praktyce jednak przy wzroście gospodarczym, rosnących wynagrodzeniach i cenach, oczywisty problem dużej grupy wyborców leżał na stole. Poza widoczną warstwą finansową dotykał sprawy równego poruszania się we współczesnym świecie, łatwiejszego dostępu do lekarstw, pewnej godności.

Wniosek polityczny, jaki płynie z tych dwóch przypadków jest taki, że zjawiska godności i sprawiedliwości są potężnymi katalizatorami zachowań wyborców. Praca nad umową społeczną pozwala uprzedzić rozwój taniego populizmu (w kontrze do odpowiedzialnej polityki społecznej). Jednocześnie rzucane naprędce propozycje innych dotacji mających rywalizować choćby z 500+ nie nabiorą mocy, dopóki nie zostaną osadzone w fundamentalnym poczuciu sprawiedliwości, wolności, godności.

Może więc należy szukać jeszcze dodatkowych odpowiedzi. O jaką równość walczymy w praktyce? Równość majątku? Równą możliwość wspinania się na drabinie społecznej dzięki własnej pracy? Równość dostępu do świadczeń publicznych między mieszkańcami miast i wsi? „Równość w godnym standardzie życia między pokoleniami, niezależnie od tego, czy karierę rozpoczęło się w 1985 czy 2015 roku", równość w decydowaniu o swoim życiu niezależnie od światopoglądu?

45 Sytuacja końcowa budżetów domowych tych osób mogła wyglądać lepiej po uwzględnieniu rent po małżonkach i innych świadczeń – na pewno nie była jednak dobra. Inny problem, który nie został wyraźnie podjęty to wynagrodzenia osób w wieku przedemerytalnym, którym będzie trudniej się przekwalifikować, bo okres korzystania z nowych umiejętności będzie krótszy, a trzeba go sfinansować. Spora część pokolenia wyżu demograficznego przechodzącego na emerytur zorientuje się szybko w swojej sytuacji i można zrozumieć, jeśli w przedstawionych okolicznościach wybiorą partię, która wprost rozwiązuje ich problemy. A że nie poprawia opieki zdrowotnej? Takie życie, nikt do tej pory jej nie naprawił.

Nie da się wybrać wszystkiego, a nas nie stać na państwo wszystko-dostarczające tak samo, jak nie stać nas na państwo nieobecne. Chęć zagwarantowania sprawiedliwości zupełnej – poukładania wszystkiego – jest bliska obecnie rządzącym i zupełnie nie pasuje do tradycji polskiej wolności. Powiedzenie jednak, że sprawiedliwe i wystarczające społecznie jest wszystko, co przyniesie rynek, też jest drogą donikąd[46]. Dlatego dobrze byłoby dyskutować o przejawach niesprawiedliwości, które chcemy wyrugować – i tu oceniać na co nas stać, a na co nie. Amartya Sen podał mniej więcej taki przykład – mamy w ręce nowe skrzypce, prosi nas o nie trójka dzieci. Marysia mówi, że skrzypce wystrugała, więc jej się one należą. Malwina, że jako jedyna umie grać na skrzypcach, więc sprawi innym najwięcej radości. Mały Wojtek krzyczy, że to byłby jego jedyny instrument i nie ma poza nim żadnego innego, a w dodatku będzie dzielił się nim z Irką. Komu oddać skrzypce?

To punkt wyjścia do dyskusji o wzajemnych zobowiązaniach. Przestrzegając „ekonomii wysiłku" i patrząc na co Polskę stać, ile i jakiego zgromadziła kapitału w instytucjach państwa, pewną drogą między skrajnościami wydaje się pójście w stronę państwa przedsiębiorczego, co do zasady bardzo silnie wykorzystującego współpracę rządu z sektorem samorządowym, z trzecim sektorem, oraz przede wszystkim z przedsiębiorstwami. Państwo przedsiębiorcze byłoby bardziej powściągliwe we wkraczaniu w kolejne obszary, szerzej współpracowałoby ze społeczeństwem i więcej pozostawiało w rękach obywateli. Ale wybierałoby wyzwania, z którymi chce się mierzyć i traktowałoby je poważnie, przeznaczając na nie istotne środki. Byłoby przez to nieco doraźne, choć w świadomy i demokratyczny sposób. Takie państwo wymaga też aktywności obywatelskiej i chęci współpracy. Reakcja na kryzys ukraiński, rozwój prywatnej opieki zdrowotnej i różnych form prywatnego szkolnictwa dowodzą, że społeczeństwo ma duże zdolności adaptacji i wystarczający kapitał ludzki, by nie przestraszyć się takiej wizji.

Kapitał cywilizacyjny – jak opowiadamy o sobie?

Praca nad tym, by państwo było oparte na pewnym poczuciu sprawiedliwości i było przyjazne w obsłudze – to nie wszystko. Powinniśmy dbać o wspólny kapitał cywilizacyjny w postaci przepracowanej historii Polski, świadomości idei państwowych i ich konsekwencji. Przesadnie ekonomiczne spojrzenie na relacje międzyludzkie, w którym jedyne, czego chcą ludzie to „posiadać więcej", prowadzi do wizji świata, w którym człowiek człowiekowi wilkiem i o nic

46 Być może wciąż po prostu wierzymy, że rynek jest mniej skorumpowany niż państwo, więc cokolwiek przyniesie – będzie mniej skrzywione. To nieraz może być prawdziwe, ale szkoda byłoby z tylko tego powodu rezygnować z uzgadniania wspólnych interesów czy znieczulać się na ewidentną niesprawiedliwość.

wspólnego nie warto się starać. Jest też dość technokratyczne, a przecież mamy w sobie emocje, marzenia i historię. Podróżujemy z pewnym bagażem doświadczeń przekazywanych przez rodzinę i otoczenie. Można je oddać walkowerem konserwatystom, bądź choć trochę je docenić i wziąć na warsztat[47].

Interpretacja historii, dziedzictwa, emocji rzutuje na to, co uważamy za sprawiedliwe i pod czym chcemy się podpisać. Z tego względu dobre dla zdrowia państwa byłoby posiadanie opowieści o wspólnocie, którą tworzymy oraz silnie zakotwiczonego pojęcia o działaniach, które chcemy promować. Obok źródła sprawiedliwości, przydałoby się powszechnie uznane „źródło" godności obywatelskiej – wspólne zrozumienie tego, co dla obywateli jest wspólne, na czym republika została ufundowana i co może być powodem do osobistej dumy, godności, powodem bycia honorowanym[48]. Ciekawa opowieść o swoich doświadczeniach to też bilet do realizacji celów międzynarodowych – pewien blask cywilizacyjny, spatynowany lub nie.

W tak rozumiany „kapitał cywilizacyjny" powinniśmy inwestować. Ktoś powiedział, że kultura jest czasownikiem – wybieramy co kultywujemy, a to wymaga starań. Kultura nie jest konsumpcją – z tej nic nie wynika. Jeśli chcemy więcej cukru w cukrze, musimy aktywnie szukać tej przestrzeni czy to pomnikowej, filmowej, książkowo-grantowej. Grantowej najmniej chętnie. Konia z rzędem

47 Wciąż wiele lewicowych myśli o równości ma pod górkę ze względu na nominalnie lewicowy PRL, który był zależną od imperium dyktaturą, a przecież najsilniej został podważony przez lewicowy ruch sprzeciwu, bo taka była pierwsza Solidarność. To celowo trochę komiksowe postawienie sprawy, uciekające od odcieni szarości. Jasne, że dla wielu ośrodkiem podważającym PRL był papież i kościół katolicki – ten ostatni mimo czasem chętnego układania się z reżimem. Jasne, że opozycja była zróżnicowana, Leszek Moczulski nie był lewicowcem, a nieraz głosy dysydentów odbieranych kiedyś jako radykalni dziś brzmią przytomnie – podczas gdy z perspektywy czasu może się wydawać, że elita opozycji formułowała „realistyczne" postulaty tylko korygujące system PRL niemożliwy do naprawy.

48 Przy okazji chodzi o to, by wyjść z liberalnej abstrakcji, w której ludzie powinni podejmować decyzje jakby byli chronieni od rzeczywistości „zasłoną niewiedzy", w myśl której powinni wybierać zasady życia społecznego zanim poznają swoje miejsce w społeczeństwie. Państwo w takim wypadku jest co najwyżej oprzyrządowaniem pozwalającym na ustanowienia takiej zasłony, a potem obronę jej reguł. Wszystko to brzmi dobrze, ale jest niesamowicie abstrakcyjne. Choćby pytanie „jakbyśmy chcieli, żeby było, gdybyśmy mogli zapomnieć o swoim życiu i nie mieli żadnych interesów?" jest trudne do przetrawienia, nie odpowiada dynamice dyskusji politycznej oraz wymaga przekucia tych pierwszych instynktownych odpowiedzi na ogólne zasady prawa. Łatwo podlega faryzejskim nadużyciom, a właściwie szantażowi ze strony elity, która pod płaszczem sprawiedliwości chroni swoje uprzywilejowanie. Zgrzyta więc to przy pierwszym kontakcie z doświadczeniem. W tym miejscu przydałby się filozoficzny liberalizm, w którym już jesteśmy osadzeni w świecie i przyjmujemy do wiadomości, że „jest to, co jest", możemy naprawiać tylko konkretne przejawy niesprawiedliwości i nagradzać tylko konkretne dobre postępowanie – zamiast teoretyzowania o utopiach.

temu, który stworzy system otwartego dostępu do publicznych pieniędzy nieprzekształcający się w wodopój dla zamkniętego grona koleżeńskiego. Zbyt często w otoczeniu takich mechanizmów pojawia się szara strefa pseudo-demokratycznego dostępu do funduszy i stanowisk, a warunki przyznawania grantów są zaciemnione i nieklarowne. Być może jakaś forma dofinansowywania najciekawszych projektów z serwisów crowdfundingowych zapewniałaby demokratyzację procederu. Niemniej jednak potrzebujemy wciąż wielu aktualnych opracowań na temat państwowości polskiej i źródeł społeczeństwa, wychodzących poza rytualnie odtwarzane mitologie. Nie byłoby złe tworzenie ich nie tylko w formie opisu historycznego, ale także bardziej krytycznie; z odpowiedzią na pytanie o użyteczne wnioski na dziś, o podłoże zjawisk i o wnioski na przyszłość.

Najlepszym sposobem na przekonanie się o nieodzowności tej inwestycji jest przyjrzenie się skutkom jej zaniechania. Karierę ostatnio robi słowo „weaponizacja". Przemienić w broń można wszystko, zablokować dostawy energii a nawet żywności, przewrotnie przekuwając lemiesze na miecze i rakiety. W Polsce dla odmiany weaponizuje się świadomość socjologiczną i kulturoznawczą. Do debaty przemyca się lęki wyjęte z klechd i babcinych podań i tym zatruwa rozmowę. Co rusz ktoś próbuje zaszantażować nas doświadczeniem historycznym. Przykłady?

Powszechne polskie prawo przez lata było zaborcze, czyli obce (a wcześniej Stefan Batory osłabił związek państwa i prawa, oddając Trybunały szlachcie). W tak ustawionej scenografii nic prostszego, niż wykazać dziś, że po pierwsze: prawo można szanować z dużą dowolnością, a po drugie: prawo UE do nas nie należy. Ponadto słyszymy, że sędziowie to obcy namiestnicy, realizujący wolę kanclerza albo ukaz carski.

Idąc innym tropem – znaczna część Polaków identyfikuje się z chrześcijańską nauką społeczną. Czy z faktu, że jej podstawą jest wyższość prawa moralnego nad prawem stanowionym rządzący muszą wyciągać ordynarny wniosek, że prawo stanowione można w dowolny sposób unieważniać, szantażując ludzi ich poczuciem sprawiedliwości? Trudno potem dyskutować o państwie, którego budulcem – obok urzędników i urzędów – ma być właśnie spisane prawo.

Inny przykład: zasady organizacji społeczności lokalnych były folwarczne, a relacje między ludźmi przemocowe. Na tej kanwie da się utwierdzać Polskę w przekonaniu, że „miasto" i „elity" są zainteresowane tylko sobą i replikowaniem tych zależności, wobec których to ciemnych mocy „zwykły człowiek nic nie może". Dlatego oczywiście powinien udać się do „trybuna ludu", który, a jakże, wstawi się za człowiekiem i sprawę załatwi. Jak wielki ubytek tworzy pielęgnowanie takiej mitologii w odwadze polskich przedsiębiorców, chęci wzięcia na siebie odpowiedzialności, przekonania, że warto dbać o owoce swojej pracy?

Przykłady można by mnożyć, choć bywają deprymujące. Tradycyjne słowiańskie „wiecowanie-sejmowanie" jest przedkładane nad prawo stanowione. Wynik wiecowania (wyrażający się wpisaniem na chybił trafił wszystkich zgłoszonych racji) bywa ważniejszy niż sensowność postulatów i bodaj dlatego potem brakuje rzetelnej oceny skutków regulacji. Odpuszczamy standard wykonania, żeby przekonać się, że budynek bez certyfikatu zaraz się zawali, zbudowana na siłę elektrownia nie będzie się opłacała, jakaś kolejna megainwestycja wprawdzie będzie zrealizowana, ale problem, który miała zlikwidować – pozostanie.

Odtruwać siebie i otoczenie możemy opowiadając historię naszej wspólnoty z wielu perspektyw i wybierając impulsy w ten sposób, by zachęcały do działań na przyszłość. To jest wybór, można tak sobie postanowić i odpowiednio działać[49].

Przydałoby się muzeum polskiej wyobraźni – tworzące źródło inspiracji dla kultury, *gamingu*, filmu.

Przydałaby się teoria upadku państwa – książka pokazująca wszystkie błędy, które doprowadziły do powstania szczelin w polskiej państwowości[50]. Historia Polski, w której ze szczególną uwagą prześledzone zostaną momenty demontażu państwa, krajowej gospodarki i pozbawienia ich siły. Ciekawe byłaby rekonstrukcja zdarzeń prowadzących do upadku, ocena z perspektywy stanu końcowego. Wartych odpowiedzi jest wiele pytań: kiedy Polska szlachecka utraciła sprawność sądownictwa? Czy zbiegło się to w czasie z utratą zdolności finansowania rozwoju gospodarczego i jak te zjawiska się warunkowały? Kiedy instytucje rządu okazały się zbyt słabe? Przydałoby się pokazanie Polski na tle świata, a nie jako samodzielnego uniwersum. Jakie były skutki otwarcia się nowożytnych morskich szlaków handlowych? Dlaczego upadła polityka gospodarcza Edwarda Gierka i jak długo płaciliśmy za jej konsekwencje? Reżim Jaruzelskiego upadł między innymi dlatego, że Zachód, zniechęcony finansowaniem Hiszpanii generała Franco, odmówił dalszego kredytowania. Gdyby kredyty były udzielane – bylibyśmy dziś Białorusią. Nie jesteśmy, ale zapłaciliśmy za to dekadą zapaści gospodarki w latach 80., z której potem nie byliśmy w stanie zebrać drzazg i zachować przemysłu w czasie transformacji lat 90. Może warto opowiedzieć to do końca, szczególnie w wersji pop.

Zamówmy ze trzy filmy o upadku PRL i powstaniu III RP – by były różne, ale przez swoją różnorodność uodparniały nas na opowieści o zmowie elit, która jakoby legła u podstaw dzisiejszej Polski.

49 Publikacje pomagające wynurzyć się na powierzchnię wciąż się ukazują: *Koniec pokoleń podległości*, *Miejski grunt*, *Wyjście awaryjne*, *Prześniona rewolucja*, *Północ i Południe*, *W Polsce, czyli wszędzie*, *Historia Ludowa Polski*. Potrzebujemy ich więcej, dalej, kolejnych precyzyjnych, budujących poczucie ugruntowania i przekładalnych na syntezy dla państwa. Z drugiej strony kto na czym trwoni czas, z grubsza widać. Mieliśmy dysponować „maszyną bezpieczeństwa narracyjnego", a dostajemy zastrzyki środka paraliżującego debatę. Socjologowie, historycy, filozofowie i prawnik – jakie pożyteczne, służące wspólnemu dobru opowieści wyciągnęli ze swojego kilkusetletniego horyzontu analizy politycznej?

50 Tu trop wyciągam, zaczynając od książki J. Kuisza *Koniec pokoleń podległości*.

Warto byłoby stworzyć przynajmniej jeden podręcznik, którego treść skonsultujemy z sąsiadami – zwłaszcza z Ukraińcami, Niemcami, Litwinami, Czechami. Nie musimy się zgodzić ze wszystkimi propozycjami. Ale byłoby w nim więcej szans na budowanie porozumienia w przyszłości. Interesujący byłby podręcznik historii Polski uwzględniający, a nie pomijający, historię Śląska.

Myślmy o pomnikach. Obok pałacu Saskiego moglibyśmy w Warszawie zbudować centrum dialogu międzynarodowego im. Rafała Lemkina, prawnika, który jest autorem rezolucji ONZ o zapobieganiu zbrodniom ludobójstwa.

Nagradzajmy aktywność społeczną, niezależnie od opcji politycznej. Nagradzajmy postawy państwotwórcze. Dobrze, rozdawajmy granty, byle nie „tylko swoim". Wzmacniajmy humanistykę na uniwersytetach, nie zgadzając się, by służyła celom tej czy innej władzy.

Powinniśmy wreszcie eksponować w panteonie bohaterów po pierwsze kobiety, po drugie osoby o zasługach cywilnych – przestając udawać, że Polska składała się z królów, marszałków, papieża i wybranych partyzantów.

Doktryna państwowa i inne bezpieczniki demokracji

Aby państwo nie kruszyło się przy lada uderzeniu, przydałoby się jeszcze porozumienie o postulatach, które wycofujemy z bieżącej debaty jako rację stanu. Możemy potraktować dialog jako gramatykę demokracji i za jego pomocą lepiej opowiedzieć naszą historię, porozumieć się co do tego, co uważamy za godne i sprawiedliwe. Te działania podniosą zaufanie do państwa i dadzą mu pewną narrację. To, co chroni przed drobnymi zawirowaniami, nie pomoże w konfrontacji z poważniejszym kryzysem. Dlatego potrzebujemy równoległego porozumienia; z zastrzeżeniem, w które tematy w ogóle nie brnąć w polityce dnia powszedniego lub rozmawiać o nich sporadycznie i tylko po odpowiednim przygotowaniu się do debaty.

Obok konstytucji potrzebujemy Doktryny Państwowej, wynikającej z dążenia elit państwowych do ochrony zasobów państwa[51]. Powinna ona zawierać kilka postulatów stanowiących wspólny korzeń dla kolejnych strategii państwowych, zapewniający kontynuację i będący bazą dla nowych pomysłów. Same strategie będą się różniły i powinny się różnić – jeśli taka jest wola wyborców. Bez uzgodnionej osi będziemy dokonywać nieustannych zwrotów, a w najlepszym wypadku marnować czas na ustalanie wciąż tych samych pewników. Postulaty nie muszą być spisane w jednym dokumencie, ważne tylko, by były na chłodno przedyskutowane i cieszyły się powszechnym uznaniem. Chodzi o propozycję minimalistyczną, nie maksymalną, pozwalającą poszerzyć możliwość porozumienia i odsunąć się na dwa kroki od totalnego starcia.

51 L.Dorn, „Rzeczpospolita..." wywiad J. Piekutowskiego.

Lista stwierdzeń, o których można powiedzieć, że nadają się na składowe Doktryny – jakaś wbrew pozorom jest. Chcemy inwestować w NATO jako sojusz zapewniający bezpieczeństwo Polsce; wszelkie próby podważenia jego sensu uważamy za działanie na szkodę państwa. Staramy się dojść do średniego PKB na głowę w Europie Zachodniej, tak pod względem parytetu siły nabywczej, jak i wartości absolutnych. Raczej podzielamy przekonanie, że wolna Ukraina jest niezbędnym warunkiem funkcjonowania wolnej Polski – w tym wymiarze porozumienie akurat nam się nadzwyczajnie udaje. Pewnie nie mielibyśmy nic przeciwko wyrównaniu różnic infrastrukturalnych między poszczególnymi regionami Polski. W swoim instynkcie wolności zgadzamy się, że Polska nie może być dyktaturą. Nie akceptujemy korupcji...

... choć to ostatnie dotyczy tylko korupcji „z ręki do ręki", bo kolejka do stanowisk w państwowych czy samorządowych spółkach, zapewne nieraz służąca udrożnieniu w ten sposób własnych interesów, pozostaje faktem. Im dalsza pozycja na liście, tym bardziej konsensus się rozmywa.

Jest też kilka punktów, o które Doktrynę warto byłoby uwzględnić – są na tyle wspólne, by mogły się pod nimi podpisać różne stronnictwa. Celowe byłoby włączenie do Doktryny takich stwierdzeń:

1. Sojusze są po to, by się na nich windować, a nie żeby je kontestować.
2. Popieramy UE i kształtujemy ją tak, by działała w naszym interesie.
3. Inwestujemy w sąsiadów – w zbudowanie zamożnego otoczenia, w którym trudno wyobrazić sobie źle prosperującą Polskę.
4. Stwarzamy warunki prowadzące do silnych i niezależnych mediów – są rękojmią bezpieczeństwa informacyjnego oraz potencjalnym elementem polskiego *soft power*.
5. Inwestujemy w państwo przedsiębiorcze i otwarte na obywateli, działające z wyprzedzeniem, prognozujące, szukające centralnego miejsca w sieciach gospodarczych, wybiegające myślą w przyszłość i zapobiegające złym scenariuszom.
6. Kształtujemy Służbę Cywilną, która jest potrzebna do funkcjonowania państwa. I choć zawsze będzie miała swoje prywatne przekonania polityczne, to możemy ją tak ukształtować, by kierowała się interesem państwa.
7. Nie wchodzimy sobie na głowę.

Wreszcie – punkt ósmy – musimy wrócić na ścieżkę uniwersalnego prawa, tworzonego i wdrażanego w normalnym trybie i tempie legislacyjnym, a nie *ad hoc*. Zajmie trochę czasu, zanim zwyczaj działania w „normalnym trybie" utrwali się na tyle, by zastąpić stosowane zbyt często w ostatnich latach działanie „bez trybu", zastępowanie prawa pisanego deklaracjami ustnymi czy traktowanie zapisów ustaw jak niebyłych. Skutki takiego postępowania są zupełnie przewidywalne.

Wnioski

Wzmacniając sprawność państwa, nie możemy zapomnieć, że państwo wyrasta ze społeczeństwa, przynajmniej w swojej demokratycznej wersji. Dlatego musimy znaleźć konkretny sposób wspierania takich zjawisk jak społeczne poczucie sprawiedliwości oraz wspólne zrozumienie pojęcia godności, do której każdy z nas, obywateli, może dążyć. Im bardziej sensownie je wypracujemy, tym kapitał społeczny stojący za państwem będzie solidniejszy. Polska będzie bardziej odporna i mniej wywrotna. Silniejsze stanie się umocowanie państwa w umowie społecznej, która mimo wszystko jest pojęciem abstrakcyjnym i jest odczuwalna głównie wtedy, gdy jej brak.

W sumie są to odpowiedzi na proste pytania: z czego jesteśmy dumni? W jakim sensie jesteśmy sobie równi? Jak opowiadamy o sobie? Liberalne czy lewicowe państwo nie musi tracić swojej historii, tylko niech ją ciekawie przedstawi.

Jednocześnie potrzebujemy bezpieczników – przede wszystkim szanowanej konstytucji, ale także, w sensie praktycznym, doktryny państwowej, pewnego zbioru stwierdzeń, które są bardziej odpowiedzią na to jak działamy, jakimi interesami się kierujemy, niż opisem ustroju państwa. Ten zbiór stwierdzeń jest sytuacyjny, pozwala nam trzymać kierunek w zmieniających się okolicznościach. Wbrew pozorom przy dozie dobrej woli można go stworzyć.

ROZDZIAŁ 2

Gospodarka PL 2.0 – jak zostać Szwecją, Francją i Koreą Południową naraz?

Dojeżdżamy do progu zmian, nieco jak skoczek narciarski. Najbliższe Polsce rozwinięte gospodarki są już na horyzoncie. Od Hiszpanii *per capita* dzieli nas około 50% PKB, od Portugalii 30%. Nieco dłużej zajmie nam dogonienie Włoch i Korei Południowej – potrzebowalibyśmy dodatkowego 75% PKB. Docieramy tam z rozpędu. Przy rocznym wzroście PKB 5% dystans 40–60% jest do skrócenia w 7–10 lat, czyli do 2030–2032 roku[1]. Włoch, Hiszpanii i Korei w tym miejscu już nie będzie, ale to nie wyścig. Jeśli za 7–10 lat polska gospodarka będzie przypominała tę koreańską czy hiszpańską, to osiągniemy naprawdę sporo. W punkcie lądowania jest gospodarka zielona, cyfrowa i szanująca materiały, oparta na nowoczesnej energetyce, w której polskie przedsiębiorstwa zajmują pozycję integratorów międzynarodowych łańcuchów wartości. Ponadto wytwarzająca swoje własne, kompletne rozwiązania technologiczne i biznesowe pod rozpoznawalną marką, obsługując te same trendy co czołowe kraje Europy Zachodniej. To zawiera w sobie obietnicę ciekawszych miejsc pracy, które są rozwojowe, twórcze, bezpieczne. To gospodarka, w której wielu przedsiębiorców z powodzeniem otwiera startupy – a społeczeństwo stać na nowoczesne szpitale i super edukację. Jakbyśmy mieszkali w Szwecji, Francji i Korei Południowej naraz, wybierając co najlepsze z poszczególnych modeli.

1 Mowa o wartościach nominalnych, czyli o PKB liczonym w twardej walucie międzynarodowej. Choć w parytecie krajowej siły nabywczej może być nieco bliżej, w coraz większym stopniu dla porównań międzynarodowych będziemy musieli patrzyć na twardą walutę – bo w niej liczą koszty inwestorzy i od niej zależy konkurencyjność naszego eksportu. Faktycznie pod względem wewnętrznej organizacji i sprawności gospodarki możemy do tych krajów dobić wcześniej. Ale PKB liczony w wartościach absolutnych będzie dla Polski coraz ważniejszym punktem odniesienia, bo mówi o tym, jak silne są branże działające w Polsce, czy jesteśmy nowocześni i czy tę nowoczesność możemy wymieniać na rynku międzynarodowym na równie nowoczesne dobra. To w dużej mierze informacja, czy stać nas na sprowadzenie samochodu, tomografu czy zagranicznego helikoptera.

Faktycznie już odepchnęliśmy się od belki startowej i za moment najedziemy na próg skoczni. Nie ma co się zastanawiać, czy się uda. Można wybić się lepiej lub gorzej, gwarancji zwycięstwa brak. Natomiast nie da się go po prostu przejechać – zapominając o nim łatwo się przewrócić i połamać. Zarazem moment odbicia to czas, który określa większą część trajektorii lotu – a jeśli nawet specjaliści z Wielkiej Krokwi zakwestionują tę metaforę, to w gospodarce najbliższe lata będą bardzo istotne. Przed nami jest moment, w którym gospodarka będzie bardzo plastyczna – na skutek wymiany kadr, zmian w otoczeniu międzynarodowym, a także ze względu na to, że nadal pojedyncze inwestycje mogą ważyć więcej w krajobrazie regionów. Co zalutujemy w systemie w najbliższych latach, zostanie z nami na dekady. Jeśli źle pokierujemy gospodarką, zbyt mało zainwestujemy, to nie doskoczymy do celu, narażając się na fatalne konsekwencje. Choćby takie: wynagrodzenia urosną – dzięki własnej dynamice, a zdolności wytwórcze zostaną w miejscu, w międzyczasie pokolenie wyżu demograficznego przejdzie na emerytury – i tarapaty na pół dekady gotowe. Niedoskoczenie do celu inwestycyjnego będzie akurat szczególnie łatwe, bo przecież przy stopie inwestycji 16,7% PKB w 10 lat nie wymienimy w gospodarce całego kapitału produkcyjnego. Spora część budynków i instalacji, w które zainwestujemy w najbliższych latach pozostanie w ruchu do 2030–2035 roku. Ich wydajność będzie w przybliżeniu taka, jak w chwili montażu, z małą poprawką na remont po drodze.

Żeby nie zatrzymać się na rozmowie o wskaźnikach – pozostanie na obecnym etapie byłoby na swój sposób wygodne, lecz miałoby konkretny koszt społeczny. Nawet przy rezygnacji z inwestycji, bylibyśmy w stanie poprawić zarządzanie oświatą czy administracją, przesunąć podatki na wzmacnianie solidarności społecznej – bo to są kwestie organizacyjne, zależne tylko od nas. Ale już nie byłoby miejsca na zakup nowoczesnego sprzętu dla szpitala, zainwestowanie w aparaturę badawczą dla studiów inżynierskich wymagających zaplecza sprzętowego albo kosztowne inwestycje w rozwój technologii wodorowych, recyclingowych czy z zakresu sztucznej inteligencji. Utknęlibyśmy w brudnych technologiach energetycznych i płacili za to zdrowiem, a problemy usług publicznych pozostałyby nierozwiązane. Bez kilku lat wzrostu będzie bardzo trudno zrównoważyć szanse życiowe w różnych regionach Polski. Dobrze funkcjonujący rynek, otwarty, dostępny, pozbawiony przywilejów, pozwalający na mobilność, jest narzędziem sprzyjającym sprawiedliwości, pewnej równości szans, uwalniającym od drabiny feudalnej i skorumpowanej władzy. W zapewnieniu standardów i prawa jest klucz[2].

2 Źle się dzieje, gdy pracę nad sprawnością gospodarki przeciwstawia się sprawiedliwości społecznej. Akurat niesprawna gospodarka okaże się wyjątkowo niesprawiedliwa, bo niesprawności tworzą wąskie gardła z uprzywilejowanym dostępem do zasobów i okazją do nadużyć. Faktycznie, gdyby pozbawić rynek standardów działania oraz ram prawnych, łatwo degeneruje się i staje mechanizmem nadużywania pozycji i wyzyskiwania rent – jak każda inna władza.

Rozwój gospodarczy powinien dostarczać nam także argumentów na arenie międzynarodowej – by móc współdecydować o Unii Europejskiej i dodawać od siebie coś pożytecznego do całokształtu UE musimy być sprawnym, wiarygodnym partnerem. Chcielibyśmy też wreszcie jako-takiej sterowności gospodarczej opartej na polskim kapitale, bo to dobre ubezpieczenie na wypadek turbulencji, a tych w splątanym świecie będzie niemało.

Aby dobrze pokierować rozwojem potrzebujemy planu-kombo łączącego kilka możliwie prostych dźwigni gospodarczych. Prostych, ale rozumianych jako: jednoznacznych, a nie prostych, w znaczeniu: łatwych. Chodzi o to, by kierunki naszych interwencji odpowiadały fundamentalnym zmiennym leżącym u podstaw życia gospodarczego – i dzięki temu zapewniały znaczne przełożenie na rzeczywistość. Istotne jest oparcie się na trybach, które już się kręcą. Jesteśmy rozpędzeni i nie stać nas na ryzyko zmieniania wszystkich elementów działającego systemu naraz. Wskazane wyżej postulaty oznaczają chęć myślenia w kategoriach systemu gospodarczego, praw rynku, społecznej gospodarki rynkowej – i zarazem odcięcie się od akcyjnego, ręcznego sterowania gospodarką.

Azymut, punkt orientacyjny i ścieżka dojścia

Gdyby na podstawie tych życzeń zarysować azymut dla polskiej gospodarki, można byłoby z przymrużeniem oka powiedzieć, że chcemy mieć gospodarkę tak nowoczesną i innowacyjną jak w Korei Południowej, z czystą energetyką jak we Francji i dysponującą infrastrukturą publiczną jak ze Szwecji. To coś jak stwierdzenie, że „Polska będzie drugą Japonią" – i potrzebujemy takiego celu, w przeciwnym wypadku zgubimy się po drodze. Azymut powinien kierować naszym myśleniem długofalowym.

Z drugiej strony niezbędne jest wyznaczenie „najbliższego punktu orientacyjnego". Jak dobrze nie brzmiałyby hasła o drugiej Szwecji – cel szczytny, choć nieosiągalny, bo przecież każda gospodarka jest inna, ma swoje uwarunkowania. Na co dzień musimy pracować nad czymś bardziej konkretnym, a najlepiej nad tym, co już się kręci i można jego energię przekierować na istotne dla nas cele bez pokonywania oporów na starcie. Do poradzenia sobie z wyzwaniami potrzebujemy mikrosilników, stale obracających się kołowrotków napędzających dynamikę gospodarki.

Między azymutem i najbliższym punktem orientacyjnym zawsze będzie napięcie – czy mamy wystarczająco dużo zdolności i wyobraźni, by iść prosto na azymut? Czy mamy na tyle silne atuty w ręce, by ograniczyć się do kontynuowania tego, co działało do tej pory? Co wobec tego powinniśmy? Prawdopodobnie pracować na dwóch frontach. Z jednej strony marzyć o Francji, Szwecji i Korei Południowej, a z drugiej oliwić naszą maszynę wzrostu, znajdując przy okazji sposób na pobudzenie inwestycji i produktywności pracy. Zaryzykujmy, że na najbliższy punkt orientacyjny składa się pięć obszarów: 1. eksport, 2. wzmocnienie aglomeracji – a szerzej patrząc samorządów, 3. gospodarka cyfrowa, 4. etapowa transformacja energetyczna, 5. wzmocnienie infrastruktury gospodarki rynkowej (w tym praworządności!).

W odnowionej maszynie musimy zwrócić szczególną uwagę na to CO wytwarzamy, a nie tylko JAK. Musimy uwierzyć w nasz biznes i rynek jako przestrzeń twórców marek i produktów. Faktem jest, że sprawnie się krzątamy. Czy nie korzystniej byłoby jednak skupić się na wartości, którą tworzymy?

Z czego powinniśmy zrezygnować po drodze? W skali mikro – nie realizować wymuszonych projektów gospodarczych wysiłkiem spółek Skarbu Państwa. Sterowanie państwa pojedynczymi projektami biznesowymi może powieść się raczej w drodze wyjątku, niż jako zasada działania polityki gospodarczej, a przy okazji prowadzi do zaniedbania innych podmiotów – szczególnie prywatnego biznesu i samorządów. W skali makro – dobrze byłoby nie prowadzić działań niweczących nasze własne cele gospodarcze. Jeśli celem jest podniesienie poziomu inwestycji (a jest) i poruszamy się w środowisku wysokiej inflacji (co również jest prawdą), to promowanie dodatkowej konsumpcji tylko pogarsza nasze położenie. Pomogłaby większa dyscyplina finansów publicznych[3]. Gospodarka napędzana konsumpcją bez silnego udziału inwestycji i wzrostu wydajności pracy zbyt daleko nie zajedzie.

Napięcie między azymutem i najbliższym punktem orientacyjnym jest twórcze. Przypuśćmy, że pójdziemy prosto na azymut. Kuszące, lecz ryzykujemy potrójnie. Po pierwsze zbyt ambitnym podejściem. Po drugie zlekceważeniem rzeczywistych problemów decydujących o dzisiejszym obrazie energetyki. Po trzecie próbą szczegółowego rozpisania rozwiązania problemu w sytuacji, gdy jego elementy dopiero trzeba wynaleźć. Weźmy energetykę. Gdyby radykalnie myśleć o zeroemisyjnej i zielonej gospodarce, opartej na OZE i recyclingu, szybko musielibyśmy przyznać, że pociągnie ona za sobą zmianę modelu konsumpcji. Która oczywiście nastąpi, bo przejścia *na zielone* nie unikniemy. Być może będziemy mieli dwa garnitury zamiast czterech, samochód tylko wypożyczymy, na wakacje wybierzemy się żaglówką, częściej będziemy reperować niż kupować, mniej ulegać modzie (bo przecież stary rower jest równie użyteczny). Tylko jak zaprojektować tak skomplikowaną przyszłość? Jak przedyskutować ją demokratycznie? Jak sensownie wdrożyć? Widać, że dystans do pokonania jest olbrzymi. Atakując go wprost, najpewniej przez 5 lat będziemy nalewali

3 W sprawie finansów publicznych akurat chciałoby się prosić o powrót do tego, co było, czyli pewnej dyscypliny, bo wzrost konsumpcji sfinansowany kredytem, jeszcze wyciągniętym poza budżet państwa do PFR i innych agencji – ma taką wartość jak spłacanie wydatków z jednej karty kredytowej drugą. Konsolidacja finansów publicznych będzie konieczna. Drugą połową rozwiązania jest jednak odnalezienie właściwych dźwigni wzrostu, bo w dynamicznych warunkach łatwiej wprowadzać potrzebne zmiany. Ostatecznie łatwiej jedzie się na rozpędzonym rowerze.

TWÓRCZE NAPIĘCIE MIĘDZY CELAMI POLSKI W DŁUGIM I KRÓTKIM OKRESIE

NAJBLIŻSZY PUNKT ORIENTACYJNY
Wzmocnienie kołowrotków, które już dziś się kręcą

AZYMUT
Wyobrażona przyszłość, do której kalibrujemy działanie

PO PIERWSZE EKSPORT

TRANSFORMUJMY ENERGETYKĘ MOCNYMI POCIĄGNIĘCIAMI WIOSEŁ

ZAMIEŃMY PRZEWAGĘ ANALOGOWĄ NA CYFROWĄ

POSTAWMY NA RYNEK I PRAWO ZAMIAST PAŃSTWA

KOORDYNUJMY DZIAŁANIE PRZEZ SAMORZĄDY I AGLOMERACJE

Nowoczesny biznes jak w Korei Południowej
Polskie firmy integratorami światowych łańcuchów dostaw

→ **Kilka polskich firm na pozycji integratora** światowego łańcucha dostaw

→ **Kilka branż o wysokiej wartości dodanej** odpowiedniki rzeszowskiej Doliny Lotniczej wokół innych metropolii w Polsce

→ **Dojrzały rynek finansowy i „suwerenność" polityki makroekonomicznej** na tyle, na ile świat pozwala. Być może euro

Energetyka jak we Francji
Gospodarka zrównoważona, zielona, odnawialna

TRANSFORMACJA ENERGETYKI → NEUTRALNOŚĆ CO_2 wraz z rolnictwem, transportem i budownictwem → RECYCLING zamknięty obieg materiałów

→ **Więcej oszczędności i inwestycji, mniej konsumpcji.** Inny model konsumpcji – więcej różnorodnej infrastruktury wspólnej, mniej prywatnej, rzadko używanej

→ **Odporność energetyczna i surowcowa**. Rozłożenie ryzyka, samodzielność tam, gdzie to realne

Infrastruktura publiczna jak ze Szwecji
Topowe usługi publiczne

→ **Edukacja nietaylorowska**. Twórczość, samodzielność, praca zespołowa

→ **3 polskie uczelnie w światowym Top 100**, sieciowe połączenia międzynarodowe i z gospodarką

→ **Infrastruktura publiczna, na tyle dobra i dostępna,** że nie trzeba jej braków pokrywać prywatnymi wydatkami

→ **Służba zdrowia dokapitalizowana**, stabilna finansowo, bez braków kadrowych

→ **Solidarność międzypokoleniowa** i otwarty, dostępny rynek pracy, także dzięki przyciąganiu pracowników z innych krajów

DLACZEGO POWINNIŚMY ZACZĄĆ OD NAJBLIŻSZEGO PUNKTU ORIENTACYJNEGO?

NAJBLIŻSZY PUNKT ORIENTACYJNY	AZYMUT
Wzmocnienie kołowrotków, które już dziś się kręcą	Wyobrażona przyszłość, do której kalibrujemy działanie
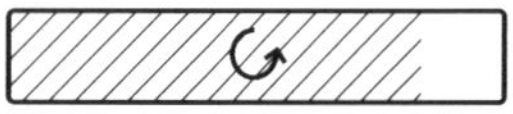	
Powinniśmy szybko dotrzeć do punktu orientacji, nie tracąc z oczu azymutu...	Azymutem powinniśmy się kierować, ale nie zaczynać od niego...
→ **...startujmy od rozpędzonych zjawisk.** Wyzwaniem będzie utrzymanie trajektorii do celu, ale unikniemy kosztów rozruchu	→ **...bo wyzwania są olbrzymie i odpowiadając na nie wprost przez 5 lat wypełnialibyśmy studnię naparstkiem.** Trudno będzie też rozpisać projekty, które wytrzymają nawałnicę bieżących wyzwań
→ **Od punktu orientacji dzieli nas umiarkowany dystans** wdrożeniowy, umowna „1/3 do nauczenia się”	→ **Umiarkowana gotowość Polski.** Duży dystans = ryzyko utknięcia w kosztach rozruchu i złożoności wyzwań, 2/3 do nauczenia się
→ **Wykorzystanie kołowrotków, które gęsto się obracają** daje wiele szans do nauki i tworzenia opcji na przyszłość, umożliwia powtarzanie cyklu nauki i miarowe postępy	→ **Ryzyko kierowania się iluzją projekcji.** Nie znamy przyszłości. Raczej potrzebujemy scenariuszy, opcji i myślenia hedgingowego
→ **Dostępne dla dobrego korpusu państwowego**, umiarkowana złożoność wyzwań ułatwi współpracę państwa i społeczeństwa	→ **Dostępne dla doskonałego korpusu państwowego** – wymaga praktyk współpracy ze społeczeństwem oraz systematycznego uczenia się = umocowania do popełniania błędów
→ **...jeśli jednak zapomnimy o azymucie – zabrniemy** w ślepy zaułek przewidywalnej i nudnej gospodarki	

naparstkiem, organizując co najwyżej mini-projekty i pilotaże, a życie będzie biegło obok nich, tworząc coraz większą górę zaległości. Tymczasem zawsze będzie to tylko nasze wyobrażenie o neutralnej emisyjnie gospodarce – podobne do wyobrażenia z lat 90. o tym, jak wygląda życie w cyfrowym świecie albo jak wygląda kraj o średnim poziom zamożności, taki jak Polska lat 20. XXI wieku.

Z drugiej strony porzucenie azymutu i koncentracja na tym, co działa już dziś, również nie przyniesie wiele dobrego. Samo naoliwienia gospodarki może nie wystarczyć, bo po 30 latach modernizacji powtarzanie kroków, które wcześniej prowadziły do sukcesu i dalsza intensyfikacja gospodarki tworzy presję inflacyjną i nierównowagi na rynkach[4]. Doszliśmy do punktu, w którym bariery

4 Coraz trudniej znaleźć szczeliny w polityce gospodarczej, co do których nie wyrobiliśmy sobie przekonania, że nie przynoszą realnych skutków. I raport zespołu Michała Boniego z 2013 roku i Strategia Odpowiedzialnego Rozwoju, i przede wszystkim kolejne opracowania Fundacji GAP w różny, ale w sumie często podobny sposób, diagnozowały problem, plus-minus sytuacja bieżąca. A wymienić trzeba jeszcze spokojnie FOR, Krytykę Polityczną, Klub Jagielloński, Instrat, szereg think tanków i, *last but not least*, wydawnictwa Nowej Konfederacji.

w infrastrukturze typu dostęp do nieruchomości, oraz do kadr IT, budowlanych, edukacyjnych i medycznych, zaczęły być widoczne we wzroście cen. Wyczerpaliśmy choćby proste rezerwy na rynku pracy, czyli takie, do zużycia których nie jest potrzebne kilkuletnie przekwalifikowanie pracowników. Są na to dowody. Raz – błyskawiczny wzrost wynagrodzeń w ostatnich latach, dwa – potrzeba ściągania pracowników zagranicznych. Kierując się tylko tym, co działa dziś i działało wczoraj, zbudowalibyśmy koślawą i mało odporną gospodarkę. Możemy przecież postawić bezkrytycznie na rozwój usług eksportowych i gospodarki cyfrowej. Taką decyzją na pewno uzyskalibyśmy dużą skalę oddziaływania. Niestety łatwo w ten sposób doprowadzić do sytuacji, w której za kilka lat będziemy eksportowali kryptowaluty wykopane w centrum obliczeniowym zasilanym węglem brunatnym, a dobre miejsca pracy w centrach usług wspólnych zostaną przejęte przez AI. Dlatego ani bierność nie jest receptą, ani nie możemy pozwolić sobie na luksus myślenia wczorajszymi rozwiązaniami.

Starając się wygrać dzisiejszą rundę powinniśmy pamiętać, gdzie chcemy dotrzeć w dłuższym okresie, tworząc po drodze opcje rozwojowe i od czasu do czasu myśląc scenariuszami, rozważając więcej niż jedną możliwą przyszłość[5]. A po drodze „uczyć się pływać” w nowych warunkach.

Obieranie cebuli, czyli źródła wzrostu Polski

Co napędza polską gospodarkę i gdzie dodać gazu, by dobrze wyjść z zakrętu? Żeby dysponować jakimś tłem, weźmy na warsztat przyrost PKB między 2015 i 2020 rokiem. To o tyle dobry okres, że dostępne są już dane statystyczne w różnych przekrojach, jest wciąż aktualny i można na niego spojrzeć z dystansem. Nie został też poturbowany inflacją. Problem wzrostu gospodarczego ma dwie strony – jedna strona obrazuje popyt w gospodarce, druga – podaż. Oba rachunki ostatecznie muszą się zgodzić, przy czym po lewej stronie dodaje się efekty, a po prawej mnoży przyrosty różnego rodzaju kapitałów. Pomostem między obiema stronami są inwestycje – skumulowane inwestycje zamieniają się w kapitał w gospodarce. Ważne zastrzeżenie – jest to rachunek na serwetce, ilustrujący główne zjawiska odpowiadające za wzrost PKB. Chodzi o to, by umiejscowić w nim fakty znane z mediów i wyrobić sobie zdanie o ich proporcjach. Nie jest to natomiast kompletne rozksięgowanie źródeł wzrostu w sensie statystycznym[6].

5 Nie da się o wszystkim myśleć scenariuszowo – koszty są duże, a scenariusze pozostaną tylko scenariuszami, zawsze będą ograniczone naszą wyobraźnią. Natomiast w ogóle – warto.

6 Uwaga techniczna: TFP (*Total Factor Productivity*) czy produktywność gospodarki trudno dobrze oszacować, a jednocześnie jest to zmienna ważna dla polityki długookresowej. Na poziomie makro, TFP przeważnie oznacza część wzrostu PKB, której nie udało się przypisać wzrostowi kapitału fizycznego oraz ludzi, skorygowanej dodatkowo o efekty

RACHUNEK PKB NA SERWETCE: NA CO DZIEŃ POLEGAMY NA EKSPORCIE, BY KONSUMOWAĆ...

PKB POLSKI 2015–2020, MLD ZŁ

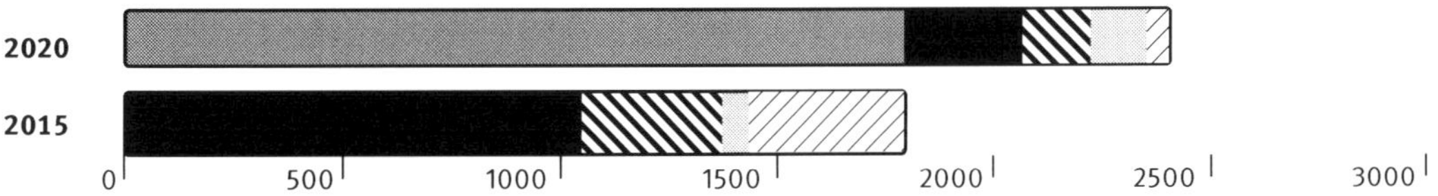

+540 MLD ZŁ **OD STRONY WYDATKÓW...**

360 +40 MLD ZŁ

INWESTYCJE

→ **Niski przyrost inwestycji polskich firm** 2015–2020 (+15 mld zł). Spadek inwestycji przedsiębiorstw z 14–15% PKB przed 2015 r. do 11–12% PKB 2015–2020. Niska stopa oszczędności

→ **Brak wzrostu inwestycji UE**. Dokładają stabilne ≈30 mld zł rocznie, ≈75 mld zł z wkładem własnym

→ **Gdyby nie COVID**, byłoby +20 mld zł więcej

---

50 +110 MLD ZŁ

NADWYŻKA EKSPORTU NAD IMPORTEM

→ **1 300 mld zł eksportu w ogóle** – wzrost z 885 mld zł

→ **Ekspansja handlu zwłaszcza z UE**

→ Duże znaczenie **firm z kapitałem zagranicznym:** +150 mld zł eksportu (+116 mld zł wewnątrz łańcuchów wartości)

→ **Eksport usług** +50–75 mld zł PKB (centra IT, finanse)

→ **Importowany dobrobyt.** O +100 mld zł wzrósł import towarów konsumpcyjnych

---

325 +120 MLD ZŁ

WYDATKI PAŃSTWA (SPOŻYCIE)

→ **Ekspansja fiskalna** – początkowo załatanie luki VAT i szarej strefy, potem kosztem przyszłości

→ **Tarcza COVID w 2020**, bezpośredni zastrzyk ≈65 mld zł, kosztem wzrostu zadłużenia (Fundusz Inwestycyjny PFR

→ **Dług finansów publicznych wzrósł o min. +235 mld zł** (+400 mld zł wg definicji europejskiej EDP). Wzrost długu +4% rocznie jest wyższy od prognoz wzrostu PKB dla Polski, a koszty jego obsługi będą „nieproduktywnym wydatkiem budżetu"

1040 +260 MLD ZŁ

SPOŻYCIE GOSPODARSTW DOMOWYCH

→ **Wynagrodzenia +35%.** Pracujący Polacy w wieku najlepszych poborów 35–55 lat mają + 100 mld zł (+65 po podatkach). Do tego wyż demograficzny

→ **Optymizm kredytowy.** +45 mld zł kredytów konsumpcyjnych w oczekiwaniu przyszłego wzrostu wynagrodzeń +45 mld zł PKB

→ **Transfery poszerzające rynek konsumentów** 500+ (40 mld zł rocznie), emerytura minimalna oraz 13. (20–25 mld zł) wyprawka 300+ (6 mld zł), bony (4 mld zł) – dla grup szybko wydających +45–60 mld zł „szybkiego" PKB

Opracowanie własne na podstawie: statystyki ogólne GUS oraz Bank Światowy, Paths of Productivity Growth in Poland, 2021; ciekaweliczby.pl, *Ile trwają postępowania sądowe w Polsce?*; GUS, *Działalność gospodarcza przedsiębiorstw z kapitałem zagranicznym*, stat.gov.pl; IPAG *Szara Strefa 2021*, ipag.org.pl; Ministerstwo Finansów, *Transfery finansowe Polska – budżet UE*, gov.pl;

... A NISKIE INWESTYCJE BLOKUJĄ ZEBRANIE KAPITAŁU I ROZWÓJ TECHNOLOGII

spożycie gospodarstw domowych

nadwyżka eksportu nad importem

wydatki państwa (spożycie)

inwestycje

OD STRONY POTENCJAŁU PRODUKCYJNEGO...

KAPITAŁ

→ **Wolny przyrost kapitału.** Zgromadziliśmy dodatkowe ≈450 mld zł w okresie 2015–2020 (+18%). Łącznie mamy ok. 3000 mld zł

→ **⅓ kapitału w Polsce wynika z inwestycji zagranicznej.** Mamy 940 mld zł zagranicznych inwestycji bezpośrednich)

LUDZIE

→ **+1,0–1,5 mln pracowników z zagranicy,** głównie z Ukrainy – ale też 150 tys. z innych krajów

→ **+1,0 mln wykształconych-aktywnych według BAEL.** Wzrost z 6,8 mln do 7,8 mln (+15%)

→ **+250 tys. etatów w firmach z kapitałem zagranicznym** (ok. 2,1 mln w sumie)

TECHNOLOGIA

→ **Bardzo wolno zbieramy kapitał wiedzy.** Małe inwestycje w produkty wiedzy i własność intelektualną (ok. 1,5% PKB), choć nakłady biznesu na B+R wzrosły 2.5x (8→20 mld zł)

→ **Luki w tradycyjnej infrastrukturze.** Sieć gazowa: tylko 54% Polaków korzysta, 8,4 mln gospodarstw (+13%). Sieć drogowa: Słabo połączone: Kielce, Radom, Koszalin, Szczecin, Białystok

→ **Zamrożona ewolucja branż.** Żywność, metale, guma. Wydajne małe firmy przegrywają z dużymi okopanymi na rynku

→ **Dłuższe sprawy gospodarcze w sądach**: z 4,5 do 8,0 miesiąca (sądy rejonowe)

→ **Usługi poprawiają wydajność szybciej niż przemysł.** Liderami telekomunikacja, produkcja maszyn i elektroniki

→ **Nie tworzymy innowacji, ale przedsiębiorstwa zaczęły się uczyć.** Przemysł: procesy poprawiło 26% (z 13%), produkty 18% (z 12%). Usługi: procesy poprawiło 28% (z 7%) a produkty 12% (z 5%)

→ **Wzrost zaufania do urzędników** z 45 do 61%. 74% do władz lokalnych

→ **+40% więcej autostrad i dróg** ekspresowych (+1200 km, ekspresowe +70%)

→ **Internet: 34% Polaków składa formularze urzędowe** (było 16%), 42% kontaktuje się (z 26%), 60% szuka wiedzy. ≈90% korzystało z sieci

Ministerstwo Finansów, *Zadłużenie Sektora Finansów Publicznych I kw./2022.* Biuletyn Kwartalny; NBP, *Zagraniczne inwestycje bezpośrednie w Polsce w 2020 roku*, nbp.pl., Portal STRATEG Strateg.stat.gov.pl (dot. zaufania, innowacji), Rzeczpospolita, *Rekordowa liczba imigrantów zarobkowych w Polsce. Niezaspokojony popyt*, rp.pl; UKNF, *Struktura należności brutto od sektora niefinansowego oraz instytucji rządowych i samorządowych*, knf.gov.pl.

To przede wszystkim okazja do postawienia sobie pytania, czy gdybyśmy w sylwestrową noc 2015 roku dostali możliwość alokacji swojego wysiłku i jego owoców na kolejne 5 lat, to czy w ten sam sposób rozłożylibyśmy wydatki?

Zróżnicowanie źródeł wzrostu jest na pierwszy rzut oka dość duże, co jest niewątpliwym sukcesem trzydziestu lat transformacji. Co w sumie wiadomo – wzrost gospodarczy w ostatnich latach zależał od konsumpcji, a inwestowaliśmy mało. Wielokrotnie można natrafić na taki skrót myślowy, który ma w sobie ziarno prawdy, ale ostatecznie jest bardzo niekompletnym ujęciem. Bo wzrost gospodarczy Polski zależał i zależy od jakości relacji z poniewieraną Unią Europejską. Eksport jest właściwie jedynym czynnikiem tworzącym polskie PKB, na którego wywrotkę absolutnie nie możemy sobie pozwolić. Inwestycji jest mało. Konsumpcja jest bezproduktywna – nie tworzy swoich inwestycji, w sensie dosłownym – kilka lat wzrostu konsumpcji nie przyniosło adekwatnej liczby nowych projektów. Wychodzenie z nadprogramowej konsumpcji, jeśli chcemy zrobić to bez uszczerbku dla wzrostu PKB, raczej musi przejść przez eksport. Co musimy zrobić dla eksportu wyraża się więc nie tyle dezyderatem „dobrze by było", a chłodnym stwierdzeniem na co nas nie stać. Ale: po kolei.

Spróbujmy zmierzyć się z pytaniem, co napędzało konsumpcję. I tu pewne zaskoczenie – wzrost wynagrodzeń był dla wzrostu konsumpcji co najmniej tak samo ważny, jeśli nie ważniejszy niż transfery. Paliwem do wzrostu konsumpcji był przekrojowy wzrost płac w gospodarce – w zależności od przyjętej konwencji o rząd 35–45%. Choć objął wszystkie grupy wiekowe, to grupa 35–55 lat otrzymała z tytułu samych wynagrodzeń na etatach dodatkowe 100 miliardów zł brutto (szacunkowo 75 mld zł netto)[7]. Ta grupa ma optimum doświadczenia i sił do pracy, oraz

cyklu koniunkturalnego. Bardziej precyzyjnych szacunków, pozwalających dodatkowo na ocenę sytuacji branżowej dostarcza analiza mikro. Tego typu analizy dla polskiej gospodarki są utrudnione brakiem precyzyjnych danych o cenach i kosztach pojedynczych przedsiębiorstw – obecnie chronionych tajemnicą statystyczną. W bardzo pieczołowicie opracowanym raporcie Banku Światowego (we współpracy z GUS!) wymusza to włożenie do jednego worka zmian w faktycznej wydajności gospodarki oraz zmian siły rynkowej przedsiębiorstw. Dopóki temu nie zaradzimy, część dyskusji o polityce gospodarczej będzie toczona w krainie ruchomych piasków. Subiektywne wyczucie sytuacji biznesowej zawsze będzie się liczyło, ale możemy działać lepiej. Por. Bank Światowy, *Paths of Productivity Growth in Poland*, 2021.

7 Liczone w cenach bieżących, co dla okresu 2015–2020 ze skumulowaną inflacją HICP na poziomie 8,6% nie ma dużego znaczenia – wpływ wzrostu wynagrodzeń na zamożność tej grupy wiekowej był więc podobny. Efekt został wyliczony dla grupy 8,2 mln pracowników zatrudnionych w przedsiębiorstwach powyżej 9 osób, które wypłaciły szacunkowo 560 mld zł wynagrodzeń brutto w 2021 r. Całość wynagrodzeń brutto wypłaconych w gospodarce wyniosła 772 mld zł, do czego jeszcze można doliczyć zyski z prowadzenia samodzielnej działalności gospodarczej. Całkowite zatrudnienie w gospodarce wynosi obecnie 11,9 mln osób zatrudnionych w pracy najemnej (prywatnej i publicznej) i 3,2 mln osób prowadzących działalność na własny rachunek. Ostateczny efekt jest prawdopodobnie istotnie większy. Por. GUS, Struktura wynagrodzeń według zawodów

stosunkowo dobre wykształcenie. Pokolenie wyżu demograficznego włączyło się do pracy w sektorach eksportowych typu usługi informatyczne i administracyjne w centrach usług wspólnych, części motoryzacyjne, osprzęt elektryczny, gospodarkę internetową – przez transport, handel hurtowy i logistykę. Zarabiając trochę więcej, Polacy bardziej uwierzyli w przyszłość – między 2015–2020 r. zwiększyli swoje zapotrzebowanie na kredyty konsumpcyjne o dodatkowe 45 mld zł[8].

W sumie zyskali wszyscy, natomiast wzrost wynagrodzeń rzuca trochę inne światło na źródła inflacji czy na potrzebę transferów. „Klasa średnia pracująca" nie może zrzucić winy za inflację na osoby, które otrzymały wsparcie od państwa. Transfery zyskują nieco lepsze uzasadnienie, skoro gdzieś w gospodarce szybko rosną (a z perspektywy słabiej wynagradzanych branż: uciekają) wynagrodzenia. Czy rząd nie ponosi wobec tego winy za inflację? Ponosi, bo wiedział, co stymuluje i była to konsumpcja mimo wszystko nadprogramowa, zmuszająca rynki (czyli nas wszystkich) do wytworzenia dodatkowych usług po wyższym koszcie niż normalnie i w związku z tym wyższej cenie. Czy transfery to najlepszy sposób załatwienia problemu spójności społecznej? Wprost przeciwnie – jeden z bardziej niedoskonałych. Dużo lepiej wyszlibyśmy na kształceniu pracowników ułatwiającym poruszanie się po rynku pracy, pracy nad specjalizacjami regionalnymi – tak, by uniknąć wykluczenia. Nie sposób jednak uciec od wniosku, że przy wszystkich niedostatkach rządowych narzędzi, źródła inflacji leżały też w portfelach i decyzjach zakupowych przeciętnego podatnika.

Jednocześnie trudno powiedzieć, by duże transfery były pro-wzrostowe. 500+, dodatkowe emerytury – dały nieraz prawdziwy efekt społeczny, ale miały zdecydowanie mniejszy wpływ na wzrost gospodarczy. W tego typu ruchach przesunęliśmy 150 mld zł, co mogło przyczynić się do pewnego przyspieszenia wzrostu krótkookresowego kosztem długoterminowych oszczędności. Przesunięcia często były po ludzku słuszne – w Polsce 2019 roku mieszkał ≈1,2 mln kobiet pobierających emerytury poniżej 1600 zł brutto, a ≈2,1 miliona poniżej 2000 zł brutto[9]. Przy takim poziomie dochodów trudno mówić o solidarności społecznej, bo waloryzacja świadczeń inflacją nie nadąża choćby za czynszami w miastach. Pieniądze trafiły też do mieszkańców wsi i mniejszych miejscowości, bo tam jest nieco więcej dzieci w rodzinach – i pewnie podbudowały budżety. Pieniądze te zostały dość szybko wydane, jednak poza bezpośrednim wsparciem budżetów

w październiku 2020 roku, stat.gov.pl; GUS, Wynagrodzenia brutto w gospodarce narodowej, dbw.stat.gov.pl; GUS, Zharmonizowane wskaźniki cen konsumpcyjnych (HICP), stat.gov.pl.

8 Równolegle suma kredytów mieszkaniowych wzrosła z 381 do 509 mld zł. Dane o kredytach konsumpcyjnych: UKNF, Struktura należności brutto od sektora niefinansowego oraz instytucji rządowych i samorządowych, Warszawa 2022, knf.gov.pl; UKNF, Raport o sytuacji banków w 2015 r., Warszawa 2016, knf.gov.pl.

9 GUS, *Emerytury i renty w 2019 r.*, Warszawa 2020, stat.gov.pl.

nie pozwoliły na rozwiązanie problemów z dostępnością szkoły, lekarza, wykluczeniem cyfrowym, nie przyczyniły się do zwiększenia dzietności. Dla rozwoju gospodarki i dla PKB istotne jest, że nie przełożyły się na nowe inwestycje, co widać na dużym agregacie inwestycji, który procentowo spadał. Efekt transferów skończył się na impulsie konsumpcyjnym[10].

Dużo mniej niż konsumpcję docenia się eksport – i w dyskusji publicystycznej, i w decyzjach gospodarczych rządu. Rządzący wyjątkowo niefrasobliwie traktują konkurencyjność międzynarodową polskich przedsiębiorstw i relacje z UE jako podstawowym rynkiem zbytu. Tymczasem to współpraca z Unią Europejską jest absolutnie fundamentalna dla polskiego rozwoju. W okresie 2015–2020 dodaliśmy 423 mld zł eksportu, osiągając w sumie 1,3 bln zł. Po raz pierwszy *więcej* popytu w gospodarce zostało wygenerowanego przez odbiorców zagranicznych, niż przez krajowych konsumentów prywatnych. Oczywiście, do rachunku wzrostu PKB ostatecznie zaliczana jest mniejsza liczba, bo eksport netto (czyli eksport *minus* import; gdy tylko dostaliśmy dużą ilość euro natychmiast ją wydaliśmy na rynkach UE, to jasne)[11]. Po pierwsze jednak sama nadwyżka handlu wzrosła. Po drugie i ważniejsze: eksportujemy, by konsumować. Historycznie rzecz biorąc eksport, po uwzględnieniu powiązań wewnątrz polskiej gospodarki, wzrostu wynagrodzeń spowodowanego możliwością eksportu itd. dawał nam nawet połowę wzrostu PKB. To nie dzięki transferom i konsumpcji, a dzięki dostępowi do Jednolitego Rynku Europejskiego gospodarka stanęła tak mocno na nogi[12]. Ekspansja eksportu była szeroka. Rósł i eksport towarowy, i usług, napędzany przez centra usług wspólnych. Eksport był ważnym źródłem wzrostu Polski nie tylko dzięki nadwyżce wymiany międzynarodowej, a także dzięki efektom ciągnionym, wzrostowi wynagrodzeń i inwestycjom. Umożliwiał tworzenie miejsc pracy i wzrost wynagrodzeń[13].

10 Przy czym pozostawienie ich w kieszeniach innych podatników niekoniecznie sprawiłoby, że Polska inwestowałaby więcej – blokady są gdzie indziej. Raz jeszcze podkreślając, że transfer zadziałał jako dopalacz PKB, a nie źródło stabilnego wzrostu: optymistycznie licząc 50–60 mld zł to dodatkowy „krótkoterminowy dodatni impuls dla PKB", którego moglibyśmy nie zobaczyć zostawiając pieniądze w rękach pierwotnych właścicieli. Po 2020 roku ten efekt został skasowany, bo skumulowały się skutki luźnej polityki rządu – pochłonęła go inflacja. Skąd 50–60 mld zł? Przyjmijmy, że osoby, które otrzymały transfery wydały 90% bieżących środków zamiast 65% jakby zrobiły to osoby o wyższych dochodach – co zakresowo mieści się w gusowskich statystykach gospodarowania dochodami. Czyli +25% skłonności do konsumpcji razy kwota transferów.

11 Eksport został zamieniony na import, bo dysponowaliśmy walutą. Import rósł jednak wolniej, o 314 mld zł w okresie 2015–2020, więc nadwyżka wzrosła.

12 Por. J. Hagemajer, J. Mućk, *Eksport głównym motorem wzrostu gospodarczego w krajach EŚW*, forsal.pl, 16.02.2019. oraz *Gdzie naprawdę są konfitury? Najważniejsze gospodarcze korzyści członkostwa Polski w Unii Europejskiej*, red. W. Orłowski, Wydawnictwa Uniwersytetu Warszawskiego, Warszawa 2021.

13 Dodatkowo w imporcie kryje się pewna rezerwa – jest nią wzrost importu towarów konsumpcyjnych o +110 mld zł od 2015 r. (do poziomu 247 mld zł). Oznacza to, że import nie wynikał po prostu z przerabiania części samochodowych w ramach łańcuchów

Istotne są kierunki handlu zagranicznego. Eksport do UE stanowi ≈75% obrotów ogółem – do krajów rozwijających się mamy jakieś 14%, reszta przypada na OECD. Prawie 30% eksportu idzie do Niemiec. Dzięki uczestnictwu w globalnych łańcuchach wartości zyskaliśmy technologię i wydeptane ścieżki do rynków zbytu. Faktycznie, wiele przedsięwzięć eksportowych powiodło się, bo zostały przygotowane przez zagranicznego inwestora, który miał zapewniony rynek zbytu. Nam, jako krajowi na dorobku brakuje kontroli kapitałowej nad dużymi przedsiębiorstwami – chcielibyśmy być koordynatorem łańcuchów wartości, a nie podwykonawcą. W tym sensie sukces eksportowy zawiera w sobie nutę goryczy. Nie warto chyba jednak przekreślać pozytywnego znaczenia eksportu, bo raczej ułatwi nam kolejne sukcesy, niż utrudni. Notabene, tak duża rola eksportu komplikuje dyskusję o wychodzeniu z inflacji w Polsce – impulsy popytowe generowane przez rynki zagraniczne są równie istotne jak konsumpcja krajowa. Aby nimi zarządzać, musimy dobrze przygotować rynki pracy i infrastrukturę biznesową na poziomie regionalnym.

Następnego kroku nie zrobimy bez inwestycji – własnych, *joint venture*, ściąganych z zagranicy – byle były. Także tutaj relacje z UE też były ważniejsze, niż wynika ze statystyki. Fundusze UE już po odliczeniu składki członkowskiej i nie licząc dopłat rolnych, które nie są inwestycyjne, przekładają się rocznie na ok. 30 mld zł wpływu środków do Polski, czyli właściwie inwestycji[14]. Przyjmując, że dotacje stanowiły 30–40% całości realizowanych projektów, środki te zachęciły polskich inwestorów do wkładów własnych na szacunkowe 50 mld zł[15]. Licząc bardziej konserwatywnie, przy 50% wsparciu unijnym wkłady własne mogły wynosić 30 mld zł. W sumie oznaczałoby to, że 60–80 z 400–450 miliardów złotych inwestowanych rocznie w Polsce jest związanych z Funduszami UE. Bez wkładu UE zapewne tylko część projektów byłaby zrealizowana. Te same pieniądze pozostawione w polskiej gospodarce wygenerowałyby może 15–25 mld zł inwestycji – zostałyby zużyte według średniego wzorca podziału pieniędzy. 17% poszłoby na inwestycje, reszta na konsumpcję. Na oko – wygenerowałyby w kilkuletniej perspektywie finansowej funduszy unijnych 40–50 mld zł luki w inwestycjach względem stanu na dziś, to raz.

produkcyjnych globalnych koncernów. Dodaliśmy rzeczywistą wartość, której część została w gospodarce. Potem zamieniliśmy na dobra z importu, ale to nasz wybór – moglibyśmy mieć wyższe PKB i silniejszy kurs walutowy. To jest jakiś bufor, po który można w potrzebie sięgnąć.

14 Wyodrębniona w ten sposób część inwestycyjna transferów z UE wyniosła w okresie 2015–2020 średnio 6,25 mld euro, przy czym w roku 2016 tylko 2,2 mld euro, a w 2020 aż 10 mld euro. Por. Ministerstwo Finansów, *Transfery finansowe Polska – budżet UE*, gov.pl.

15 Historycznie, licząc od 2004 roku dotacje stanowiły 55–60% wartości projektów w poszczególnych województwach, por. mapadotacji.gov.pl. Od 2022 roku intensywność pomocy publicznej w podziale na regiony lokuje się w granicach 25–40% dla regionów zachodnich, 50% dla regionów wschodnich oraz Mazowsza (bez Warszawy). por. www.parp.gov.pl

Do tego trzeba doliczyć inwestycje prywatne podjęte dlatego, że jesteśmy blisko rynków zbytu w UE. W dobrych latach prywatni inwestorzy zagraniczni ogłaszają w Polsce finansowanie nowych projektów *greenfield* na 60–80 mld złotych (być może niektóre z tych projektów równolegle korzystają z Funduszy UE, natomiast z tym nakładaniem się efektów musimy się pogodzić). Spora część nie doszłaby do skutku, gdybyśmy funkcjonowali poza rynkiem UE. Część powstała bezpośrednio po to, by eksportować na Wspólny Rynek, tworząc swoiste kombo inwestycyjno-handlowe. Grają rolę niższe koszty pracy, ale też wygrywamy na tym, że te świeże projekty wykorzystują też technologie nowsze, niż dotychczas stosowane w zakładach gdzie indziej na świecie (jeśli poprzednie inwestycje były realizowane 10–15 lat temu, to otrzymujemy taką dodatkową rentę konkurencyjną).

Co wydarzyłoby się, gdybyśmy z Unii wyszli? Nie ma na to oczywiście danych, ale przyjmijmy zgrubnie, że połowa nowych projektów zagranicznych byłaby zagrożona – 30–40 mld zł. Z tych samych powodów zagrożone byłyby jednak inwestycje krajowe – po co inwestować, jeśli dostęp do głównego rynku eksportowego jest obłożony cłami, a standardy pracy naszych sądów nie korelują z unijnymi? Ostrożnie szacując, bez gładkiego dostępu do rynku UE z koszyka wypadłoby 20% pozostałych inwestycji, jakieś 50 mld zł. Na dzień dobry rezygnując z UE, mielibyśmy więc ≈100 mld zł inwestycji mniej względem początkowej – i tak dramatycznie małej – bazy 400–450 mld zł. Cudów nie ma – gdybyśmy przeszli ostatnią dekadę z inwestycjami o 20–30% mniejszymi, mielibyśmy PKB w wysokości 80% obecnego i długofalowy wzrost niższy o 1–2%, marząc oczywiście o tym, że mimo braku inwestycji dokonywałby się postęp w myśleniu i zarządzaniu. Argumenty o tym, że „realnie nie wydarzyłoby się to od razu", „jakoś byśmy znaleźli inne rynki" odsuwają problem, a nie go likwidują. W dniu zero doświadczylibyśmy twardej rewaluacji portfeli inwestycyjnych – na korzyść Rumunii, Słowacji, Czech, a nawet Węgier. Można rzecz jasna do takiej przymiarki stanąć okoniem i twierdzić, że wyjście z Unii pozwoliłoby nam na stworzenie lepszego środowiska inwestycyjnego, więc nie byłoby spadku, a może byłby wzrost. Tylko czy taki scenariusz spotkał Wielką Brytanię po Brexicie?

*

Spójrzmy jeszcze na stronę podażową. Po stronie „kapitałów", możliwości produkcyjnych gospodarki, doszło właściwie do trzech pozytywnych wydarzeń – zastrzyku kadr, wydłużenia dróg ekspresowych oraz rozpoczęcia ewolucji przedsiębiorstw, które zaczęły się uczyć i nieco zwiększyły nacisk na B+R.

Szczególnie istotna jest korzystna zmiana na rynku pracy. Zatrudnienie wzrosło o 1 mln osób. Kapitał ludzki wzbogacił się o 1,0–1,5 mln pracowników z zagranicy, szczególnie z Ukrainy, przy czym mowa tu o stanie sprzed wojny z Rosją[16]. Przy okazji stan osobowy aktywnych zawodowo wzrósł o około 10% względem 2015 r. W ostatnich latach przyjechało dodatkowo sporo – bo ponad 100 tys. osób – imigrantów spoza Unii. Zmieniło się wykształcenie zatrudnionych. Pojawiło się 1,25 mln nowych pracowników z wyższym wykształceniem. Było 6 mln, jest 7,25 mln – to już 36% wszystkich pracujących. Pokolenie młodych dorosłych wniosło lepszą strukturę wykształcenia i wyższy wskaźnik aktywności zawodowej, szczególnie wśród młodych kobiet.

Fatalną słabością po stronie podaży jest niedostatek kapitału, zbyt wolna akumulacja wywołana chronicznym niedoborem inwestycji. Wybierając między konsumpcją a inwestycjami w ostatnich latach tworzyliśmy nierównowagę na korzyść konsumpcji. W sumie inwestujemy rocznie ok. 400 mld złotych, po 2015 r. dołożyliśmy do tego 40 mld zł/rok. Stopa inwestycji w ostatnich 5 latach spadła w porównaniu do okresu 2010–2015. Gdybyśmy utrzymali tempo, nasz strumień inwestycji byłby obecnie o ok. 50 mld większy. Gdyby nie COVID, mielibyśmy może jeszcze dodatkowe 10–20 mld zł (przy czym sytuację podratowały na pewno interwencje rządowe w postaci tarcz).

Po stronie podażowej naszej maszyny wzrostu brakuje także systematycznego podnoszenia produktywności pracy – i to jej drugi fatalny niedostatek. Dla długookresowego rozwoju gospodarczego, generalnie na świecie, najistotniejszy jest postęp w produktywności – wydajności i wartości pracy na poziomie pracownika i gospodarki ogólnie. Nazwijmy ją sportowo – techniką gry. Na dłuższą metę 2/3 wzrostu powinno być osiągane w ten sposób. Tu cierpimy strukturalnie – ciągle zbyt wielu pracowników jest w stosunkowo starych branżach, a wyposażenie ich stanowiska pracy w kapitał (roboty, komputery, narzędzia, a nawet budynki) jest dość ubogie – i te efekty nawarstwiają się. Przez ostatnie półtorej dekady próbowaliśmy temu zaradzić rozpowszechniając myślenie o innowacjach, z umiarkowanymi skutkiem. Być może powinniśmy wrócić do myślenia o inwestycjach i podnoszeniu średniego poziomu gospodarki, a w miejscach, gdzie zbliżymy się do granicy technologicznej innowacje pojawią się same – tam, gdzie wykształcone kadry pracują w zaawansowanych niszach rynku, szanse na przełom zawsze się znajdą.

16 Różne statystyki pokazują inny wymiar zjawiska. Jeszcze w 2017 r. wg NBP w Polsce przebywało średnio około 1 mln obywateli Ukrainy. Po pierwszej fali COVID, w 2021 r., powiatowe urzędy pracy zarejestrowały 1,98 mln oświadczeń o zamiarze zatrudnienia pracownika zagranicznego. W ZUS zarejestrowanych było ≈0,7 mln obcokrajowców, pod koniec 2021 r. już 0,9 mln osób. Z kolei PARP przyznaje, że poparta analizami IPiAG liczba pracowników zagranicznych w szarej strefie mogła wynosić 750 tys. osób. Por. A. Błaszczak, *Rekordowa liczba imigrantów zarobkowych w Polsce. Niezaspokojony popyt*, „Rzeczpospolita" 25.01.2022, dostęp na rp.pl; Chmielewska I., G. Dobroczek, A. Panuciak, *Obywatele Ukrainy pracujący w Polsce – raport z badania*, Departament Statystyki NBP, Warszawa 2018 oraz PARP, *Polski rynek pracy a zagraniczni pracownicy*, parp.gov.pl, 09.02.2022 wraz z towarzyszącym notce raportem.

JAK PODZIELIĆ PKB NA 10 LAT Z GÓRY?

PKB w Polsce 2010–2030

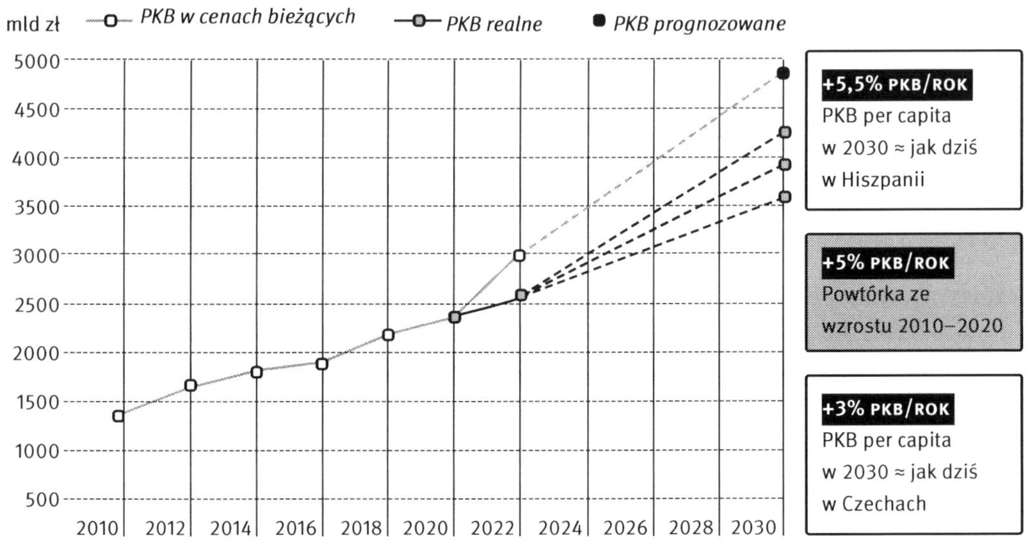

Uwaga: PKB w cenach bieżących łatwiej porównać z innymi krajami, za to PKB realne lepiej obrazuje zmiany zamożności. Różnica PKB w cenach bieżących a realnym pokazuje skalę inflacji. Źródło: opracowanie na podstawie Eurostat i GUS.

JAKIE BYŁYBY SKUTKI PODZIAŁU PKB „SIŁĄ ROZPĘDU", BEZ ZMIAN W PROPORCJACH?

	POLSKA 2020	POLSKA 2030
	mld zł % PKB	Dodatkowe wydatki wzrost PKB +5%/rok
PKB	**2350**	**3850**
KONSUMPCJA PRYWATNA	**1300** (57%)	**+870** (DUŻO!)
INWESTYCJE	**400** (17%)	**+245** (MAŁO!)
WYDATKI PAŃSTWA (SPOŻYCIE, NIE INWESTYCJE)	**445** (19%)	**+275**
NADWYŻKA EKSPORTU NAD IMPORTEM	**155** (7%)	**+110**
% EKSPORTU W GOSPODARCE	**56%**	

WNIOSKI

POWINNIŚMY OBNIŻAĆ UDZIAŁ KONSUMPCJI W PKB

Konsumpcja 57% PKB w 2030 r. oznacza spożycie większe o 870 mld zł. Inwestycja w lepsze usługi publiczne zamiast prywatnej szkoły i lekarza to szansa na oszczędności.

INWESTUJEMY ZA MAŁO. LUKI NIE POKRYJĄ PROJEKTY RZĄDOWE, POTRZEBNY RYNEK

Jeśli chcemy wejść do grona zamożnych krajów, do 2030 r. musimy podwoić inwestycje, czyli dotrzeć do poziomu 800 mld zł/rok (≈21% PKB). To oznacza przeniesienie środków z konsumpcji.

WYDATKI RZĄDU NIE POWINNY JUŻ ROSNĄĆ...

...chyba że stworzymy instytucje o jakości tak wysokiej, jak w Szwecji, która wydaje 27% PKB.

INTENSYWNIE EKSPORTUJEMY – DBAJMY O NOWE RYNKI

Utrzymanie wzrostu w naszym przypadku zależy od sprawności eksportu. Utrzymanie eksportu na poziomie 56% PKB w 2030 r. oznacza sprzedaż +850 mld zł, głównie na nowe rynki zagraniczne.

Jaki jest pełny potencjał naszej ścieżki wzrostu?

Jeśli myślimy o europejskim poziomie dobrobytu, potrzebujemy długofalowego wzrostu PKB na poziomie 5%. To możliwe – więc należy to traktować jako „scenariusz nadziei", choć ambitne. Byłoby to powtórzeniem sukcesu ostatnich dekad, lecz przy pomocy innych środków. Co by to w praktyce oznaczało dla kształtowania naszych inwestycji, konsumpcji, wydatków państwa, handlu zagranicznego? Ćwiczenie sylwestrowe z 2015 r. można przenieść w przyszłość i przemnożyć przyszły PKB przez dzisiejsze procentowe wzorce podziału dochodu w kilku gospodarkach. Jakie wydatki są do wyobrażenia, a na co kompletnie nie chcielibyśmy wydawać pieniędzy za 10 lat? Patrząc na Szwecję i Słowenię w skrócie można powiedzieć – przydałoby się więcej inwestycji wraz z dobrym mechanizmem ich obsługi, nie możemy tak szybko podnosić konsumpcji prywatnej, a wydatki państwa musimy utrzymać w ryzach. Nie dlatego, że wywrócą nam gospodarkę, bo Szwecja czy Słowenia wydają tyle samo albo więcej, ale dlatego, że ciągle nie potrafimy ich przekuwać na dobre usługi rządowe.

Inwestycje na poziomie 17% PKB być może wystarczą do utrzymania trajektorii 2,0–2,5% wzrostu. Brak inwestycji będzie z kolei przekładał się na brak kapitału, słabszy PKB w przyszłości i utrzymanie dystansu do Europy Zachodniej. Nasze otoczenie inwestuje z dużo większym przekonaniem – Rumunia, Francja, Szwecja czy Czechy mają 25%, Korea Południowa i Indonezja ma 30+% inwestycji. Wejście na pułap 21% inwestycji przy szybko rosnącej gospodarce, +5% PKB rocznie, oznaczałoby do 2030 roku konieczność generowania dwukrotnie większej aktywności inwestycyjnej niż dziś. Zamiast 400 mld zł rocznie musielibyśmy inwestować 800 mld zł[17]. I to w trafionych projektach, nie w „przekopach mierzei".

Naprawdę powinniśmy docenić aspekt jakościowy wyzwania inwestycyjnego. Tak się składa, że te same 7–10 lat, w których pod względem zamożności trafimy do koszyka rozwiniętych gospodarek, to długość cyklu inwestycyjnego w dużej części przedsiębiorstw[18]. Od chwili znalezienia pomysłu, stworzenia nowego produktu aż do zbudowania fabryki albo nowego biura, rozpoczęcia sprzedaży i odzyskania nakładów na rynku, mija właśnie tyle. Na dobrą sprawę oznacza to, że każda inwestycja podejmowana przez polskiego przedsiębiorcę obecnie powinna być tak dobrana, by jej owoce mogły konkurować w warunkach takiej Hiszpanii i takiej Korei Południowej, jakie znamy dziś. To nie jest oczywista perspektywa – poprzeczkę zwykle zawieszamy sobie, myśląc o krajowych realiach i tym, co widzimy wokół. Aby w ogóle móc rozmawiać o szansach na sukces, musimy zmienić perspektywę i „definicje zwycięstwa", jakimi się posługujemy.

17 Wejście w bardziej zrównoważony model czeski z 26% PKB inwestycji oznaczałoby podwojenie nakładów inwestycyjnych już przy ścieżce wzrostu PKB +2,5% rocznie.

18 Są wyjątki takie jak IT, gdzie życie biegnie nieco szybciej oraz energetyka, gdzie planuje się na 30 lat.

Brakuje nam przede wszystkim inwestycji o dużej skali, w dobra podlegające eksportowi (*tradables*). Naprawdę spektakularnie udało się raz – z produkcją baterii dla samochodów elektrycznych[19]. O więcej trzeba walczyć. Poza tym ewenementem inwestycje ostatniej dekady spowodowały szczególnie silny przyrost kapitału w transporcie i logistyce (ok. 25% dodatkowego kapitału w Polsce po 2010 r.[20]), nieruchomościach (20%) i przemyśle przetwórczym (15%). Na tle Europy sporo inwestujemy w aktywa, które szybko się amortyzują – mniejsze narzędzia, samochody. To dobrze wydane pieniądze, polskie przedsiębiorstwa świadomie zarządzają swoimi środkami, tylko nie przekroczymy nimi punktu krytycznego, w którym osiągamy korzyści skali.

Problem jakościowy widać też w braku inwestycji w aktywa niematerialne – budowanie marek, analizy rynku, prace nad rozwojem produktów, B+R i innowacje. Gospodarki UE inwestują w podobne dobra ok. 10–15% swoich nakładów inwestycyjnych w ogóle. Polska 7%, co i tak jest podwojeniem w porównaniu do 2005 r.[21] Nie możemy dłużej bronić się wymówką, że inwestycje w te obszary są „ryzykowne" i „złożone". W lidze PKB 25 tys. EUR+ gra zwykle toczy się o skuteczną realizację ryzykownych, złożonych projektów. Gdyby projekty podejmowane przez najbardziej zaawansowane kraje nie były obarczone niepewnością i skomplikowaniem – nie dawałyby zysków (wyjątkiem są kraje żyjące z bonanzy surowcowej; a i one potrzebują pewnych kompetencji, by wygrywać z konkurencją). Rolą rządu jest w tej sytuacji obniżanie progu wejścia w nową działalność, kształtowanie sprzyjającego przedsiębiorczości porządku gospodarczego (pojęcie „porządek" zakłada pewną stabilność i przewidywalność warunków w czasie) i pogłębiona współpraca z samorządami w budowie celowej i celowanej infrastruktury wspierającej biznes. Niekoniecznie zaś zastępowanie biznesu.

Wracając do rozmiarów czekającego nas wyzwania: coroczne inwestowanie w skali gospodarki 800 mld zł wymagałoby nielichego, zdecentralizowanego systemu identyfikacji projektów. Pierwsza jego część jest prosta i znana – nazywa się rynek. Druga część jest trudniejsza, bo zależy od rządu i jest mniej rynkowa – to inwestycje publiczne, szczególnie w infrastrukturę wspierającą rozwój gospodarczy, rozwój eksportu. Jakie mogą być proporcje między tymi częściami portfela inwestycyjnego? Niechby dzieliły się z lekką przewagą inwestycji prywatnych nad publicznymi, powiedzmy w proporcji 5:3. 500 mld zł inwestycji prywatnych będzie wymagało komplementarnej infrastruktury za 300 mld zł.

Kto powinien decydować, na co przeznaczać 300 mld zł rocznie? Im bardziej będziemy rozwiniętym krajem, tym potrzeby eksporterów będą bardziej

19 Jakimś początkiem jest też decyzja intela o inwestycji w fabrykę procesorów.

20 Por. Bontadini F., Corrado C., Haskel J., Iommi M., Jona-Lasinio C. (2021), EUKLEMS & INTANProd: methods and data descriptions.

21 Eurostat.

wyrafinowane. Na pewno wykroczą poza prostą drogę dojazdową do zakładu. Dostarczenie przez region bardziej precyzyjnych rozwiązań może się odbyć tylko w drodze pogłębionego dialogu z biznesem i pracownikami. Także usługi społeczne będzie trzeba skroić na miarę. Dobrze byłoby znaleźć synergie i wspólne wykorzystanie inwestycji na poziomie regionalnym, nie możemy dublować zapotrzebowania na te same funkcje w sąsiednich gminach. Biorąc pod uwagę fakt, że 40% Polaków mieszka poza miastami, a tylko 40% w dużych aglomeracjach będziemy musieli ważyć racje między zapewnieniem masy krytycznej infrastruktury i dostępu do niej. Aby podział środków był *fair*, wymaga dialogu między zainteresowanymi.

Dlatego samorządy – terytorialne, ogólnogospodarcze, branżowe – muszą zostać wpięte w system decyzyjny państwa, ale z punktem koordynacyjnym zawieszonym 1) w aglomeracjach oraz 2) po stronie rządu, może w PFR. Ostatecznie chodzi o stworzenie mechanizmu pętli zwrotnej, pozwalającej na regularne korygowanie podejmowanych decyzji. Inicjatywa w pętli powinna być przekazana raczej blisko miejsca powstawania potrzeb, czyli w dół do odbiorców.

Żeby gospodarka dobrze rosła, zapewne powinniśmy też nieco zluzować konsumpcję. Dołożenie do aktualnych 1300 mld zł kolejnych 850–900 dziś wydaje się abstrakcyjne (to +65%!), zarazem właściwie tylko teraz możemy podjąć decyzję o przyhamowaniu, zmieniając bodźce do konsumpcji w bodźce do inwestowania. Każda krótkoterminowa decyzja zapadająca z roku na rok będzie raczej konsumpcję pompowała. Przy ostrożniejszym wzroście i dążeniu do modelu szwedzkiego lub słoweńskiego dodamy do stanu obecnego 30–45%, czyli i tak dużo. Właściwie nigdzie gospodarstwa domowe nie konsumują 57% wytwarzanego PKB. No dobrze, może nie „nigdzie". Włosi, Hiszpanie i Słowacy konsumują, co na tle gospodarek takich jak: Szwecja (44%), Irlandia (25%), Korea Południowa (46%), Francja (53%), Estonia (50%), Czechy (46%) czy Niemcy (51%) musi dawać do myślenia. Decyzja, by zamiast konsumpcji oszczędzać i inwestować jest jednak najpierw po stronie pracowników, osób zarabiających, a dopiero potem po stronie rządu. Po stronie rządu w tej mierze, w jakiej stworzy stabilny system finansowy i prawny, a następnie umożliwi działanie przedsiębiorstwom na rynku.

Zła wiadomość jest taka, że konsumpcji łatwo nie odstawimy, nie wywołując poważnych turbulencji we wzroście PKB. Nie zastąpimy jej w krótkim czasie inwestycjami, bo rośnie rocznie o tyle, ile inwestycje wzrosły przez pięć lat. Prędzej może udać się przekierowanie na eksport, gdzie baza statystyczna jest większa. W tym sensie jesteśmy nałogowcami – potrzebujemy kolejnych dawek popytu konsumenckiego, żeby PKB utrzymało się na powierzchni.

KONSUMPCJA PRYWATNA

% udział wydatków w PKB, 2020

SŁOWACJA	58%
WŁOCHY	58%
POLSKA	57%
HISZPANIA	56%
SŁOWENIA	50%
KOREA PŁD	46%
CZECHY	46%
SZWECJA	44%

INWESTYCJE

KOREA PŁD.	32%
CZECHY	26%
SZWECJA	25%
HISZPANIA	21%
SŁOWENIA	20%
SŁOWACJA	19%
WŁOCHY	18%
POLSKA	17%

WYDATKI PAŃSTWA

tylko finalne wydatki konsumpcyjne

SZWECJA	27%
HISZPANIA	22%
CZECHY	22%
SŁOWACJA	21%
WŁOCHY	21%
SŁOWENIA	21%
POLSKA	19%
KOREA PŁD.	18%

EKSPORT

nadwyżka i poziom internacjonalizacji gospodarki

	nadwyżka eksportu	% eksportu do PKB
SŁOWENIA	9%	78%
CZECHY	7%	71%
POLSKA	7%	56%
SZWECJA	5%	45%
WŁOCHY	4%	29%
KOREA PŁD.	4%	36%
HISZPANIA	1%	31%
SŁOWACJA	1%	85%

Źródło: dane ONZ.

Ostatni element – wydatki rządowe – nie są może rozbuchane, a jednak powinniśmy powstrzymać się przed ich podnoszeniem. Nasze 19% PKB idące przez wydatki rządowe nie jest skrajne, co pokazują przykłady Danii, Finlandii, Szwecji czy Francji, wszystkie w rzędzie wielkości 25%. W Estonii jest 21%. Problem leży jednak w tym, że część wydatków rządowych jest przesunięta do naszych portfeli. Powinniśmy oczekiwać, że rząd dostarczy dobrych usług, które nominalnie są państwowe – ochronę zdrowia i edukację, co *per saldo* pozwoliłoby zaoszczędzić na wydatkach prywatnych. Niestety, dopóki nie będziemy mieli w ręce dobrych programów pilotażowych i całościowej koncepcji reform tych obszarów – trzeba bardzo ostrożnie podchodzić do odblokowywania większych nakładów. Nalewanie do dziurawego wiadra nie ma najmniejszego sensu. Przy okazji zużyjemy pieniądze, których jeszcze nie zarobiliśmy. Na dłuższą metę, poruszając się w pobliżu 60% limitu zadłużenia przy gospodarce rosnącej o 4–5% rocznie, jesteśmy w stanie wyrastać z 2,5–3,0% deficytu budżetowego. Aby nie kasować długu „podatkiem inflacyjnym", będziemy musieli myśleć o konsolidacji – wysokie wzrosty PKB nie są ostatecznie gwarantowane[22].

Z czego będziemy żyli za 10 lat? Przewaga konkurencyjna Polski

Mając wstępnie obraną ścieżkę aspiracji trzeba wrócić do pytania jakimi faktycznymi działaniami można napędzić wzrost – wykres w arkuszu kalkulacyjnym ostatecznie nie prowadzi przecież do przewagi konkurencyjnej, od której będzie zależało powodzenie polskich przedsiębiorstw. Czym karmił się wzrost w ostatnich dekadach, z jakimi trendami będziemy musieli się zmierzyć, w jakie atuty inwestować?

Polski sukces gospodarczy ostatnich dekad opierał się na integrowaniu rynku krajowego, wykorzystaniu mało kapitałochłonnej lub współdzielonej infrastruktury i tworzeniu bardzo szczupłych inwestycji, które następnie mocno

22 Wyrastanie z procentowego poziomu zadłużenia przy pomocy wzrostu PKB to czysta arytmetyka, związana ze wzrostem mianownika w ułamku „dług/PKB". Dług 60% zarejestrowany w pierwszym roku przy wzroście PKB o +4% staje się 60 / 104 = 57,7% długu w roku drugim. Ekspansja wydatków publicznych w ostatnich latach była częściowo sfinansowana uszczelnieniem podatków, ale też wzrostem zadłużenia. To ostatnie rosło w tempie +4% rocznie, czyli zbyt dużym, by na dłuższą metę możliwe było zredukowanie go za pomocą opisanego wyżej mechanizm. Por. A. Cieślak-Wróblewska, *Raport ekonomistów: Polska w pułapce populizmu. Grozi nam scenariusz rumuński*, www.rp.pl, 07.07.2022 r. Rząd może też próbować emitowania obligacji, które nie są indeksowane wskaźnikiem inflacji (co teraz będzie trudne) albo zadłużać się za granicą i liczyć na pomyślne wahania kursów walutowych. Ani doświadczenia z epoki Edwarda Gierka, ani doświadczenia frankowiczów nie niosą tu optymistycznych refleksji.

wykorzystywaliśmy jako dźwignię eksportu do UE[23]. Trzy biurowce, światłowód, wykształceni absolwenci – powstaje centrum usług wspólnych (SSC, ang. *Shared Service Centre*) w obszarze finansów lub informatyki. Autostrada do Niemiec, specjalna strefa ekonomiczna z podłączonymi mediami, duży region umożliwiający utrzymanie płac na konkurencyjnym poziomie – powstaje linia montażowa samochodów, fabryka komputerów lub centrum logistyczne. W sposób bardzo niezawodny powstawały zakłady produkcyjne według zagranicznej specyfikacji na Śląsku i w okolicach Łodzi, by zatrudnić w nich stosunkowo tanio kadry o dość wysokich kwalifikacjach i dostarczyć niemal gwarantowany zysk ze sprzedaży produktów lub usług na rynku UE. Często pomagało im wpięcie w istniejące łańcuchy dostaw w motoryzacji, informatyce lub finansach, zwalniające z walki o klienta. Wszystko to było możliwe, bo dbaliśmy o warunki prowadzenia biznesu, o działanie mechanizmów rynkowych.

Istotnym wsparciem dla takiej polityki była stabilność makroekonomiczna Polski – wynikająca z dużego zróżnicowania gospodarki (jej „dywersyfikacja"). Inflacja, ryzyko zadłużenia państwa – właściwie nie figurowały w rachunku biznesowym inwestorów. To był nie tyle dar niebios, co wynik rzetelnej pracy kolejnych teamów odpowiadających za gospodarkę po stronie rządu i NBP. Z kolei zróżnicowanie gospodarki stanowiło amortyzator w kryzysach, zapewniając naturalny *hedging* przeciwko turbulencjom branżowym i gdy trzeba było ominąć problem malejących korzyści z kolejnych inicjatyw. Zamiast wdrapywać się na jeden szczyt branżowy coraz większym kosztem i przy coraz większym ryzyku, można było zresetować podejście i dostawić nową branżę, kolejny bloczek gospodarczy, który znów obowiązywała reguła startowa 80/20 – prostymi środkami można było osiągnąć 80% korzyści.

Wyjadamy więc ostatnie konfitury ze słoika. Nad polskimi atutami dla inwestorów, tymi samymi, które przedstawia w swoich materiałach promocyjnych PAIH, zaczynają mnożyć się znaki zapytania[24]. Wśród atutów można znaleźć przejrzystość życia gospodarczego, silne miasta, stabilną gospodarkę, infrastrukturę autostradową i lotniskową, potencjał 300 tys. wykształconych absolwentów rocznie, największe dotacje z budżetu UE. Przejrzystość życia gospodarczego jaka jest – widać. Stabilność gospodarki podważa inflacja. Zobaczymy, czy „estoński CIT", poprawi stabilność gospodarki w rozumieniu podziału konsumpcja-inwestycje[25]. Brak korupcji – deklarujemy brak tolerancji dla korupcji, ale jako naturalne

23 Trochę inaczej, bardziej fundamentalnie, ale podobnie o filarach wzrostu – W. Orłowski, *W stronę złego modelu rozwoju*, „Rzeczpospolita", www.rp.pl, 13.06.2023.

24 Por. np. Polish Investment & Trade Agency – PFR Group, *Succeed in Poland. Pharmaceutical Sector*.

25 „Estoński CIT" odracza płacenie podatków przez przedsiębiorstwa do chwili odbierania przez właścicieli zysków ze spółek, zachęcając je do ponownego zainwestowania wytworzonego kapitału. Obecnie podatki są płacone w chwili powstania dochodu, w tym samym roku.

i niezmienne przyjmujemy mechanizmy naboru kadr do spółek Skarbu Państwa, urzędów, ministerstw, agencji oraz ograniczanie reklam do mediów zaprzyjaźnionych z linią polityczną obecnej władzy. Miasta – za moment będą rywalizowały pod względem kosztów pracy z topowymi europejskimi metropoliami, a nie są na to gotowe infrastrukturalnie. Fundusze UE w 5 lat zrównają się ze składką, a reguły unijnej pomocy regionalnej wyłączą poza nawias wsparcia nasze najsilniejsze ośrodki miejskie, które będzie wtedy dużo trudniej kształtować (już teraz dotyczy to Warszawy). Studentów jest mniej, co oznacza mniej selektywne nabory, a my nie wiemy, jak zamienić mniejszą liczbę na wyższą jakość i bardziej indywidualne kształcenie. Dotychczasowe atuty „niskich kosztów pracy, niskich podatków, korzystnego kursu walutowego, możliwości absorpcji technologii" – pozostaną istotne, ale z tendencją malejącą[26]. Ale celem tego ustępu nie jest marudny, urzędowy pesymizm, a rzeczowe ustalenie, pozwalające zrozumieć, co dodaje wartość.

ŹRÓDŁA NASZEGO SUKCESU W OSTATNICH 30 LATACH WYMAGAJĄ AKTUALIZACJI. SKORZYSTAJMY ZE ZJAWISK POJAWIAJĄCYCH SIĘ NA HORYZONCIE

DOTYCHCZAS BAZOWALIŚMY NA TRZECH WALORACH

A **Niezawodna produkcja według sztancy dostarczanej przez zamawiającego**

B **Cena/jakość. Duże grono „niedozatrudnionych" pracowników; tanie nieruchomości, premia logistyczna dzięki bliskości rynków zbytu**

C **Niezwłoczna dostępność i niskie ryzyko. Szybka sprzedaż owoców inwestycji na rynku UE lub rynku krajowym. Stabilność makro: brak ryzyka inflacji, niestabilności, ryzyka prawnego**

JAK TRENDY DO 2035 ROKU RZUTUJĄ NA NASZE ATUTY?

↗ Starszych osób
↘ Młodych i rezerw
↗ Automatyzacja

↗ Drogi kapitał polski i zagraniczny
↗ Relokacji biznesu do Europy
↗ Sojuszy technologicznych

↘ Energochłonność
↘ CO_2
↗ OZE, atom

↘ Fizycznego produktu
↗ Produktu cyfrowego
↗ Inżynieria materiałowa

↗ Wzrost wynagrodzeń ale tym samym kosztów dla inwestorów
↘ Gorsze warunki handlu zbyt prostymi towarami (*Terms of Trade*)

↘ Materiałów
↗ Surowców wtórnych
↗ Rosną koszty surowców rzadkich

26 Przegląd fundamentalnych czynników rozwoju gospodarczego wraz z oceną szans i zagrożeń można znaleźć np. w pracy M. Piatkowski *Europe's Growth Champion: Insights from the Economic Rise of Poland,* Oxford University Press, 2018, s. 275.

Opcje przedłużenia obecnego modelu wzrostu można rozpisać na sztuki. Zostały 3–4 większe miasta do prostego zintegrowania z gospodarką międzynarodową, potencjał +40% wzrostu eksportu do Niemiec w ciągu 10 lat. Duże, słabo podłączone do systemu miasta to Białystok, Lublin, Kielce, Bydgoszcz i Toruń, być może jeszcze Słupsk i Koszalin. Ze względu na skalę nie ma między nimi kolejnego Wrocławia czy Poznania. Co istotne, wciąż mamy branże, które można desantować-zainstalować w polskiej gospodarce[27]. Takich niewyeksploatowanych w skali gospodarki zagonów, mamy jeszcze może 2–3, szczególnie mikroelektronikę oraz styk branż chemia-medycyna-farmacja. Są to trudniejsze dyscypliny z wysokim progiem wejścia i silną konkurencją[28]. To ostatnie kieszenie wzrostu, które można zrzucić na gospodarkę z helikoptera, przed wejściem na ścieżkę postępu opartego na wydajności pracy, specjalizacji, innowacjach i reinwestycjach. To pierwszy punkt, nad którym zdecydowanie warto pracować.

Obiecujące rozwiązania będą łączyły wzrost wydajności gospodarki z eksportem i inwestycjami: praca nad nowymi produktami musi zakładać, jeśli nie debiut, to szybką ekspansję na rynku międzynarodowym. Tylko tam jest wystarczająco duży popyt na wyspecjalizowane rozwiązania i uzasadniający inwestycje w skalę produkcji. Skracanie ścieżki do sukcesu na rynkach eksportowych powinno należeć do repertuaru rządowego czy PFR-owego wsparcia dla przedsiębiorców.

Co dalej? Wartość dodana w gospodarce i jej produktywność będzie w coraz większym zakresie zależeć od tego „co produkujemy" – bo metody produkcji mamy już *downloadowane* do polskiej gospodarki[29]. Dla wartości dodanej w gospodarce ogromne znaczenie ma to, czy na wejściu szatkujemy wydajność produkcji mercedesa czy wydajność mniej marżowej marki. Możemy pracować tak samo sprawnie jak koledzy i koleżanki z Francji i Niemiec, z użyciem tych samych technologii. Pytanie „co" produkujemy w tym samym czasie pracy – wymaga konstruktywnej odpowiedzi.

Wobec tego warto zerknąć na trendy, które będą nas obowiązywały do 2035 roku i znaleźć sposób, (by korzystając z nich) zwiększyć wartość naszych atutów[30]. Jak powiększyć popyt na polską gospodarkę i jej produkty, jak pogłębić i zabezpieczyć przewagi – biorąc pod uwagę, że otoczenie ciągle poprawia wyniki,

27 W praktyce 2–3 branże to dobry początek. Wystarczy uruchomienie kilku branż, by napędzić gospodarkę. Wzrost PKB nie musi się pojawiać wszędzie naraz, raczej polega na tym, że jedno miejsce idzie do przodu, a efekty rozchodzą się po gospodarce.

28 Por. *Atlas of Economic Complexity*, R. Hausmann i in., Harvard Growth Lab, www.atlas.cid.harvard.edu, dostęp 28.10.2022.

29 Sformułowanie o *downloadowaniu technologii produkcji* zapożyczam prawdopodobnie z wypowiedzi ekonomisty Banku Światowego Marcina Piątkowskiego – brzmi trafnie, niestety nie poszczęściło mi się z odnalezieniem źródła. Całościowe spojrzenie na źródła sukcesu i silne strony polskiej gospodarki tego autora można znaleźć w M. Piątkowski, *Europe's Growth Champion: Insights from the Economic Rise of Poland*, Oxford University Press.

30 Por. R. Rumelt, *Good Strategy/Bad Strategy: The difference and why it matters*, Crown Business 2011; M. Gottfredson, S. Schaubert *The Breakthrough Imperative*, Collins 2008.

a więc ceny i koszty? Jak wykorzystać istniejące źródła przewagi w nowych obszarach – tak, by wręcz je zmultiplikować?

Nowe trendy oznaczają przesunięcie oczekiwań klientów w nowe obszary, w które można wyjść ze świeżą ofertą lub wygrać, klonując jeden z obecnych atutów. Skoro nasze otoczenie handlowe będzie stawało się bardziej zielone, jednym z obszarów, gdzie powinniśmy zainwestować jest transformacja energetyczna. Absolutnie do wyobrażenia jest udział polskiego biznesu w autonomizacji transportu – od strony sztucznej inteligencji do identyfikacji sytuacji drogowej czy zarządzania systemami baterii samochodów elektrycznych. Tworzenie oprzyrządowania i oprogramowania samochodu autonomicznego dobrze pasuje do specjalizacji Polski w IT oraz w produkcji części samochodowych – a autonomizacja to naturalny kierunek rozwoju zagranicznych producentów samochodów zamawiających osprzęt w Polsce. Skumulowanie podobnych inwestycji i know-how może w końcu przełożyć się na polskie przedsięwzięcie. Inne szanse tkwią bezpośrednio w elektromobilności, w tworzeniu rozwiązań z zakresu zaawansowanej informatyki – czy bezpieczeństwa sieci, czy wirtualnej rzeczywistości, która ma wiele punktów wspólnych z produkcją gier komputerowych. Można wyobrazić sobie, że polskie centra usług wspólnych staną się dostawcami wyrafinowanych świadczeń medycznych. Recycling to także duża szansa – jako ważny producent przemysłowy, meblarski powinniśmy traktować ją jako okazję na utrwalenie pozycji w przetwórstwie. Wszak połowę rozwiązania już u siebie mamy – produkcję przemysłową z surowców naturalnych. Domknięcie pętli obiegu może być dużo bardziej wartościowe, bo wymaga wiedzy, serwisowania, systemu logistycznego. Naturalnie recycling będzie łączył się z cyfryzacją, bo więcej funkcji cyfrowych i więcej cyfrowego projektowania produktu oznacza mniej materiałów do ich wytworzenia. O ile nie nastąpi przełom technologiczny na świecie, skutkujący nieograniczonym dostępem do energii i surowców, to przy rosnącym zaludnieniu będzie dochodziło do redukcji fizycznego produktu – weźmy w tym udział jako kreatorzy rozwiązań. Jako kraj o ograniczonych zasobach wodnych będziemy musieli dość szybko zająć się tematami odzysku wody, lepszego zarządzania H_2O – dziś przoduje tu, z podobnych powodów, Izrael. Wszystkie te nisze niosą szanse na projekty o względnie niskiej kapitałochłonności oraz wysokiej wartości dodanej. Im wcześniej wstawimy się we wschodzące branże, tym trudniej będzie wyprząc polskie firmy z międzynarodowego podziału pracy.

Na szansę zasługują przede wszystkim polscy przedsiębiorcy i dlatego powinniśmy postawić na rynek jako mechanizm koordynacyjny i oddać inicjatywę biznesowi. Z nielicznymi wyjątkami wspieranymi przez rząd, projekty prywatne powinny same znajdować nowe zaskakujące rozwiązania i szukać punktu koncentracji zysków w swoich branżach, w powtarzalny sposób korzystając z atutów gospodarki. To będzie możliwe tylko w sytuacji, gdy otrzymają od rządu dobrą infrastrukturę – twardą i miękką oraz równe pole gry, nieskrzywione na korzyść państwowego biznesu.

TAKTYKA PRACY NAD ATUTAMI POLSKI

GOSPODARKA W OGÓLE	W TYM W INTERESIE BRANŻ EKSPORTOWYCH:
TWORZENIE NOWYCH ŹRÓDEŁ PRZEWAGI W CELU WYPRZEDZANIA OCZEKIWAŃ KLIENTÓW, NADĄŻANIA ZA PRZESUWAJĄCĄ SIĘ MARŻĄ	
Zaszczepienie ostatnich nowych segmentów: → **chemia-medycyna-farmacja** → **elektronika** – chipy, projektowanie układów → **zaawansowane centra usług wspólnych** – np. medycyna o wysokiej wartości dodanej **Mobilizowanie przepływu myśli – prowokowanie ruchu między regionami,** odblokowanie puli talentów, zapewnienie łatwej przeprowadzki dzięki udrożnionemu rynkowi nieruchomości	**Wyjście naprzeciw trendom istotnym dla klientów eksportowych** → **samochody autonomiczne** – rozwiązania cyfrowe, AI. Praca nad całym łańcuchem: studia, *venture capital*, M&A → **elektromobilność** – baterie, elektrolity, tworzywa, H2 → **recycling i gospodarka umiaru**. Zarządzanie wodą! **Sieciowanie** – klastry w gospodarce, projekty JV i B+R z zagranicą **„Wejście o szczebel wyżej" – więcej designu w produktach**; wbudowanie komponentu IT w produkty eksportowe
OCHRONA ISTNIEJĄCYCH ŹRÓDEŁ PRZEWAGI, WYKORZYSTANIE DOTYCHCZASOWYCH PRZEWAG W NOWYCH KONTEKSTACH	
↗ **Rynku**, stabilizacja otoczenia prawnego inwestycji ↗ **Zmiana struktury zatrudnienia**. Wyjście z branż o małym ładunku eksportowym ↗ **Robotyzacja procesów** produkcyjnych, inwestycje w skalę produkcji, wzrost MŚP **Dużo infrastruktury wspólnej koordynowanej przez aglomeracje** – udrażnianie regionalnych rynków pracy i nieruchomości, promowanie specjalizacji regionalnej, przeciwdziałanie inflacji **Gospodarka przestrzenna** – uporządkowanie	**Transformacja energetyczna dla opanowania kosztów CO_2**; walka o silne cło CO_2 na granicy UE. Polska hubem energetycznym Europy Śr.-Wsch. **Rozwój infrastruktury transportowej** – unijna sieć drogowa TEN-T, trasy międzynarodowe północ-południe, przyłączenie średnich miast **Elastyczna infrastruktura prawna dla IT, SSC** – najlepsza w Europie Środkowej **Podłączenie województw wschodnich** do eksportu **Pogłębianie przerobu** przez inwestycje w dół łańcucha wartości, poszukiwanie nisz
TWORZENIE ZAPOTRZEBOWANIA NA „POLSKĘ W OGÓLE"	
Zabezpieczenie wzrostu PKB przed ryzykiem – inflacją, nadmiernym długiem, polityką **Programy dla inwestorów zagranicznych**, wejście na wyższy poziom – specjalistyczne nisze zamiast środkowych ogniw łańcucha produkcji **Przyciąganie migrantów-specjalistów**, programy stypendium-studia-praca	**Dywersyfikacja rynków eksportowych** poza Niemcy i ewentualnie poza UE **Pobudzanie popytu w UE** – integracja rynku usług w UE, promowanie osi gospodarczej Rumunia-Szwecja i Finlandia w interesie rozwoju transportu **Więcej własnych marek** – własne produkty, przechwytywanie marży z etapu przedprodukcyjnego i poprodukcyjnego, a nie tylko z produkcji

Źródło: Opracowanie własne. Refleksję na temat źródeł przewagi konkurencyjnej można znaleźć w pracach: R. Rumelt, *Good Strategy/Bad Strategy*, Crown Business 2011; M. Gottfredson, S. Schaubert, *The Breakthrough Imperative*, Collins 2008.

Rząd może mieć pewną rolę ponad dostarczaniem infrastruktury. Szanse na nowe duże inwestycje ciągle się pojawiają, choćby na po-COVID-ową relokację produkcji do Europy, którą będą musiały przeprowadzić szczególnie Niemcy. W innym koszyku – kupujemy tak wiele sprzętu energetycznego i obronnego, że jakaś forma *offsetu* albo nawet współpracy strategicznej powinna być możliwa. Przy obecnym wzroście PKB *per capita* będziemy jednak dostawali coraz mniej szans w podwykonawstwie – jeśli nie dziś, to jutro będziemy zwyczajnie za drodzy. Musimy mieć ofertę wartości dodanej, niezbędnej do zdobycia kalorycznych inwestycji „flagowych", zajmujących ważne miejsce w sieciach gospodarczych, blisko centrum łańcucha wartości, w okolicach jego większych węzłów i wąskich gardeł. Tych bardzo brakuje nam zarówno w przemyśle przetwórczym, jak i w usługach. Świetnym wyjątkiem i przykładem sukcesu jest warta 20–25 mld zł inwestycja intela pod w fabrykę chipów Wrocławiem, która pewnie pociągnie za sobą dalsze projekty.

Jak atrakcyjnie nie brzmiałaby szansa rozwoju w nowych niszach, masa gospodarki jest po stronie dojrzałych firm – stanowią one fundament, o który musimy zadbać. Z pewnością jest tu miejsce na solidną, taktyczną robotę strategiczną – pogłębianie przewag związanych z efektywnością kosztową i przenoszenie nabytych już umiejętności dużych firm na nowe biznesy. Kluczowe jest myślenie o dynamice procesów gospodarczych – dobrze jest przyjąć, że w warunkach konkurencji ceny i koszty co do zasady spadają[31].

Ważną przewagą w Polsce była i wciąż jest dostępność wykwalifikowanych kadr, a nasz model konkurowania był oparty na ogólnym rachunku niskich kosztów pracy. Te przewagi będą topnieć, dlatego powinniśmy dysponować ofertą infrastrukturalną dla bardziej specjalistycznych inwestycji[32]. Możemy też przedłużyć aktualność przewag kosztowych, tworząc infrastrukturę sprzyjającą mobilności ludzi i kapitału między naszymi dużymi miastami i regionami. Zdecydowanie powinniśmy też podłączyć do obiegu handlu zagranicznego regiony, które są ciągle poza obiegiem międzynarodowym – województwa wschodnie i zachodniopomorskie. Oczywiście w skali, jakiej tego sobie życzą, uprzemysłowienie na siłę nie musi być najszczęśliwszym rozwiązaniem dla regionu dysponującego świetnymi warunkami przyrodniczymi.

Do naszej przewagi kosztowej dokładała się tania logistyka – i warto ją docenić, bo może powrócić jako atut przy relokacji biznesów do Europy, w relacjach

31 Owszem mogą trafić się na okresy inflacji, wąskie gardła i spiętrzenia popytu – mimo to, rozglądając się po rynku lepiej przyjąć, że konkurenci sobie z tymi problemami poradzą, że zaoferują lepszy produkt, że dzisiejszy sposób myślenia o dostarczeniu produktów zostanie podważony.por. M. Gottfredson, S. Schaubert *The Breaktrough Imperative*, Collins 2008.

32 O roli infrastruktury twardej i miękkiej oraz jej adekwatności do poziomu wzrostu por. J. Yifu-Lin, *The Quest for Prosperity*, Princeton University Press, 2012.

z Niemcami czy Czechami. Warto też specjalizować infrastrukturę w aglomeracjach – tak, by (jak specjalne strefy ekonomiczne kiedyś) nadal przyciągała inwestycje zagraniczne. Do 2030 r. można spodziewać się dekady drogiego kapitału na skutek podwyższonej inflacji i wychodzenia z wysokiego zadłużenia przez gospodarki USA i zachodniej Europy. W tej sytuacji tworzenie wspólnych inwestycji służących wielu podmiotom, a przez to o wysokim stopniu wykorzystania, dobrze dopasowanych do potrzeb użytkowników mogłoby być naszym atutem. Oś PFR-aglomeracje-samorządy może taką infrastrukturę doskonale zoptymalizować.

W interesie rachunku kosztu naszych eksporterów, w który wchodzi CO2 i wydajność pracy, musimy prowadzić transformację energetyczną oraz robotyzować procesy produkcyjne. To ostatnie – mając na uwadze rosnące koszty pracy i zbliżające się wyzwanie demograficzne w zapewnieniu kadr.

Wreszcie, aby zyskiwać na marży warto myśleć o wejściu o szczebel wyżej w tworzeniu produktów – najlepsze byłyby czyste innowacje technologiczne, ale – prawdę powiedziawszy – zwiększenie własnego wkładu projektowego w produktach może być równie cenne, a bardziej osiągalne. Jeśli trzeba zaprosić i zaprząc do współpracy uniwersytety, otwierając od strony prawno-organizacyjnej ich profil na współpracę z biznesem, tworząc wysokiej jakości studia i naukę – powinniśmy być na to gotowi. Być może, w ramach eksperymentu, warto oddzielić grupę uniwersytetów i pozwolić im działać na odrębnych zasadach, sprzyjających kontaktom z gospodarką.

Najbardziej fundamentalnym punktem pracy nad przewagami konkurencyjnymi Polski jest zwiększanie popytu na polską gospodarkę. Czy jest coś takiego jak „popyt na Polskę"? W sensie dosłownym nie, nie sprzedajemy przecież Polski po kawałku. W sensie przenośnym jak najbardziej. Każda decyzja o stworzeniu w Polsce fabryki, centrum usług, kupieniu polskich akcji czy obligacji, finansowaniu projektu polskiej firmy, związaniu się długoterminowym kontraktem z polskim dostawcą – jest wyrazem popytu na Polskę.

Podstawą tworzenia popytu na Polskę jest ograniczenie ryzyka inwestowania w kraju tak, by możliwe było podejmowanie bardzo ambitnych, złożonych przedsięwzięć. Bazowe ryzyko prowadzenia działalności musi być bliskie zera, żeby pozostawić przestrzeń na szalone projekty. Zatem przede wszystkim stabilizacja polityki makro. Nie może ona budzić wątpliwości inwestorów, nie może utrudniać pracy eksporterom, nie może tworzyć inflacji zatrzymującej decyzje inwestycyjne krajowych przedsiębiorstw. Przykładowo, jeśli największe polskie firmy nie będą w stanie wyemitować obligacji na skutek braku zainteresowania zagranicznego rynku finansowego, będzie to bezpośrednio szkodziło dynamice inwestycji w kraju. Równowaga finansów państwa, przejrzystość budżetu – to wszystko ma wpływ tak na koszt kredytów, jak na możliwość ich zaciągania. Potknął się o to ryzyko polski rząd, bez powodzenia próbując wyemitować obligacje w grudniu 2022 roku. Odmowa inwestorów jasno wskazuje, że istnieje granica, za którą dodatkowego popytu na Polskę nie zgłoszą. Parę słów więcej o zdejmowaniu ryzyka ze ścieżki wzrostu polskiej gospodarki zawiera kolejny ustęp tego rozdziału.

Te działania są konieczne, jeśli chcemy potem sterować popytem na Polskę i kierować go do branż o wyższym poziomie zaawansowania. Bo możliwość sterowania popytem akurat PFR dostrzega i kieruje bardziej intensywne działania promocyjne do farmacji, elektromobilności czy sektora IT. Destabilizacja polityki makro może jednak zniweczyć te wysiłki albo bardzo podnieść ich koszt.

Czy są sposoby bardziej bezpośredniego oddziaływania na popyt? Tak. Jako że naszym największym zagranicznym rynkiem zbytu jest Unia Europejska, olbrzymi wpływ na popyt na gospodarkę Polski będzie miało pobudzanie jej żywotności jako organizmu gospodarczego. Gdyby udało się przekonać Unię do obrania priorytetów (wskazanych w rozdziale jej poświęconym), takich jak np.: rozwój rynków w krajach sąsiadujących, sterowanie transformacją klimatyczną na arenie międzynarodowej, inwestycje w przełomowe technologie ogólnego zastosowania (AI, biotechnologię, fuzję jądrową, komputer kwantowy) – to krajowe przedsiębiorstwa mogłyby znaleźć w nich superokazje do rozwoju. Udział w Unii wspiera modernizację „kapitału ludzkiego" od lat i pozwala przedsiębiorstwom podejmować bardziej ambitne, ryzykowne projekty.

Unia może pomóc nam w jeszcze jednym zadaniu – dywersyfikacji eksportu. Jeśli dziś eksport tworzy już więcej popytu w polskiej gospodarce niż krajowa konsumpcja, to po pierwsze musimy zagospodarować ten ewidentny potencjał, a po drugie zarządzać ryzykiem. Potrzebujemy dywersyfikacji rynków eksportowych w wymiarze geograficznym, jak również poszerzenia grona klientów. Celem powinno być stworzenie oferty, która znalazłaby odbiorców innych niż inwestorzy, którzy zbudowali fabrykę i kupowali pierwsze partie produktów. Oczywiście to pewna abstrakcja myślowa. Jeśli grupa wytwarzająca AGD zbudowała w Polsce fabrykę, to nadal jest zainteresowana jej produktami. Można jednak ją na różne sposoby zachęcać, by wyszła poza pierwotny schemat inwestycji i kolejną linię produktową zaprojektowała w Polsce, już z myślą o innych odbiorcach.

Bardzo ważne będzie znalezienie nowego partnera eksportowego – nowego rynku lub grupy rynków, gdzie można sprzedawać polskie produkty, może nawet poza tradycyjnym łańcuchem wartości w sektorze motoryzacyjnym i poza Niemcami. Za dywersyfikacją branżową stoją w końcu te same argumenty, co za geograficzną – rozłożenie ryzyka na obszary, w które ewentualny kryzys nie trafi jednocześnie. Ze względów czysto ekonomicznych nie będą to już prawdopodobnie Niemcy, bo musielibyśmy awansować na pozycję ich drugiego partnera po Chinach, żeby to się ziściło. Niemcy to bardzo dobry partner. Ale do przedłużenia obecnego modelu rozwoju będziemy potrzebowali nowych rynków eksportowych. Aby za 10 lat uskładać PKB na poziomie Hiszpanii, *circa* 25 tys. EUR, potrzebowalibyśmy wzrostu eksportu o kolejne 800 mld zł (+60%)[33]. Nie zrobimy tego wyłącznie w oparciu o wymianę handlową z naszym zachodnim sąsiadem. W ostatnich latach przesunęliśmy się nawet na pozycję nr 4 na liście partnerów importowych Niemiec – za Chinami, Holandią i USA. Mamy niecałe 6% udziału w imporcie, a Holandia 9%. W 2021 r. Holandia wyeksportowała do Niemiec dobra za około ≈90 mld dolarów, my za ≈70 mld dolarów[34]. Zwiększenie obrotów o połowę stawiałoby nas w pozycji Holandii. Podwojenie tych liczb w świetle dynamiki ostatnich lat nie wydaje się niemożliwe, jeśli celu nie przesłonią nam konflikty polityczne z potencjalnymi partnerami. Bardzo zgrubnie oszacowany potencjał wzrostu eksportu do Niemiec w najbliższej dekadzie to +50 do 100 mld USD, równie dobrze 200 jak 400 mld zł. Dojście do 15% obrotów importowych Niemiec i wskoczenie na drugą pozycję za Chiny to pewnie górny pułap praktycznego myślenia – stanowiłby 30–40% sumy polskiego eksportu na świat. Oznacza to myślenie o pozycji strategicznego partnera, co będzie trudne przy obecnym natężeniu sporów. Tak czy inaczej, potrzebujemy drugiego kołowrotka dla eksportu.

Wyrazem popytu na Polskę jest też chęć obcokrajowców do przeprowadzenia się i życia tutaj, czego akurat rząd nie chce otwarcie przyznać, napędzając strach wyborców przed napływem imigrantów. Liczba przyjezdnych rośnie i będzie rosła wraz z kolejnymi inwestycjami, co powinno nas cieszyć, a nie być przyczyną lęku. Także tym zjawiskiem musimy zarządzić i przygotować się, by przyciągnąć tych o najbardziej potrzebnych w gospodarce kwalifikacjach – uczestnictwo w rynku pracy to świetny mechanizm ułatwiający integrację, obustronnie korzystny.

Własne marki, eliminowanie barier pozataryfowych dla polskich eksporterów, otwieranie rynku usług w UE – to zadania dla instytucji koordynującej w Polsce politykę współpracy gospodarczej z zagranicą.

Zdejmowanie ryzyka ze ścieżki wzrostu

Jeśli chcemy przez 10 lat mieć wzrost na poziomie 5%, musimy także z wyprzedzeniem rozbrajać ryzyka, które leżą na jego ścieżce. Te ryzyka mogą wynikać zarówno z bieżącej koniunktury, jak i ze struktury gospodarki.

Bieżąca koniunktura zawsze może zaowocować inflacją, obniżeniem inwestycji lub bezrobociem – i utrwalić swój niekorzystny wpływ na wzrost gospodarczy

33 Zakładając utrzymanie obecnego modelu wzrostu z 56% proporcją eksportu do PKB. Dla samego PKB istotny jest eksport netto, więc teoretycznie potrzebną różnicę między eksportem i importem można uzyskać na niższej bazie eksportu, importując mniej. W praktyce eksport napędza naszą konsumpcję, dobrobyt osiągamy dzięki specjalizacji w międzynarodowym podziale pracy, a krajowych inwestycji jest zbyt mało, by uzyskać podobny poziom postępu technologicznego jak dzięki relacjom międzynarodowym.

34 Odpowiednio 88 i 69. www.destatis.de

w dłuższym terminie. Niesłychanie trudno będzie przekonywać inwestorów, że kraj, który wydał w ciągu pięciu lat niemalże jeden dodatkowy roczny budżet państwa, z czego kilkaset miliardów złotych poza reżimem finansów publicznych, jest wolny od ryzyka. Gospodarka, w której bank centralny zmienia stopy procentowe, by sterować kursem walutowym zamiast ograniczać inflację (a taki był podstawowy skutek interwencji NBP przy obniżenia stóp o 0,75 pp. we wrześniu 2023 r. i wywołanie tego efektu musiało być oczywiste dla decydentów) – będzie traktowana jako aktywo podwyższonego ryzyka[35].

Z drugiej strony mamy czynniki długoterminowe, które łatwo zaniedbać, ale rynki finansowe w ten czy inny sposób się o nie upomną. Ryzyka można rozbrajać jedno po drugim (co jest zadaniem na dwie kadencje parlamentu) albo szukać rozwiązań, przy których można je tymczasowo wziąć w nawias i skoncentrować się na motorach napędowych gospodarki, licząc, że wzrost rozwiąże część problemów[36]. Absolutnym ideałem byłoby takie ustawienie się względem ryzyka, by jego wzrost w otoczeniu akurat u nas działał na korzyść – w ten sposób gospodarka stałaby się „antykrucha"[37]. Taki model osiągnąć niełatwo.

Z listy ryzyk strukturalnych na warsztat warto wziąć tematy dotyczące średniego okresu – transformację energetyki, niską złożoność produktów, umiarkowanie zaawansowaną cyfryzację oraz strukturę zatrudnienia, która nie pasuje do bieżących wyzwań. Brak transformacji energetycznej będzie widoczny w cenach CO2. Antykruchość oznaczałaby tworzenie rozproszonych systemów energetycznych, w których odbiorcy uniezależniają się od wahań cen na rynku ogólnym. Wojna u bliskiego sąsiada będzie skutkowała wzrostem ryzyka inwestycyjnego. Antykruchą odpowiedzią jest stanie się w tej sytuacji hubem logistycznym. Brak pracowników będzie skutkował mniejszą liczbą nowych projektów w Polsce. Odpowiedzią w duchu antykruchości byłaby większa robotyzacja, tworzenie systemów nauki przez całe życie, nastawienie na pracę w branżach o wysokiej wartości dodanej, gdzie brak pracowników inspiruje do tworzenia produktów jeszcze wyższej jakości (i można liczyć na to, że klienci je kupią).

Nie można liczyć na przeformułowanie każdego problemu w ten sposób. Słaba pozycja w łańcuchach wartości i niska złożoność wytwarzanych produktów, słaba infrastruktura wspierająca eksport – mogą spowolnić wzrost gospodarczy. Dość poważny problem mamy też z jakością dużych podmiotów gospodarczych

35 Uparcie trzymam się łagodniejszego dla oceny sytuacji wyjaśnienia gospodarczego, pamiętając równocześnie o wpływie terminarza wyborczego na decyzje NBP.

36 Najbardziej złożone ryzyka długoterminowe zasługują na osobne opracowanie – model sprawiedliwości społecznej jest tu dobrym przykładem. Tego typu opracowania można by powierzać think tankom – zarówno PIE, jak i wyłonionym w konkursach uniwersytetom i ośrodkom pozarządowym. Granty poprawiły by jakość myślenia w tematach istotnych dla rządu, na poziomie bardziej popularnym niż prace zlecane w NCBR.

37 Por. N. N. Taleb Antifragile: Things That Gain from Disorder, 2014.

UTRZYMANIE WZROSTU NA ŚCIEŻCE WYMAGA ZREDUKOWANIA CZYNNIKÓW RYZYKA

RYZYKA KONIUNKTURALNE

A **UTRZYMANIE WZROSTU PKB NA KREDYT ORAZ SŁABEGO ZŁOTEGO BY UTRZYMAĆ EKSPORT** Konsumpcja rośnie kosztem inwestycji. Bardzo nierówny wzrost płac wymusza wyrównywanie szans przez transfery. Eksport ma poparcie w słabszym złotym, co oznacza wyższą inflację.	**B** **NAPĘDZANIE POPYTU PRZEZ ROZGRZANY RYNEK PRACY I LUŹNĄ POLITYKĘ FISKALNĄ** Niskie bezrobocie przesuwa drabinkę płac w górę, zaczynając od IT w miastach. Czy pobudzi rozwój rynku pracy – przekwalifikowanie, robotyzację, imigrację, dłuższą aktywność?
C **DŁUG POZA BUDŻETEM! RYZYKA WIARYGODNOŚCI I DOSTĘPNOŚCI KAPITAŁU** Rząd zbiera pieniądze w kraju, ryzykując ograniczeniem kapitału dla przedsiębiorstw. Rosną koszty kredytów. Dług jest poupychany po agencjach. Ile jest go naprawdę?	**D** **UTRWALENIE INFLACJI I TRUDNOŚCI Z MOBILIZACJĄ INWESTYCJI** Wysoka inflacja utrudnia inwestowanie i może przejść w chroniczny problem z gromadzeniem kapitału niezbędnego do wzrostu PKB.

RYZYKA STRURALNE

KAPITAŁ			
CO_2, STARE ELEKTROWNIE I SIECI Potrzebna przebudowa energetyki i inwestycje w trend neutralności CO_2 – inaczej eksport zagrożony.	**SŁABA POZYCJA W ŁAŃCUCHACH WARTOŚCI** Potrzeba przemieszczenia się w górę lub zdobycia nowych łańcuchów dostaw, zwłaszcza ważnych dla UE.	**MAŁE FIRMY, PŁYTKI SYSTEM FINANSOWY** ≈5% firm jest duża, daje pracę >50% pracowników. Duzi ociężali, duże projekty przerastają małych.	**MAŁO INWESTYCJI, ZWŁASZCZA PRYWATNYCH** Mało inwestycji prywatnych (12% PKB w 2020!). Brak zaufania do oszczędzania (PPK!)
LUDZIE			
SPORE ZATRUDNIENIEW „STATYCZNYCH" BRANŻACH Potrzebni pracownicy w branżach eksportujących. Duże zatrudnienie „na potrzeby wewnętrzne".	**BRAK POLITYKI IMIGRACJI. WOJNA W UKRAINIE.** Deficyty na rynku pracy. Atrakcyjna Polska, ale bez narzędzi integracji przyjeżdżających	**NIEPOPULARNE STUDIA ŚCISŁE I TECHNICZNE** Mało studentów STEM i pracy dla nich (tylko IT). Utrata zdolności tworzenia własnych rozwiązań.	**DZIETNOŚĆ, STARZENIE SIĘ, AKTYWNOŚĆ ZAWODOWA** Dłużej żyjemy. Wyż przechodzi na emerytury. Osoby 50+ wycofują się z rynku zbyt wcześnie.
TECHNIKA (PRODUKTYWNOŚĆ)			
SŁABA CYFRYZACJA I ROBOTYZACJA GOSPODARKI Zwłaszcza cyfryzacja MŚP – ogranicza wzrost produktywności pracy.	**NISKA ZŁOŻONOŚĆ WYTWARZANYCH PRODUKTÓW** Produkujemy zbyt proste dobra, na których trudno się wybić i stworzyć marżę.	**SEKTOR PUBLICZNY JAKO ŹRÓDŁO RENT DLA WŁADZY** Marnowanie potencjału, gdy największe firmy należą do Skarbu Państwa	**JAKOŚĆ MIAST I INFRASTRUKTURY PUBLICZNEJ** Niepewne sądy i podatki. Zdrowie, szkoła – choć publiczne, płacimy prywatnie.

w Polsce – polskich i zagranicznych. Krajowy rynek jest rozdrobniony i jak się okazuje dość łatwy do zdominowania. Średnie przedsiębiorstwa są umiarkowanie innowacyjne. Największe spółki w Polsce to producenci energii typu „użyteczności publicznej", banki, duże sieci handlowe i operatorzy sieci komórkowych. Jakkolwiek rozdrobnienie gospodarki stanowiło o jej elastyczności i odporności, na dłuższą metę będzie problematyczne, bo uniemożliwi wytworzenie złożonych produktów w rodzaju samolotu, helikoptera czy procesora. I nie ma tu dobrego rozwiązania, które można wprowadzić ręcznie, metodą nakazową. Wciąż jesteśmy zbyt słabi, by zadekretować rządowy „projekt Luxtorpeda", a za pięć lat zebrać jego owoce. W imię sprężystości i antykruchości gospodarki musimy inwestować w rynek, zaufanie między przedsiębiorcami i próbować szans w *joint ventures* z partnerami zagranicznymi. Tak, celem jest zbudowanie krajowych przedsiębiorstw, które będą same inwestowały i eksportowały. Być może jednak będziemy potrzebowali nieco cierpliwości, by do tego celu się zbliżyć i sprytu, kiedy okazja się nadarzy.

Dorabianie narzędzi

Jakikolwiek kierunek zmian wybierzemy, rząd potrzebuje narzędzi realnego wpływu na gospodarkę w bardziej rozwibrowanym otoczeniu. Fundamentalnej niepewności gospodarczej będzie więcej, globalizacja znalazła się w odwrocie, zadłużenie gospodarek świata zachodniego jest wysokie, nadwyżki handlowe i kapitałowe, czyli po prostu żywe pieniądze, mają Chiny i Bliski Wschód. Więcej centrów wzrostu na świecie pewnie doprowadzi do sojuszy technologicznych i handlowych – tworzących sieci. Sojusze technologiczne, różnego rodzaju embarga, sankcje będą ograniczające. Pogorszenie warunków podażowych będzie sprzyjało stagflacji – niższemu wzrostowi przy wzroście bezrobocia. Nie jest to przesądzone, ale kierunek oddziaływania zjawiska jest dość jasny.

Praca nad nowoczesną gospodarką w takich warunkach szybko natrafia na brak sprzęgła – realnego mechanizmu oddziaływania na system gospodarczy Polski. Chodzi o połączenie trybów obracających się w różnych segmentach, tak by przejść o stopień wyżej w organizacji gospodarki i jej wartości dodanej. *Track record* polskiego państwa obejmuje słabo wychodzące „konkretne projekty" i nieźle zrealizowane, mało skomplikowane interwencje typu 500+[38].

38 Tak podsumowuje to nawet A. Zybertowicz *Cyber kontra real*, choć niestety w tym samym wywiadzie obok otwartych i nieraz ciekawych diagnoz kilkakrotnie powtarza myśli, że wina za brak reform obecnego rządu obciąża opozycję – poprzez działania, których ta wprawdzie nie zrealizowała, ale niechybnie do nich by doszło, gdyby reformy były szerzej zakrojone i bardziej zdecydowanie wprowadzane przez rząd. Dysponującym mniejszą wyobraźnią szeregowym Polakom pozostaje Polska w czasie przyszłym niedokonanym.

Z zasadniczo trzech typów działań – projektowania ładu gospodarczego, układania średniej wagi polityk i programów, realizacji (teoretycznie szybkich) projektów strategicznych – kładliśmy w ostatnich latach największy nacisk na projekty. Patrząc ze szczyptą cynizmu, wynikać to mogło z chęci wykazania się sukcesami, projekty łatwo opakować marketingowo i odtrąbić sukces. Patrząc mniej cynicznie, polskie państwo nie dorobiło się wystarczającego mięśnia, by skutecznie działać na poziomie szerokich polityk, programów czy ładu gospodarczego. To utrudnia zwłaszcza przeprowadzenie zmian strukturalnych w gospodarce.

Najbardziej dotkliwy wydaje się brak programów średniego szczebla – polityki współpracy gospodarczej z zagranicą oraz, w wymiarze krajowym, mechanizmu integrującego rozwój infrastruktury gospodarczej. Obowiązuje rozgardiasz pomiędzy ministerstwami oraz PFR, które zdaje się mieć lepszy dostęp do ucha premiera oraz skuteczniejsze kadry. Tymczasem przedsiębiorczość i rynek działały nieźle przez 30 lat, a są zaniedbane. By z nich skorzystać, trzeba odbudować nadwyrężony ład gospodarczy.

Naczelnym priorytetem wydaje się więc wzmocnienie średniego szczebla koordynacji gospodarczej – skompletowanie możliwie prostych łańcuchów decyzyjnych przy pomocy samorządów, aglomeracji, izb gospodarczych i połączenie ich z PFR oraz MSZ. To jedna z naszych najlepszych szans, by zacząć radzić sobie z dużymi zadaniami transformacyjnymi. Połączenie kompetencji PFR i samorządów wydaje się o tyle mieć sens, że zyskujemy „rentę prostoty" – korzystamy z istniejących rozwiązań, nieco je podciągamy.

Warto dowartościować rynek i praworządność, zmniejszyć natomiast nacisk na „projekty strategiczne" i „specustawy", bo ich oddziaływanie okazuje się ostatecznie za małe w zestawieniu ze skalą wyzwań. Rozpraszają one uwagę zarządzających i idą w poprzek ładowi gospodarczemu, premiując zależne od państwa podmioty gospodarcze.

W JAKICH WARUNKACH MUSZĄ SPRAWDZIĆ SIĘ NARZĘDZIA POLITYKI GOSPODARCZEJ?

200–350% PKB zadłużenia największych gospodarek. Możliwe wejście świata w politykę typu *dirigisme*, czyli np. akceptacja wyższej inflacji, by państwa mogły wyrosnąć z długu publicznego*	Niepewność gospodarcza Upolitycznienie współpracy między regionami świata: technologicznej, kapitałowej	Globalne łańcuchy wartości i ich centralne ogniwa technologiczne mają duży wpływ na rozdawane karty

DOSTĘPNE NARZĘDZIA

ŁAD GOSPODARCZY	POLITYKA I PROGRAMY	PROJEKTY STRATEGICZNE
? **Rynek** – „naturalny” mechanizm koordynacji zaniedbany na rzecz spółek Skarbu Państwa, dających politykom poczucie kontroli nad wynikami ! **Prawo** – utrata zaufania inwestorów. Potrzeba ograniczania uznaniowości i złożoności, jaką generuje po stronie przedsiębiorców ! **Koordynacja *policy mix*** na poziomie rząd – bank centralny. Niepewna wartość pieniądza. Kto kontroluje podaż pieniądza i kredytów, NBP czy BGK?	**Brak zagranicznej polityki gospodarczej** łączącej inwestycje, kredyt, eksport, networking technologiczny × Nigdy faktycznie nie prowadzona przez MSZ ? Narzędzia zgromadzone w PFR – PAIH, KUKE ? przez UE i strefę € – pod warunkiem silnego głosu Polski **Brak integratora koordynującego rozwój infrastruktury gospodarczej** odpowiedzialnego nie za „kilometr dostarczonej autostrady”, a za całościowe cele gospodarcze: wzrost eksportu, spójność społeczną, przeciwdziałanie inflacji × Ministerstwa Rozwoju, Infrastruktury, Cyfryzacji – rozprzęgnięty łańcuch, słabe. ↗ PFR	× **Specustawy dla projektów strategicznych** – działają, ale „prawo nadzwyczajne” ma źródło w słabości państwa, a kolejne ustawy oznaczają przecinanie na ślepo ważnych problemów np. środowiskowych, mieszkaniowych ! **Spółki celowe** typu Izera, CPK. Bez wiana w postaci zaplecza organizacyjnego – wątłe na starcie ! **Ministerstwa** wymywane z kadr. Konkurencja z rynkiem + polityka ↘ **Spółki Skarbu Państwa i agencje.** Spółka energetyczna nie zastąpi ministerstw energii i MSZ. **PFR jako lider-koordynator**
↗ Ograniczanie niepewności, ułatwianie równego startu Wzmacnianie mechanizmu rynkowego, eliminacja barier powstrzymujących rozwój przedsiębiorstw, silniejsza infrastruktura fizyczna, finansowa i prawna.	↗ Skompletowanie możliwie prostych łańcuchów koordynacji, więcej inicjatywy oddolnej aglomeracje ↔ samorząd ↔ izby gospodarcze	↘ Ograniczenie urzędowego optymizmu co do możliwości realizacji projektów przez państwo Gorset dla spółek Skarbu Państwa TAK dla zadań strategicznych, NIE dla pobocznych

* Por. rozmowa M. Dittli z R. Napierem, *We Will See the Return of Capital Investment on a Massive Scale*, 14.10.2022, themarket.ch.

Pięć interwencji

Potrzebujemy pięciu interwencji, by podtrzymać maszynę wzrostu – poświęcenia uwagi kilku silnikom napędowym, które razem mogą zaowocować zwiększeniem inwestycji i produktywności gospodarki.

Eksport, współpraca na linii rząd-aglomeracje i samorządy, digitalizacja oraz wspieranie rynku zamiast ręcznego sterowania – łączą się i wspierają wzajemnie. Cyfryzacja będzie jednym z podstawowych sposobów podnoszenia wartości eksportu, aglomeracje są potrzebne, by osiągać masę krytyczną na rynkach pracy i umożliwiać przepływ pracowników między inwestycjami zlokalizowanymi w regionie – dzięki czemu kompetencje stają się towarem rynkowym, a nie wewnątrzfirmowym. Poprawienie infrastruktury dla eksportu tworzy nowe strumienie dóbr handlowych, *tradables*, które ściągają siłę nabywczą do regionów i odpowiednio zarządzone dają szansę na spójność społeczną nieodwołującą się do transferów – ograniczając podział na finansujących i finansowanych. Eksport będzie miał pod górkę, jeśli nie zadbamy o jego bazę kosztową – w tym szczególnie ceny energii elektrycznej – i nie zadbamy o to, by mógł rywalizować w produkcji o niskim śladzie węglowym. Do tego potrzebna jest transformacja energetyczna, która – jak wiadomo – bez cyfryzacji nie pojedzie. Eksport wykorzystamy jako receptor pozwalającego wyczuć, gdzie w Polsce można stworzyć nisze gospodarcze znajdujące się blisko światowej rubieży możliwości technologicznych. Najprawdopodobniej będą to nisze w jakiś sposób „zielone" oraz „cyfrowe", stąd potrzeba inwestowania w te priorytety. Wzmocnienie fundamentów gospodarki rynkowej i ujarzmienie spółek Skarbu Państwa są potrzebne, by coraz więcej pracowników i przedsiębiorstw mogło do tej krawędzi technologicznej dołączać, by gospodarka nie utknęła na kilku nominowanych przez rząd zwycięzcach. Bardziej innowacyjne firmy, pracujące przy światowej granicy technologicznej, to szansa na równość, bo z innowacyjności przedsiębiorstw w znacznej mierze korzystają pracownicy o mniejszych kwalifikacjach – pracownicy o wysokich kwalifikacjach są w stanie zdobyć dobrą pozycję zarobkową i zawodową także w przedsiębiorstwach zupełnie nieinnowacyjnych[39].

Działania te celują w pracę nad „ostrą krawędzią" gospodarki, gdzie skupia się dynamika rozwoju. Ale przy okazji są na tyle szerokie, że mogą wiązać słabsze podmioty i regiony, tworząc podstawę bardziej zrównoważonego wzrostu. Celem jest zestawienie mechanizmu, który sprzyja „twórczej destrukcji": wymianie przedsiębiorstw, branż, specjalizacji na bardziej nowoczesne – z korzyścią dla obywateli. Po drugiej stronie ma przeciwdziałać mechanizmom rentierskim,

39 Por. P. Aghion, C. Antonin, S. Bunel, *The power of creative destruction*, The Belknap Press of Harvard University Press, 2021.

INWESTUJMY W PIĘĆ WZMACNIAJĄCYCH SIĘ KOŁOWROTKÓW GOSPODARCZYCH

MASZYNA ROZWOJU INWESTYCJE I PRODUKTYWNOŚĆ

ŚCIEŻKA TRANSFORMACJI ENERGETYKI

Zmieniać energetykę nie gorzej, niż partnerzy i konkurenci
Skuteczne zarządzenie transformacją będzie różnicowało konkurencyjność gospodarczą krajów UE przez 20 lat

Myśleć etapami – potrzebna kaskada rozwiązań przeliczonych na projekty i pieniądze
Kolejne etapy wymagają osobnej infrastruktury, a zarządzanie rachunkami za energię przy 20% OZE jest inne, niż przy 50% OZE i 30% atomu. A inwestujemy już dziś

Bezpieczeństwo, klimat, konkurencyjność
Przejście suchą stopą przez transformację wymaga kształtowania działań UE oraz godzenia w/w priorytetów

GOSPODARKA CYFROWA

Szansa na wyłom i nową jakość w gospodarce fintech, usługi IT w SSC, gry, agencje cyfrowe, IT wzbogacające produkty eksportowe, *creative commons*

Pozytywny wpływ IT na produktywność właściwie w przekroju gospodarki

Wzorzec dla innych dziedzin
Sposoby na budowę nowych biznesów przy ograniczonym kapitale. Metody zarządzania

SAMORZĄDY I AGLOMERACJE

Konkurencja 1-na-1 z metropoliami UE tuż-tuż
Kluczem współpraca rządu z samorządami, z rewersem do PFR, integracja potencjału regionalnego i sieciowego

Nie tylko „innowacje” – także po prostu „inwestycje”
Akumulacja kapitału, wsparcie biznesu blisko miejsca wdrażania rozwiązań, izby gospodarcze

Spójność społeczna i włączające rynki pracy
Regionalne rynki pracy mogą być narzędziem budowania spójności społecznej i ograniczania różnic lepszym niż transfery

EKSPORT

Działalność eksportowa napędza rozwój produktów
Konkurencja pobudza do oferowania lepszych produktów i płac. Szansa przesunięcia kadr do branż eksportowych

Eksport może pociągnąć inwestycje. Dostęp do rynków zbytu ułatwia decyzje o nowych projektach i tworzy wymagania np. co do transformacji energetycznej

Powinniśmy kotwiczyć kontrolę kapitałową nad działalnością eksportową w Polsce

RYNEK I PRAWO

Urozmaicona gospodarka sama tworzy szanse
Pozwólmy rynkowi działać. Wzmacniajmy praworządność, instytucje, reguły gry, infrastrukturę

Jarzmo dla spółek Skarbu Państwa
Będzie potrzebne, jeśli mają one służyć rozwojowi gospodarki a nie etatom

Państwo z rolą pomocniczą „twórcy ładu”
Przecieranie szlaków dla biznesu oraz kształtowanie otoczenia UE dla rozwoju polskiej działalności

zawłaszczaniu, zbyt łatwej monopolizacji gospodarki. Działania były też dobierane tak, by stało za nimi dość szerokie grono zainteresowanych, z uwzględnieniem ich prawdziwych celów i wyzwań stojących przed nimi.

Sprawdzenie potencjałów

Przy konsekwentnym podejściu do potencjałów polskiej gospodarki, kolejna dekada dynamicznego wzrostu wciąż jest możliwa, choć absolutnie niegwarantowana. Będzie wymagała modyfikacji priorytetów i większego nacisku na to „CO" produkujemy – wykorzystania nowych trendów, pracy z nowymi rynkami eksportowymi oraz przede wszystkim udrożnienia inwestycji. Natomiast, patrząc całościowo, obracające się dynama w polskiej gospodarce są na tyle zróżnicowane i z potencjałem, że w pewnym sensie musimy unikać poważnych błędów, tworzenia nierówności w dostępie do rynku, źródeł uprzywilejowania, przepaści społecznych, niepewności inflacyjnej, blokad rozwojowych, a fala sama nas wyniesie.

Przedstawiony wykres został przygotowany oczywiście tak, by suma się zgadzała – jest to „wersja demo" zawierająca odgórne szacunki (*top down*). Zwykle późniejsza analiza prowadzona od szczegółu do ogółu redukuje potencjał takich przymiarek. By mimo wszystko urealnić potencjały, pewne ryzyka już z uwzględniono, a część korzyści, które mogłyby się nakładać została skreślona na etapie szacowania (np. wzrost aglomeracji jest opisany tylko 50% potencjału wynikającego z przemnożenia PKB *per capita* i wzrostu).

Takie zestawienie służy przede wszystkim ogólnej orientacji. W ciągu 10 lat szanse i zagrożenia będą się zmieniały. Rozwój eksportu, aglomeracji (czy szerzej: samorządów w roli katalizatorów wzrostu gospodarczego), digitalizacja – powinny być stałymi. Na poczet przyszłych zagrożeń i na wypadek, gdyby przedstawione szacunki były zbyt optymistyczne, do punktów wskazanych na liście należałoby dopisać „pierwiastek magiczny". Zawiera on zestaw dodatkowych szans, który trzeba sukcesywnie uzupełniać. Już na starcie można wskazać, że szanse istnieją – przykładowo przyciągnięcie ludzi do dużych miast. Szansą powinna być migracja do coraz lepszego kraju, jakim staje się Polska. Nie ma też w rachunkach wsparcia aktywności osób w wieku przedemerytalnym oraz elastycznych modeli powrotu do pracy młodych mam – a przecież spokojnie można by myśleć o nowych rozwiązaniach w tych kwestiach.

POLSKA WCIĄŻ DYSPONUJE DŹWIGNIAMI UMOŻLIWIAJĄCYMI DYNAMICZNY ROZWÓJ

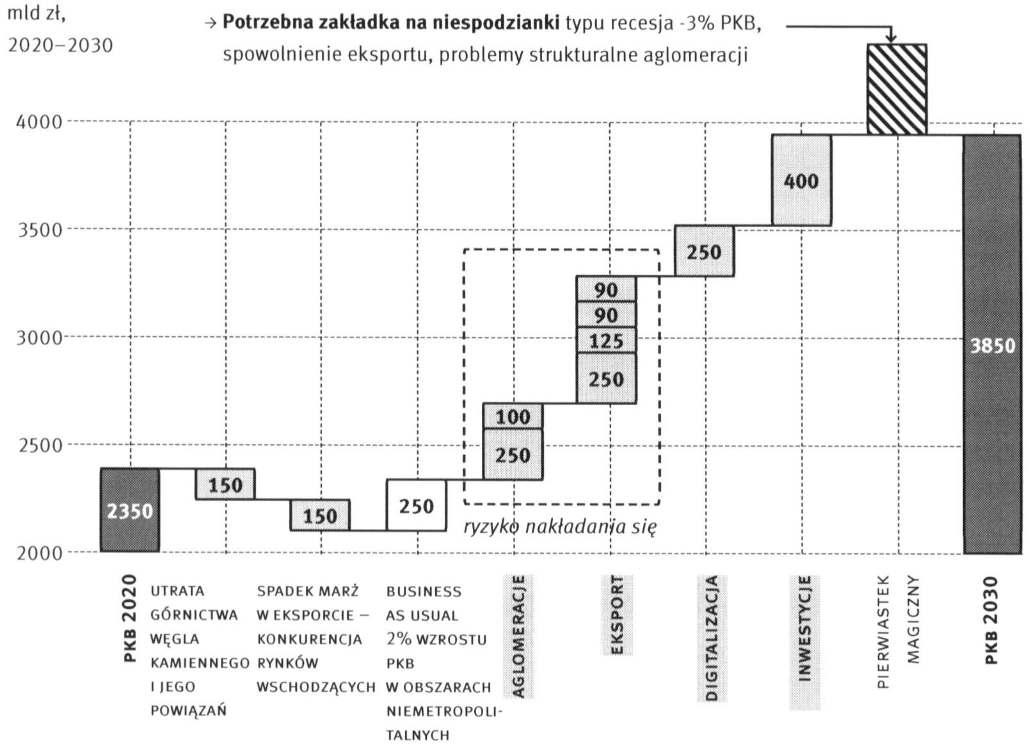

AGLOMERACJE	EKSPORT	DIGITALIZACJA	INWESTYCJE
→ **Skok jakościowy (250 mld zł)** – każde miasto o klasę w górę. Trójmiasto, Katowice, Łódź, Kraków – osiągają PKB per capita Wrocławia. Wrocław, Warszawa, Poznań – metropolie na poziomie UE. Policzone 50% pełnego potencjału, by uniknąć nakładania się efektów z eksportem → **Przyłączenie 4 regionów do obiegu międzynarodowego (100)** – Podlaskie, Warmińsko-Mazurskie, Świętokrzyskie, Lubelskie	→ **Założenie: eksport nadal finansuje konsumpcję** i przekłada się na 50% wzrostu PKB, z czego Niemcy to 30%. → **Wartość produktów +20% (250)** – inwestycja w wyróżniki, korzyści skali. Wejście w trendy: digitalizacja, recycling, IoT. → **Wzrost udziału 6 → 10%** w imporcie Niemiec (90). → **Dywersyfikacja** (90) – nowe rynki o wartości 10–15% eksportu → **Utrzymanie importu w ryzach (125)** – większy eksport netto dzięki sprawnemu rynkowi w kraju i przyjęciu euro.	→ **Poprawa wydajności w gospodarce o 1% rocznie (250)** na skutek promowania rozwiązań cyfrowych przez 10 lat → **Przekrojowy wpływ.** Digitalizacja przyczynia się równolegle do transformacji energetycznej oraz rozwoju eksportu (i tam pojawia się efekt nowych produktów cyfrowych)	→ **Wzrost inwestycji jest „wymuszony" dojściem do 21% PKB** oraz obserwacją, że bez 10 lat inwestowania na wyższym poziomie nie zgromadzimy wystarczającej ilości kapitału do wytworzenia +60% PKB → **Transformacja energetyczna** – systematyczny wzrost nakładów na nowe projekty, uwolnienie rynku.

Interwencja 1. Eksport

Z każdym rokiem baza sukcesów eksportowych rośnie. W 2021 r. wytworzyliśmy 1519 mld zł eksportu i ten przekroczył sumę spożycia zarejestrowanego w gospodarstwach domowych (sic!)[40]. Internacjonalizacja gospodarki jest wysoka, w ostatnich latach proporcja eksportu PKB sięgała poziomu 55–60%. Dotychczasowy sukces eksportowy zależy od przetwórstwa przemysłowego. Świetnie rozwija się też eksport świadczeń z centrów usług wspólnych – SSC, zaplecza administracyjnego, finansowych, coraz bardziej zaawansowanych usług profesjonalnych np. doradczych. Po stronie przemysłu liczą się m.in. żywność przetworzona, mały sprzęt elektryczny, części samochodów. Są to głównie produkty mieszczące się w połowie drabinki wartości dodanej, o średnim poziomie przetworzenia. Jest kilka hitów eksportowych w rodzaju sprzętu AGD, a ostatnio baterii do samochodów elektrycznych, będących owocem starań między innymi PAIH.

Jednocześnie potencjał eksportu jest daleko większy – może być kołem zamachowym dla zmiany jakościowej w gospodarce. Sygnalizuje przecież, w jakich branżach osiągamy konkurencyjność na rynku międzynarodowym[41]. Co do zasady powinny być to branże, które jako pierwsze będą skłonne dołożyć brakujące gospodarce inwestycje. Kilka „flagowych" inwestycji ukierunkowanych na eksport może zmienić krajobraz regionów. Powtórzmy takie ćwiczenie pięć razy, a przebudujemy struktury gospodarki.

Eksport stanowi także niezły punkt zaczepienia do pracy nad produktywnością gospodarki. Wejście na rynki eksportowe to nowe doświadczenia, a przede wszystkim większe zróżnicowanie otoczenia – więcej szans zaistnienia dla tego samego produktu i łatwiejsze napędzenie obrotów w maszynce uczenia się. Dzięki obecności na rynku międzynarodowym przedsiębiorstwa mają impulsy, by szybko się uczyć, pozyskiwać lepsze kadry, podnosić jakość miejsc pracy, maksymalizować wydajność procesów i wartość produktów.

Celujmy więc w podniesienie wartości „kilograma eksportowanych towarów"[42]. Do teraz konkurowaliśmy raczej ceną, niż wartością dodaną – czyli

40 Ten efekt był pierwotnie widoczny w danych GUS za 2020 r., które zostały zweryfikowane, ostatecznie eksport okazał się nieco mniejszy: 1238 mld zł zamiast 1307 mld zł. GUS, *Rachunki narodowe niefinansowe roczne – główne agregaty – PKB od strony rozdysponowania*, swaid.stat.gov.pl.

41 Obszerne opracowanie na temat znaczenia eksportu i możliwości przedłużenia sukcesów w tym obszarze, z bardzo interesującą analizą przestrzeni produktów podlegających obrotowi handlowemu na świecie oraz analizą punktów, w których polski eksport odnotowuje przewagę konkurencyjną por. Ambroziak, Ł., Chojna, J., Gniadek, J., Krawczyk, A., Marczewski, K., Sawulski, J., *Transformacja polskiego eksportu – 30 lat wzrostu i co dalej?*, Wąsiński, M. (współpr.), Polski Instytut Ekonomiczny, Warszawa 2020.

42 Por. rozmowa Ł. Wilkowicza i R. Wosia z M. Belką, *Wyczynowy kapitalizm do poprawki*, biznes.gazetaprawna.pl, 14.02.2014.Wartość kilograma polskiego eksportu wzrosła z ≈7 zł w 2011 r. do ≈10 zł w 2021 r. por. GUS.

w dużej mierze tym „jak" produkujemy, a nie „co" produkujemy. Podniesienie cen eksportu byłoby dowodem przesuwania się polskiej gospodarki w kierunku światowej granicy technologicznej – czyli najwyższej osiągniętej na świecie zdolności przetwarzania i budowy złożonych produktów (*technology frontier*). Na tej rubieży pracują Kalifornia, Szwajcaria, Korea Południowa, niemiecka motoryzacja, francuska chemia, coraz częściej chińskie przedsiębiorstwa elektroniczne.

Nie da się zastąpić eksportu konkurencją na rynku wewnętrznym, który w polskich warunkach często tworzy zbyt mało popytu, by umożliwić działanie wyspecjalizowanym firmom, zwłaszcza w branżach bardziej zaawansowanych technologicznie. Specjalizacja oznacza odpowiedź na stawiane przez klientów wyrafinowane wymagania, ale żeby te wymagania obsłużyć, trzeba zainwestować, a inwestycja musi mieć poparcie w odpowiednio szerokim gronie odbiorców, żeby miała szansę się spłacić. W polskich warunkach odpowiednią grupę zainteresowanych, których portfele pozwolą na odblokowanie „korzyści skali" można zgromadzić właściwie tylko na rynkach międzynarodowych. Poza tym „krajowy eksport" był już ćwiczony pod nazwą „eksport wewnętrzny" i skrótowo nazywał się... Pewex.

Na nieskazitelnym obrazie eksportu pojawiają się pewne rysy. Mamy dobrą dywersyfikację produktową eksportu, ale słabą dywersyfikację geograficzną – eksportujemy przeważnie do UE, w tym szczególnie do Niemiec. Bardzo dobrze mieć połączenie z jednym z najsprawniejszych eksporterów na świecie, ryzykownie jest jednak stać na jednej nodze. Tak długo jak nasi sąsiedzi sprzedają po każdej cenie na pniu wszystko, co wyprodukują, jesteśmy wygrani. Fakt, że mogą dyktować swoim odbiorcom ceny oznacza, że presja spoczywająca na nas jako poddostawcy jest niska – korzystamy z silnej pozycji partnera. Jako że firmy niemieckie sprzedają topowe samochody i sprzęt elektryczny, „maszyny do produkcji maszyn" – mogą decydować o cenach na wielu rynkach. Czy to stan gwarantowany? Nie, bo sami Niemcy przegapili trend cyfryzacji gospodarek, a konkurencja w produkcji samochodów ze strony Korei Południowej oraz Chin rośnie (w przypadku Chin chodzi także o przyszłościowe samochody elektryczne, prostsze konstrukcyjnie niż spalinowe). Po upadku Nord Streamu produkcja przemysłowa Niemiec będzie oparta na energii z droższego skroplonego gazu LNG, a zaszyta w konstrukcji waluty euro przewaga Niemiec nad południowymi krajami UE może być poddana presji politycznej[43].

43 Kraje południowej Europy, które przyjęły euro muszą radzić sobie z silniejszą walutą, niż wynikałoby z ich dynamiki PKB. Nie ma dla nich łatwego sposobu na osłabienie „kursu walutowego", bo walutę mają tę samą, co reszta strefy. Między innymi z tego powodu ich przedsiębiorstwa stają się nieco mniej konkurencyjne, a przedsiębiorstwom z głównego kraju strefy gospodarczej jest nieco łatwiej. To nie jest ostateczny argument przeciwko euro – chodzi raczej o to, że do euro trzeba się przygotować od strony polityki stabilizacji koniunktury, m.in. dużej dyscypliny w polityce fiskalnej i elastyczności rynku pracy.

Dalszy rozwój eksportu z RFN do Chin, przy obecnym poziomie napięć geopolitycznych i Kraju Środka przeżywającym zadyszkę też będzie wymagającym ćwiczeniem. Gdyby Niemcom przytrafiły się większe kłopoty z eksportem, ich dodatni bilans handlowy mógłby na dłużej się odwrócić. Wtedy zaczną baczniej przyglądać się swojej konkurencyjności i ściśle monitorować koszty dostawców. Nie jest powiedziane, że wygramy rozpisany na nowo konkurs. Niemieckie inwestycje i kontrakty może przecież przejąć prężnie rozwijająca się Rumunia lub, po zakończeniu wojny, Ukraina. Mając pełną świadomość potencjału, jaki niesie dla Polski wejście Ukrainy do UE, szanujmy naszych sąsiadów także jako rywali.

Biorąc pod uwagę znaczenie eksportu dla wzrostu PKB i zmiany jakościowej w gospodarce oraz ryzyko zbyt dużego związania z jednym odbiorcą – nie stać nas na brak nowych rynków zagranicznych. Nie stać nas też utratę konkurencyjności na obecnych. W każdym przypadku musimy otwierać dla polskich przedsiębiorstw nowe rynki eksportowe, by mieć zróżnicowane „źródła dewiz" i w mniejszym stopniu zależeć od koniunktury w Niemczech.

Choć rozwój rynków zagranicznych innych niż UE to priorytet, uszanujmy proporcje. Jeśli obecnie poza UE trafia 20% polskiego eksportu, brakuje nam sieci kontaktów i dyplomacji gospodarczej, to szybko nie przestawimy proporcji na 50/50. Zbudowanie przyczółków, a potem silnej pozycji na innych rynkach zagranicznych zajmie 5–7 lat, więc ponad kadencję. Powinien być to priorytet ponadpartyjny. Przy okazji tym, którzy podkładają miny pod relacje z UE wypada zadać pytanie – jaki alternatywny mechanizm wzrostu gospodarczego mogą zaproponować Polsce w krótkim, średnim i długim terminie? Mechanizm, który byłby alternatywą dla eksportu do UE. I jak zamierzaliby go wdrożyć, nie odwołując się do magii i cudów.

Drugim punktem, w którym musimy zachować proporcje jest wyjście naprzeciw dużym partnerom inwestycyjnym, także zagranicznym. Tak, bezwzględnie powinniśmy tworzyć maksimum szans dla małych i średnich polskich przedsiębiorstw. Jednocześnie nie możemy przejść obojętnie wobec faktu, że cugle decyzyjne w zakresie inwestycji nieraz spoczywają w rękach globalnych łańcuchów wartości najczęściej należących do zagranicznych graczy lub o rozproszonym akcjonariacie (Global Value Chains, GVCs). 50–60% polskiego eksportu jest owocem pracy spółek z kapitałem zagranicznym – i ich inwestycji. Zagraniczni inwestorzy, w zamian za odwagę zainwestowania w Polsce, osiągają premię cenową względem podobnych produktów, które musieliby sprowadzać z innych krajów. Bycie podwykonawcą w zintegrowanych łańcuchach produkcji ma zalety i wady. Zalety – jeśli jesteśmy dość wysoko w dobrym łańcuchu, np. motoryzacyjnym, to korzystamy z jego zdolności do przekładania wzrostu kosztów na

Mocna waluta jest szansą na prowadzenie zdecydowanych działań inwestycyjnych.

odbiorcę, co pomaga zamortyzować skutki inflacji, normalnie zmniejszającej konkurencyjność. Wady: konieczność brania pod uwagę potrzeb dużych spółek. Aż 2/3 polskiego eksportu towarów pochodzi z firm >250 osób[44]. To oznacza, że małe biznesy musiałyby podwajać swój eksport rocznie, żeby utrzymać obecne rozwoju eksportu w Polsce. Albo więc damy dużym inwestorom to, czego potrzebują – zieloną energię, stabilne, nieuznaniowe i poręczne prawo, brak inflacyjnego wzrostu cen w aglomeracjach – albo przetrwamy 5–7 lat z 1–2% wzrostem PKB, wierząc, że w międzyczasie małe biznesy dojrzeją. Potrzeby dużego biznesu wcale nie są przeciwstawne wobec potrzeb małych przedsiębiorstw. Te wszystkie sprawy, na których zależy dużym inwestorom, przy okazji pomogą małym firmom.

Wsparcie horyzontalne

Skoro internacjonalizacja gospodarki polskiej jest tak wysoka, naturalnym pytaniem jest jaka forma wsparcia będzie działała na całość eksportu, na warunki prowadzenia biznesu przekrojowo, w kilku branżach.

Sporo możemy zdziałać na podwórku krajowym. Na pewno pomogłoby tu wzmocnienie dyplomacji gospodarczej. Narzędziami w tym zakresie dysponują MSZ i PFR, ale to MSZ prowadzi politykę zagraniczną i z zasady powinno dysponować szerszym rozpoznaniem szans wynikających z relacji z innymi państwami. Jednocześnie polskie MSZ tradycyjnie skupiało się na polityce traktatowej, międzyrządowej, kulturalnej, podczas gdy stopień wykorzystania kompetencji gospodarczych historycznie był umiarkowany[45]. Być może warto poszukać tu synergii osobowych i organizacyjnych z PFR, który poprzez zebranie kompetencji z kilku agencji rządowych stał się nieformalnym centrum wsparcia rozwoju gospodarczego i bezpośrednich kontaktów z inwestorami zagranicznymi. Tym bardziej, że na świecie pojawiła się istotna grupa korporacji, których siła gospodarcza czyni z nich podmioty *quasi* polityczne. Bardziej aktywna dyplomacja gospodarcza to szansa na identyfikację nowych rynków zbytu, których bardzo potrzebujemy.

Kosztowne na starcie, ale długofalowo niezbędne jest zwiększenie dostępu do zielonej energii – pozwalającej eksporterom utrzymać niski ślad węglowy wytwarzanych produktów. To nie tylko inwestycje. Warto pomyśleć o porządkowaniu regulacji tak, by ułatwiały zawieranie porozumień o produkcji czystego

44 Tu potrzebna jest doza ostrożności – dane o eksporcie w rozbiciu na wielkość przedsiębiorstwa w statystykach Eurostatu są niższe, niż wynikałoby ze statystyk GUS o całości obrotów towarowych. To zastrzeżenie nie zmieni raczej całościowego obrazu. Por. Eurostat, Trade by NACE Rev. 2 activity and enterprise size class, ec.europa.eu/eurostat.

45 Por. rozmowa W. Jurasza z A.Olechowskim, „Raport międzynarodowy", *Ukraina nie jest przygotowana, żeby wejść do UE*, 21.06.2022 r.

prądu na potrzeby przemysłu (PPA, ang. *Power Purchase Agreement* w jego różnych formach).

Nie możemy zbagatelizować ryzyka jakie wiąże się ze wzrostem cen CO_2, nie stać nas na brak OZE. Gdyby cała emisja CO_2 była płatna, do czego przecież zmierza system ETS, to przy koszcie CO_2 90 EUR/t i obecnej energochłonności polskiej gospodarki każdy 1 mln EUR krajowej produkcji byłby obłożony 7% „podatkiem węglowym". Które krajowe przedsiębiorstwo przemysłowe dysponuje takim zapasem marży albo zdolnością przenoszenia dodatkowych kosztów na odbiorcę? Próba przesunięcia kosztów CO_2 na klientów może być skazana na niepowodzenie. Branże leżące u źródeł naszego sukcesu eksportowego są wrażliwe na koszty CO_2, czego wyrazistym przykładem jest motoryzacja. Opłaty emisyjne nakładane na producentów pojazdów są w przeliczeniu 10-krotnie wyższe niż cena CO_2 w ETS dla polskiej energetyki. Sektor motoryzacyjny o tym już wie i będzie dokonywał coraz szybszej transformacji.

Dlatego eksporterzy muszą zadbać o swój ślad węglowy i dostęp do OZE. Centra populacji, zapotrzebowania na energię i zdolności eksportowe układają się na mapie Polski podobnie. Śląsk-Zagłębie, Warszawa, dalej Wrocław, Kraków, potem Poznań, Rzeszów, Trójmiasto. Cały śląski i osobno rzeszowski klaster przemysłowy oraz rosnący przemysł w dolnośląskiem niezbędnie potrzebują energii o niskich wskaźnikach CO_2.

Warte rozważenia jest wejście do strefy euro – które może, ale nie musi – wesprzeć handel z uczestnikami strefy, natomiast jego największy potencjał leży gdzie indziej. Gdyby UE zdecydowała o tym, że chce promować euro jako walutę międzynarodową i inwestować w rozwój gospodarek współpracujących z UE to pojawienie się przy stoliku decyzyjnym może przeważyć nad wieloma czynnikami ryzyka. Z większymi lub mniejszymi oporami tak faktycznie się dzieje – przykładem niedawny, unijny pakiet finansowania projektów w Ameryce Południowej opiewający na 45 mld EUR[46]). Kierowanie przynajmniej części środków strefy euro do naszych potencjalnych partnerów handlowych jest ważne – chodzi na przykład o Ukrainę i Białoruś.

Stosunkowo „tanim" i „powszechnym" wsparciem mogą być dodatkowo działania na rzecz stabilnego i przewidywalnego prawa, wzmocnienia gospodarki rynkowej, ograniczenia inflacji utrudniającej rachunek ekonomiczny. Można też wspierać sieciowanie przedsiębiorstw oraz zachęcać do bardziej odważnego tworzenia własnych produktów i marek (oczywiście nie tylko słownie, a tworząc po temu programy wsparcia).

46 Sama inicjatywa UE pod nazwą Global Gateway miała mieszane rezultaty na starcie, jest to właściwie próba ponownej aktywacji tego projektu. Szczyt z państwami Ameryki Południowej przebiegał w cieniu wojny w Ukrainie i rosyjskich wpływów w ugrupowaniu BRICS. The Guardian, *EU to invest €45bn in Latin America and Caribbean*, www.theguardian.com, 19.07.2023.

Działania horyzontalne, przyjmowane na poziomie krajowym mogą być połączone ze wsparciem eksportu na poziomie regionalnym. Generalnie rosnący eksport wymaga pracy na zapleczu: systematycznego udrażniania lokalnych rynków, by koszty pracy i inflacja nie podmywały konkurencyjności. Inne będą potrzeby branży IT, inne przetwórstwa żywnościowego, inne produkcji części do samochodów, inne – nawozów. Tu bardziej wydatna jest rola PFR oraz władz samorządowych.

Rozpracowywanie na poziomie samorządowym istotnych dla eksporterów węzłów kosztowych wydaje się sensowne ze względu na możliwość precyzyjnej kalibracji dostarczanego wsparcia. Dla części usług już ulokowanych w Polsce dynamiczny wzrost wynagrodzeń w aglomeracjach będzie stanowił barierę dla rozszerzania działalności. Mogłyby na tym skorzystać mniejsze ośrodki, gdyby je wypromować. Pewnym pomysłem wydaje się więc aktywizacja infrastrukturalna średnich miast, by mogły włączyć się w eksport towarów – terminale intermodalne, transport drogowy oraz centra biurowe, szkolenia, światłowody dla „eksportowych" centrów usług wspólnych. Podobnie korzystne mogłoby być wzmocnienie infrastruktury komunikacyjnej między dużymi miastami tworzącymi centrum regionu a mniejszymi miastami. Dzięki temu poprawiłaby się szansa mieszkańców mniejszych miast na dobre zarobki, a konkurencyjność lokalnych rynków pracy wzrosłaby. Ostatecznie ułatwiłoby to obecnym na rynku eksporterom decyzje o reinwestycjach.

Wsparcie profilowane

Warto wreszcie spojrzeć na eksport w układzie branżowym. Aby nieco podnieść rozdzielczość analizy, spróbujmy pociąć eksport na cztery kategorie – oddzielając szybki od wolnego wzrost wolumenów oraz szybki od wolnego wzrost cen[47].

Jeśli grupa produktów równolegle osiągała wysoki wzrost cen i wolumenów – kwalifikuje się do Grupy A, czempionów eksportowych. Grupa A zawiera małe i wysokowartościowe urządzenia, wyroby o znacznym stopniu przetworzenia, a także wyroby quasi-rękodzielnicze jak jachty. Przykładem są

47 Za szybki wzrost cen przyjęto ten przekraczający 45% w ciągu dekady, czyli skumulowaną w tym okresie inflację, z uwzględnieniem dodatkowej zakładki wzrost wartości jednostkowej. Za szybki wzrost wolumenów przyjęto ten przekraczający 60% w ciągu dekady. Takie cięcie oznacza, że w środkowym punkcie układu współrzędnych znajduje się średni wzrost wartości eksportu o 2,3x w ciągu dekady, a wzrosty cen i wolumenów również są blisko średniej. Dla sprawdzenia grupy sprawdzono przy współczynniku 1,7x wzrostu wartości eksportu w okresie 2015–2021 i inne kombinacje wzrostu cen / wolumenów prowadzące do wysokiego wzrostu wartości. Produkty na granicy kategorii przyporządkowano uznaniowo. Dla obrazu eksportu istotne znaczenie ma szczegółowość rozbicia produktów. Przy analizie na bazie rozwiniętych kodów 6-cyfrowych eksport wygląda korzystniej, niż na agregatach.

SILNIE ZRÓŻNICOWANY KOSZYK EKSPORTU JEST NASZĄ PRZEWAGĄ

wzrost cen poniżej średniej. Ostra konkurencja kosztowa. Jeśli rentowne, to dzięki dużej skali. ← → *wzrost cen pozwalający na pokrycie inflacji oraz kosztów kapitału*

szybki wzrost masy eksportu ↕ *wolny wzrost masy eksportu*

B — 500–600 MLD ZŁ → 40–45% EKSPORTU

MARŻA DZIĘKI NISKIM KOSZTOM A NIE WZROSTOWI CEN

Średnio przetworzone wyroby produkowane masowo. Aparatura TV i radiowa. Odzież. Średnio przetworzona żywność.

Duże urządzenia transportowe (ciężarówki, wagony kolejowe i tramwajowe, śmigłowce).

Nisko przetworzone tworzywa sztuczne.

A — 250–300 MLD ZŁ 25 → 20–25% EKSPORTU

LIDERZY: ZDOLNI RÓWNOLEGLE ZWIĘKSZAĆ CENY I WOLUMEN SPRZEDAŻY

Małe, wysokowartościowe urządzenia. Części pojazdów: silniki, akumulatory, ogniwa i baterie. Małe urządzenia elektro-mechaniczne (np. prądnice, klimatyzatory, AGD, liczniki).

Przetworzone wyroby chemiczne (kosmetyki, detergenty, katalizatory, szczepionki). Elementy stalowe i aluminiowe.

Quasi-rękodzieło. Obuwie, rowery, jachty.

Usługi IT, doradcze, finansowe.

D — 200–250 MLD ZŁ → 15–20% EKSPORTU

DZIAŁALNOŚĆ TRACĄCA KONKURENCYJNOŚĆ MIĘDZYNARODOWĄ

Wyroby, do których dokładamy zbyt mało. Samochody osobowe („montownie") i ich proste części. Opony, chłodnice, hamulce, łożyska. Ceramika, szkło, papier. Proste meble, guma.

Złożone produkty, gdzie nie mamy skali. Statki.

Niemodne surowce i ich pochodne. Węgiel kamienny energetyczny, cynk i ołów. Wyroby futerkowe. Wieprzowina.

C — 200–250 MLD ZŁ → 15–20% EKSPORTU

SILNI ALE OGRANICZENI: PODWYŻSZAJĄ CENY, LECZ WOLUMENY ROSNĄ WOLNO

Złożone produkty wytwarzane gniazdowo, duży udział pracy ręcznej. Meble. Autobusy. Żurawie. Bramy. Silniki turboodrzutowe i turbośmigłowe.

Produkty z sufitem surowcowym – miedź, srebro, kable, wyroby walcowane, koks. Owoce.

Produkty z wysokim progiem inwestycji. Nawozy mineralne. Polipropylen. Żywice. Pianki. Kartony.

akumulatory-baterie – jeden z hitów gospodarczych ostatnich lat, dobrze obrazujący mechanizm łączący inwestycje zagraniczne z dużym obrotem zagranicznym osiąganym w krótkim czasie. Do tej grupy spokojnie możemy dopisać dynamicznie rosnący eksport usług: informatycznych, doradczych, finansowych. Ta grupa najszybciej podnosiła swoją wartość: w ciągu dekady – około czterokrotnie.

Grupa B to również czempioni, ale konkurujący inaczej – działają w bardzo konkurencyjnych, powszechnych branżach, wystawionych na rywalizację

JAKIE KIERUNKI WSPARCIA?	
A + B — **ZWIĘKSZANIE ZŁOŻONOŚCI PRODUKTÓW** – promowanie własnego wzornictwa, dodawanie komponentu IT do rozwiązania, branding	**INWESTYCJE W ROBOTYZACJĘ** oraz skalę linii produkcyjnych.
A — **KLASTRY I ROZWÓJ AGLOMERACJI** **ROZWÓJ FINANSOWANIA DŁUŻNEGO**, *mezzanine* ułatwiających skalowanie	B — **DBANIE O ZAPLECZE KOSZTOWE** – ceny energii, dostępność OZE, CO_2, logistyka, lokalne rynki pracy **DALSZA ROZBUDOWA SKALI DZIAŁALNOŚCI** – szukanie partnerów i rynków. Inwestycje zagraniczne polskich firm
C — **PROGRAMY REGIONALNE** wydłużenia łańcucha produkcji (i wzrostu wartości branży mimo „sufitów") **ROZBIJANIE SUFITÓW DLA WZROSTU WOLUMENÓW – NP. SUROWCOWYCH** przez surowce wtórne, recycling **WYKORZYSTANIE SIŁY FINANSOWEJ** do dywersyfikacji, inwestycji zagranicznych. Matchmaking i udział w offsetach	D — **POZWOLIĆ NA NATURALNĄ EWOLUCJĘ.** Grupa z wyzwaniami, ale nieliczna. Inwestować w nadzwyczajne okazje

kosztową. Stąd pochodzi największa część naszego eksportu, a mieszczą się w niej średnio przetworzone wyroby masowe – m.in. odzież, aparatura radiotelewizyjna, duże urządzenia transportowe, nisko przetworzone tworzywa sztuczne. Ta grupa podnosiła wartość eksportu w ciągu dekady około trzykrotnie. Producenci z Grupy B powiększają wolumeny, zmiany cen ich produktów pokrywają inflację, ale dodatkowa zakładka marż dowodząca wzrostu złożoności produktów jest zdecydowanie mniejsza (albo inaczej mówiąc zakładka „na zwrot z kapitału"). Fakt wolniejszego wzrostu cen jest pewnym ostrzeżeniem, że muszą dbać o zaplecze kosztowe. Ponieważ jednak podwyższali wolumeny eksportu, można założyć, że im się to opłacało. Gotowość do pracy w branżach o niższej marży wynikała u nich z dobrej technologii produkcji i chęci konkurowania skalą.

Grupy A i B urosły powyżej średniej wzrostu eksportu dla całej gospodarki. Wartość Grupy C wzrosła dwukrotnie, to jest nieco poniżej średniej. Ekspansja napotkała na wyraźny sufit wolumenów, natomiast wzrost cen eksportu był dynamiczny. Jakie grupy produktów mieszczą się w ogólnej charakterystyce? To działalność, w której dostępność surowców wyznacza limit osiągalnej skali (miedź, meble), ale pozycja konkurencyjna polskich producentów wydaje się dość mocna, więc można odbierać korzyści w cenach. Niektóre produkty są tu ciekawe pod względem złożoności, ale trudne do wytwarzania seryjnego na szybko przesuwającej się linii produkcyjnej (autobusy, meble, bramy). Część to owoce pracy Spółek Skarbu Państwa (miedź, koks, nawozy). Jest grupa produktów z wysokim progiem inwestycji, powstrzymującym od osiągnięcia skali, bądź wymagających dużych dostaw gazu ziemnego i ropy naftowej – jak nawozy mineralne, polipropylen, epoksydy.

Są wreszcie branże, w których wolno rosną i ceny, i wolumeny – to Grupa D. Jest to grupa stosunkowo mała – w granicach 200 mld zł, a więc 15% eksportu. Część z nich to produkcja poboczna, powstająca przy okazji wytwarzania bardziej atrakcyjnych wyrobów. To także wybory zbyt proste, by mogły być nośnikiem wartości dodanej porównywalnej do tej z najlepszymi branżami (najprostsze meble, nieprzetworzona guma, łożyska, szkło). Co ciekawe także prosty montaż samochodów osobowych znalazł się w tej kategorii, co zarazem jest przyczyną i efektem wygaszania wybranych linii produktowych. Można tu znaleźć również produkty takie jak: węgiel energetyczny, cynk i ołów – z oczywistych powodów tracące podstawy rozwoju międzynarodowego.

Co dla tak podzielonego koszyka możemy zrobić? Zacznijmy od → Grupy B, która jest najbardziej liczna i reprezentatywna jako model sukcesu polskiego eksportu. Skoro konkurujemy skalą i kosztami, to każdy urwany centymetr kosztów ma znaczenie. Wejście do strefy euro i dostęp do energii niskoemisyjnej są ważniejsze niż dla innych Grup (choć akurat wejście do strefy euro mogłoby pomóc podjąć decyzję eksportową przedsiębiorstwom potencjalnie należącym do Grupy A, bo nie musieliby zarządzać ryzykiem kursowym). Dla polskich przedsiębiorstw – promowanie inwestycji na rynkach zagranicznych i wsparcie w postaci np. międzyrządowego *matchmaking*. Dla zagranicznych – zachęty do przenoszenia centrów tworzenia bardziej zaawansowanej wartości do Polski. W tych branżach kariera superpodwykonawcy może się urwać, kiedy pod presją bardziej dynamicznych segmentów rynku wzrosną koszty pracy i choćby nieruchomości. Chodzi też o wplecenie Grupy B w regionalne ekosystemy, tak by sprowokować przepływ wiedzy między firmami. Pojedyncza inwestycja zagraniczna zwykle pozostaje wyspą pod względem zatrudnienia i kompetencji. Łatwo ją wyizolować i nawet zamknąć. Inaczej jest, gdy pojawia się przepływ ludzi i idei. Warto współpracować z inwestorami – oni ostatecznie też już postawili pieniądze w zakładzie, że inwestycja w Polsce będzie źródłem długoterminowej wartości. Należy pomóc im ją rozwijać.

W → Grupie A: patrząc przekrojowo, skoro dobrze radzimy sobie ze wzrostem wartości jednostkowej i wzrostem wolumenów, może warto powalczyć o własne marki, które dawałyby dodatkową marżę po stronie kosztów? Nawet jeśli polscy producenci jeszcze przez chwilę będą mniej zaawansowani technologicznie niż ich zagraniczni odpowiednicy, to sam fakt posiadania marki pozwoli im na uzyskanie dodatkowej marży i środków na inwestycje w droższe innowacje technologiczne. To dałoby szansę tworzenia oferty niezależnej od obsługiwanego na starcie łańcucha wartości. Postawienie na digitalizację, wartość cyfrową na etapach projektowania produktów oraz jako część ich funkcjonalności może być wyróżniającą specjalizacją polskich przedsiębiorstw. Nie dlatego, że to pomysł rewolucyjny, tylko dlatego, że być może mamy lepsze zaplecze IT niż inni.

Aby te marki doczepiać do istniejących strumieni eksportu, warto wyjść naprzeciw przyszłym potrzebom partnerów eksportowych. Jeśli dostarczamy elementy maszyn albo samochodów, to zamiast czekać aż trendy charakterystyczne dla tych branż trafią do nas wraz z nową inwestycją zagraniczną, można spróbować samemu do nich się przygotować. Chodzi przykładowo o popularyzację wśród firm informatycznych (i na etapie studiów) zjawisk takich jak elektryfikacja transportu i autonomiczne samochody. Takie działania mogłyby zwiększyć udział polskich producentów w portfelu zamówień zagranicznych kontrahentów – tych, z którymi współpracujemy dziś. W analogicznym przypadku baterii do samochodów elektrycznych dobrze wykorzystaliśmy trend, choć tu akurat sprowadziliśmy projekty zagraniczne, a nie pracowaliśmy organicznie.

O Grupie A można podejrzewać, że znajdują się tu „mali" polscy producenci, którzy zdobyli niszę i tam się rozwijają. Sukces tej grupy warto wzmacniać, wspierając inwestycje w technologię produkcji umożliwiającą automatyzację i podniesienie skali. Jest mało prawdopodobne, żeby były to przedsiębiorstwa o rozmiarach światowych – wiedzielibyśmy o tym z prasy. Programy wspierające robotyzację rodzimych przedsiębiorstw, prowadzące do zwiększenia ilości kapitału przypadającego na jednego pracownika mają sens. Jakąś formą wsparcia są narzędzia finansowe ułatwiające rozwój mocy produkcyjnych ukierunkowanych na rynki eksportowe, gwarantowane przez PFR-BGK. Rozwojowi Grupy A może też sprzyjać kumulacja producentów tak, by uzyskać regionalną „masę krytyczną" – klastry, także małych przedsiębiorstw w celu ułatwienia wspólnych projektów.

W → Grupie C mamy silną pozycję (ostatecznie podnosimy ceny). Jest to jednak grupa niejednorodna. Dla części produktów ograniczenie wolumenów jest obiektywne i wynika z ograniczonej dostępności surowców (miedź, meble, nawozy). Część wyrobów ma raczej charakter podstawowy (polipropylen, ponownie miedź, owoce), więc skoro jesteśmy w stanie podnosić ceny, to prawdopodobnie nie przechwytujemy całej marży w łańcuchu wartości – ktoś inny musi mieć dostęp do popytu końcowego odbiorcy i przetwarzać te surowce na coś bardziej wartościowego. Dla pierwszych powinniśmy szukać szans recyclingowych, zamknięcia obiegu surowców w gospodarce (skoro drzewa wytniemy, przydałby się inny surowiec). Promujmy inwestycje zagranicznych w celu zyskania dostępu do zasobów oraz – w drugiej kolejności – skali. Dla drugich – możliwości pogłębienia przerobu, tak by przechwytywać większą część puli marż. Z perspektywy gospodarki jako całości wartościowa byłaby nawet kolokacja inwestycji zagranicznych obok polskich wytwórców produktu bazowego, tak by więcej wartości z łańcucha zostawało w Polsce. Poszukiwanie partnerów (*matchmaking*) i kojarzenie tej grupy producentów z szansami offsetowymi wydają się obiecujące. Szczególnie przykazanie dla „krajowych czempionów": przymusowa dywersyfikacja i integracja w dół łańcucha wartości w kierunku produktów o wyższej wartości dodanej. Ostatnią podgrupą w kategorii C są produkty wytwarzane bardziej gniazdowo niż na liniach seryjnej produkcji. Autobusy, żurawie, bramy, silniki odrzutowe – powstają najwyżej w seriach, nie masowo. Tym można proponować wsparcie w robotyzacji, rozwoju wzornictwa, zachęcać do poszerzania portfela produktów, by osiągać korzyści na poziomie projektowania, nawet jeśli nie zmienią systemu produkcji.

W → Grupie D przedsiębiorcy prawdopodobnie sami zrezygnują z oferowania produktów, które znajdują się pod presją cenową, gdzie nie są w stanie podnieść konkurencyjności przez obniżanie kosztu jednostkowego i podnoszenie skali wytwarzania. Tak stanie się w przeważającej części przypadków. Produkty tej grupy będą rotowały, bo w coraz to nowych obszarach rosnące koszty pracy wymuszą wycofanie (zbyt prostej) oferty z rynków zagranicznych. Tam, gdzie produkty pozostaną w ofercie, prawdopodobnie będzie to wynik „produkcji ubocznej" i chęci pełnego wykorzystania posiadanych mocy produkcyjnych. Grunt, żeby w tym procesie dostosowawczym nie przeszkadzać i nie promować eksportu z branż o małej wartości dodanej, robiąc tylko nieliczne wyjątki na restrukturyzację i odzyskanie pozycji już w perspektywicznych branżach. Tam, gdzie mamy ciekawsze kompetencje techniczne i organizacyjne – zapewne warto wesprzeć poszukiwanie niszy specjalizacyjnej, w tej samej lub pokrewnej branży. Przykład restrukturyzacji przemysłu stoczniowego pokazuje, że zarządzenie takim procesem jest niesłychanie trudne. Doczepienie wartości dodanej do eksportu może wymagać promowania partnerstw strategicznych z innymi graczami na rynku, poszukiwanie szans w trendach digitalizacji czy recyclingu. Być może wymaga zawężenia specjalizacji i skoncentrowania się na mniejszych szansach, by w pierwszej kolejności zdobyć przyczepność.

Wobec długiej listy życzeń znaczenia nabiera pytanie: czego nie wspierać? Nadając priorytety wsparciu, powinniśmy dążyć do wyeliminowania ograniczeń wzrostu dla danej branży. Jeśli brak jest nadziei na konkurencyjność i wzrost, to należałoby unikać zaangażowania. Kryteriami, które sygnalizują przyszłe kłopoty (i jako takie powinny budzić ostrożność w postępowaniu władz samorządowych wnioskujących o wsparcie) są:

→ produkcja trudna do skalowania – gdy branża polega na dużym udziale pracy ręcznej lub w widoczny sposób jest ograniczona surowcowo,
→ technologia w danej branży jest „przejrzała" albo inaczej mówiąc branża opiera się na technologii ze zbyt długą historią uczenia się, w której bardzo wiele już zrobiono i skok jakościowy z generacji na generację nie przynosi dużej przewagi nad konkurencją, a konkurenci już obecni na rynku zakumulowali tak duży kapitał wiedzy, że trudno wejść z nimi w bezpośrednią rywalizację,
→ ograniczenia środowiskowe, w tym perspektywa wpływu na klimat, zamknięty obieg surowców, stan wód,

→ pozycja z dala od centrum łańcucha wartości oraz jego punktów kontrolnych (szczególnie wąskich gardeł). Chodzi o sytuację, gdy branża nie ma szans na zdobycie nadzwyczajnej marży, bo nie kontroluje jakiegoś kluczowego punktu w międzynarodowym systemie produkcji[48],

→ niski poziom kapitału produkcyjnego przypadającego na pracownika, oznaczający pracę ręczną, w niewielkim stopniu wspomagają technologią. Na dłuższą metę będzie oznaczało to, że koszty pracy będą miały duże znaczenie dla ceny jednostkowego wyrobu, a ich wzrost będzie blokował konkurencyjną produkcję (rzecz jasna nie dotyczy to zaawansowanych usług projektowych, technicznych, naukowych, doradczych),

→ ogólna orientacja branży na rynek wewnętrzny, o małym ładunku eksportowym. Nie chodzi o rezygnację z wodociągów, edukacji czy ochrony zdrowia. Istotne jest raczej to, że jeśli mamy branżę, która dobrze żyje tylko z obsługi rynku krajowego, to ma ona mało bodźców do stworzenia własnej marki, osiągnięcia sprawności, specjalizacji i korzyści skali. A te są niezbędne, by ostatecznie osiągnąć sukces międzynarodowy.

Eksport jako motor zmiany strukturalnej

Dodatkowym kanałem, jakim eksport może oddziaływać na gospodarkę jest zmiana strukturalna. Utrzymującym się problemem polskiej gospodarki jest to, że znaczną część energii gospodarczej w Polsce kumulujemy w branżach służących rynkowi wewnętrznemu – podczas gdy zatrudnienie w nowoczesnych, specjalistycznych branżach eksportujących jest niskie. Poprawa alokacji kadr – przejście pracowników z mniej do bardziej obiecujących rozwojowo branż, produkujących wyroby podlegające intensywnemu handlowi zagranicznemu (*tradables*), o wysokiej złożoności produktów, a zatem wysokiej wartości dodanej – wciąż jest pewną szansą. W niedługim czasie będziemy musieli sobie odpowiedzieć na pytanie, czy ważniejsze są dla nas miejsca pracy w zatrudniającym 80 tys. osób górnictwie węglowym (które jeszcze można by poszerzyć o energetykę węglową i ewentualnie część produkcji maszyn), czy miliony zatrudnionych w przemyśle przetwórczym i 0,5 mln etatów w ICT.

Drugim źródłem rezerw jest przejście z pracy na rzecz rolnictwa oraz handlu detalicznego. Około 6 mln pracowników jest zatrudnionych w branżach o umiarkowanej wartości dodanej i niskim potencjale eksportowym, głównie „na własne potrzeby". Po części wynika to z niskiego wskaźnika urbanizacji (61%), czyli tego, że sporo ludzi mieszka poza miastami. Poprawienie komunikacji

48 Do tego kryterium trzeba podchodzić z umiarem – gdybyśmy byli blisko pozycji kontrolnej gdziekolwiek, bylibyśmy Szwajcarią. Z drugiej strony jest jasne, że Czesi ze skodą czy Rumuni z dacią są pod pewnymi względami w zdecydowanie uprzywilejowanej sytuacji, mimo że te marki nie są głównymi markami swoich koncernów. Mają jednak kontrolę nad wzorem, projektem – ofertą.

ZATRUDNIENIE I WARTOŚĆ DODANA W POLSCE 2019–2020 R. –POTRZEBNA ZMIANA STRUKTURALNA W GOSPODARCE*

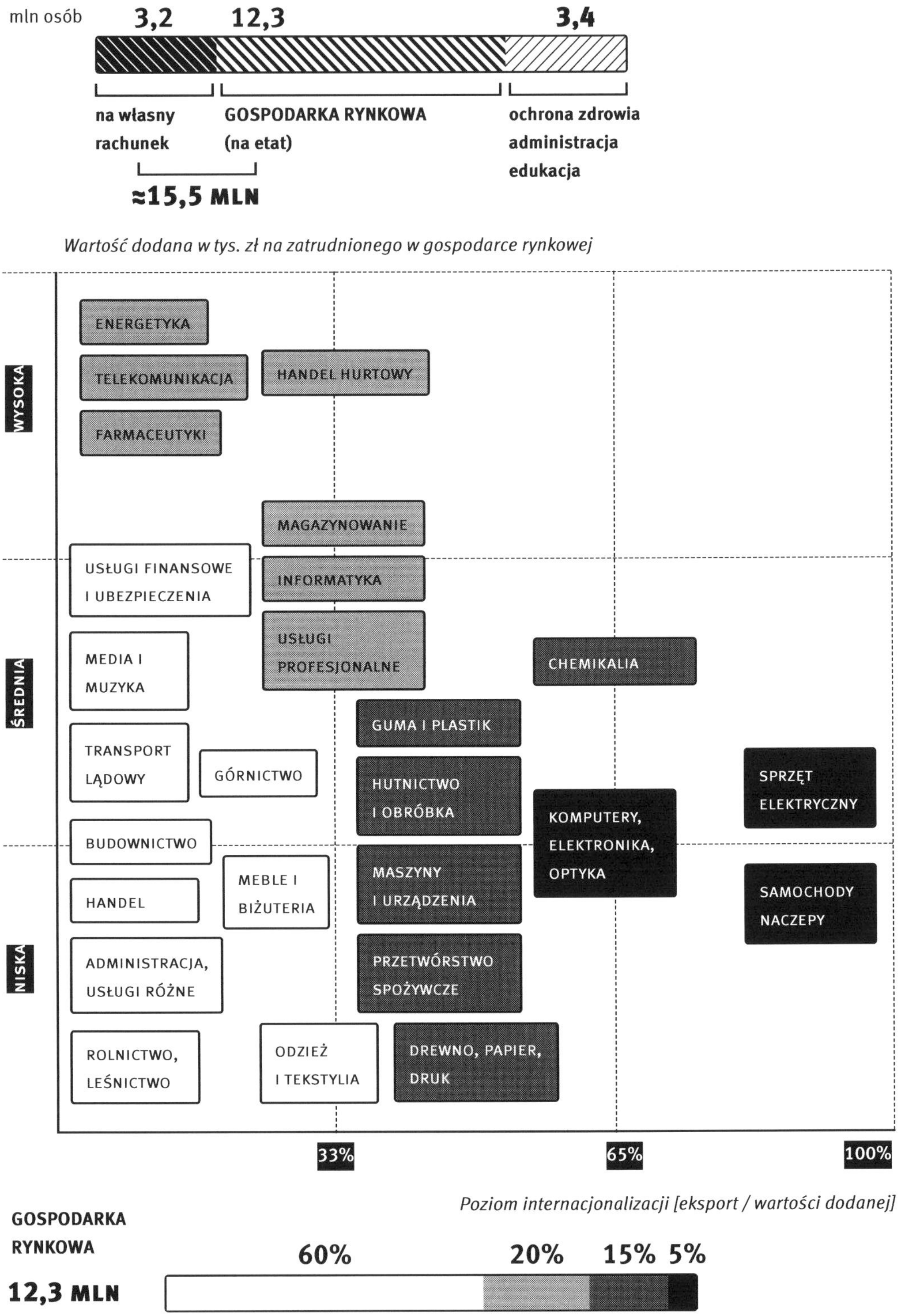

*Opracowanie własne na podstawie: Bontadini F., Corrado C., Haskel J., Iommi M., Jona-Lasinio C. (2023), EUKLEMS & INTANProd: industry productivity accounts with intangibles – Sources of growth and productivity trends; dane GUS.

z aglomeracjami oraz podniesienie atrakcyjności miast dużych i średnich jako miejsc zamieszkania – pomogłoby w intensyfikacji eksportu.

Obok przesunięć między istniejącymi branżami, w dalszym ciągu mamy niewyeksploatowane obszary elektroniki oraz chemii z farmacją i produktami medycznymi, które mogą być punktowymi szansami rozwojowymi. Wymagają zdobycia kwalifikacji, pracy po stronie podażowej. Potencjał godny odnotowania.

Przesunięcie zatrudnienia w kierunku branż eksportujących może się odbyć jako kombinacja celowych inwestycji zagranicznych, ściągniętych przez PFR, połączona ze współpracą z samorządami lokalnymi (najlepiej dominującej w regionie aglomeracji) i korekt koordynowanych przez ministerstwa – np. przydałaby się modernizacja urzędów pracy, tak by w większym stopniu były zdolne do promowania rozwoju zawodowego pracowników oraz wsparcia lepiej wykwalifikowanych kadr.

Dla płynnego przebiegu takiej zmiany strukturalnej powinniśmy zachować ostrożność w podnoszeniu płacy minimalnej i gwarantowaniu przywilejów wybranym grupom zawodowym – musi pozostać motywacja do zmiany kwalifikacji. Faktem jest natomiast, że tego typu zmiana wymaga całościowej oferty wsparcia dla regionów – ponieważ będzie wywoływała zmiany stylu życia. Czy jest warta pracy? Tak, bo nie osiągniemy poziomu życia Europy, opierając się na milionie czy dwóch pracowników branż eksportowych. To za mała grupa, by z wygenerowanych przez nich przychodów móc sfinansować transfery w gospodarce tworzące europejski poziom życia dla wszystkich.

Warto przy okazji zwrócić uwagę, że nie wszystkie branże eksportują tak intensywnie, jak sugerowałby ich charakter. Także tu kryje się potencjał. Do wysiłku sformułowania oferty zagranicznej warto zachęcić branże, które mają wysoką wartość dodaną, ale relatywnie mało eksportują – farmaceutyki, programowanie, media, usługi profesjonalne; cała szeroka grupa przetwórstwa spożywczego, gumy i plastiku, maszyn i urządzeń. Część z nich – tego nie uda się ukryć – czerpie wartość dodaną w kraju z renty monopolowej.

Interwencja 2. Samorządy i aglomeracje

Mamy 10 efektywnych szans na sukces gospodarczy Polski – tyle, ile dużych miast. Potrzebujemy skrojonych na miarę inwestycji w infrastrukturę gospodarczą – w *hardware* i *software*. *Hardware*, czyli światłowodów, biurowców i terminali, *software* czyli miękkich zasad organizujących życie społeczno-biznesowe w regionach.

Spora część sukcesów gospodarczych w Polsce wynika z obejścia problemu braku kapitału – przez infrastrukturę specjalnych stref ekonomicznych czy korzystanie ze wspólnych nieruchomości w centrach usług SSC. Sensem tych aktywów jest zmniejszenie ciężaru inwestycji, jakie muszą ponosić przedsiębiorcy z osobna, a i często umożliwienie rozwoju biznesom wymagającym kartki, ołówka i komputera – typu IT. Im bardziej zaawansowany biznes, tym ma bardziej zniuansowane potrzeby, co wymaga wyważenia oczekiwań kilku użytkowników naraz. Dlatego powinniśmy doskonalić proces decydowania o tym, jaką infrastrukturę dostarczymy.

Gospodarki, które potrafią stworzyć aglomeracje z silną infrastrukturą, wykształconymi kadrami, otwartością na nowe rozwiązania zyskują atuty w „asymetrycznym" świecie rywalizacji technologicznej – przykładem kraje skandynawskie czy Irlandia[49]. Jeśli chcemy rozwijać eksport, ważna będzie specjalizacja regionów. Żeby specjalizacja się nie zacięła i byśmy mimochodem nie stworzyli monokultur gospodarczych, musimy zadbać o wymienność kapitału, pomysłów, a zwłaszcza ludzi między dużymi organizmami miejskimi – tu w skrócie nazywanymi aglomeracjami. Ten wymóg obejmuje infrastrukturę biznesową i społeczną – nie będzie mobilności bez mądrej polityki mieszkaniowej, łatwości znalezienia przedszkola, szkoły, atrakcyjnej oferty kulturalnej. Bardziej sprytna Polska wymaga przeniesienia decyzji bliżej miejsca rozwiązywania problemów – na poziom aglomeracji, czy wręcz samorządów. Przy czym nie chodzi o stworzenie krakowsko-katowicko-wrocławskiego megalopolis w stylu filmów science fiction z lat 70. Chodzi o rozwiązania o ludzkiej skali, organiczne, korzystające z technologii w celu rozwiązywania problemów, a nie narzucające technologie, dla samego faktu.

Potrzeba przekazania większych uprawnień miastom wynika też z presji konkurencji. Polskie aglomeracje są na kursie kolizyjnym z europejskimi metropoliami[50]. Padły ofiarą własnego sukcesu i są już jedną nogą w pułapce kosztowej. W Warszawie mamy 100% średniej UE PKB *per capita*, w Poznaniu i Wrocławiu – trzy czwarte, w Katowicach, Łodzi, Krakowie, Trójmieście, Szczecinie – połowę unijnego PKB *per capita*. To jeszcze nie jest bezpośrednie porównanie wynagrodzeń, ale daje silny sygnał, że koszty w tych miastach również prawdopodobnie idą w górę. Z drugiej strony, po serii niefortunnych zdarzeń gospodarczych w południowej Europie sąsiadami polskich miast na drabince gospodarczego sukcesu stały się zaskakująco dobre marki.

Dziesięć lat temu w naturalnym zasięgu Wrocławia i Poznania były Zagrzeb, Maribor, Brno, Saloniki, Malaga. Poziomem, do którego aspirowaliśmy były

49 Irlandia ma niskie podatki, ale nie tylko o podatki tu chodzi. Bardzo dobre kształcenie IT, otwartość na B+R oraz zdolność uczelni do współpracy z biznesem (i pozyskiwania grantów z UE na te potrzeby) to niewątpliwe atuty. Pomaga też światłowód, język angielski, pozycja pomiędzy Brukselą a Londynem.

50 Uwaga: Ilustracja obejmuje wybrane aglomeracje w Europie – jest jeszcze długie czoło innowacyjnych regionów holenderskich, szwedzkich, niemieckich, francuskich, fińskich – poza skalą, ze wskaźnikami 150–200% średniej. Wybrane przykłady – to te, które przyciągają uwagę naszą i inwestorów.

Sewilla i Neapol. Teraz w bezpośredniej grupie odniesienia mieszczą się Barcelona, Lizbona, Walencja, Ateny, a Sewilla i Neapol zostały za plecami. Dla grupy gdańsko-katowickiej odniesieniem stają się Porto, Malaga, Neapol, Sewilla – już nie Kowno, Koszyce i Ostrawa.

W 2010 r. PKB *per capita* w aglomeracji śląskiej wynosił 55% stanu w Sewilli. Pod koniec dekady – 75%. Jakościowo jest to ogromny przeskok, bo o ile Sewilli, Walencji, Aten nie trzeba na rynku przedstawiać, o tyle polskie miasta są zasadniczo anonimowe i poza popularnym turystycznie Krakowem nie mają istotnych wyróżników w swojej ofercie. Choć oczywiście mowa o przyjaznej rywalizacji, to o coraz bardziej realną stawkę – te same inwestycje koncernów zagranicznych, które trafią do lepiej przygotowanych. Niedługo inwestorzy spojrzą i na możliwości infrastrukturalne, i na koszty wynagrodzeń. Warto po prostu przejść się po mieście i ocenić, czy nasze organizmy miejskie są w stanie systematycznie dostarczać produkty i usługi wypełniające 75–100% średniej PKB w UE. Przy okazji warto wyjrzeć za rogatki miasta. Regiony niemetropolitalne w Polsce są na poziomie ok. 30% unijnego PKB *per capita*. Ani same, ani poprzez transfery nie dotrą na osiągany przez aglomeracje poziom 50–65%, który dawałby stosunkowo duży komfort życia. Łatwiej to osiągnąć aktywizując aglomeracje i samorządy jako katalizator zmian.

Przesunięcie decyzyjności w kierunku aglomeracji i samorządów ma sens w zmieniającym się otoczeniu międzynarodowym, premiującym rozwój sieci gospodarczych. W aglomeracjach skupia się wiele korzyści niezbędnych do sukcesu gospodarczego, są one podstawowymi węzłami łańcuchów dostaw[51]. Oczywiście najbardziej podstawowym uczestnikiem łańcuchów dostaw są pojedyncze firmy i pracownicy, ale w zaawansowanych gospodarkach w dużej mierze korzystają one ze wspólnej infrastruktury. Choćby w informatyce potrzebne są inwestycje w infrastrukturę twardą (centra danych, „chmury" oprogramowania – *cloud computing*, światłowody, satelity, ale też energetykę odnawialną) oraz miękką (prawo, finansowanie, wykształceni pracownicy, centra B+R). Wspólna infrastruktura jest lepiej wykorzystywana tam, gdzie wiele przedsiębiorstw zdecyduje się na kolokację, obniżając koszt przypadający na przedsiębiorstwo – dlatego tworzą się klastry i aglomeracje. Takie nagromadzenie infrastruktury ułatwia potem start młodym przedsiębiorstwom, które dostają w prezencie o wiele niższy próg wejścia. Tak jest w rzeszowskiej Dolinie Lotniczej, tak w „epoce węgla kamiennego i hut" było na Śląsku.

Powinniśmy ten mechanizm uszanować i przenosić na krajowy system gospodarczy. Z pewnym zastrzeżeniem – musimy poradzić sobie z dwiema potrzebami.

51 Choć COVID i wojna Rosji przeciwko Ukrainie raczej potwierdziły, że władza wciąż jest bliżej państw, niż przy miastach, to nikt nie kwestionuje centralnego znaczenia Londynu, Mediolanu czy Lagos w swoim otoczeniu.

CZY WARSZAWA JEST ZDOLNA DO ZYSKANIA WAGI PODOBNEJ DO MADRYTU, BERLINA CZY RZYMU?

PKB per capita, % średniej UE
(uwaga: **nie wg parytetu siły nabywczej**, tj. przybliża realne koszty wynagrodzeń dla inwestora)

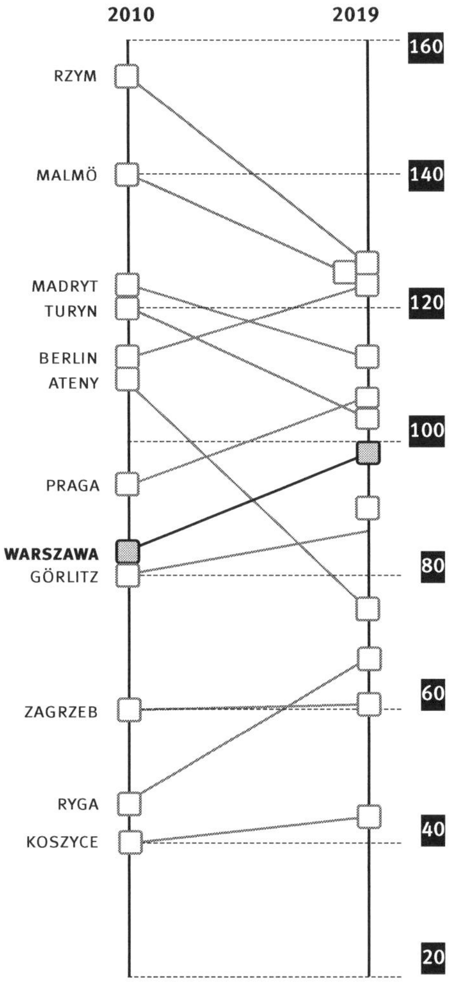

→ Warszawa jako **centrum życia giełdowego**...

→ Warszawa jako **centrum życia dyplomatycznego**..

→ Warszawa jako **brama biznesowa do Europy Wschodniej...**

... nie może ograniczać się do miejsca przyjemnego życia koordynującego rynek konsumpcyjny w Polsce. Część funkcji powinna rozdać innym miastom.

CZY WROCŁAW I POZNAŃ MAJĄ EUROPEJSKĄ MARKĘ POZWALAJĄCĄ KONKUROWAĆ Z BARCELONĄ?

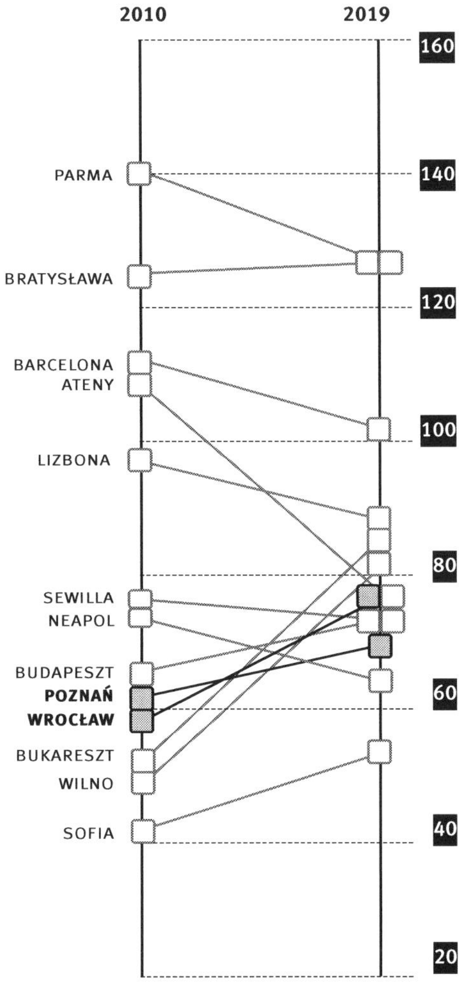

→ **Nietrwała metka „młodych-obiecujących".** Wrocław czy Poznań szybko przestaną być „tanie"

→ **Potrzeba wyróżników.** Co wyróżniającego się mogą zaproponować na tle silnych miast Europy?

Źródło: Opracowanie własne na podstawie danych Eurostatu.

POZOSTAŁE AGLOMERACJE POTRZEBUJĄ DOPALACZA – I SKOORDYNOWANEJ Z RZĄDEM DZIAŁALNOŚCI INWESTYCYJNEJ

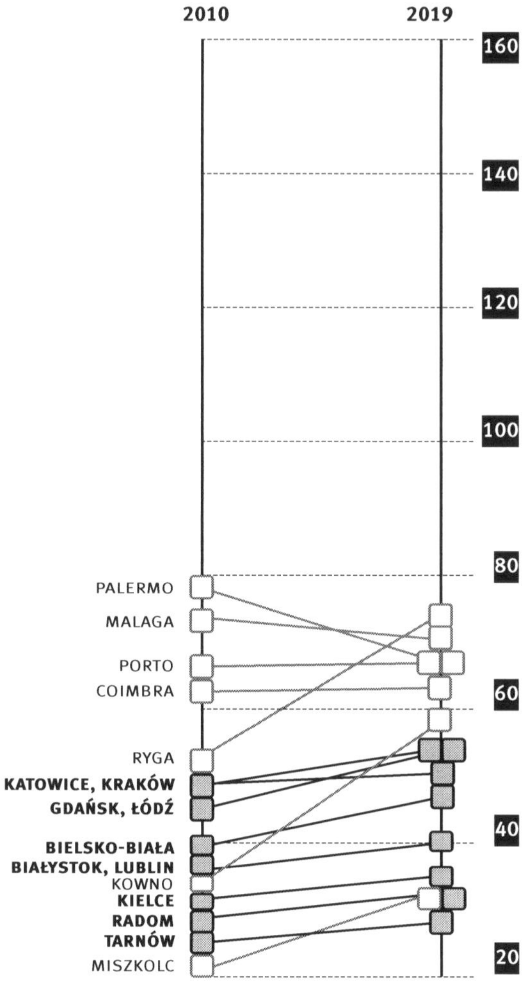

→ **Spadki PKB w Europie** zmuszą polskie miasta do konkurencji z dojrzałymi metropoliami – wcześniej, niż byśmy chcieli

→ **Polskie aglomeracje potrzebują skrzynki narzędzi** i włączenia w dialog szerokiego grona interesariuszy, by niezbędną do sukcesu infrastrukturę gospodarczą budować na miarę, wspierając całe regiony

→ **Stworzenie „kapitału sieciowego" dla Białegostoku, Lublina, Kielc** warunkiem wyrównania rozwoju na osi Wschód–Zachód

Punkt pierwszy: deglomeracji, czyli pracy nad bardziej równomiernym rozłożeniem potencjałów rozwojowych na mapie Polski, które służy spójności i stworzeniu bazy rozwojowej na lata[52]. Punkt drugi: zapewnieniu aglomeracjom masy krytycznej, która pozwoli im zachować konkurencyjność międzynarodową – a przez to być napędem gospodarczym dla swoich regionów i Polski. Warto inwestować w Siedlce, Łomżę, Koszalin albo przede wszystkim – pozwolić im inwestować w siebie, nie zagarniając środków podatkowych do budżetu centralnego państwa. Ważyć jednak należy korzyści ze zintegrowanego myślenia z perspektywy centralnej i ten rachunek musi uwzględniać fakt, że to raczej Poznań niż Łomża (przy wszystkich jej zaletach) może być ośrodkiem o międzynarodowym znaczeniu.

Stawiając różnicę zbyt ostro między miastami dużymi, średnimi i małymi nakładamy tylko ograniczenia na zbiór możliwych rozwiązań. Wzmocnienie nie-metropolii nie musi oznaczać temperowania aspiracji dużych miast – i na odwrót[53]. Rozwiązania

52 Por. np. P. Śleszyński, *Polska średnich miast. Założenia i koncepcja deglomeracji w Polsce*, Klub Jagielloński, Warszawa 2018. Deglomeracji jest równie bliski lewicy, o czym świadczy więcej niż jedna publikacja Krytyki Politycznej – por. np. rozmowa M. Sutowskiego z P. Śleszyńskim, Nie można wszystkich przenieść do Warszawy czy Krakowa, 22.10.2021.

53 Przeciwstawienie tych postulatów sobie jest atrakcyjne, czego dowodem jest debata o tzw. modelu polaryzacyjno-dyfuzyjnym rozwoju regionalnego, który miał polegać na rozwoju dużych miast przy założeniu, że w przyszłości procesy ekonomiczne rozprowadzą wzrost gospodarczy na całe otoczenie. Autorzy koncepcji byli chyba świadomi, że to cel długoterminowy, bo dystrybucja owoców wzrostu wymaga infrastruktury, mobilności

odblokowujące potencjał aglomeracji mogą wymagać innych środków, niż wspierające średnie miasta.[54].

Centra regionalne są zdolne przejąć cztery zadania od władzy centralnej i realizować je bardziej skutecznie:

→ odpowiedzialność za konkurencyjność gospodarczą regionów względem Europy,
→ zapewnienie odporności na wstrząsy gospodarcze,
→ wzmocnienie spójności społecznej,
→ aktywizację małych społeczności.

Tak zróżnicowanych wyzwań nie powinniśmy się obawiać. Faktycznie samorządność to jeden z największych sukcesów transformacji w Polsce. Dziwnie pomijamy ją, szukając recepty na wzmocnienie łańcuchów wartości, digitalizację gospodarki. Bezpośredni kontakt z gospodarką, znajomość kontekstu, zdolność dopasowania narzędzi do lokalnych warunków – to niewątpliwe atuty samorządów.

W temacie konkurencyjności: polskie miasta muszą przygotować się do konkurencji na rynkach międzynarodowych, szczególnie eksportowej. Im lepsze łańcuchy wartości i bardziej ambitne inwestycje będziemy przyciągali do Polski przez MSZ czy PFR, tym głębiej do ich realizacji trzeba będzie wykorzystać specyficzne atuty regionalne. Tak duże, jak i małe miasta potrzebują pewnej masy krytycznej, by dobrze pełnić swoją rolę. W przypadku metropolii tą masą krytyczną będzie posiadanie uniwersytetu i inwestycji zagranicznych, siedzib dużych przedsiębiorstw, obsługa silnie zintegrowanego regionalnego rynku pracy. W przypadku średniego miasta – zapewnienie rozwoju miejscowej przedsiębiorczości, stworzenie dobrych warunków akumulacji kapitału dla MŚP (sprawność administracji!). Kumulowanie inwestycji w aglomeracjach tworzy plaster miodu dla inwestorów i jednocześnie przeciwwagę dla siły korporacji – wymusza przenikanie kompetencji z przedsiębiorstw na rynek pracy. Przykładem może być przygotowanie infrastruktury – powierzchni biurowych i przyłączy światłowodowych dla SSC. Z drugiej strony aglomeracje powinny dbać o strukturę kosztów lokalnych przedsiębiorstw i reagować na spiętrzenia, które mogą zagrozić ich konkurencyjności. Choćby zapewniając na czas odpowiednie kadry IT czy energię z OZE. Także przeniesienie polityki rynku nieruchomości na poziom regionalny może ułatwić zapewnienie dostatecznej liczby

ludzi, a jeśli są zbyt duże – okresowo mogą utworzyć silne bieguny na mapie Polski. Krytyka tego modelu rozwoju gospodarczego płynęła ze strony różnych, choć w sumie podobnych, gron opiniotwórczych jak Klub Jagielloński i Krytyka Polityczna.

54 Rozmowa o potrzebach miast nie rozwiąże też wszystkich problemów Polski – 40% ludzi mieszka na wsiach i w małych miejscowościach. Jest pewien poziom infrastruktury, który da się racjonalnie zbudować dopiero w małej miejscowości.

mieszkań na wynajem, tak by ich brak nie wywoływał presji płacowej na rynku pracy. Jest więc bardzo wiele zadań po stronie podażowej gospodarki, którymi aglomeracje, samorządy, miasta byłyby w stanie potencjalnie zarządzać lepiej, niż administracja centralna.

Przeniesienie odpowiedzialności za odporność gospodarczą na centra regionalne może zwiększyć ją również na poziomie państwa. Kilkanaście interesujących, dużych miast to duży przywilej i wyróżnik Polski na mapie Europy. Pozwala rozwijać najnowsze branże w różnych miejscach, a w razie wywrotki jednego z nich – zawsze możemy się przeprowadzić do miasta obok. Kilkanaście regionów to kilkanaście strategii przetrwania (strategii realnych, bo mających właściciela i wyposażonych w zaplecze realizacyjne). W razie pojawienia się nowych trendów mamy dużo większą szansę je wychwycić i się do nich przygotować – na różnych poziomach. Od prostszych zadań polegających na promowaniu korzystnych zmian czy rekompensatach za zmiany niekorzystne, aż po całościową rekonfigurację aktywów gospodarczych w regionie[55]. Dodatkowo miasta są w stanie inwestować w dużo bardziej precyzyjne interwencje niż państwo centralnie. Przykładem może być przygotowanie urzędów pracy do przekwalifikowania pracowników branży, która przestaje być w regionie konkurencyjna ze względu na emisję CO_2. Miasto może wreszcie dbać o własną dywersyfikację przez ściąganie kolejnych inwestycji z sąsiednich obszarów technologicznych, tak by zawirowania gospodarcze dotyczące pojedynczego inwestora nie rzutowały na region.

Co do wkładu aglomeracji i samorządów we wzmacnianie spójności społecznej: jeśli jest jakiś wniosek do wyciągnięcia z 30 lat transformacji, to taki, że kolejna runda wzrostu gospodarczego powinna lepiej włączać wszystkie grupy społeczne do podziału korzyści. Powinno się to odbywać w miarę możliwości przez rynek pracy, dający szansę na mobilność i awans społeczny (*inclusive growth*). Na poziomie makro oznacza to konieczność dbania o „równomierne" rozłożenie atutów gospodarczych pomiędzy różne regiony kraju. Można myśleć o całej palecie narzędzi: planowaniu zrównoważonego rozwoju przestrzennego, lokowaniu biznesów pozyskiwanych w ramach porozumień offsetowych w różnych regionach Polski, wyrównaniu poziomu rozwoju sieci gazowej i kolejowej na mapie kraju, deglomeracji funkcji rządowych, które są skumulowane w Warszawie.

Potrzebna jest też infrastruktura lokalna w miastach, leżąca na przecięciu potrzeb gospodarczych i społecznych: dostarczenie wysokiej jakości szkół średnich oraz solidnej opieki zdrowotnej, dobre zaplanowanie urbanistyczne.

55 por. A. Drobniak, R. Cyran, K. Plac, P. Rykała, J. Szymańska, Rezyliencja miast i regionów Europy Środkowej w kontekście hybrydyzacji rozwoju, Wydawnictwo UE w Katowicach, 2021.

To także rozwiązania na rzecz większej dzietności – żłobki, przestrzeń zielona, rozwiązania na rzecz osób starszych, komunikacja sprzyjającą jak najszerszemu dostępowi do rynku pracy. Pozostawienie tych kwestii do rozstrzygnięcia rynkowi jest niedoskonałe – ci, których stać na własną rękę kupią dobra i usługi zastępujące publiczną infrastrukturę, a fatalnym skutkiem rozlewającym się po przestrzeni publicznej będą przykładowo 6-pasmowe autostrady do centrum miasta, z których słynie Houston. I niczego wspólnie nie zaoszczędzimy. Tymczasem koszty rosną – w Łodzi pokonanie 10 km w popołudniowym korku zajmuje 25 minut[56].

Z postulatem spójności przeplata się pytanie o uczestnictwo mieszkańców w tworzeniu miasta. Jakkolwiek precyzyjnie określimy parametry, które ma spełniać miasto, bez aktywnych mieszkańców pozostanie ono technokratycznym tworem. Miejsce na ich aktywność trzeba wygospodarować i włączyć do decydowania, zaczynając od mikrointerwencji, a wchodząc w coraz bardziej złożone zagadnienia. Rewelacyjnym przykładem z Warszawy są łąki kwietne, które zmieniają uporządkowaną miejską zieleń w bardziej humanistyczny projekt. Pozwalają oszczędzać wodę i wspierają utrzymanie populacji owadów. Na tej samej kanwie została zazieleniona ulica Świętokrzyska, stając się jedną z lepszych przestrzeni miejskich. Tu przy okazji uwidacznia się fakt gospodarczy, że jakość przestrzeni przekłada się na konkurencyjność miasta. Na drugim biegunie leżą wybetonowane rynki wielu polskich miast, które straciły zieleń – i przestały przyciągać ludzi.

W europejskich miastach takich jak Wiedeń czy Berlin pole do eksperymentu jest szerokie. Zaczyna się od projektu małej architektury (traktowanej jako „meble miejskie") i może wyrażać się zmianą ulicy w woonerfa (czyli ulicy nastawionej na pieszych i rowerzystów, ale dostępnej dla samochodów) czy przeprojektowaniem przystanków autobusowych pod potrzeby mieszkańców danej dzielnicy[57].

Z tych pozytywnych przykładów aktywności można wyciągnąć szerszą zasadę dotyczącą kształtowania infrastruktury publicznej. Chodzi o to, by duże ośrodki, dysponujące największymi argumentami gospodarczymi na konkurencyjnej mapie kraju, funkcjonowały jako miejsca aktywności obywatelskiej i społecznej, a nie tworzyły betonowych molochów inwestycyjnych czy pseudo-korporacji z wyznaczonymi wskaźnikami wykonania KPI, ale pozbawionych życiowej energii. Miasto, które jest życzliwe, może być mniej zamożne, a dawać więcej satysfakcji i ostatecznie pochłaniać mniej podatków. W pewnym sensie duże

56 Dziennik.pl,*Oto najbardziej zakorkowane miasta w Polsce*, 15.02.2023, auto.dziennik.pl

57 Okazuje się, że w różnych dzielnicach przystanek może pełnić różne funkcje poza bazową polegającą na rozpoczęciu przejazdu. To przykład z Berlina, gdzie projektanci zauważyli, okolicę zamieszkują starsi chcący kupić żywność z dostawą, czy młodzież wpadająca na koncert, której przyda się pompka do roweru, mapa lokalnych atrakcji i punkt łapania taksówek.

aglomeracje powinny zyskać ducha średniego miasta – tworzyć rozwiązania równie przyjazne dla użytkownika i dostosowane do jego potrzeb[58]. Z przymrużeniem oka można postawić tu przedłużony znak równości otwartość = żywotność = spółdzielczość = aktywność = dobrostan.

Jedna z dziesięciu

Fakt, że większych miast mamy kilka-kilkanaście może być naszym potężnym atutem – daje możliwość wyboru drogi życiowej, zmiany branży, na poziomie makro pomaga w rozłożeniu ryzyka na kilka obiecujących inicjatyw. Uczciwie sobie powiedzmy, że duże polskie miasta z nazwy są metropoliami, a w praktyce nazwać tak można Warszawę i Wrocław. Przy każdym innym mieście czy aglomeracji można postawić poważny znak zapytania. Trójmiasto – ma problem z brakiem miejsca do rozwoju, Kraków ze smogiem i korkami, konurbacja śląsko-zagłębiowska z rewitalizacją i integracją przestrzeni oraz przywiązaniem do branż, które przyniosły sukces wczoraj, ale nie dadzą go jutro, Szczecin z bliskością Berlina i oddaleniem Warszawy, Łódź, Bydgoszcz, Toruń z życiem siłą rozpędu i brakiem unikatowego znaczenia na mapie kraju. Trzecia grupa to Lublin, Opole, Rzeszów, Białystok, Radom, Tarnów, Kielce i Olsztyn. Musimy szukać dróg, by się specjalizowały i szerzej korzystały z akumulacji kapitału i inwestycji. Co dotyczy wszystkich miast, to że nie muszą próbować odtwarzania modeli innowacyjnego rozwoju Kopenhagi czy Amsterdamu, bo te wymagają dużej masy krytycznej. Szczególnie na niepowodzenie skazane jest realizowanie tego przy pomocy głównie Funduszy UE, które ostatecznie mogą pełnić rolę pomocniczą (zgodnie z zasadą subsydiarności), ale tylko w szczególnych przypadkach będą miały tak transformacyjny charakter, jak miało to miejsce w ostatnich 20 latach. Będzie trudno odpowiedzieć na te niedomagania centralnie. Każdy z wymienionych ośrodków potrzebuje rozwiązań na miarę, pozwalających im pełnić rolę lidera regionu z pożytkiem dla skoncentrowanej wokół nich sieci osadniczej. Chodzi o wyjście ponad poziom pojedynczego miasta i myślenie w kategoriach „policentrycznej struktury miejskiej", w którym centralne miasto ma wiodący głos w partnerskim kształtowaniu regionu z mniejszymi ośrodkami partnerskimi[59]. Oddanie pełnej władzy miastom mogłoby się nie powieść ze względu na ich niedostatek masy krytycznej. Raczej potrzebna jest ich współpraca z rządem. Powinniśmy wykreować punkty styku między tym, co centralne i państwowe oraz tym, co społeczne, obywatelskie, gospodarcze, regionalne.

58 Por. *Przyszłość rodzi się w małych miastach*, rozmowa M. Sutowskiego z J. Erbel, www.krytykapolityczna.pl, 16 lipca 2022 r.

59 por. A. Drobniak, R. Cyran, K. Plac, P. Rykała, J. Szymańska, *Rezyliencja miast i regionów Europy Środkowej w kontekście hybrydyzacji rozwoju*, Wydawnictwo UE w Katowicach, 2021.

Miasta są niezłym punktem łączenia różnorodnych spojrzeń. Widać to wyraźnie na przykładzie zachodnich metropolii, które jak Amsterdam adaptują sporo praktyk biznesowych (i *vice versa* – biznes angażuje się w rozwiązania strukturalne B2G, *Business to Government*). Przykładem takiej praktyki jest podejście do budowy infrastruktury ładowania samochodów EV. By uniknąć przeinwestowania, administracja tworzy najpierw książkę popytu. Takie podejście jest jakościowo inne niż dekretowanie rozwiązań przez urzędników. Szkoda byłoby zrobić z miasta biznes lub karykaturę *smart city*, natomiast warto na ten trend odpowiedzieć odważnie i konsekwentnie. Więc kiedy prezydent polskiego miasta daje się namówić architektowi na wycieczkę rowerową, by zrozumieć potrzebne zmiany w organizacji ruchu – to jest to bardzo dobry sygnał[60].

Warto szerzej omówić przykład aglomeracji śląsko-dąbrowskiej. Jej połączony potencjał wypada poniżej sumy potencjałów poszczególnych miast. To źle, ponieważ region będzie wymagał transformacji – albo w drodze restrukturyzacji po fakcie, albo w formie ucieczki do przodu (co byłoby korzystniejszym rozwiązaniem). Ulokowany w aglomeracji przemysł będzie potrzebował coraz bardziej zielonej energii, a ważna dla regionu tradycyjna energetyka spowalnia przemiany. Konieczne jest zbudowanie silnego programu transformacyjnego i rozwojowego na dekadę oraz umocowanie jego właścicieli do realizacji założeń[61]. Fakty są jasne dla decydentów i nie można odmówić im chęci ani dobrej woli, lecz nie ma wśród nich takiego, który dysponowałby wystarczającymi narzędziami, by podołać wyzwaniu.

Podstawowa potrzeba koordynacji wynika z szybkiego różnicowania się miast na umowne centra zysków i centra kosztów. Katowice i Gliwice najpełniej wypełniają rolę centrum administracyjnego oraz naukowo-technicznego. Są jednak wyspami inwestycji (być może wraz z kilkoma innymi miastami na obrzeżach; w każdym razie działalność inwestycyjna jest punktowa). Powinno być w nich możliwe „funkcjonowanie bez auta", pewien wyznacznik jakości zachodnich miast europejskich – a jednak korki dojazdowe do pracy w ich śródmieściach wydłużają się. Grozi im przemiana w amerykańskie *downtown*.

Z kolei miasta wewnątrz aglomeracji walczą o przeżycie. Są niedostatecznie zintegrowane z ośrodkami prowadzącymi działalność eksportową takimi

60 „Gazeta Wyborcza", *Robert Konieczny zabrał prezydenta Katowic na przejażdżkę rowerem po centrum*, katowice.wyborcza.pl, 08.07.2023.

61 Faktycznie jest realizowany program wzmocnienia połączeń kolejowych i zadania w tym zakresie powierzono GZM, czyli powołanej ustawą metropolii – rzadkie odjazdy autobusów i tramwajów sprawiają, że nie da się funkcjonować bez auta, mimo istniejącego potencjału infrastrukturalnego. Strategia rozwoju województwa śląskiego „Śląskie 2030", Urząd Marszałkowski Województwa Śląskiego, Katowice 2020. Pewnych rozwiązań dostarcza rządowy Program dla Śląska, www.gov.pl/web/program-dla-slaska/program. Tylko czy między wieloma stronami zainteresowanymi znajdzie się gdzieś faktyczny „właściciel problemu", który ustali priorytety i całościowo nimi zarządzi?

jak Katowice i Tychy. Średnia wieku ich mieszkańców rośnie. Choć jakością zabudowy nie różnią się od głównych ośrodków, ich trajektoria rozwoju jest dużo bardziej płaska. Same nie otrzymują inwestycji ze względu na brak rozpoznawalnej marki, niedobór działek inwestycyjnych połączony z utrudnioną logistyką, mniejszą popularność wśród potencjalnych kadr, słabszą obsługę inwestorów zagranicznych. Inwestorzy ostatecznie szukają wyspecjalizowanej obsługi i nie chcą mierzyć się z sytuacją, w której są pierwszym przypadkiem w historii miasta wymagającym specjalistycznej opieki (bez ujmy dla miasta: odpowiedzialny naczelnik w urzędzie nie będzie kształtował zespołu pod jednorazowe wydarzenie).

Całościowy program mógłby obejmować kompleksową rewitalizację zurbanizowanego wnętrza aglomeracji, zaczynając od zazielenienia, a kończąc na promowaniu zrewitalizowanych obszarów jako nowych dzielnic mieszkaniowych, tworzących „małe społeczności" wewnątrz aglomeracji. Tak, by zmniejszyć pokusę przenosin do Bielska, Pszczyny czy Pyrzowic – miast naokoło aglomeracji. Jak zaradzić rozlewaniu się przedmieść? Podnoszą one koszty utrzymania infrastruktury takiej jak: wodociągi, linie elektryczne, transport publiczny – w czasie, gdy aglomeracja się wyludnia.

Na tym tle pojawia się pytanie o atrakcyjność aglomeracji jako miejsca do życia – możliwość zaprojektowania przestrzeni urbanistycznej wyrównującej dostęp do podstawowych funkcji miasta, zwłaszcza współtworzących je instytucji kulturalnych czy przestrzeni zielonych[62]. Czy przestrzeń do życia zaczyna się już po wyjściu z domu? Jaka część instytucji kultury jest dostępna w 40 minut? Jak różnorodna jest oferta i na ile jest tworzona z myślą o potrzebach różnych grup mieszkańców? Aby możliwe było wykorzystanie miasta jako narzędzia zwiększającego spójność społeczną, potrzebne jest potraktowanie go jako ekosystemu, organizmu na poziomie mikro. To wymaga i odpowiednich instytucji, i zaangażowania mieszkańców, i dostosowanych do tych warunków metod pracy. Pomóc może wykorzystanie otwartych danych cyfrowych, dzięki którym rośnie szansa przemyślanego poszerzania oferty miasta, eliminacji luk w usługach i dostępnie do nich, kształtowanie polityki transportowej.

Co z edukacją? Znów przydałoby się zintegrowane spojrzenie. Jeśli dzieci rodzą się w miastach ościennych, a rodzice pracują w centralnym, być może duże miasto powinno przekazywać budżet na zewnątrz, by uniknąć multiplikacji dojazdów. Podział korzyści z inwestycji w głównych miastach – Katowicach, Gliwicach, Dąbrowie Górniczej i Tychach – w zasadzie nie istnieje, nie licząc pojawienia się miejsc pracy w odległości dojazdu samochodem.

62 K. Piekarski, Data (for) Culture oraz (In)accessible culture. Whose participation is affected by limited public transport access?, w: Shared Cities Atlas. Post-Socialist Cities and Active Citizenship in Central Europe, nai010 publishers, www.sharedcities.eu, Rotterdam 2019.

Co z walką ze smogiem? Przecież wynika z transportu i przemieszcza się po mieście w rytm silników diesla – rano jest w centrum, po południu na przedmieściach.

Gardłowe jest wreszcie udzielenie odpowiedzi na pytanie, czy Śląsk ma pomysł na dostarczenie do aglomeracji rocznie 20–25 TWh OZE lub energii jądrowej w celu utrzymania konkurencyjności przemysłu, na którym zaczynają ciążyć opłaty za CO_2?

Co w ogóle jest ważniejsze – zaawansowane miejsca pracy w przemyśle czy w energetyce? Można by pokusić się o stworzenie miliardowych programów rozwoju nowych branż w miejsce działalności, która historycznie budowała region. Może to być medycyna zdalna w oparciu o dobrą infrastrukturę ochrony zdrowia, które zostały przygotowane na potrzeby górnictwa i przemysłu ciężkiego. Do tego niezbędna jest zintegrowana praca na styku samorządu z uczelniami i biznesem, środki finansowe oraz wyobraźnia, by wykreować nowe kierunki kształcenia potrzebne rynkowi. Kilka sezonów eksperymentów i wytrwania w kierunku inwestycyjnym, by nowości miały szansę się zakorzenić. Rozpoznanie potencjalnych partnerów przemysłowych o wystarczającym potencjale transformacyjnym, którym dysponuje w Polsce bodaj tylko PFR.

Już zbudowana i opłacona infrastruktura mieszkaniowa wewnątrz aglomeracji (w Bytomiu i Zabrzu) mogłaby być zapleczem dla coraz bardziej obciążonych biurowcami Katowic oraz Gliwic – i rozwiązywać przy okazji problemy mieszkaniowe niezależnie od rządowych programów budowlanych. Te ośrodki można byłoby zintegrować kolejką miejską czy monorailem z miastami prowadzącymi działalność eksportową. Akurat program rozwoju kolei regionalnej oraz inwestycji PLK w regionie zostały w ostatnich latach zaplanowane bardzo ambitnie i w dużej części mają poparcie w uruchomionych działaniach. Na drugiej szali leży jednak czas – w pokrewnej kwestii stworzenie wspólnego biletu miejskiego z prostym, czytelnym systemem minutowego naliczania trwało dekadę. A rewitalizacja dzielnicy w jednym z miast aglomeracji środkami podatkowymi z innego miasta jest polityczną i prawną ekwilibrystyką. Trudno zresztą znaleźć przykład podobnego działania. Tego typu rozwiązań nie da się wynegocjować między kilkunastoma podmiotami, a jeśli nawet znajdzie się wyjątek – to od reguły.

Tempo podejmowania decyzji trzeba zestawić z wyzwaniem, jakim jest wyludnianie się Śląska i Zagłębia – między spisami powszechnymi ubyło 227 tysięcy osób. Katowice straciły 25 z 310 tysięcy mieszkańców (jeśli nie więcej). Uzgadnianie stanowisk jest zbyt czasochłonne nawet przy dobrej woli uczestników procesu – różne podmioty ostatecznie muszą stosować się do prawa, reprezentować powierzone im interesy. Nieświadomych uczestników dyskusji już dawno przy stole nie ma – zostali tylko (i aż) uczestnicy różni, muszący odnaleźć się w możliwościach prawnych. Większość wskazanych wyzwań jest przedmiotem otwartej dyskusji w regionie, stanowi materię dokumentów strategicznych.

Pojawia się pytanie o moc sprawczą tych strategii, o to jak duże środki ma do dyspozycji wdrażający i jaką swobodę dysponowania nimi.

Czy marszałek, wojewoda, bądź któryś z prezydentów miast ma na tyle narzędzi, by koordynować wysiłki szkół wyższych i biznesu? Czy może raczej powinien mieć wystarczająco mocny ustawowo mandat i aparat wykonawczy, by móc w dekadę stworzyć kilka wydziałów uniwersyteckich klasy europejskiej i wspierać ich sieciowanie z partnerami w Europie? Narzędzia powinny być proporcjonalne do wyzwań, a przynajmniej jedna instytucja w całym systemie decyzyjnym musi mieć ogląd na całość i choćby miękko koordynować zagadnienie. Rozdzielenie zadań na wskaźniki wykonania pomiędzy rzadko komunikujące się podmioty prowadzi do mechanicznego wypełniania wskaźników, a nie osiąganiu sensu strategicznego.

Analogiczne, choć oczywiście nie tożsame, problemy można rozpisać dla innych miast, Trójmiasta, Krakowa czy Białegostoku, na co dodatkowo nakładają się konflikty polityczne między wojewodami, którzy dysponują pieniędzmi i próbującymi grać rządową grę, a marszałkami i prezydentami zwykle wywodzącymi się z opozycji.

Pojawia się więc pytanie o właścicielstwo. Czy gdyby strategie polskich regionów pozbawić „wizji" oraz „misji" i opisać jedynie działaniami czy projektami strategicznymi – ile zostanie w nich mocy? Czy te inicjatywy faktycznie zmieniają na rzecz mieszkańców produkt, jakim jest region? Czy poza deklaracją rozwoju technologicznego – tworzą wyróżnik dla inwestorów? Czy mają właściciela odpowiadającego za dostarczenie „różnicy między dziś a jutro", czy tylko cele rozksięgowane na wskaźniki dla tuzina urzędów? Musi być ktoś, kto z pozycji „prezesa" będzie promował inwestycje w całej „regionalnej jednostce biznesowej", przecinał wieloletnie dyskusje oraz w oparciu o posiadane środki i zdolność prawną podejmie decyzje inwestycyjne grubsze, niż „możliwie efektywne kosztowo dostosowanie" istniejącej infrastruktury.

Umocować samorządy do kształtowania gospodarki

Przejście do pracy z samorządami oznacza zmianę logiki pracy państwa na partnerską współpracę na kilku poziomach i także po skosie. Postawę kooperacji preferuje już 75% społeczeństwa, 74% ufa samorządom, a 50–60% ma poczucie wpływu na bieg spraw w swojej miejscowości i tylko 30–40% mówi to samo o sprawach kraju[63]. To oczywiście daleko więcej niż wyniki zaufania dla instytucji centralnych. Tu warto budować.

Podstawową sprawą byłoby przekazanie pewnej roli liderskiej prezydentom wiodących miast w aglomeracji czy w regionie, a ci musieliby wziąć na swoje barki przynajmniej część odpowiedzialność za sterowanie rozwojem regionalnym.

63 Kapitał społeczny, strateg.stat.gov.pl

Więcej zadań to większe budżety i przekazana odpowiedzialność. Do rozważenia jest podwójne wynagradzanie władz aglomeracyjnych. Nawet jeśli formalnie nie wchodzą w skład władzy centralnej tylko pozostałyby oddolne i samorządowe – mogłyby otrzymywać premie od rządu za realizację kontraktowanych zadań rozwojowych. Choć to oczywisty pretekst do „nagradzania swoich" i „karania nieswoich", coś trzeba zaryzykować.

Prezydenci musieliby mieć partnera po stronie administracji centralnej. Ciekawe efekty mogłoby przynieść sprzężenie aglomeracji, metropolii, samorządów z PFR oraz samorządem gospodarczym, czyli izbami branżowymi i regionalnymi. PFR jest na wpół ministerstwem, na wpół podmiotem biznesowym. Może połączyć elastyczne działanie z perspektywą z lotu ptaka, pozwalającą

LEPSZE WYKORZYSTANIE DOSTĘPNYCH NARZĘDZI DZIĘKI WSPÓŁPRACY PFR Z AGLOMERACJAMI

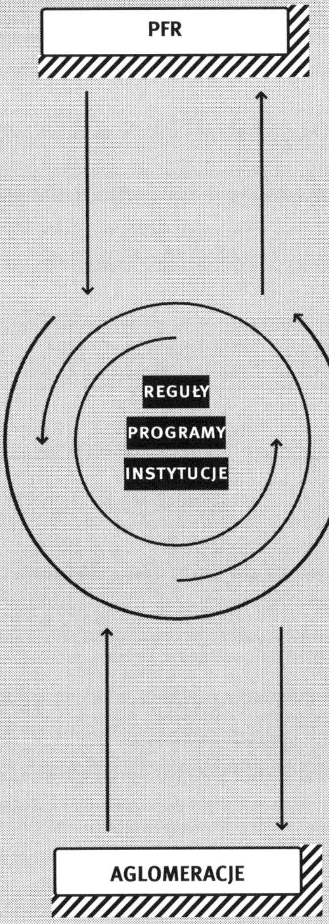

CO NA TYM POZIOMIE MOŻNA OSIĄGNĄĆ?

→ **Szukanie partnerów** inwestycyjnych

→ **Sieciowanie potencjałów**

→ ***Trouble-shooting*** na zlecenie Aglomeracji

→ **Krajowe programy** rozwojowe

→ **Strategia** – dostarczenie informacji o trendach i współpraca w przekuwaniu ich w plany rozwoju wraz z finansowaniem

→ **Poszerzanie rynków** i eliminacja barier wejścia, włączanie szerszego grona pracowników i przedsiębiorstw

→ **Zachęcanie do rozwoju technologii**

→ **Mobilizacja inwestycji** w rozwój kapitału ludzkiego, we własny rozwój zawodowy

Rozwój infrastruktury służącej

→ **konkurencyjności eksportu**

→ **długofalowej polityce społecznej** dzietność, opieka nad starszymi, edukacja

Budowanie odporności na wstrząsy adaptacja-rekonfiguracja zasobów regionu w odpowiedzi na wstrząsy. Szybsze podejmowanie nowych szans gospodarczych

dobrze doradzić. Z drugiej strony współpraca z samorządem gospodarczym to szybsze przezwyciężanie lokalnych wąskich gardeł szczególnie cenne na rynkach potrzebnych do obsługi *tradables* (dóbr handlowych, eksportowych). Lepsze wypozycjonowanie potrzeb infrastrukturalnych i instytucjonalnych lokalnego biznesu będzie naturalne. Do pokonania pozostaje zwykły problem polityczny: jak zdemokratyzować dyskusję między miastami na tyle, by projekty były efektywnie rozdzielane przez PFR między różne ośrodki, a nie były podyktowane okręgiem wyborczym ministra, który będzie w przyszłości go nadzorował. Ostatecznie międzynarodowe projekty inwestycyjne często są realizowane pod patronatem, rzadko – w przypadku flagowych projektów – go omijają.

Co do zasady aglomeracje powinny być ustawione w pozycji klienta PFR. Oznaczałoby to odwrócenie dotychczasowych relacji z PFR i rządem, tak by aglomeracje mogły w większym stopniu zlecać zadania PFR. PFR powinien mieć pod ręką zestaw najlepszych praktyk wdrażanych w aglomeracjach na świecie, jako źródła inspiracji do rozwoju. Może i powinien pomagać w tworzeniu strategii, dostarczając spojrzenia międzynarodowego i optyki na podział zadań w kraju. Przede wszystkim zaś wiedzieć, jacy inwestorzy przychodzą do rządu i kogo można przyciągnąć. Gdyby PFR równolegle stał się silnym partnerem MSZ w zakresie zagranicznej polityki gospodarczej, pętla decyzyjna zaczęłaby się domykać. Wspólnie ustalane programy inwestycyjne, promocyjne i handlowe, z włączeniem samorządu gospodarczego, ułatwiłyby transformację sektorową, urealniałyby pracę nad lokalnymi rynkami pracy czy budowaniem specjalizacji.

Do realizacji ambitnych postulatów samorządy muszą otrzymywać środki z podatków – nie mogą być ich pozbawiane. Do rozdysponowania jest też kilka interwencji na poziomie gospodarki. Biznesy pozyskane w wyniku przywracania do Europy wrażliwej działalności po COVID, zasadniczo podobne do branż, których w polskiej gospodarce brakuje (elektronika, farmacja), mogą być lokowane w miastach, które mają zaplecze ludzkie, ale brakuje im zdecydowanego wyróżnika branżowego.

Szansą dla średnich miast (i niektórych dużych) jest deglomeracja. Można wyobrazić sobie przeniesienie agencji rządowych opisanych w innym miejscu tej książki poza Warszawę. Przeniesienie agencji zajmującej się kulturą i edukacją do Łodzi, nowego ministerstwa nauki i PAN do Lublina, a centrum usług wspólnych rządu do Bydgoszczy i Torunia pomogłyby urozmaicić ich rynki pracy. Skorzystalibyśmy z atutów tych miast oraz – bądźmy praktyczni – zredukowali koszty w porównaniu do Warszawy, gdzie i ceny nieruchomości, i poziom wynagrodzeń odbiegają od średniej krajowej. Jest szereg instytucji państwowych, które wcale nie muszą być ulokowane w Warszawie. Można wyobrazić sobie Opole jako ośrodek uniwersytecki o międzynarodowej renomie.

Pewnym kosztem przesunięcia uwagi na aglomeracje i szerzej samorządy jest to, że projekty rozwojowe byłyby mniej efekciarskie. Musielibyśmy przyciąć projekty typu Luxtorpeda na rzecz budowania infrastruktury, wspierania rozwoju kompetencji, udrażniania rynków pracy. To zadania często ponadkadencyjne, wymagające minimum ciągłości i poszanowania wypracowanego kapitału. Ministrowie skarbu musieliby wyrzec się przyjemności kontrolowania gospodarki i uznać, że rynek wytworzy mądrzejsze rozwiązania.

Interwencja 3. Polska Cyfrowa

Trzecią wajchą zmian, którą warto poruszyć, jest budowa gospodarki cyfrowej, w której coraz większa część zatrudnionych i inwestycji tworzy kapitał niematerialny – wiedzę, technologię, informacje, dane, marki, koncepcje, rozwiązania problemów, pomysły biznesowe oraz wspierającą ten model gospodarczy elektronikę. Taka gospodarka ma podobne źródła napędu co aglomeracje i faktycznie nieraz w nich się rozwija. U podstaw sukcesu obu modeli rozwoju leży zajęcie centralnego miejsca w sieci gospodarczej, zebranie w jednym miejscu krytycznej infrastruktury i przede wszystkim pracowników, co umożliwia wzajemne uczenie się, kumulowanie wiedzy oraz zamianę nakładów inwestycyjnych ponoszonych przez pojedyncze przedsiębiorstwa na składkę na wspólną infrastrukturę[64]. Ale gospodarka cyfrowa, czy gospodarka wiedzy, to nie tylko fenomen technologiczny. Równie ważny jest jej wymiar społeczny – wzajemne zaufanie, jakie musi zrodzić się pomiędzy uczestnikami gospodarki, by mogli wytworzyć złożone dobra, gotowość do dzielenia się pomysłami, prawdziwość i bezpieczeństwo informacji, jakimi się posługują oraz zdolność do ich interpretowania. Ta forma gospodarki opiera się w dużej mierze na trudno uchwytnych dobrach, łatwych do skopiowania, kosztownych w produkcji – symbolach.

Po cyfryzacji możemy spodziewać się kilku korzyści, zacznijmy od gospodarczych, przechodząc w kierunku państwa. Cyfryzacja to szansa na budowanie nowoczesnej gospodarki mimo niskiej stopy inwestycji w Polsce – w gospodarce cyfrowej ciągle jeszcze można osiągnąć sukces przy stosunkowo niskim zaangażowaniu kapitałowym. Gospodarka cyfrowa oferuje „więcej za mniej"; więcej funkcjonalności dostarczonych przez mniej materialny produkt. Dzięki temu możliwe jest skracanie ścieżek produkcyjnych czy wymyślenie projektów inwestycyjnych, które ze stosunkowo skromnych nakładów startowych mogą wejść na wysokie obroty i wytworzyć całkiem złożone produkty. Oczywiście, kapitał nie traci zupełnie na znaczeniu, inwestycja w fabrykę procesorów to nadal kilkadziesiąt miliardów złotych. Korzystnym aspektem cyfryzacji jest jednak to, że poszerza możliwości mniejszych projektów inwestycyjnych, a te przychodzą polskim przedsiębiorstwom łatwiej niż wielkie przedsięwzięcia. Co prawda dużych inwestycji brakuje nam najbardziej, jeśli jednak będziemy

64 por. J. Zygmuntowski, *Kapitalizm sieci*, RozRuch, Warszawa 2020.

CYFRYZACJA: PRZYKŁADY DZIAŁAŃ WZMACNIAJĄCYCH WPŁYW IT NA GOSPODARKĘ

SZANSE EKSPORTOWE I ROZWOJU BRANŻ

BIZNESY ISTNIEJĄCE W DUŻEJ SKALI – INTENSYWNY ROZWÓJ

CENTRA USŁUG WSPÓLNYCH	EKSPORT ELEKTRONIKI I MASZYN Z WARSTWĄ IT	POLSKI SOFTWARE	REINWESTYCJE EUROPY PO COVID

JAK DOTRZEĆ DO SYTUACJI, W KTÓREJ...?

→ **Istnieją rady branżowe mające bezpośredni wpływ na infrastrukturę tworzoną dla sektora ICT.** Studia – przedmioty i metody pracy, profil zawodowy przyciąganych migrantów, dostępność biurowców, energia z OZE i bez CO_2, światłowody, centra danych i obliczeniowe.

→ **Reinwestycje Europy w łańcuch ICT trafiają do Polski.** Państwo zabiega o oferty, łączy partnerów i buduje z samorządami infrastrukturę.

→ **Twórcy wewnątrz firm otrzymują prawa kapitałowe za stworzone rozwiązania, firmy otrzymują korzyści podatkowe za stworzenie spin-offu,** a giełda organizuje mikrorynek długu dla małych firm, które chcą się rozwijać, nie wiążąc się z bankami.

→ **Powstają polskie centra usług wspólnych SSC np. w e-medycynie,** dzięki doświadczeniom z zagranicznych przedsiębiorstw. Używamy IT do rozszerzenia sprzedawanych produktów.

WYBRANE OBSZARY Z SZANSAMI NA REWELACYJNE WYNIKI

FINTECH & CYBERSECURITY	E-MEDYCYNA	SMART GRID	GAMING I POWIĄZANE TECHNOLOGIE

CZY MOŻEMY SOBIE WYOBRAZIĆ...?

→ **Studia IT w kierunkach, o które będą zabiegali nasi partnerzy eksportowi.** Chodzi o transport autonomiczny, 5G i AI. Oraz specjalności IT inne niż programowanie – np. zarządzanie sieciami.

→ **Pogłębianie kompetencji branżowych.** Czy prowokujemy sektor gier do tworzenia własnych technologii np. silników graficznych, a potem ich sprzedaż w innych zastosowaniach?

→ **Poligony testowe maksymalizujące „powierzchnię czynnej" współpracy państwa z ICT dla energetyki OZE.** Smart grid, potrzebnej w energetyce OZE. E-medycyna dla reprezentacji sportowych lub dla klubów 2 ligi. Otwarte dane oraz API usług publicznych, tak by mogli się do nich podpinać niezależni usługodawcy.

→ **Kultura wynagradzająca działanie**. Zachęty finansowe do „drugiego projektu", tak by startupy zakładali ludzie, którzy już coś zepsuli.

PRZEKROJOWE ODDZIAŁYWANIE IT NA PRODUKTYWNOŚĆ GOSPODARKI

CZY JEST DO POMYŚLENIA...?

→ Kampania edukacyjna izb gospodarczych dla mikro i MŚP promująca małe wspomagającego pracę. Kwartalny kurs wykorzystanie IT w small businessie w zamian za półroczny rabat na ZUS.

→ Odpisy na robotyzację. Granty na testy robotów.

→ Alfabetyzm cyfrowy. Wzmocnienie edukacji licealnej np. o zaawansowane funkcje arkusza kalkulacyjnego. Zajęcia z IT połączone z rozwiązywaniem problemów z innych przedmiotów: biologii, fizyki, matematyki, przedsiębiorczości, historii.

→ Obniżanie barier dostępu do IT przez Creative Commons i oprogramowanie open source. Jeśli system w smartfonach zaczął się od Linuxa, na Linuksie działają serwery internetowe i ma on wersje „domowe" – dlaczego nie uczyć go w szkołach?

→ Jarmark Bezpieczeństwa Cyfrowego – zebranie doświadczeń z cybersecurity, wybranie wątków nadających się do rozwoju i komercjalizacji, poszukiwanie partnerów przez MSZ i PFR.

→ Całościowa obsługa cyfrowa przedsiębiorcy.

kreatywni i wskoczymy w dobre, nawet mniejsze inwestycje, to też poprawimy swoją pozycję gospodarczą.

Dołożenie warstwy cyfrowej, telekomunikacyjnej czy robotycznej do już oferowanych produktów to spora szansa na uzyskanie specjalizacji w obsługiwanych przez nas niszach – Polska jako producent małych urządzeń elektrycznych ma tu pewnie spore pole do rozwoju, choćby na polu *Internet of Things*. Tym bardziej, że są przykłady rozwoju procesorów w kraju – bytomska firma Digital Core Design tworzy procesory przemysłowe, a jej rozwiązania pracują w 200 milionach urządzeń na świecie[65]. Oprogramowanie i automatyka dla samochodu autonomicznego, wykorzystanie cyfryzacji do szerszego stosowania materiałów z recyclingu czy zastosowanie druku 3d w produkcji elementów metalowych – dzięki IT skokowo rośnie liczba kombinacji pozwalających na zwiększenie wartości dodanej oferowanej przez przedsiębiorstwa w swoich produktach. To dość realna szansa na wypracowanie polskich rozwiązań o wysokim „nasyceniu nowoczesnością". Choć siła liderów amerykańskich czy chińskich jest ogromna, wciąż powstaje tu coś nowego. Weźmy Allegro, Żabkę czy inPost. Przyzwyczailiśmy się do korzystania z ich usług, a są to na wskroś innowacyjne przedsiębiorstwa, bardzo sprawnie korzystające z cyfryzacji, rozwijające swoje modele działalności cyfrowej i łączące bardzo wysokiej jakości ergonomię (środowisko użytkownika) z zapleczem informatycznym zaprojektowanym tak, że są w stanie obsłużyć całkiem złożone łańcuchy wartości i nawiązać rywalizację z potentatami. Na ile powiedzie im się (prędzej czy później konieczna) ekspansja na rynki międzynarodowej – zależy tylko od nich.

Ważne, że w niektórych obszarach będziemy naturalnie sami jako społeczeństwo potrzebowali nowych rozwiązań, co uwolni nas od ciężaru zgadywania, gdzie leży potencjał innowacji, tylko pozwoli bezpośrednio do niego dotrzeć. E-medycyna i e-zdrowie, energetyka oparta na sieci *smart grid*, technologie finansowe w smartfonie, oszczędzanie wody – w niektórych obszarach będziemy w forpoczcie potrzeb. Na ile uda się odpowiedzieć na te potrzeby, zależy od otwartości państwa i pomysłowości przedsiębiorców. Z tematem e-zdrowia wiąże się głośny w ostatnim czasie temat prawa do prywatności danych medycznych, którego naruszenie niestety podważy na pewien czas zaufanie do gospodarki cyfrowej. Ale to minie. Dużo więcej powodów do optymizmu daje spojrzenie na polskie startupy. Wrocławska Infermedica współpracowała z Microsoft przy rozwiązaniach umożliwiających wstępną diagnostykę chorób w czasie COVID – a jej wkład był właśnie na styku technologii, pracy z pacjentem i medycyny[66]. Rewolucja cyfrowa w bankowości obsługiwanej ze smartfona pokazuje, że jesteśmy dość otwarci na nowe. Charakterystyczne, że

65 Digital Core Design, www.dcd.pl. Jednym z obszarów jej zainteresowania są systemy kryptograficzne, które rozwija we współpracy z – również z polskim – przedsięwzięciem Resquant. To ostatnie pracuje nad akceleratorami kryptograficznymi, które są w stanie przeciwstawiać się deszyfracji z użyciem nadchodzących komputerów kwantowych.

66 www.infermedica.com

odnoszące międzynarodowe sukcesy polskie startupy takie jak Brainly (platforma e-learningowa gdzie można znaleźć pomoc w zadaniach domowych) i DocPlanner (znajdowanie najlepszego lekarza, planowanie kolejek pacjentów; DocPlanner jest właścicielem serwisu znanylekarz.pl) wyrosły wokół potrzeb, które wynikają ze słabo działających w Polsce świadczeń publicznych. Łącząc to z praktycznym polskim podejściem możemy rzeczywiście rywalizować w lidze międzynarodowej.

Z podobnych powodów cyfryzacja może skrócić czas potrzebny na przyłączenie do gospodarki eksportowej wschodnich województw Polski. W tradycyjnych branżach nie zbudujemy infrastruktury czy potrzebnych do sukcesu efektów aglomeracji przez lata, a w branżach z silnym komponentem cyfrowym to możliwe.

W ogóle warto myśleć o cyfryzacji szerzej, jako o okazji do wyrównywania różnic społecznych. Choć IT jest u źródła rozpiętości dochodowych, to jednak jest też źródłem mobilności – można mówić o jego pewnej obusieczności. Dało wielu osobom szansę awansu opartego na kompetencjach, merytokratycznego, o który nieraz trudno było w innych dyscyplinach jak prawo czy medycyna. Dobrze wykorzystany postęp technologiczny już dziś przenosi zamożność z centrum kontynentu europejskiego do Polski. W żadnej innej dyscyplinie nie udałoby się tak szybko i w takiej skali dokonać przesunięcia.

Obusieczność cyfryzacji oznacza, że edukacja do cyfryzacji to i szansa, i obowiązek, bo dostęp do technologii może nieproporcjonalnie wzmacniać silnych już na starcie. Kadry IT chętnie pracują w dużych aglomeracjach, by korzystać z infrastruktury oraz móc swobodnie zmienić pracodawcę (niezależnie od możliwości pracy z domu w dowolnym miejscu na świecie). Tam skupiają się firmy informatyczne. Jak więc rozpowszechniać dostęp do korzyści z gospodarki cyfrowej? Choć jest w tym doza idealizmu, warto zainteresować się tworzeniem szeroko dostępnych wspólnych dóbr cyfrowych (*digital commons*). Ciekawe byłoby też nauczanie informatyki w oparciu o oprogramowanie zapewniane w wolnym dostępie – zaczynając od systemu Linux i różnych pakietów oprogramowania biurowego. To ma podwójny sens: raz – uczy zrozumienia, jaki minimalny poziom usługi jest dostępny bezpłatnie; dwa – uczy docierania do nowych dyscyplin, rozwijających się w małych środowiskach, kołach zainteresowań. Nawet tak nowe dyscypliny jak AI oferują otwarty dostęp do dość zaawansowanych technologii, co może być atrakcyjną ścieżką dla polskich firm – serwis Hugging Face pozwala sięgnąć po wstępnie wytrenowane modele sztucznej inteligencji takich potentatów jak Google czy Facebook, by wykorzystać je do własnych zastosowań. Jest wiele świetnych rozwiązań informatycznych, które pozwalają na profesjonalne działanie bez ponoszenia kosztów, a nieraz przy okazji uczą użytkownika nowych rzeczy. Aby sięgnąć po te narzędzia często wystarczy sprawne posługiwanie się językiem angielskim, więc być może zajęcia z informatyki w szkołach średnich i potem studiach należałoby prowadzić w tym właśnie języku.

Obok działań systemowych na rzecz równości szans, można też podejmować interwencje sytuacyjne. Choćby przy okazji przywrócenia produkcji mikroelektroniki na rynek UE po kryzysie COVID. W dużej mierze to wciąż przed nami. Europa nie ma wielkich marek sfery cyfrowej, co lokalnie wypłaszcza rywalizację i oznacza, że nasze szanse nie muszą być gorsze niż Hiszpanii, Rumunii czy Austrii. Jeśli UE zdecyduje się na pościg za USA i Chinami w tym obszarze – powinniśmy być gotowi w blokach startowych. Pierwsza runda projektów mikroelektronicznych z unijnego programu IPCEI (*Important Projects for Common European Interest*) już została rozdana, warto pilnować kolejnych szans. Pewna ich pula może pojawić się na obrzeżach świata cyfrowego. Nawet jeśli w tym przypadku cyfryzacja jest nieco ukryta – i przejawia się tym, że umożliwi zbudowanie wyspecjalizowanej fabryki czy branżowego centrum usług wspólnych w nietypowym miejscu na mapie Polski. Przykład: drukarnia 3D wytwarzająca części zamienne do maszyn przemysłowych. Warunkiem minimum jest jednak istnienie infrastruktury sprzyjającej IT i pewnego kapitału cyfrowego w głowach. Jeśli mamy pewne atuty w medycynie czy farmakologii we wschodnich województwach, to są to aktywa potencjalnie do podpięcia do obiegu międzynarodowego.

Szersze wykorzystanie IT to również szansa na uzyskanie przez państwo sprawności bliższej prywatnym organizacjom. Jest całkiem pokaźny koszyk tematów, które leżą na styku sprawności państwa i gospodarki, a które mogłyby zyskać nowy wymiar. Nawet jeśli nie każdą dziedzinę życia zechcemy wtłoczyć w koleiny działania „rynkowego", to dzięki IT można bardzo wieloma procesami zarządzić lepiej, lepiej wykorzystać infrastrukturę, bardziej szanować czas zaangażowanych pracowników. Przykład: zapewnienie pełnej informacji o dostępnych łóżkach w szpitalach w regionie i najszybszego możliwego przyjęcia pacjenta w związku z daną chorobą, z uwzględnieniem optymalizacji kosztów. O dziwo, nie działa. Wciąż można przejechać trasę między szpitalami oddalonymi o parę kilometrów i znaleźć kilkumiesięczne różnice w kolejkach do operacji.

Nową jakość przyniesie też wdrażanie idei *government-as-a-service*, czyli rządu-na-zamówienie. Atrakcyjność idei *as-a-service* bierze się z nieuciążliwości, czyli ze zdjęcia z głowy użytkownika-obywatela problemu myślenia o zapleczu infrastrukturalnym, które dziś służy państwu do dostarczenia usługi. Ktokolwiek odwiedza ZUS, NFZ, urząd skarbowy czy sądy wie, że państwo zmusza go do rozumienia logiki całego systemu ubezpieczeniowego, podatkowego czy rejestrowego, aby wykonać najprostszą czynność. W koncepcji rządu-na-zamówienie tym problemem musi się martwić państwo. Jego zadaniem jest dostarczenie usługi, z której można korzystać w takim wymiarze, na jaki sam klient zgłasza zapotrzebowanie. Szybko, bezpośrednio, z przyjazną instrukcją obsługi. Rzecz jasna cyfryzacja nie stoi w miejscu, w pewnej mierze dzieje się już teraz. Czym innym jest jednak nadanie cyfryzacji rangi podstawowego zadania, a czym innym realizacja go przy okazji i mimochodem. Dzięki cyfryzacji moglibyśmy zwiększyć dostępność usług publicznych w chwili dogodnej dla ich użytkownika, poszerzyć listę usług państwowych na platformach IT, silniej dopasować te usługi do potrzeb odbiorcy i racjonalizować też skomplikowanie usług produkowanych przez rząd.

Realizację tego ostatniego postulatu wymusi na rządzie technologia, podobnie jak na innych dostawcach cyfrowych. Żeby cyfryzacja działała, musi mieć istotną skalę, przy której bardzo trudno uciec od standaryzacji. Dobra standaryzacja usług publicznych może z kolei być wartością. Posłużmy się pierwszym z brzegu przykładem. Obecnie o dokumentach potrzebnych do skreślenia wpisu o kredycie z księgi wieczystej decyduje lokalny sąd. Inna jest praktyka sądu w Warszawie, inna w regionach – w prostej czynności administracyjnej. Inne pieczątki, inna liczba pełnomocnictw. Informacja dociera do odbiorcy pocztą, nominalnie: do 3 miesięcy po fakcie. W dobie bankowości elektronicznej? Dlaczego? To jeden z prostszych przykładów, a potrzeb jest więcej i są poważniejsze. Od tego tylko krok do tematu wiążących interpretacji urzędniczych w sprawach skarbowych, na których tak zależy przedsiębiorstwom.

Ostatecznie zapanowanie nad cyfryzacją jest fundamentalne dla jakości współczesnej demokracji. To wielki potencjał, który może obrócić się na dwie strony, jako szansa i zagrożenie. Przykłady najlepiej opowiedzą tę historię. Gospodarka cyfrowa ma to do siebie, że zawiaduje niesamowitą ilością różnorodnych informacji. Polega więc na mediach. W interesie i rynku, i demokracji, warto przeciwdziałać regresowi demokracji do najtańszego źródła informacji. Wspierać tworzenie i eksponowanie wysokiej jakości wiedzy w internecie. Na przykład – przez wsparcie cyfryzacji mediów, podnoszenie jakości debaty przez promowanie dostępu danych w surowej i przetworzonej formie, preferencyjne finansowanie rozwoju nowych platform informacyjnych. Warto inwestować także w kompetencje medialne zwykłych użytkowników korzystających z mediów społecznościowych. Siłą cyfryzacji jest umożliwienie szeregowym użytkownikom dotarcia do szerokiego grona odbiorców – warto umieć z tego korzystać i bronić się przed nadużyciami.

Po drugiej stronie spektrum, przykładem ostrego ryzyka dla demokracji jest zaniedbanie infrastruktury krytycznej IT rządu i bezpieczeństwo danych. Kolejne kryzysy i wycieki mailowe wskazują potrzebę efektywnej, bezpiecznej, błyskawicznej infrastruktury. Początkiem odpowiedzi na te wyzwania jest stworzenie programu wzmacniania krajowej cyberprzestrzeni przez rozwój infrastruktury, treningi i współpracę zagraniczną[67].

67 Taki (państwowy) program został zorganizowany pod nazwą Wojska Obrony Cyberprzestrzeni. Na podstawie ujawnionych zadań trudno ocenić czy nazwa jest adekwatna do zadań, które sugeruje. Wśród opisywanych na www zadań dominuje konsolidacja potencjałów, wymiana wiedzy, szkolenia. Z dużym prawdopodobieństwem inicjatywa jest więc na etapie początkowym. Inicjatywa korzysta ze zróżnicowanych kompetencji szerokiego grona uczestników. por. www.cyber.mil.pl

Nasz bilans radzenia sobie z wyzwaniami IT jest jednak bardzo nierówny. Znakomicie działający system RCB powiadamiania o zagrożeniach udowodnił swoją sprawność, przypominając wyborcom w czasie ciszy wyborczej o możliwości głosowania. Owszem, cyfryzacja pozwala na szybszą identyfikację problemów i skoordynowane radzenie sobie z nimi, np. uciążliwe rozprzestrzenianie się smogu czy COVID. Pod warunkiem jednak, że problemy z raportowaniem danych nie sięgają braków w podstawowej infrastrukturze w terenie. Także w sprawie kryzysu rybnego w Odrze wydawałoby się, że możemy liczyć na sprawniej działający nerw informacyjny państwa. Zupełnie podstawową sprawą w demokracji jest problem gromadzenia informacji o obywatelach i możliwość ich sprzeniewierzenia, w tym śledzenia – wykorzystanie systemu Pegasus do zadań najwyraźniej wykraczających poza ściśle rozumiany interes państwa narusza zaufanie i obywateli do państwa, i biznesu do państwa. To skrajny przypadek. Równie niebezpieczne jest strefa szarości, wykorzystywanie informacji zbieranych z kartotek farmaceutycznych, bankowości czy nawet adresów IP.

Cyfryzacja będzie dźwignią dla gospodarki, tylko jeśli poważnie podejdziemy do całości wyzwania, zaczynając od edukacji, a kończąc na regułach jej wykorzystania w demokratycznym społeczeństwie. To rodzaj kultury technicznej, której brak uniemożliwia efektywne skorzystanie z jej potencjału.

Co mamy?

Mamy centralne położenie i 40% PKB wschodniej części Unii Europejskiej – to podstawa pod hub energetyczny, transportowy i właśnie informacyjno-cyfrowy. Bliskość Niemiec jest szansą i na centra bazodanowe, obliczeniowe światłowodowe, i na stworzenie samodzielnych biznesów, które będą współpracowały z firmami w Niemczech, Czechach, Szwecji, Finlandii.

W 2022 r. mieliśmy 0,6 mln specjalistów ICT, niewiele mniej niż Hiszpania czy Włochy 0,9 mln). W tym samym czasie Francja miała 1,2 mln, Niemcy 2,1 mln[68]. Nasycenie gospodarki specjalistami ICT może nie jest duże, ale ilościowo mamy ich już więcej niż Szwecja. Ofert w ostatnich latach przybywało 2x, wynagrodzenia są na poziomie 4–5 średnich krajowych. Przyciągamy emigrantów z branży IT z Białorusi. W 2021 r. pojawiło się 231 tys. unikatowych ofert pracy[69]. Jedna czwarta to specjalizacje typowo *back-office*, w sumie połowa to pracownicy zaplecza, z producentami serwisów www, i wyspecjalizowanymi *front-endowcami*.

68 Dane Eurostat, *Employed ICT specialists – total*, ec.europa.eu/eurostat.

69 Dane Experis Manpower, za portalem Informatycy.pl, *Wysokie zapotrzebowanie na pracowników IT. W 2021 roku mogli oni przebierać w ofertach pracy*, dostęp 20.10.2022 r.

Sukcesami ostatnich lat były centra usług informatycznych, *outsourcing* programowania. Odnotowały także sukces eksportowy. Jest kilka firm z zakresu oprogramowania korporacyjnego, są i producenci gier: CD Projekt, Flying Wild Hog, 11 Bit Studios, Techland plus 400+ twórców gier mobilnych, *indie*, alternatywnych. W samych grach komputerowych w Polsce pracuje około 10 tysięcy osób. Jest też całkiem spore grono startupów zajmujących się najnowszymi trendami – w obszarze sztucznej inteligencji jest ich ponad 100, zajmują się przetwarzaniem języka naturalnego, botami, zamianą tekstu na mowę[70].

Sporo średnich i mniejszych agencji interaktywnych jest nośnikiem nowoczesności w gospodarce – nie tylko tworzy aplikacje mobilne i serwisy internetowe, wdraża też najnowsze turkusowe modele zarządzania i konkuruje na rynkach międzynarodowych[71]. To istotne zachowanie liderów, bo szczepi nowe praktyki w gospodarce. Najpierw IT stawało się zwinne (*agile*), potem sektor finansowy, usługi, także przemysł przejmuje te wzorce, które pasują do jego charakteru.

Możemy pochwalić się projektami tworzącymi bazar otwartych rozwiązań informatycznych czy to z zakresu *Creative Commons*, jak: Wolne Lektury i jego rządowy klon Lektury.gov.pl czy rozruszany w Polsce system operacyjny Qubes – podobno jeden z bardziej bezpiecznych na świecie[72]. Polega on na stworzeniu izolowanego środowiska, dającemu użytkownikowi systemu bardzo precyzyjny wgląd w to, co dzieje się z aplikacjami, jakich uprawnień wymagają oraz bardzo dobrą kontrolę nad prywatnością użytkowania. Został zauważony przez The Economist, WIRED i otrzymał kilka wyróżnień w dziedzinie bezpieczeństwa. Jasne, w przypadku niezależnych projektów związanych z bezpieczeństwem cyfrowym i wolnością w sieci trudno mówić o „dysponowaniu" zasobem, który w jakiś sposób jest „aktywem" z perspektywy państwa, lecz stoi za nim godny odnotowania potencjał ludzki, który sygnalizuje kolejne możliwości rozwoju.

Na pewno mamy też konkurencję – jest blisko i robi ciekawe rzeczy. Przy tym, w przypadku tak dynamicznej branży jak IT, nie warto zamykać się w myśleniu o walce konkurencyjnej, a widzieć rywalizację połączoną ze współpracą – „ko-opetycję" od angielskiego połączenia *cooperation+competition*. W oprogramowaniu świetnie radzą sobie: Estonia (stworzyli, a potem sprzedali Skype), Ukraina jest konkurentem w centrach podwykonawstwa informatycznego i ma silne miasta – w takim otoczeniu łatwo tworzyć korzyści aglomeracji. Do czasu pacyfikacji pokojowych protestów w 2020 roku rywalem była Białoruś – w podwykonawstwie informatycznym, ale i własnych grach (nawet jeśli chwilowo

70 Rzeczpospolita, *W Polsce mamy ponad setkę firm, które tworzą innowacje AI. Lepsze niż zagraniczne*, 27.06.2023, rp.pl

71 Turkusowe organizacje to takie, w których pracownicy sami organizują swoją pracę i wybierają role najbardziej pasujące do swoich kwalifikacji. Niewiele firm decyduje się na pełną implementację takiego modelu, ale wiele korzysta z jego wybranych elementów.

72 www.qubes-os.org

wypadli z zachodniego rynku – kartę zawsze mogą odwrócić). Aktywna w branży jest Rumunia – ma dostawcę programu antywirusowego, stworzyła popularną platformę do nauki sztuk plastycznych i rękodzieła – Domestika. Przykłady udanych rozwiązań można znaleźć w Słowacji – stąd pochodzą producenci antywirusa ESET. Ale rynek IT przy dobrej podbudowie infrastrukturalnej jest światowy i silni sąsiedzi to też wzmocnienie dla nas. Pojawia się szansa na „przyjazną rywalizację" i partnerstwa.

Po stronie niedostatków kilka tematów rzuca się w oczy. Mimo powszechności Internetu jako źródła informacji, nie korzystamy z sieci w pogłębiony sposób. Odsetek urzędów administracji publicznej korzystających z systemu elektronicznego zarządzania dokumentacją wynosi 81%, wzrost z 47%[73]. Choć aż 92% stron publicznych spełnia standardy dostępności, to tylko 25% niepełnosprawnych i 15% obywateli w wieku 65+ korzysta z internetu w kontaktach z administracją. Obrót dokumentami elektronicznymi z urzędem jest w stadium zalążkowym lub nieco powyżej – stanowi tylko 21% obrotu w ogóle. To poważne wyzwanie, jeśli przyjmujemy, że cyfryzacja ma sprzyjać wyrównywaniu szans.

W punktowym rankingu UE dotyczącym kompetencji cyfrowych *2021 Women in Digital Scoreboard* osiągamy nieco powyżej 40 punktów na 100 (24. miejsce), podczas gdy Finlandia, Szwecja i Dania – około 70. Za nimi Estonia – na poziomie 65. Pewnym pocieszeniem jest wyższa niż średnio w Europie liczba kobiet studiujących kierunki matematyczne, fizyczne i politechniczne oraz informatykę[74]. W innym rankingu *Digital Economy and Society Index* wyniki są lustrzanie podobne. Na czele są Finlandia, Szwecja i Holandia. Polska jest 26. Obok kompetencji cyfrowych ranking mierzy głębokość wykorzystania rozwiązań cyfrowych przez gospodarkę, dostęp do internetu, ilość cyfrowych usług publicznych. Kreujemy modę na cyfryzację i poniekąd zaklinamy rzeczywistość, żeby stała się bardziej popularna – okazuje się jednak dość powierzchowna.

Po stronie państwa lista potencjalnych i nie w pełni wykorzystanych korzyści IT jest długa. Wygoda korzystania istniejącej aplikacji mObywatel jest raczej wyjątkiem potwierdzającym sensowność intensywnej pracy nad IT. Nadal mamy co rozwijać, jeśli chodzi o liczbę usług publicznych dostępnych cyfrowo, szczególnie z poziomu konta bankowego.

Mamy stosunkowo niewiele własnych marek-produktów i niekoniecznie potrafimy łączyć IT z istniejącymi źródłami sukcesu gospodarczego Polski. Pozytywnie wyróżniają się tutaj producenci gier komputerowych, rozpoznawalni na świecie. Stosunkowo niewiele mamy cennych w biznesie platform, a te które są, polegają na eliminacji kosztów łańcucha wartości – są to przede wszystkim platformy handlowe, które pozwalają ominąć ogniwo sprzedaży detalicznej,

73 strateg.stat.gov.pl

74 European Commission, The Digital Economy and Society Index 2022, digital-strategy.ec.europa.eu.

sklepu na mieście. Tymczasem istnieją bardziej frapujące modele – platformy produktowe (zamieniających doświadczenia w produkt, np. Spotify), pozwalające wypożyczać cudzy majątek, prowadząc do bardziej intensywnego wykorzystania kapitału (np. wynajem apartamentów Airbnb), reklamowych (Facebook), chmurowe (Amazon ze swoimi centrami danych, magazynami i mocami serwerowymi), przemysłowe (Siemens z Przemysłem 4.0, czyli połączeniem platformy usług informatycznych, rozwiązań z zakresu automatyzacji, *Internet of Things* oraz algorytmów optymalizujących)[75].

Sytuacja może nie zmienić się szybko, bo mało elastycznie układamy kierunki studiów, kształcąc głównie programistów i testerów. Nie kształcimy w konsekwentny sposób szeregu specjalności potrzebnych w IT związanych z identyfikacją problemu, zrozumieniem potrzeb użytkownika, planowania rozwoju produktu i biznesu, optymalizacją ergonomii (UX). Wachlarz specjalności jest zbyt wąski, ponadto nie dość dogłębnie poruszamy nowe trendy i technologie z nimi związane. Chmura, bezpieczeństwo, interfejsy – w najważniejszych trendach studenci czują się słabo przygotowani[76]. Ryzykujemy zafiksowanie trajektorii rozwojowej na podwykonawstwie informatycznym, dziś lukratywnym, niekoniecznie jutro. Brakuje myślenia o kompetencjach miękkich na rzecz informatyki – wyjścia z myślenia o informatyce w kategoriach technicznych i potraktowania jej jako sposobu rozwiązywania problemów.

Od strony planowania rozwoju informatyki w Polsce zbyt łatwo traktujemy IT jako oczywistość dostępną z ekranu smartfonu i niewymagającą zaplecza. Niski koszt pojedynczego dostępu do usług IT jest nieraz okupiony głęboką pracą na zapleczu – konieczne są sukcesywne inwestycje w infrastrukturę i pielęgnacja raz rozpoczętych projektów. To, że dane są dostępne, nie przesądza o ich wykorzystaniu. Przykładem niech będzie udostępnianie danych publicznych, tak by biznes czy samorządy mogły tworzyć własne analizy i wyciągać wnioski. Bez kuratora dbającego o dostępność tych danych, kompletność ich zestawów, opis, porównywalną formę dla różnych miejsc powstawania danych (np. różnych miast) – zbiór publiczny typu Dane.gov.pl przestaje być hurtownią i lokuje się bliżej składziku z danymi. Jest to przykład tego, że do informatyki podchodzimy technicznie, a nie użytkowo. Częściej myślimy na skróty o stworzeniu produktu, a rzadziej o rozwiązaniu problemu wynikającego z potrzeb odbiorców. Po drugie, szczególnie kiedy myślimy o administracji, jako o użytkowniku danych, musimy przygotować i zmotywować urzędników do wykorzystania danych jako źródła wiedzy. Jeśli dostępne są dane o ruchu samochodów czy natężeniu smogu, to

75 J. Zygmuntowski, *Kapitalizm sieci*, RozRuch, Warszawa 2020, s. 65. Na temat platform por. również: J. Tirole *Economics for the Common Good*. Princeton University Press, 2017.

76 Por. np. A. Szczucka, K. Lisek, J. Strycharz, *Branżowy Bilans Kapitału Ludzkiego – Raport podsumowujący I edycję badania w sektorze IT przeprowadzonego w latach 2017–2018*, PARP, parp.gov.pl.

potrzebni są ludzie oddelegowani do ich wykorzystania, może nie jedna osoba *per* zagadnienie, ale jednak konkretne osoby, których podstawowym zadaniem będzie przeniesienie wniosków z danych na codzienną pracę. Kompetencje IT są w cenie na rynku, więc sektor publiczny musi i przeszkolić urzędników, a potem ich utrzymać – na przykład stawiając pytania, nad którymi chce się pracować.

Ze strony rodziców płyną również pytania o edukację informatyczną na poziomie szkoły podstawowej. Planowane przekazanie laptopów czwartoklasistom nie wydaje się rozwiązaniem najpilniejszego problemu, czyli wyposażenia nauczycieli w programy nauczania pozwalające im skutecznie wykorzystać sprzęt. Inaczej do tego podchodzą Brytyjczycy, którzy stworzyli program BBC Micro:bit, w którym konsorcjum dostarcza przede wszystkim programy nauczania, po to, by wykorzystać sprzęt w celu budowania kompetencji – myślenia algorytmicznego, programowania, kreatywności cyfrowej, uczenia się maszynowego[77]. Kompetencje są więc podstawowym celem, a sprzęt tylko platformą, na której rozwijane jest prawdziwe narzędzie – programy. Brak systematycznego podejścia do kształcenia IT owocuje tym, że kontakt z technologią mamy częsty, przy jednoczesnym braku umiejętności bardziej zaawansowanych. Dotyczy to tak programowania, jak obsługi bardziej zaawansowanych funkcji arkusza kalkulacyjnego – to dopiero one przesuwają granicę osobistej produktywności.

Co powinniśmy zrobić?

Aby aktywować potencjał IT w Polsce przydałaby się Agencja Cyfryzacji zamiast ministerstwa[78].

Powinniśmy strategicznie łączyć rozwój kompetencji IT z eksportem i wzmacnianiem pozycji w łańcuchach dostaw – promujące łączenie tych faktów na poziomie Ministerstwa Rozwoju, PFR, aglomeracji. Jest trochę tematów, które można rozruszać. Polskim kapitałem w IT są pomysły i pracownicy. Warto byłoby uwzględnić w kształceniu specjalistów IT potrzeb partnerów eksportowych, może ze szczyptą fantazji i futurologii. Jeśli pójdziemy tropem wypełniania luk kompetencyjnych zidentyfikowanych w raporcie PARP i zdecydujemy się na uczenie wymienionych tam jako ważne na przyszłość 5G i AI, to orientujmy te kompetencje od razu na autonomiczny transport, bo przecież jesteśmy partnerem przemysłowym i podwykonawcą dla niemieckich – i nie tylko – producentów

77 por. Microbit.org, *BBC micro:bit – the next gen: groundbreaking initiative announced*, 15.05.2023. Notabene, Brytyjczycy mają bogate doświadczenie w tworzeniu programów edukacji cyfrowej. Na przełomie lat 80. i 90. z myślą o edukacji były konstruowane serie angielskich komputerów 8-bitowych, takich jak np. modele firmy Acorn, w tym BBC Micro opracowany we współpracy z BBC.

78 W kierunku agencji cyfryzacji idą np. rekomendacje byłej minister cyfryzacji Anny Streżyńskiej, wywiad Wyborcza.biz, *Ministerstwo Cyfryzacji trzeba zlikwidować*, 06.02.2018 r.

motoryzacyjnych. Celujmy w rozwój technologii, których nasi partnerzy w całości nie opanowali, a będą potrzebne jutro – będziemy bardziej równorzędnym partnerem. To powinno zadziałać również w odwrotnym kierunku. Zamiast eksportować IT dla obcych produktów, postarajmy się wzmocnić komponenty cyfrowe w krajowych produktach. Nazwijmy to ruchem *Internet of Things* dla polskiego eksportu. Z powodzeniem eksportujemy mały osprzęt elektryczny i mechaniczny, AGD, mamy pierwszych producentów dronów – wszyscy oni są tylko o krok od włączenia do swoich produktów najnowszych technologii.

Powiązanie cyfryzacji z eksportem to sposób na wzmocnienie pewnego podejścia, by startować od razu na rynku międzynarodowym. Wydaje się, że firmy zaczynające na mniejszych rynkach krajowych tego problemu nie mają – od razu muszą myśleć światowo, bo nie zgromadzą dostatecznego grona odbiorców. Polska być może cierpi na to, że rynek krajowy jest wystarczająco duży, by przetestować pierwszy prototyp, ale za mały, by osiągnąć pożądaną skalę (tj. taką, przy której produkcja seryjna staje się konkurencyjna względem produktów zagranicznych). To stanowi pewną komplikację w identyfikowaniu właściwych „problemów do rozwiązania" przez firmy informatyczne. Nie mają one innego wyboru jak tylko się nauczyć myśleć w kategoriach zagranicznych rynków i akurat tu państwo może pomóc przez uwzględnienie w kształceniu informatyków (a także innych specjalistów) potrzeb rynków, na których możemy w perspektywie kilku lat wytworzyć nową jakość.

Zwiększenie nacisku na politechnikach, by – kształcąc informatyków czy automatyków – od razu brały pod uwagę punkty styku najnowszych trendów z istniejącymi kierunkami eksportowymi mogłoby zaowocować przedłużeniem sukcesu międzynarodowego naszych przedsiębiorstw i wypracowywaniem własnych rozwiązań zbliżonych do idei Przemysłu 4.0. Wyobraźmy sobie konkretne punkty przecięcia technologii z potrzebami krajowymi albo technologii z potrzebami eksportu. Przykładem są algorytmy do urządzeń obsługujących sieć energetyczną z dużą ilością OZE. IT będzie potrzebne w rolnictwie – coraz częstsze susze, potrzeba nowych odmian roślin, doboru optymalnego systemu nawożenia, redukcji zużycia nawozów i pestycydów. Bez digitalizacji o postęp będzie trudno. Należący do Alphabet (Google) program AlphaFold wykorzystuje sztuczną inteligencję do modelowania trójwymiarowych struktur białek – być może jednym z pożytecznych zastosowań AI będzie również projektowanie odmian owoców i warzyw odpornych na zmieniające się warunki klimatyczne[79].

Na rynku IT jesteśmy silnym graczem *outsourcingowym*. Jednak *outsourcing outsourcingowi* nierówny. Wspierajmy transformację centrów usług wspólnych

79 O AlphaFold i potencjale AI por. „Inside Google's big AI shuffle – and how it plans to stay competitive, with Google DeepMind CEO Demis Hassabis", podcast Decoder with Nilay Patela, 10.07.2023. W Polsce przykładem startupu działającego na rzecz rolnictwa jest SatAgro (satagro.pl), z którym współpracę nawiązała swego czasu Grupa Azoty.

w kierunku bardziej zaawansowanych zadań i szczególnie platform, także hybrydowych, przemysłowo-usługowych. Przykładem e-Medycyna. Być może przy okazji da się spiąć eksport świadczeń z centrów usług wspólnych z rosnącymi potrzebami w zakresie cyberbezpieczeństwa – jeden potencjał cyfrowy wywołuje tu kolejne potrzeby. Być może nasz sektor SSC nie tworzy jeszcze wystarczającej masy i potrzeb, by myśleć o własnych rozwiązaniach chmurowych i z zakresu *edge computing* (przetwarzania brzegowego; odwrotność chmury polegająca na przetwarzaniu informacji blisko miejsca jej powstania). Tym niemniej polscy dostawcy chmurowi są już zrzeszeni w związku Polska Chmura, podkreślając jako swój priorytet bezpieczeństwo danych, a Microsoft zdecydował się otworzyć w Polsce jedno ze swoich centrum chmurowych składające się z trzech ośrodków przechowywania informacji[80].

Liczba nowych szans, które mogą otworzyć się wokół naszego (bardzo zróżnicowanego) eksportu, dzięki IT jest zaskakująco duża i właściwie ograniczona tylko wyobraźnią twórców. Do tego dochodzą szanse w gospodarce krajowej (przy czym wciąż należy pamiętać o problemie ich późniejszego skalowania). Popytu na nowe rozwiązania mogą dostarczyć zamówienia publiczne; tak na duże stabilne rozwiązania oferowane przez wielkich dostawców, jak i na małe innowacje cyfryzujące usługi publiczne ze strony nowych biznesów. Niezłym rozwiązaniem wydawałoby się obligatoryjne wystawianie protokołów współpracy API dla usług publicznych, tak by zewnętrzni operatorzy mogli podpinać się z interfejsem wypełniającym daną usługę państwową. Stworzenie czegoś w rodzaju centrów usług wspólnych dla usług publicznych – też powinno być do pomyślenia.

Gdzie kształtować politykę wsparcia cyfryzacji, by nadążyć za szybko zmieniającym się rynkiem? Dobrze byłoby zejść gdzieś na poziom aglomeracji, bo to w aglomeracjach i klastrach rozwija się sektor. Na poziomie regionalnym niezłym partnerem mogłyby być izby gospodarcze, zwłaszcza w formie samorządu gospodarczego branży IT. Zmiana byłaby odczuwalna. Obecnie PARP przygotowuje przywoływane wcześniej cykliczne badania kompetencji potrzebnych w sektorze cyfrowym. Takie badanie można by uzupełnić o stały kanał dialogu w postaci np. rad branżowych, umożliwiający zagęszczenie cyklu obserwacji zmian, podejmowania decyzji i działania. Bardziej regularna współpraca ułatwiłaby zażegnanie kilku bolączek na zapleczu IT. Czołową jest dostępność pracowników o właściwych kwalifikacjach. Potrzebne jest zróżnicowanie studiów, tak by na rynku pojawiali się eksperci o wielorakich specjalizacjach – wykraczających poza profil programisty i testera. Według wyników badania PARP powinniśmy kształcić także z zarządzania

80 Do Polskiej Chmury należą: Asseco Cloud, COIG S. A., Equinix, Korbank S. A., Netia, Park Naukowo-Technologiczny w Opolu, Polcom, Sinersio, Talex, Wrocławskie Centrum Sieciowo-Superkomputerowe. por. www.polska-chmura.pl.

infrastrukturą informatyczną, projektowania rozwiązań, zarządzania produktami IT, wdrażania rozwiązań, analityki potrzeb klienta, ergonomii (UX).

Patrząc przez pryzmat całej gospodarki, warto pomyśleć o kontroli nad kosztami pracy i siłą nabywczą wynagrodzeń. Jeśli chcemy mieć silny sektor informatyczny, to wynagrodzenia przez kilka lat muszą być atrakcyjne na tle gospodarki i umiarkowane na tle Europy. Dlatego powinniśmy unikać wszelkich baniek na rynkach nieruchomości i innych aktywów, które napędzają windę płacową bez przynoszenia korzyści pracownikom. Czego IT potrzebuje, powinno wyjaśnić się w dialogu z aglomeracjami i z izbami branżowymi. Może to być infrastruktura przesyłowa, nieruchomości umożliwiające kolokację biznesów, dostęp do OZE – IT potrzebuje stabilnej energetyki i woli prąd nieobciążony wahaniami cen surowców.

A jak dbać o przyjazne środowisko dla branż cyfrowych na poziomie kraju? Podstawowe hasło to „infrastruktura miękka" – prawo gospodarcze dla nowoczesnych biznesów informatycznych. Elastyczne systemy pracy oraz mechanizmy ubezpieczeń społecznych i emerytalnych dla pracowników pracujących za granicą – tak, by praca na Maderze nie psuła humoru w dziale HR, który musi ubezpieczyć pracownika. Umowy B2B na razie działają i pozwalają takie problemy omijać, ale elastyczność zwykłych umów pomogłaby zaangażować w branże cyfrowe szersze grono pracowników, także tych, którzy są mniej skłonni do ponoszenia ryzyka zakładania własnej działalności – a tych będzie relatywnie więcej na rynku, w miarę jak wyczerpywał się będzie potencjał młodszych pracowników IT. Może dobrym rozwiązaniem byłyby niepełne etaty, umowy zadaniowego czasu pracy z prawdziwego zdarzenia (czyli niewymagające obecności 5 dni w tygodniu, a umożliwiające pracę np. 3x10h, bo zadania zostały wykonane wcześniej)?

Warto sukcesywnie czyścić elementy prawne czy regulacyjne utrudniające dojrzewanie biznesu, nabranie wysokości przelotowej, zbudowanie kapitalizacji. Ważne, by na pewnym etapie rozwoju, pomiędzy dużym prototypem a skalowaniem, startupy miały możliwość wykorzystania zróżnicowanych źródeł kapitału. Inaczej znajdą je za granicą, wraz z czym przemieści się centrum decyzji finansowych – i prawdopodobnie miejsce, w którym startup zostanie przeskalowany do poziomu przedsiębiorstwa lub organizatora łańcucha wartości. Wtedy będziemy mogli tylko opowiadać historię jeszcze jednego zdolnego informatyka, który zrobił karierę poza Polską. Warto sprzyjać małym rynkom giełdowym, dostępowi do kapitału pozagiełdowego, *Venture Capital*. Do rozważenia są rozwiązania typu promocje podatkowe dla firm na przekazywanie wynagrodzeń pracownikom IT w formie udziałów przedsiębiorstw, dla których / w których pracują. Wzmacniałoby to systematycznie kapitał firm, a pracowników wiązało z biznesem w bardziej długofalowych przedsięwzięciach.

Przydałyby się też piaskownice regulacyjne, pozwalające na wdrażanie nowych rozwiązań testowo i dopracowywanie prawa w biegu. Szczególnie dla nowych firm ważne są wszelkie działania wspierające stabilność i przejrzystość prawa. Digitalizacja pozwala na daleko idący podział procesów produkcyjnych pomiędzy mniejsze przedsiębiorstwa. Umożliwia współpracę kilku przedsiębiorstw ze sobą. Im mniej obciążające i im bardziej godne zaufania będzie prawo, tym łatwiej będzie mniejszym przedsiębiorstwom współpracować ze sobą i rywalizować z dużymi korporacjami – a więc tym łatwiej o sukces w IT. A nasze firmy często należą do tych mniejszych biznesów.

Pojawia się również pytanie o zamówienia publiczne. Podobnie jak w przypadku interwencji dotyczącej wspierania gospodarki rynkowej, także tu warto zwrócić uwagę, że państwo może wspierać rozwój branży informatycznej, zgłaszając zapotrzebowanie na rozwiązania autentycznych problemów, z którymi się boryka (lub mierzą się użytkownicy świadczeń publicznych). Z pewnością warto, by te zlecenia były kierowane do spółek na różnym etapie rozwoju – po to, by wychwycić najnowsze technologie i nie zamykać się w gronie największych dostawców, „oferujących sprawdzone rozwiązania". Jest jasne, że część aplikacji państwowych musi być dojrzała, przetestowana przemysłowo, na dużą skalę – ale nie wszystkie. Jeśli chcemy mieć nowoczesne państwo, to powinno ono utrzymać swoiste okienko szans dla młodych biznesów informatycznych. Wtedy powstanie realna szansa, że nowe branże ukorzenią się nie tylko we Wrocławiu i Warszawie, ale także w Koszalinie i Elblągu.

Interwencja 4. Transformacja Energetyki

Są minimum cztery prawdy o transformacji polskiej energetyki. Pierwsza – chcemy uchronić Ziemię od katastrofy klimatycznej, więc musimy ograniczyć liczbę molekuł CO_2 wysyłanych do atmosfery. Druga – musimy dać polskim przedsiębiorstwom szansę zachowania konkurencyjności międzynarodowej przez zapewnienie dostaw taniej energii o niskim śladzie węglowym, zapobieganie dumpingowi klimatycznemu z poziomu UE oraz tworzenie nowych szans gospodarczych, adekwatnych do realiów świata redukującego emisje. Trzecia – stabilny dostęp do energii jest podstawą bezpieczeństwa gospodarczego, a w warunkach „konfliktów asymetrycznych", poniżej progu działań militarnych, jest także podstawą bezpieczeństwa kraju w ogóle. Czwarta – dostęp do energii jest warunkiem funkcjonowania we współczesnym, demokratycznym społeczeństwie, a do podtrzymania coraz wyższego standardu życia potrzeba coraz większej produkcji energii[81]. Samo poprawienie efektywności energetycznej

81 Kompletnego przeglądu wyzwań transformacji dostarczają podcasty D. Helma, por. D. Helm, The Retreat From Net Zero, And How To Stop It, Helm Talks: Podcasts,

i oszczędzanie prądu nie wystarczą do realizacji celów klimatycznych, muszą być połączone ze zmianą źródeł energii i cyfryzacją.

Nieprzekonanych do transformacji chyba już nic nie przekona – ani argumenty naukowe, ani strategiczne rachuby z zakresu Realpolitik. Argumenty naukowe wskazują, że zmiana klimatu jest mierzalnym faktem i na tyle koreluje ze wzrostem działalności człowieka, że należy uznać ją za antropogeniczną[82]. Wyjątkowo niepraktyczne byłoby czekanie, aż zalane Żuławy Wiślane, suche koryto Wisły i pustynia pod Łodzią zmuszą najbardziej nieprzejednanych sceptyków do uznania globalnego ocieplenia. Refleksja nad Realpolitik podpowiada, że czołowe gospodarki i koncerny na świecie zdecydowanie przekładają wajchę inwestycji na zielone, za czym pójdzie rozwój technologii.

Nie przelicytujemy otoczenia, a zamykając oczy na postęp skazujemy się na zacofanie. Wymowne, że nawet taki potentat jak japońska Toyota zdecydował się na uwolnienie patentów na produkcję silników wodorowych, po to by zwiększyć szansę przyjęcia przez rynek technologii, w której firma jest liderem. Uczynił to, gdy pozostali zdecydowanie przekierowali finansowanie prac B+R w kierunku samochodów na baterie. Przykład ten pokazuje, że w świecie transformacji należy aktywnie wyciągać wnioski, polegać na własnym osądzie i nie obawiać zmiany kierunku.

Przy okazji transformacji energetycznej możemy wzmocnić nasze bezpieczeństwo energetyczne przez zwiększenie roli Polski w regionie. Korzystając z tego, że wokół Bałtyku jest kilka krajów o płytszym zapleczu energetycznym, możemy próbować budowania swojej pozycji jako lokalnego hubu energetycznego. To wymaga infrastruktury i przyjęcia na siebie zarządzania ryzykiem zawirowań w otoczeniu – i jest nie do zrealizowania z wykorzystaniem archaicznych technologii.

Niezależnie od naszych decyzji świat sobie poradzi. Przeszedł podobny wstrząs w latach 70., kiedy dwa kryzysy paliwowe wymusiły zmniejszenie pojemności silników w samochodach i ich spalanie. W tych warunkach Dania zbudowała pozycję silnego wytwórcy turbin wiatrowych, a rząd Edwarda Gierka przewrócił się na cenach energii, które dobiły inwestycje w energochłonny ciężki przemysł (tj. ówczesne *czebole* przypominające obecne spółki promowane przez Skarb Państwa; powiązane z kryzysem energetycznym zmiany na rynkach finansowych poskutkowały wzrostem kosztów obsługi długu zagranicznego). Poza tym nic wielkiego się nie stało[83]. Mądry Polak po szkodzie? Ponieważ posługujemy się językiem podwójnych zaprzeczeń, powinniśmy sobie tę historię opowiedzieć następująco: „niemądry Polak mimo szkody". Transformację energetyczną należy przeprowadzić w najkrótszym możliwym trybie. Pewnym pocieszeniem jest fakt, że polska

www.dieterhelm.co.uk.

82 NASA, „How Do We Know Climate Change Is Real?", climate.nasa.gov.

83 *Notabene* oraz *sic!*: rząd Edwarda Gierka finansował pożyczkami konsumpcję oraz inwestycje w epokowe energochłonne projekty hutnicze zamiast w innowacyjny przemysł.

energetyka i tak musi zostać zmodernizowana ze względu na zaniedbane inwestycje. Jakiś ruch będziemy musieli wykonać.

Nawet ekspresowy tryb realizacji oznacza, że transformacja energetyczna potrwa kilka dekad i obejmie kilka etapów. Potrzebne będzie zarządzenie nie tyle ścieżką do bardzo odległego stanu neutralności emisyjnej, co trzema systemami energetycznymi po drodze. Takim jak dziś – o niewielkim, ułamkowym udziale energii odnawialnej w produkcji prądu. Takim, który osiągniemy w perspektywie kilku lat, a w którym obsługa zapotrzebowania dzieli się 50/50 między OZE a tradycyjną energetyką i takim, gdzie energetyka jądrowa pracuje stale, a OZE pokrywa 100% pozostałego zapotrzebowania. Rozwiązania będą składały się z różnych technologii, których kompatybilność trzeba zabezpieczyć od strony technicznej i ekonomicznej. Tu pojawia się komplikacja. Inwestycje w infrastrukturę energetyczną są na tyle długoterminowe, że będą służyły w kilku okresach. Na każdym etapie tej zmiany musimy mieć zapewnione bezpieczeństwo energetyczne (tak przez dywersyfikację dostawców surowców, źródeł energii, technologii, jak i przez interkonektory i magazyny).

Są dwie wersje wydarzeń. Transformację energetyczną można planować albo jako względnie kontrolowany proces, albo jako wydarzenie spontaniczne. Jedno i drugie ma swoje granice. Przesadnie kontrolowana transformacja skończy się ukryciem problemów do ostatniej chwili – politycy nie zdobędą się na odwagę powiedzenia, że w kilku regionach tradycyjne moce węglowe muszą zostać zastąpione i sprawa zakończy się falą strajków. Zbyt spontaniczna transformacja wywoła duże napięcia w systemie energetycznym, który może nie być w stanie przyjąć dużych, bardzo zmiennych dostaw prądu z OZE. Do tego trzeba na czas rozwinąć sieci dystrybucyjne, przebudować sieci przesyłowe, wypracować i przećwiczyć nowe procedury bilansowania systemu. Postawienie na spontaniczny rozwój wypadków nie wyklucza równocześnie przeciwnego ryzyka, że (mimo wielkiej dynamiki rynku OZE widocznej obecnie) bezwładność systemu okaże się zbyt duża, by mogło dojść do jego samorzutnej transformacji.

Pewnej koordynacji musimy się podjąć, bo kształt systemu energetycznego nie jest obojętny dla gospodarki – będzie rzutował na jej konkurencyjność. I w drugą stronę: nic nam po transformacji, która nie wesprze eksportu. Możemy długo się gniewać na regulacje klimatyczne, ale kiedy 75% polskiego eksportu idzie na rynki UE, nie możemy zlekceważyć warunków tu panujących. Cena CO_2 w systemie ETS oscyluje w przedziale 90–100 EUR/t, a emisyjność naszej gospodarki to w 2019 r. około 768 tCO_2 na 1 mln EUR produktu. Oznacza to ≈7% obciążenie przychodów, a więc w niekorzystnym przypadku o tyle mniejsze marże. Który biznes ma taki zapas[84]? Choć na razie nie wszystkie

84 Ważna uwaga: w systemie ETS płacimy za CO_2 z przemysłu. Emisje z rolnictwa, budownictwa, transportu nie są jeszcze do niego wpięte – dla pozostałych sektorów działają inne mechanizmy, czasem nieco mniej wymagające niż ETS, a czasem bardziej – jak

TRANSFORMACJA ENERGETYCZNA JEST NIEZBĘDNA DLA POLSKIEGO EKSPORTU

EKSPORT TOWARÓW WEDŁUG WOJEWÓDZTW*

2019, mld zł

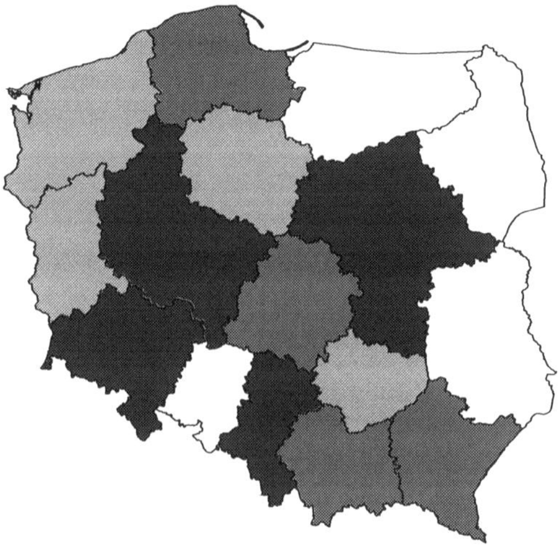

90–130 | 20–30 | 30–50 | 10–20

ORIENTACYJNE ZAPOTRZEBOWANIE NA PRĄD WG WOJEWÓDZTW*

2021, Σ≈170 TWh

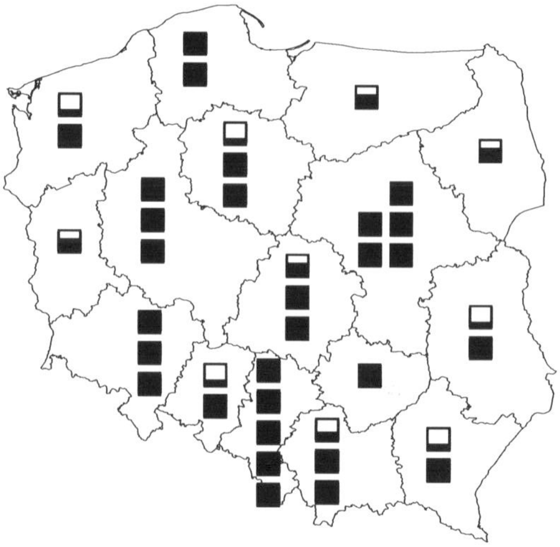

5 TWh rocznie

JAKIEJ TRANSFORMACJI ENERGETYCZNEJ CHCEMY?

OPCJA SPONTANICZNA ← *pole manewru nie jest duże* → **OPCJA PROGRAMOWANA**

JEŚLI POZWOLIMY ZBYTNIO ROZLUŹNIMY PROGRAM...	RYNEK + PLAN GENERALNY + WIARYGODNE PROGNOZY	PROGRAM TRANSFORMACJI + KROKOWE WDRAŻANIE	JEŚLI PRZESADZIMY Z KONTROLĄ...
Powstaje fotowoltaika na dachach o mocy Elektrowni Bełchatów – sieć jest przeciążona. Paraliż rynku na skutek braku infrastruktury OZE, koszty nadrabiania braków w infrastrukturze przerzucone na inwestorów i odbiorców energii.	**Przykłady** → Odblokowanie wiatraków na lądzie → Silne inwestycje w infrastrukturę przyłączeniową dla PV, biogazowni → Planowanie magazynów energii	**Przykłady** → Budowa elektrowni jądrowej → Zaplanowanie kolejności wyłączania elektrowni węglowych i podanie do publicznej wiadomości, tak żeby mieszkańcy mogli podejmować decyzje	Transformacja nie wydarzy się do ostatniej chwili. Koszty poniosą pracownicy, przemysł i regiony eksportowe narażone na koszty CO_2. Import węgla zamiast wydobycia, paraliż rynku (ustawa 10H), regiony górnicze się wyludniają.

* Na podstawie A. Czauż, E. Dąbrowska, *Handel zagraniczny w województwie podlaskim*, Urząd Marszałkowski Województwa Podlaskiego, Białystok 2021; ARE, Statystyka elektroenergetyki polskiej 2021, are.waw.pl.

emisje są opodatkowane w ETS to, prawodawstwo UE zmierza do tego, by każda wyemitowana molekuła pociągała za sobą opłatę. W ciągu kilku lat system zostanie zacieśniony, a decyzje inwestycyjne trzeba podejmować już teraz – nożyce kosztów i oczekiwań klientów właśnie się domykają. Dlatego mazowieckie, śląskie, dolnośląskie, wielkopolskie – w pierwszym rzędzie powinny zabiegać o nowe źródła mocy, mimo ugruntowanej infrastruktury zorientowanej na paliwa kopalne. Te właśnie regiony są liderami polskiego eksportu i jednocześnie największymi odbiorcami energii. To ich konkurencyjność jest zagrożona najbardziej i wkrótce będą zmuszone odpowiedzieć sobie na pytanie, czy wolą utrzymać starą energetykę czy nowy przemysł. Warto przy okazji pamiętać, że niektóre branże (jak motoryzacyjna) obok ETS muszą mierzyć się z dodatkowymi regulacjami promującymi technologie niskoemisyjne. Z perspektywy producenta są one nieraz bardziej wymagające niż ETS, bo wymuszają zmiany technologii produkcji i dostosowanie koszyka oferowanych produktów.

Strategiczne podejście do transformacji jest potrzebne tym bardziej, że dekarbonizacja energetyki to dopiero pierwszy krok na drodze do realizacji celów Zielonego Ładu. Emitujemy obecnie około 400 mln t ekwiwalentu CO2 rocznie, łącznie w sektorach objętych systemem ETS i poza nim[85]. Aby do 2030 r. zredukować emisje o 55% względem bazy w 1990 r. i pozostać blisko ścieżki utrzymania temperatury o 1,50C musielibyśmy uciąć 175–200 mln t CO2. Choć faktyczne cele krajowe są skromniejsze, bo według *Krajowego planu na rzecz energii i klimatu 2021–2030* plasują się w okolicach poziomu 330 mln t, skala pełnego wyzwania daje do myślenia[86]. Energetyka zawodowa emituje łącznie 150 mln t CO2, dalsze 105 mln t CO2 to energia dla przemysłu, rolnictwa, ciepłownictwa komunalnego, 70 mln t emituje transport[87]. Reszta to emisje z hodowli zwierząt i procesów produkcyjnych. Zadanie więc nieliche. Nie, nie wystarczy zgaszenie światła po wyjściu z pokoju.

Jak bardzo musimy się martwić rozmiarem koniecznych inwestycji? Skala wyzwania jest niewątpliwie duża. W Polsce system energetyczny opiera się na

w przypadku przemysłu motoryzacyjnego. Większe ujednolicenie między sektorami nastąpi wraz z Zielonym Ładem, więcej obszarów zostanie włączonych do ETS i to generalnie dobra wiadomość, bo wyrówna pole gry oraz ułatwi porównywanie efektywności różnych rozwiązań ograniczających emisje gazów cieplarnianych.

85 Obrazowo cel przedstawia platforma Climate Analytics, finansowana przez szwedzką IKEA. por. Climate Analytics, 1.5°C National Pathways Explorer, 1p5ndc-pathways.climateanalytics.org, 2022.

86 Por. *DG Energy, National energy and climate plans (NECPs)*, energy.ec.europa.eu oraz Ministerstwo Klimatu i Środowiska, Krajowy plan na rzecz energii i klimatu na lata 2021–2030, gov.pl.

87 Same emisje CO2 to około 330 mln t, por. UN Climate Change, *Summary of GHG Emissions for Poland*, di.unfccc.int oraz porównanie statystyk sektorowych z Eurostat, *Air emissions accounts by NACE Rev. 2 activity*, ec.europa.eu/eurostat.

61GW mocy zainstalowanej, z czego 39 GW tradycyjnej i 22 GW OZE. OZE stanowi więc 35% mocy, a dostarcza około 17% energii[88]. Proporcjonalnie, gdyby 80% TWh prądu dostarczane w systemie miało pochodzić ze źródeł odnawialnych, potrzebowalibyśmy 94 GW mocy OZE przy zachowaniu obecnych proporcji między energią wiatrową i fotowoltaiczną (ta ostatnia produkuje mniej prądu z megawata zainstalowanej mocy). Do 2030 r. na Bałtyku chcemy mieć 6 GW, 11 GW do 2040 r. Dysproporcja narzędzi do wyzwania jest na dziś znaczna. Przy szczerej sympatii do OZE, przeskoczenie z aktualnego poziomu produkcji na 100% zapotrzebowania to wyzwanie trudne do wyobrażenia, zwłaszcza że w międzyczasie pojawi się dodatkowy popyt na energię ze strony samochodów elektrycznych, przemysłu. To prowadzi do wniosku, że będziemy potrzebowali pakietu inwestycji – kilku elektrowni atomowych, znacznych inwestycji w fotowoltaikę, magazyny energii, wiatraki na lądzie i morzu. Czy jednak 130 mld zł potrzebnych na 11 GW mocy w morskich farmach wiatrowych trzeba przemnożyć aż przez dziewięć, by osiągnąć 94 GW mocy zainstalowanych w OZE i martwić się, że to połowa naszego rocznego PKB[89]? Na to za wcześnie.

Być może gdzieś pojawi się granica trudna do przekroczenia, na razie nie warto spekulować, tylko działać tam, gdzie się da. Po pierwsze energetyka odnawialna to rynek sam w sobie, który będzie tworzył PKB. Po drugie, bardzo ryzykowne jest liczenie tych zmian według obecnych cen – w końcu będziemy chcieli zmienić jeden system technologiczny na drugi, a więc fundamentalne relacje między kosztami wytwarzania dóbr zmienią się. Efektywność technologii OZE z czasem się poprawi, duża liczba instalacji OZE umożliwi magazynowanie prądu i tak dalej. Zmienią się także preferencje odbiorców. Gdyby w 2002 roku zapytać przeciętnego użytkownika telefonu, na ile wyceniłby przejazd hulajnogą elektryczną zamawianą przez smartfon na podstawie odświeżanej w czasie rzeczywistym mapy miasta, powiedziałby, że go nie stać, bo nie do końca wiedziałby, co to smartfon i nie chciałby nosić modemu z kineskopem w kieszeni, a koszty telefonii satelitarnej byłyby trudne do pokrycia. Podobnie trudno powiedzieć, jaka będzie wartość jednostki energii wytworzonej w 2040 roku z krajowych „zasobów" wiatru. Takiej wyobraźni wyliczeniowej na 20 lat do przodu po prostu nie ma. Nie zmienia to konieczności zainwestowania w maksimum mocy na Bałtyku czy pewnego zliberalizowania ustawy 10H[90].

88 por. serwisy Agencji Rynku Energii, are.waw.pl, oraz globenergia.pl, wysokienapiecie.pl.

89 Rząd w Programie Rozwoju Morskich Farm Wiatrowych szacuje 130 mld zł. www.gov.pl/web/morska-energetyka-wiatrowa/program-rozwoju-morskich-farm-wiatrowych, dostęp 27.07.2023 r.

90 Ustawa odległościowa, ustawa 10H – określa odległość elektrowni wiatrowej od zabudowań równą 10-krotności wysokości wiatraka. Blokuje możliwość budowy większych i bardziej efektywnych turbin; przy rozproszone i nieuporządkowanej polskiej urbanistyce to niweczy plany rozwoju farm wiatrowych.

JAKOŚĆ ZARZĄDZANIA TRANSFORMACJĄ ENERGETYCZNĄ BĘDZIE DECYDOWAŁA O KONKURENCYJNOŚCI GOSPODAREK UE PRZEZ NAJBLIŻSZE 20 LAT

Rozwiązanie problemów systemu

KSZTAŁT RYNKU ENERGII PRODUCENCI, KOSZTY I CENY | **1. INWESTYCJE W INFRASTRUKTURĘ** | **2. NIECIĄGŁOŚĆ PRODUKCJI PRĄDU Z OZE**

2015–2025

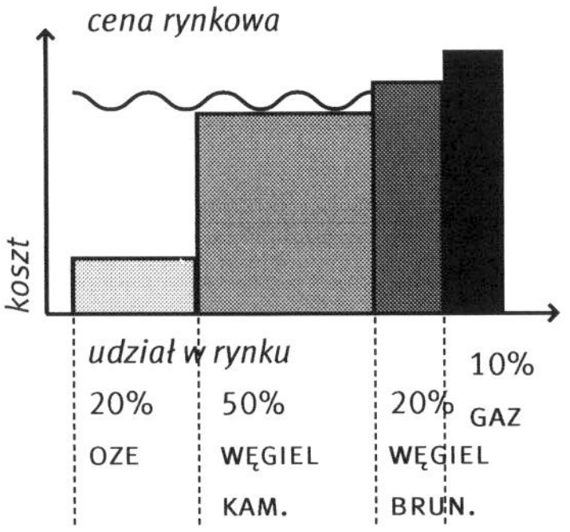

1. Inwestycje w infrastrukturę

- **Finansowanie elektrowni atomowych** – mobilizacja 2 projektów
- **Przeznaczenie środków ze sprzedaży certyfikatów ETS CO_2** na zielone inwestycje
- **Stabilizacja klimatu inwestycyjnego** Dziś: niepewność prawa OZE i przyszłej rentowności projektów
- **Wzmocnienie sieci** – potrzebne duże inwestycje z wyprzedzeniem

2. Nieciągłość produkcji prądu z OZE

- **Zabezpieczenie mocy na interkonektorach** u zagranicznych partnerów

Przy małym udziale OZE nieciągłość produkcji jest raczej uciążliwością, niż realnym problemem.

TRUDNY OKRES WIELU WYZWAŃ

2025–2035+

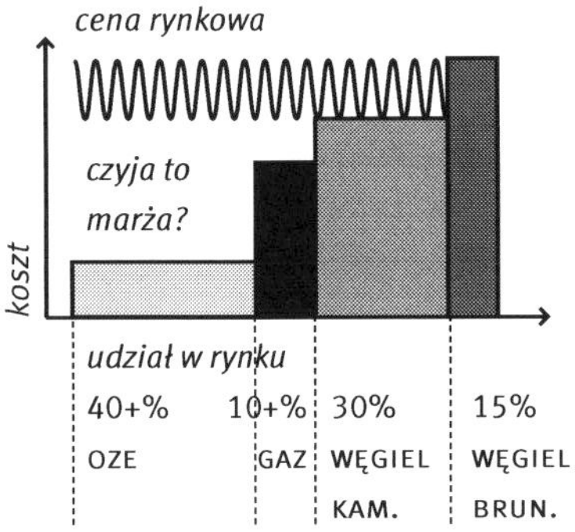

1. Inwestycje w infrastrukturę

- **Mechanizm ustalania cen prądu i bodźców dla inwestora.** OZE jest tanie w produkcji i nie obciążone CO2. Jaka część korzyści trafi do producenta, a ile do odbiorcy?
- **Potrzebne „podwójne" inwestycje w moce OZE** – 2 wiatraki zamiast 1, bo nie zawsze wieje i świeci.
- **Podziemne magazyny CO_2 (CCS)**
- ***Smart grid*** – sieci reagujące na zmiany mocy z OZE, przyłączenie wielu „prosumentów"

2. Nieciągłość produkcji prądu z OZE

- **Uelastycznianie popytu na prąd w systemie** (ang. *Demand Side Response*, DSR; przykładem wyłączanie niepotrzebnych urządzeń)
- **Pomysł na alokację kosztów**– kosztu gotowości elektrowni szczytowych, kosztu nie pracujących źródeł OZE
- **Uwzględnienie w cenach prądu składki na wychwyt CO_2** z tradycyjnych elektrowni stabilizujących system

2035–2050

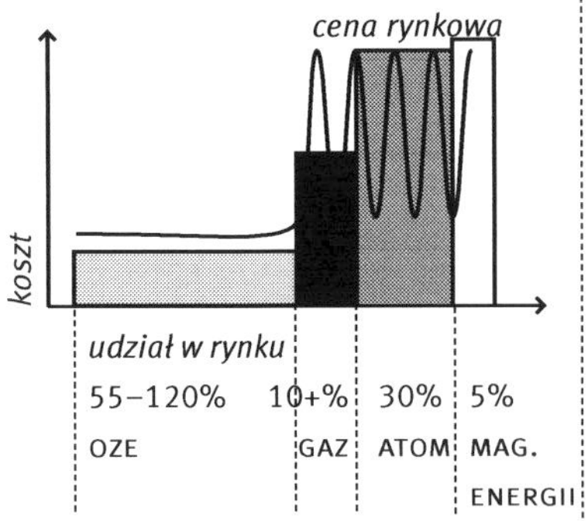

1. Inwestycje w infrastrukturę

- **Prąd dla transportu** – zaspokojenie zapotrzebowania aut EV
- **Kształtowanie oczekiwań co do rozwoju rynków energii** – by inwestorzy mogli rachować ryzyko
- **Rola Elektrowni Bełchatów** – zapewnienie, że system zachowuje stabilność bez niej
- **Magazyny energii** – wielko- i małoskalowe

2. Nieciągłość produkcji prądu z OZE

- Znalezienie sposobu na **rozdzielenie kosztów elektrowni atomowej** oraz „ostatniego producenta" stabilizującego rynek
- **Opanowanie kosztów kompatybilności atom–OZE.** Atom pracuje ciągle, OZE zmiennie
- Ułatwienia pozwalające na **wykorzystanie nadmiarowych mocy** do produkcji paliw, magazynowania energii

– POTRZEBUJEMY PUNKTOWYCH ROZWIĄZAŃ DLA WSZYSTKICH TRZECH ETAPÓW. CO MUSI SIĘ WYDARZYĆ, BY SYSTEM MÓGŁ DZIAŁAĆ?

zbudowanego z OZE

3. ROZPROSZENIE ŹRÓDEŁ OZE	4. NISKA „GĘSTOŚĆ" ENERGII ZE ŹRÓDEŁ OZE	5. WYMIAR SPOŁECZNY
→ **Udostępnianie energii z OZE eksporterom** potrzebującym niskiego śladu CO_2 – poprzez kontrakty różnicowe, PPA (*Power Purchase Agreements*, bez obrotu giełdowego) → Upewnienie się, że potrafimy bilansować rynki energii na mniejszych obszarach (OZE blisko domów)	→ **Promowanie efektywności energetycznej**, także budynków → **Rozwój sieci ciepłowniczych** w miastach → **B+R na rozwój technologii produkcji wodoru**, innych rozwiązań dla ciężkiego transportu, np. ciężarówki mniejsze ale elektryczne	→ **Mała ilość OZE podnosi koszty eksportu.** Koszt CO_2 wliczany do cen energii „zużywa" konkurencyjność polskich przedsiębiorstw → **Inwestycje w reorientację regionów** z przemysłem ciężkim na „lżejszy" → **Dialog i edukacja** np. na temat zmian w krajobrazie
→ **Dostarczanie energii z OZE i energii o niskim śladzie CO_2 do centrów przemysłu i eksportu** – np. na Śląsk, Dolny Śląsk, Poznań, rejon Warszawy → **Opanowanie skutków w/w postulatu** dla reżimu pracy pobliskich elektrowni, zakładów przemysłowych	→ **Ciepłownictwo** – nowe paliwa zeroemisyjne (mały atom) → **Inwestycje produkcyjne w paliwa syntetyczne** dla lotnictwa, żeglugi → **Wodór** – przygotowanie stacji paliw; wprowadzenie domieszki wodoru do sieci gazu ziemnego	→ **Środki na transformację gospodarczą regionów** wyłączanych z produkcji energii UCZCIWA INFORMACJA DLA OBYWATELI I BIZNESU: → **Kolejka zmian** – publiczne przyjęcie listy, wg której elektrownie węglowe będą odstawiane z systemu. Ważne życiowo dla mieszkańców → **CO_2 i przyszłe ceny prądu**. Eksporterzy stają się zależni od śladu CO_2 i cen energii. Zasługują na szansę skalkulowania ryzyka.
→ **Systemy sztucznej inteligencji** wspierające zarządzanie systemami elastycznego dostosowania popytu (DSR) i *smart grid* → Uzgodnienie sposobu **współpracy sieci przesyłowej i dystrybucyjnej w nowych warunkach** – przy dużej ilości OZE punkt bilansowania energii może się przesunąć do sieci lokalnej, ale „duża" sieć nadal będzie potrzebna	→ **Wodór – już funkcjonujący rynek**, z zasadami pracy, przyłączeń, bilansowania, produkcji z nadwyżek energii w sieci, giełdą. Zapewnienie możliwości fizycznego obrotu H2 w takim stopniu, by możliwe było ustalanie jego cen w oparciu o mechanizm rynkowy → **Uregulowanie pierwszeństwa poboru energii** – samochody EV, domy czy fabryki?	→ **Studia energetyczne** – ukierunkowane na OZE wraz z całą infrastrukturą towarzyszącą → **Większy nacisk na technologie cyfrowe**

To, czym powinniśmy się martwić, jest złożoność wyzwania, kolejność podejmowanych działań i ich wzajemne powiązanie. Skuteczne zarządzenie transformacją energetyczną wymaga zaplanowania pracy i inwestycji nie jednego, ale trzech następujących po sobie systemów, z których każdy pociąga osobne wyzwania. Potrzebne rozwiązanie obejmie punkty od inwestycji w infrastrukturę, przez rozwiązanie problemów technologicznych, takich jak: nieciągłość produkcji prądu z OZE i rozproszenie źródeł, aż po wymiar społeczny. „Stan końcowy" to dopiero 1/3 pracy – stany pośrednie są kluczowe, bo tam pojawia się konieczność budowania podpórek infrastrukturalnych, które ostatecznie z nami zostaną. Trzeba naraz rozwiązywać wyzwanie techniczne i ekonomiczne, być może zaczynając nawet od ekonomiki systemu.

Dziś mamy głównie moce węglowe, OZE uzupełnia system. O wahaniach cen decyduje różnica kosztów wytworzenia prądu pomiędzy średnio – i małowydajną elektrownią węglową. Przy mniejszym zapotrzebowaniu na prąd ostatnim producentem, który dostarczy energię do odbiorców będzie średnio wydajna elektrownia, natomiast gdy zapotrzebowanie wzrośnie, do produkcji zostanie dołączona najmniej efektywna jednostka. Im większe będą różnice w technologii między ostatnimi elektrowniami, znajdującymi się na krańcu krzywej produkcji, tym bardziej wzrosną wahania cen. Podobny skutek będą miały koszty emisji w systemie ETS. Wzrost cen CO_2 sprawia, że coraz droższe będą elektrownie na węgiel brunatny i powyżej pewnego progu cenę rynkową będą dyktowały właśnie one. Co więcej, do 2034 roku mają zostać wycofane darmowe uprawnienia do emisji CO_2 przyznawane przemysłowi[91]. To zakreśla wyraźną trajektorię dla krajowego przemysłu, zwłaszcza że przy równoległym poszerzeniu ETS o nowe branże spodziewane są wzrosty cen pozwoleń do emisji. Krajowe Centrum Analiz Klimatyczno-Energetycznych wskazuje dla roku 2030 poziom 180 euro/tCO_2. Bodźce do zmian będą potężne.

Rezygnacja z sumarycznie najdroższych jednostek na węgiel brunatny nie jest jednak oczywista. W razie braku dostępnych mocy może być łatwiej, od strony kosztów i organizacji, utrzymywać w zapasie jedną większą, położoną centralnie elektrownię niż kilka innych elektrowni węglowych na obwodzie. Bełchatów jest wielokierunkowo połączony z siecią i może pełnić rolę stabilizującą, a wcale nie jest powiedziane, że polski system energetyczny działałby bez swojego największego obiektu (faktycznie Bełchatów nie jest monolitem, składa się z 12 bloków). Gdyby w Połańcu, na Śląsku albo Siekierkach prądu miało zabraknąć,

91 Na temat cen w EU ETS por. CAKE, *VIIEW on EU ETS 2050: Changing the scope of the EU emissions trading system*, climatecake.ios.edu.pl, April 2023. Redukcja darmowych uprawnień w ETS ma przebiegać następująco: 2026: 0 2,5%, 2027: 5%, 2028: 10%, 2029: 22,5%, 2030: 48.5%, 2031: 61%, 2032: 73,5%, 2033: 86%, 2034: 100%.por. *Climate change: Deal on a more ambitious Emissions Trading System (ETS)*, europarl.europa.eu.

wezwiemy Bełchatów na pomoc. Raczej nie możemy sobie pozwolić na jego wyłączenie i to on wyjdzie z systemu dopiero wtedy, gdy zasoby węgla na złożu się skończą. Faktyczne wyłączenie może okazać się wykonalne po zwiększeniu ilości OZE do kilkudziesięciu procent wytwarzanej energii.

Ale pozostawienie Bełchatowa jako producenta będzie oznaczało, że (w drugim etapie transformacji) może stać się krańcowym dostawcą wyznaczającym ceny dla odbiorców na całym rynku, a marża na produkcji z energii OZE będzie tak duża jak „nieefektywność" Bełchatowa. Czy tego chcemy? Niby to poprawne i dobre dla producentów, z tym że zepchnie część odbiorców w ubóstwo energetyczne. Być może więc Bełchatów należałoby do czasu zastąpienia energią atomową traktować jako „strategicznego dostawcę", na którego moc zrzucają się pozostali gracze – a reszcie rynku pozwolić działać? Na te i podobne pytania odpowiedzieć może tylko specjalistyczne modelowanie systemu energetycznego.

Drugi etap przyniesie wiele wyzwań w przemyśle i energetyce cieplnej. Duży przemysł, jak stalownictwo oraz przetwórstwo chemiczne, potrzebuje ciepła na kilkaset i więcej stopni Celsjusza, czego nie uzyskamy z kolektorów słonecznych. Mogą dostarczyć go małe reaktory jądrowe. Przydać się mogą one również w ograniczeniu emisji CO_2 w ciepłownictwie. Dużym pytaniem dla średniego etapu transformacji jest czy i ile zainwestować w składowanie CO_2 pod ziemią oraz kto miałby ponieść pierwsze koszty takiego projektu – być może konsorcjum organizowane przez państwo z udziałem spółek skarbu państwa. Najtrudniejszą rozmową w ramach drugiego etapu transformacji, bardzo potrzebną, jest dialog społeczny na temat porządku wyłączania bloków energetycznych w regionach. OZE będzie przybywało, również energii jądrowej. Rzadko wytworzą one te same miejsca pracy, w tej samej ilości, w tych samych miejscach kraju – a mieszkańcy zasługują na wybór, skoro będą decydowali o swoich drogach życiowych na lata.

W trzecim etapie transformacji wyzwania się zmienią – zastaniemy rozproszoną sieć wytwórczą, w ogromnej mierze opartą na OZE. Wszystko wskazuje na to, że inwestycje w energetykę jądrową będą do tego czasu najdalej w połowie cyklu życia, więc trzeba je uwzględnić w planowaniu rozwiązań technicznych już dziś. Energia z OZE, przy pomyślnym obrocie spraw, będzie bilansowała się statystycznie. Jednak przy niekorzystnych wiatrach będziemy potrzebowali jednego lub więcej mini-Bełchatowów z zapasowymi mocami oraz magazynów energii, które pozwolą przetrzymać prąd do godzin wysokiego zapotrzebowania w gospodarstwach domowych po południu, (anegdotycznym przykładem jest tu *blackout* sieci energetycznej spowodowany włączeniem czajników elektrycznych w przerwie meczu). Zmienność produkcji energii przez OZE, rozproszenie jej źródeł będą na tym etapie bardzo odczuwalne. Energię wytworzoną przez mini-Bełchatów trzeba gdzieś po drodze przechować, a magazyny energii obłożyć takim systemem cenowym, żeby ktoś był gotowy w nie z wyprzedzeniem zainwestować. Część magazynów może być mała i szybka, oparta na starej baterii z samochodu EV, część będzie wielkoskalowa i oparta na wodorze lub na innych mechanizmach magazynowania. Do tego należy dołożyć dodatkowe moce w elektrowniach pozwalające obsłużyć zapotrzebowanie małych samochodów z silnikami elektrycznymi, wypierającymi silniki spalinowe. Przy okazji uwidoczni się na większą skalę problem „niskiej gęstości" energii z OZE – do napędzenia ciężkiego transportu nie wystarczy napęd z baterią elektryczną, energię będzie trzeba zagęścić i przekazać w postaci sprężonego wodoru lub innych paliw syntetycznych, których przygotowanie jest z kolei energochłonne (albo: zmniejszenia ciężarówek, wymiany ich na pojazdy autonomiczne zasilane energią elektryczną i stworzenie regulacji pozwalających im poruszać się nocami z niską prędkością). Przy okazji ujawnia się dodatkowe wyzwanie infrastrukturalne: czy w ciągu 10–15 lat będą potrzebne gazociągi wodorowe? Bardziej zaawansowane gospodarki europejskie na pewno o nich myślą.

Rozwiązanie dla wymienionych trzech etapów transformacji nie może przybrać postaci czarnej skrzynki. Musi być znane publicznie wraz propozycją mechanizmów sterujących cenami prądu, podziałem korzyści z niskich cen OZE (czy wszystko trafia do producenta?), z analizami pokazującymi główne czynniki sterujące kosztami i wartością, informacją o głównych blokach projektów inwestycyjnych, by pracownicy i przedsiębiorcy mogli skalkulować swoje ryzyko. Pokażmy nawet ograniczony zakres, ale dajmy lepszy obraz tego, które luki są do uzupełnienia, czego można się spodziewać po dalszych pracach. Biznes musi wiedzieć, jaka część „niespodzianek inwestycyjnych" związanych z tworzeniem zaplecza infrastrukturalnego zostanie uspołeczniona, a ile będzie po stronie producenta. Bez widocznych „bloczków konstrukcyjnych" złożoność wyzwania nas przytłoczy – będziemy kłócili się o różne cele w różnych horyzontach czasowych.

Zaprognozowanie i utrzymanie stabilnych bodźców podatkowych i prawnych nie będzie łatwe – z ustawą wiatrakową 10H problem mamy przez ładnych kilka lat, a pieniądze zbierane przez rząd ze sprzedaży uprawnień do emisji dwutlenku węgla są przeznaczane na ogólne priorytety budżetowe, a nie OZE.

*

Notabene: przy wyzwaniu tej skali nie możemy pozwolić, by uciekło nam sterowanie transformacją w UE. Jeśli chcemy, żeby CO_2 było mniej, a nie tylko opuściło granicę celną UE, musimy domknąć system redukcji – inaczej CO_2 będziemy przenosić za miedzę zamiast redukować, stracimy miejsca pracy w przemyśle na rzecz zagranicy, koszty będą ponosili mniej zamożni (jeśli nie opodatkujemy konsumpcji). To kluczowe zwłaszcza dla polskiego eksportu, w którym element przemysłowy ma istotne znaczenie. Jak Europa może skorzystać na roli regulatora transformacji klimatycznej na świecie – zostanie omówione w rozdziale o Unii. Poniżej spisane zostało tylko netto interesów Polski. W naszych podstawowym interesie jest:

- → Opodatkowanie CO_2 w konsumpcji – dziś płacą za dwutlenek węgla producenci, a w granicach UE to my należymy do gospodarek o profilu wytwórczym, gospodarek przemysłowych. Tymczasem to konsumenci powinni mieć powody, by wybierać towary niezawierające śladu węglowego. Ważniejsze pytanie dotyczy narzędzi, za pomocą których podatek byłby egzekwowany, a na szali leży nasza prywatność. Kuszące jest przecież przydzielenie budżetu CO_2 do karty płatniczej i inwigilacja wszystkich transakcji użytkownika. Im szybciej zaczniemy dyskusję, tym większa szansa, że wypracujemy bardziej racjonalne rozwiązanie.
- → Kompletność sektorowa opodatkowania CO_2 – rolnictwo, budownictwo, transport. Tu zmiany postępują, bo ETS będzie obejmował transport i budownictwo. Bez zmian w tych obszarach nie sprowadzimy ścieżki CO_2 do zrównoważonego poziomu. Przemysł odpowiada tylko za fragment emisji. Są też wyzwania: opodatkowanie węglowe produkcji rolnej w Polsce będzie trudne, bo wytwórcami są małe jednostki gospodarcze, którym trudno spełniać niezbędne przy rozliczeniach kalkulacje i wymagania administracyjne.
- → Wzmocnienie cła węglowego CBAM promujące rzeczywistą redukcję CO_2. Decyzja o cle węglowym jest podjęta, ale ma dość ograniczony charakter, być może ze względu na obawy o retorsje ze strony partnerów międzynarodowych jak Chiny i, w mniejszym stopniu, USA. W naszym interesie jest zapobieganie „ucieczce emisji wraz z miejscami pracy" z Europy nieraz wewnątrz tych samych łańcuchów wartości. Przy czym to Europa stawia wyższe wymagania środowiskowe, więc i ten element powinien być brany pod uwagę.
- → Zasady powszechnego dostępu do energii i ograniczające koszt transformacji dla słabiej uposażonych. Powszechny dostęp do energii jest wymogiem funkcjonowania współczesnego społeczeństwa. Kosztowna transformacja nie może po prostu spaść na barki najsłabszych.
- → Jednoczesne zapewnienie bezpieczeństwa energetycznego – przez dywersyfikację źródeł dostaw, zabezpieczenie cyfrowe sieci oraz dobór odpowiedzialnych partnerów do współpracy.
- → Ukrócenie taniego zielonego marketingu – ograniczenie „zabiegów pozorowanych" np. przekazywania 5%, 10% wartości produktu jako sposobu na pozorowane rekompensaty emisji i uzyskiwanie metki „ekologicznych" produktów.

Interwencja 5. Rynek i praworządność jako lepiszcza

Szczególnie gospodarka taka jak polska wymaga sprawnej infrastruktury instytucjonalnej i prawnej. Chcemy rozwijać nowoczesne biznesy, a mamy małe firmy. W Polsce jest niewiele dużych przedsiębiorstw, które stać na zatrudnianie sztabów prawników do radzenia sobie ze skomplikowanymi regulacjami prawnymi, a jeszcze mniej polskich korporacji. Gdybyśmy mieli korporacje, to od biedy moglibyśmy założyć, że wyizolują się od trudnych warunków prawnych, prowadząc większość działalności we wnętrzu firmy. Tak nie jest – polskie przedsiębiorstwa muszą dogadywać się między sobą na rynku i polegać na prawie. Rozdrobnione łańcuchy przedsiębiorstw muszą mieć możliwość oparcia się na prawie powszechnym jako rusztowaniu współpracy. Jeśli chcemy, by i polskie marki mogły sięgać po duże projekty, musimy dać im bardzo czyste, pewne i stabilne prawo. Skomplikowane i niejednoznaczne przepisy siłą rzeczy faworyzują zagraniczne korporacje. To jeden z lepszych sposobów na to, by polski biznes mógł awansować do wyższej klasy wagowej, a rozdrobniona polska gospodarka mogła wykorzystała szanse eksportowe i te związane z cyfryzacją. Drugą stroną tego postulatu jest konieczność samoograniczenia się państwa i wyznaczenia dopuszczalnych ram aktywności dla spółek państwowych, które nie mogą tarzać się w gospodarce jak hipopotam zażywający kąpieli błotnej.

Jednym z celów strategicznych Polski opisanych we wstępie jest zbudowanie atutu, który można nazwać polską specjalizacją, wyróżnikiem, marką. W praktyce chodzi o pozycję integratora jednego ze znaczących na świecie łańcuchów wartości, połączoną z rodzimą kontrolą kapitałową. Nie ma zbyt wielu wątpliwości, że dla zamożności kraju – o ile nie bazuje na surowcowej mannie z nieba – tego rodzaju silna pozycja technologiczna jest korzystna, bo umożliwia decydowanie o marżach, inwestycjach w B+R, rozwoju klastrów przemysłowych.

Fundamentalnym pytaniem jest, jakim sprzęgłem łączyć ambitny cel strategiczny kraju z życiem gospodarczym. Można wyobrazić sobie trzy wersje takiego sprzęgła: kształtowanie otoczenia polskich przedsiębiorstw (czyli relacji sojuszniczych, Unii Europejskiej); budowanie krajowego ładu gospodarczego w oparciu o rynek; ręczne sterowanie projektami przez państwo. Najlepiej byłoby tak skalibrować wykorzystanie tych trzech narzędzi, żeby gospodarka przyczyniała się do realizacji celów strategicznych, ale cele strategiczne nie tłumiły jej funkcjonowania. Sprowadza się to do trudnej decyzji o pułapie, na jakim rząd powinien operować. Narzędzia bardziej precyzyjne (jak projekty) dają co do zasady większą kontrolę nad wynikami. Niestety ich oddziaływanie na gospodarkę z założenia jest mniejsze. Mniej precyzyjne narzędzia (jak kształtowanie Unii Europejskiej czy praca z rynkiem) wymagają więcej zaufania do partnerów, natomiast ich oddziaływanie jest niepomiernie większe.

Tu mamy pewien problem, bo ostatnie rozdanie polityczne postawiło dość wyraźnie na manipulowanie przy gospodarce. Projekty typu Luxtorpeda, Izera, CPK – miały przynieść narodowe produkty w poważnych branżach. Przy czym punkt wyjścia dla tych przedsięwzięć był nieraz ciekawy – skoro produkujemy tyle różnych części samochodowych, że moglibyśmy z nich złożyć samochód, to dlaczego nie próbować? Ostatecznie problemem okazał się koszt alternatywny

DROGA DO POLSKICH ŁAŃCUCHÓW WARTOŚCI – WYKORZYSTAJMY KOMPLET NARZĘDZI I ICH PEŁNY POTENCJAŁ

praca samodzielna ← → *praca z partnerami*

ręczne sterowanie ↕ *zaufanie gospodarce*

Izera, Luxtorpeda a w lepszym wydaniu – port w Gdyni w latach 30.
Rządowe projekty przerzucone na Spółki Skarbu Państwa

Networking
wykorzystanie sieci gospodarczych wynikających z offsetów i układów sojuszniczych

Zdanie się na rynek i przedsiębiorczość
Tworzenie infrastruktury promującej rozwój skali działalności i własnych produktów szczególnie na rynkach eksportowych

Kształtowanie Unii Europejskiej
Budowanie rynku *Venture Capital*, przechwytywanie narybku przez polskie podmioty

JAK DAĆ POLSKIM PRZEDSIĘBIORCOM WIĘCEJ POWIETRZA?

KSZTAŁTOWANIE OTOCZENIA | **RYNEK** | **RĘCZNE STEROWANIE**

większa dźwignia ← → *większa kontrola*

KSZTAŁTOWANIE OTOCZENIA

Pion gospodarczy w MSZ dbający o:

→ Tworzenie rynków eksportowych przy użyciu narzędzi UE, szczególnie strefy euro

→ Pobudzanie rozwoju technologii w UE. Polskie B+R w sieciach nauki UE, walka o realne otwarcie współpracy w konsorcjach technologicznych przez zachodnią Europę, obniżanie progu wejścia dla polskich firm w nowych technologiach

→ Przenoszenie działalności do UE po COVID – partnerstwo z Niemcami (*reinsourcing*)

→ Wykorzystanie offsetu w energetyce i obronności do budowania długofalowej współpracy

RYNEK

PRAWO
szczupłe, przejrzyste, obowiązujące

FINANSOWANIE
obniżanie progu wejścia w nowe branże, motywowanie do zwiększenia skali działania

DIALOG
rady branżowe, samorząd, także gospodarczy

RĘCZNE STEROWANIE

→ **Mniej projektów pocztówkowych** sterowanych ręcznie przez rząd

→ **Karta Zasad Pożyteczności Publicznej dla Spółek Skarbu Państwa.** Ograniczenie uznaniowości politycznej – utrzymanie twardych zadań rozwojowych. Większe pole decyzji Zarządu.

→ **Zamówienia publiczne – więcej kryteriów jakościowych**, obligo ciągłego doskonalenia tych działań – pewnych starań zaniechaliśmy. Wymienione projekty były realizowane kosztem wspierania rynku, kształtowania Unii Europejskiej oraz wykorzystania okazji płynących z networkingu i offsetów (zdolność do wykorzystania offsetów zaczęła się zmieniać w związku z najazdem Rosji na Ukrainę, który zmobilizował zakupy obronne; po części widać to było przy energetyce atomowej, choć dużo mniej wyraźnie).

Drugą wadą przyjętego podejścia jest słabość narzędzia, którym były wdrażane, przez spółki celowe powoływane *ad hoc*, bez bagażu doświadczenia. Co prawda, działalność spółek celowych nie jest z urzędu skazana na porażkę. Kiedy takie przedsięwzięcie powołuje korporacja oddająca mu do dyspozycji całe swoje zaplecze wdrożeniowe, może nawet się udać. Kiedy innowacyjnego projektu podejmuje się prywatny startup bardzo pilnujący kosztów, świadomy ostrego profilu ryzyka (wymuszającego błyskawiczne wspinanie się po kolejnych szczeblach rozwoju) – również może się udać. Kiedy jednak spółki faktycznie publiczne, a więc o osłabionych bodźcach do optymalizacji, startują bez wspomnianego zaplecza korporacyjnego, można słusznie obawiać się o ich los. Koszty będą puchnąć, terminy uciekać, pierwotny cel i zakres prac będą zmieniane tak, że nawet najlepsi analitycy przestaną się orientować, czy CPK to projekt lotniczy dla ruchu pasażerskiego, lotniczy dla ruchu cargo, kolejowy związany z aktywizacją wschodniej Polski, infrastrukturalny na potrzeby desantu NATO w razie wojny czy ambicjonalny, motywowany chęcią rywalizacji z nowym lotniskiem w Berlinie (które również jako projekt jest kompletnym fiaskiem). Dlatego po Izerach, CPKach, Luxtorpedach (trzymajmy kciuki, by część z nich jeszcze się udała, bo to w końcu nasze pieniądze) warto dowartościować działania systemowe, dotyczące instytucji i infrastruktury.

Narzędzia można ustawić na drabince od najbardziej precyzyjnych, do tych o najmniejszej przewidywalności. Rynek mieści się gdzieś w połowie skali dostępnych rządowi narzędzi koordynowania gospodarki, pomiędzy kształtowaniem Unii Europejskiej a ręcznym sterowaniem Spółkami Skarbu Państwa.

Kształtowanie rozwoju UE i networking

Kształtowanie rozwoju Unii może być największą dźwignią dla polskiej gospodarki, szczególnie w czasach dużej niepewności. Czym zaskoczy nas rynek nie wiemy, natomiast znamy swoje kompetencje (wiemy, co potrafimy), co ciągnęło nasz eksport w ostatnich latach, gdzie udawały się inwestycje, gdzie mamy ewidentne luki do pokrycia. W świetle tej wiedzy można planować. Dźwignia unijna nie będzie precyzyjna, bo zależy od negocjacji z 26 krajami i Komisją, ale dostarcza możliwości nieporównywalnych z żadną z pozostałych. Jej siła kryje się w kształtowaniu. Właśnie nie w reagowaniu, nie w protestowaniu, nie w targach wokół już pokrojonego tortu, a w tworzeniu nowej jakości. Nie wykujemy sami wielomiliardowego pakietu rozwojowego dla Ukrainy umożliwiającego rozwój współpracy gospodarczej, podobnie jak nie ustalimy korzystnych warunków handlowych w negocjacjach sam na sam z Indiami. A przydałyby się nam rynki eksportowe, na które możemy wejść z ofertą dobrych, ale jeszcze nie tak drogich urządzeń i usług. Stwórzmy naszym eksporterom szanse na jednoczesną specjalizację i zwiększenie działalności do skali, przy której mogą tanio produkować. Unia może wspierać rozwój polskiego eksportu, nawet jeśli nie zostanie to wprost ometkowane jako „program operacyjny rozwoju rynków zagranicznych dla Polski". Albo poprzez UE zaangażowaną w rozwój współpracy z sąsiadami, albo poprzez OECD, warto pracować nad dywersyfikacją polskiego eksportu.

Kolejnym tematem do kształtowania w UE jest wzmacnianie relacji infrastrukturalnych we wschodniej części Unii czy, jak kto chce, obszarze Międzymorza. Rozwój infrastruktury i sprzyja eksportowi, i ułatwia partnerskie, poziome relacje gospodarcze pomiędzy krajami regionu, które do tej pory raczej łączyły się z Niemcami, Włochami czy Francją.

Dużą korzyścią dla polskiego biznesu i środowiska naukowego byłoby przekonanie Unii do inwestowania w technologie przełomowe, od AI, przez biotechnologię, po energetykę jądrową. To tematy, w których gra jest we wczesnych rundach i można zaproponować nowy projekt. Przy czym wystarczy, by to był np. polegający na sztucznej inteligencji system IT do identyfikacji warunków drogowych w samochodzie autonomicznym lub system zarządzania siecią *smart grid*, nie musi to być od razu polska rakieta kosmiczna. Zagadnienia badawczo-rozwojowe są warte powierzenia UE o tyle, że trudno będzie sfinansować na krajowym podwórku odpowiednio szeroki portfel projektów, by odnotować nawet pojedyncze sukcesy. Nie ma szans na stworzenie odpowiednio dużego koszyka, by statystycznie zbilansować ryzyko.

Z krajowej perspektywy przydałoby się też rozluźnienie zasad pomocy *de minimis* w nowych branżach, zwłaszcza dla MŚP. Polskie przedsiębiorstwa mają (i jeszcze przez kilka lat będą miały) mniej kapitału niż zachodni konkurenci, więc warto wyrównać dla nich pole gry. Prace badawczo-rozwojowe w UE są dofinansowywane nieraz na 80% kosztów projektu, więc może podobną politykę da się zaproponować w celu wzmacniania MŚP.

Można poszukać też okazji networkingowych, które są bardziej bezpośrednie i aktualne w obecnej sytuacji międzynarodowej. Współpraca w konsorcjach zorientowanych na budowę samolotów bojowych nowej generacji (FCAS, Tempest, GCAP), projekty typu europejski czołg, śmigłowiec – powinniśmy do tego przeć, nawet gdyby wymagało to rozpoczęcia z poziomu junior-półśredni. Dla partnerów z Francji, Niemiec, Włoch, Szwecji czy Hiszpanii nie powinno być zaskoczeniem, że wejście do takiej współpracy traktujemy jako bardzo klarowny test równouprawnienia w europejskiej wspólnocie.

Co po naszej stronie jest do zrobienia, to wbudowanie w Ministerstwo Spraw Zagranicznych poważnych kompetencji w zakresie współpracy gospodarczej z zagranicą, i spięcie ich z kompetencjami, które obecnie są do dyspozycji PFR. Do wykorzystania jest też wiedza tworzona w *think tankach* typu Polski Instytut Ekonomiczny oraz jego odpowiednikach niezależnych od linii rządu. Podstawowym celem MSZ powinno być znalezienie wśród partnerów zagranicznych szans na aktywację łańcuchów technologicznych, w których pozycja polskiej gospodarki jako usługodawcy byłaby uprzywilejowana, na przykład ze względu na rentę logistyczną wynikającą z korzystnego położenia kraju. Aktywizacji łańcuchów technologicznych można dokonywać też poprzez budowanie szans wokół programów offsetowych wynikających z realizowanych inwestycji w energetykę, obronność, zdrowie. Wybrani potencjalni partnerzy to Korea Południowa, Czechy, Szwecja, Izrael, Finlandia, Estonia, USA, Francja, Wielka Brytania, Kanada.

Poboczną korzyścią z wpisania gospodarki do programu MSZ byłoby wprowadzenie pewnej rzeczowości do rozmowy z partnerami, na czele z Niemcami. Gdzieś na mapie myśli naszych reprezentantów musiałby pojawić się hasło powrotu biznesu do Europy po COVID, przenoszenia elementów podwykonawstwa w rejon Europy Środkowo-Wschodniej i może jakiś lepszy pomysł na program współpracy domykający rozliczenia strat II wojny światowej niż „gotówka do ręki" dla pokoleń, które już faktycznie tragedii wojny same nie odczuły.

Wzmacnianie ekosystemu: prawo, finanse, networking, dialog

Instytucje i infrastruktura dla biznesu to przede wszystkich reguły gry – miękkie jak: finanse, prawo, gospodarka oparta na wiedzy i dialogu, regulacje rynku pracy oraz twarde – w postaci dróg, portów, biurowców. Ich działanie to trochę procent składany. Albo je przez lata systematycznie szlifujemy i efekty widać, albo bardzo trudno szybko wykaraskać się z zaległości. Zmiany na zapleczu infrastrukturalnym rzadko są widowiskowe, doświadczenie czołowych gospodarek – Skandynawii, Estonii czy Niemiec – podpowiada, że z czasem dadzą rezultaty.

Nasz *track record* przedstawia się szczególnie niekorzystnie w obszarze miękkich uregulowań życia gospodarczego. W ostatnich latach „rynek" został istotnie poturbowany – na przykład przez milczącą zgodę na demolowanie prawa i warunków inwestowania, przy ustawie wiatrakowej czy przy koncesjach telewizyjnych.

Weźmy prawo, które jest podstawowym sprzęgłem dla współpracy podmiotów gospodarczych na rynku. Gdzie zabrnęliśmy w utracie zaufania do polskiego prawa na rynkach międzynarodowych? To, że rośnie czas obsługi sądowej w procesach, to jeszcze pół biedy – a mówimy o wydłużeniu z 4,2 miesiąca w 2015 r. do 7 miesięcy w 2020 r. (i nie jest to w całości efekt COVID). Bardziej konkretna jest anegdota (jako że wartość dowodu z anegdoty można oceniać różnie, dlatego proszę pytać, sprawdzać). Otóż w umowach na poważniejsze projekty w Polsce inwestorzy coraz częściej odwołują się do zagranicznych sądów jako instancji rozstrzygania sporów. Coraz rzadziej – polskich. Arbitraż na izby gospodarcze w Polsce jest wciąż nieźle widziany. Sąd państwowy? Coraz chętniej inwestorzy jako sąd właściwy do rozstrzygania sporów wybierają sąd w Wiedniu, Pradze. Dlaczego? Bo wyroki sądów, w których sędzia został mianowany w sposób budzący wątpliwości prawne można podważyć, a ryzyko przegranej w Strasburgu w sytuacji takiej lekkomyślności jest spore i będzie cynicznie wykorzystana przez machiny korporacji. To fatalna okoliczność, bo polskie podmioty pracujące z zagranicznymi partnerami zostają pozbawione możliwości poruszania się w prawie, w którym wyrosły i którego są nauczone. W ten sposób wypraszamy z Polski pojęcia suwerenności i jurysdykcji, „obszaru obowiązywania prawa". Można gorzko skonstatować, że świadomość zarządzających naszą suwerennością zdaje się w tych sprawach nieprzemakalna. Musimy przeciwdziałać utracie zaufania partnerów nie tyle do państwa, bo to zawsze jakoś sobie ostatecznie poradzi, co do partnerów w Polsce. Polskim przedsiębiorstwom należy się możliwość pracy w oparciu o polskie prawo i system sądowniczy, prawo realne, a nie dekretowane.

Ponadto lżejsze i bardziej jednoznaczne prawo byłoby atutem konkurencyjnym dla naszych firm. Przedsiębiorstwa muszą mieć możliwość uzyskania wiążącej interpretacji przepisów podatkowych, z których się rozliczają. Czy tak bardzo złe zdanie ma państwo o swoich urzędnikach, że z góry zakłada możliwość nadużyć? Skoro w Czechach urzędnicy mają obowiązek doradzenia najbardziej korzystnych dla biznesu rozwiązań podatkowych, to u nas też z pewnością także da się to zrobić.

Krokiem naprzód byłoby też zapanowanie nad ilością uciążliwych regulacji. Znając historię, nie sposób uwierzyć w jeden wielki pakiet deregulacyjny, takie zamiary już nieraz spełzały na niczym. Przystrzyganie prawa musi być systematyczne, chodzi o zredukowanie jednej regulacji na kwartał czy półrocze. Powołanie Biura ds. Szczupłego Prawa Gospodarczego w wybranym ministerstwie mogłoby takim działaniom nadać strukturę (niech będzie, że w myśl popularnego w biznesie systemu *Lean*). Front robót jest szeroki. Sprawą najwyższej wagi jest włączenie biznesu do tworzenia regulacji od początku ich powstawania, tak by jego głos był wyraźnie słyszalny i uwzględniony w procesie projektowym (tak! biznes musi być potraktowany jako klient, a nie petent państwa). Inne potencjalne cele dla takiego Biura obejmują: zredukowanie liczby regulacji, zmniejszenie pracochłonności wywołanych przez nie obowiązków, zwiększenie czytelności i jednoznaczności prawa – w tym: dokumentów służących do realizacji obowiązków względem państwa, zwiększenie szybkości reakcji urzędów, skrócenie czasu rozpatrywania podań, przegląd infrastruktury i sprawności instytucji standaryzujących, certyfikujących i podobnych.

Innym działaniem upraszczającym kontakt z państwem mogłaby być standaryzacja zadań administracyjnych państwa przez przesunięcie ich do Centrów Usług Wspólnych – tak, by mniej było interpretacji, a więcej wspólnego rdzenia. Stąd byłby już tylko krok do całkowitej cyfryzacji obsługi przedsiębiorcy – wymuszająca opisywanie podstawowych obowiązków biznesu językiem powszechnie zrozumiałym, a nie administracyjną oparagrafowaną nowomową. Znów można znaleźć gospodarki w regionie, które sobie z tym radzą i wykorzystać doświadczenia Estonii oraz Ukrainy. Przegląd istniejących systemów informatycznych on-line pod kątem ich ergonomii (UX), wystawienie API umożliwiającego wypełnianie podstawowych wniosków z poziomu konta bankowego – mogłyby być częścią docelowych rozwiązań.

Czy samo prawo wystarczy? Na miękką infrastrukturę pozwalającą funkcjonować rynkom składa się jeszcze kilka elementów. Warto zwrócić uwagę na finansowanie jako na punkt odblokowujący wykorzystanie szans przez przedsiębiorców. Okres wysokich stóp procentowych na świecie i podwyższonej inflacji może przeciągnąć się na dekadę, stając się przeszkodą rozwojową szczególnie dla mniejszych firm. Finansowanie będzie trudniejsze, a jednocześnie przedsiębiorcy będą stawiali czoła rosnącym kosztom pracy – z powodów demograficznych pracowników będzie mniej, a przecież wielu z nich dodatkowo dłużej się uczy, korzysta z lepszych szkoleń i to wszystko kiedyś trzeba odrobić (zamortyzować). Prowadzi to do wniosku, że przedsiębiorstwa będą musiały urosnąć – w obecnej mikro-formie wiele z nich nie przetrwa. Małe przedsiębiorstwa muszą nieco urosnąć – bez tego trudny do pomyślenia jest rozwój eksportu, podniesienie stopy inwestycji czy poprawienie produktywności (na wszystkich poziomach: firmy, branży, gospodarki). Dlatego mechanizmy finansowania powinny wspierać tę transformację, wzrost i profesjonalizację zarządzania. Na pewno powinniśmy, choćby przez BGK i PFR, wspierać inwestycje w marki, tworzenie produktów, prace rozwojowe (niekoniecznie naukowo-innowacyjne, wystarczą nam na razie przemysłowo-rozwojowe), projektowanie, wzornictwo, centra rozwojowe przemysłu i usług. Można pomyśleć o mikroakcjach takich jak *voucher* do profesora – konkurs dla MŚP dający bilet do realizacji pracy rozwojowej z pracownikiem naukowym.

Szerszym tematem, pewnie wymagającym ciągłości i kilku lat pracy jest rozwijanie finansowania dłużnego, hybrydowego (*mezzanine*) i *NewConnect* szczególnie w interesie rozwijających się MŚP i na potrzeby 1) zwiększania eksportu, 2) skalowania biznesu, 3) dywersyfikacji w kierunku produktów o stromej krzywej uczenia się i wyższej wartości dodanej.

Trudno wyrokować, czy to rozwiązanie optymalne, ale na pewno można byłoby rozważyć powiązanie oferty rozwojowej PFR/BGK dla przedsiębiorców z obsługą na poziomie samorządu terytorialnego i gospodarczego (klastry, izby gospodarcze), tak by była na wyciągnięcie ręki. W parze z tymi zmianami po stronie użytkownika finansowania powinno iść przesuwanie bodźców dla sektora finansowego z tworzenia kredytu konsumpcyjnego i hipotecznego w kierunku oferowania narzędzi o wyższym ryzyku skierowanych do przedsiębiorstw. Nie potrzebujemy rewolucji, raczej przemieszczenia równowagi „o trochę".

Zmianą jakościową na plus na pewno byłby pogłębiony dialog z biznesem. Konkurencyjność eksportu i – analogicznie – inne cele o które chcemy walczyć, wymagają infrastruktury. Ta nie może być przesadnie droga, by koszty jej utrzymania nie pochłonęły korzyści oraz by uniknąć późniejszego subsydiowania jej podatkami. Wspólne inwestycje w infrastrukturę muszą być dobrze skrojone – nie nadmiarowe. Temu sprzyja dialog na temat potrzeb, który mógłby być zorganizowany w radach branżowych w izbach gospodarczymi. Identyfikacja wąskich gardeł infrastrukturalnych byłaby łatwiejsza. Łatwiej byłoby wymyślić infrastrukturę jako pas startowy dla średnich miast, odpowiadając, czy bardziej potrzebna jest rewitalizacja centrum, mały biurowiec, terminal intermodalny czy modernizacja lokalnych Urzędów Pracy. Co więcej, moglibyśmy diagnozować nie tylko bieżące luki, ale i nadchodzące wyzwania, choćby z dostępem do specjalistów na regionalnych rynkach pracy, z małą gęstością rynków pracy utrudniającą przechodzenie pracowników między firmami i do bardziej produktywnych branż, z małą dostępnością nieruchomości w regionie, która może wywołać spiralę cen i oczekiwań płacowych. Czyli tak naprawdę dzięki zorganizowanemu dialogowi moglibyśmy z wyprzedzeniem pomagać firmom optymalizować strukturę kosztów. To może działać – przykładowo w Holandii istnieją rady sektorowe, które pozwalają biznesowi przygotować się do transformacji energetycznej. Istotny jest proces decyzyjny, w miarę szybki i oderwany od zrytualizowanego pisania obszernych dokumentów strategicznych.

Elementem domykającym pętlę dialogu aranżowaną przez państwo powinna być rozmowa z pracownikami. Proponowanie uzwiązkowienia wbrew strukturze gospodarki (3 mln osób prowadzących własną działalność gospodarczą, względnie dobra pozycja pracowników w dużych firmach z kapitałem zagranicznym) może być chybione. Warto natomiast zaprosić pracowników do dyskusji w radach branżowych i izbach gospodarczych, być może wymagając, by te zawierały reprezentację pracowniczą na równi z przedsiębiorcami. Choć dziś problemy rynku pracy wydają się drugorzędne (wobec presji demograficznej i generalnie reguł rynku pracownika) względem wyrównywania potencjału rozwojowego regionów, w perspektywie kilku lat sytuacja może się odwrócić. Zdecydowanie lepiej byłoby mieć przetarte szlaki komunikacyjne

Spółki Skarbu Państwa i zamówienia publiczne

Ogłaszanie sukcesów spółek Skarbu Państwa przez rząd jest przyjemne i stanowi dobry PR, ale jest żadną korzyścią w porównaniu do wsparcia całości życia gospodarczego w kraju. Spółki nie powinny też zastępować ministerstw w ich normalnych obowiązkach. Powinny natomiast funkcjonować jako coś więcej niż rezerwuar dobrych miejsc pracy. Spółki państwowe rzeczywiście dysponują wyróżniającą masą krytyczną, infrastrukturą handlową i inwestycyjną, relacjami – rzadkimi w Polsce.

W zakresie celów strategicznych najistotniejsze wydają się dwie kwestie – koncentracja i dywersyfikacja. Koncentracja – spółki Skarbu Państwa powinny wycofać się z dążenia do wszechobecności i myszkowania po rynku, skupiając na rywalizacji w branżowej grupie odniesienia. Dywersyfikacja – powinny być pompami realizującymi inwestycje przynoszące zmianę jakościową w gospodarce – z poszanowaniem prawa akcjonariuszy do zwrotu.

Z pewnością zwróciłby się wysiłek włożony w obwarowanie spółek Skarbu Państwa gorsetem ambitnego, znanego publicznie kontraktu. W ramach tej umowy powinny być wyzwolone spod presji uznaniowości i bieżącego zapotrzebowania politycznego. Kontrakt powinien być znany z góry, aby nie dezorientować inwestorów decyzjami *ad hoc* i ukształtować wyobrażenia o zwrocie z inwestycji.

Karta Zasad Pożyteczności Publicznej Spółek Skarbu Państwa

Prywatyzacja istotnej części spółek Skarbu Państwa będzie albo obiektywnie trudna, albo potrwa długo, albo nie znajdzie dostatecznie szerokiego poparcia politycznego. Dlatego warto wypracować plan minimum, który poprawi funkcjonowanie spółek takich, jakimi je znamy.

Do planu minimum może należeć:

→ obligo nominowania minimum 2/5 zarządu na drodze awansu z wewnątrz spółek lub spośród rozpoznawalnych twarzy na rynkach odpowiednich do profilu spółki, a 3/5 zarządu jako postaci zapewniających łączność z polityką gospodarczą rządu;

→ 100% merytokracji w obszarach „nerwu strategicznego spółki" zatrudnianie na zasadach czysto rynkowych, w razie potrzeby z daleko posuniętą obojętnością co do obszarów mniej wrażliwych;

→ konserwatywna polityka wypłat dywidendy w kierunku minimum pozwalającego zachować wartość spółki dla akcjonariuszy, a w ten sposób: zdolność do realizacji dużych projektów dzięki „wyporności finansowej" wynikającej z wyceny spółki;

→ jasne wskazanie i zacieśnienie definicji podstawowej działalności (*core businessu*), z opcją dywersyfikacji o dobrym uzasadnieniu technologicznym lub komercyjnym. Transparentne i publicznie dostępne założenia rozwojowe z wytyczonym szerokim polem swobody biznesowej;

- → zakaz utrzymywania struktury czebola motywowanego wyłącznie synergiami finansowymi. Zakaz „obsiadania rynku na zapas";
- → obowiązek okresowego przykrawania biznesu – co 2 lata przeglądu, typowania i prywatyzacji dojrzałych obszarów biznesu, które nie należą do *core businessu* lub nie mają jasnego związku z bezpieczeństwem strategicznym Polski;
- → jednostkowo negocjowane zaangażowanie w „projekty pocztówkowe". Programowa realizacja inwestycji wielkości 5–10–15–25 mld złotych jako kluczowych bloków tworzących zmianę jakościową w gospodarce;
- → otwartość na *joint ventures* z partnerami zagranicznymi, uczestnictwo w offsetach związane z zakupami na potrzeby publiczne np. w energetyce – w tym koordynacja kierunków offsetu *ex ante*, by unikać „przymusu uczestnictwa" sprowadzającego się do prowadzenia negocjacji ostatecznie rozczarowujących potencjalnych partnerów;
- → obowiązek posiadania uzupełniającej strategii inwestycyjnej wysokiego ryzyka, seryjna produkcja *spin-offów*. Spółki Skarbu Państwa mają stabilne lub superstabilne źródła finansowania, przykładowo wpływy operacyjne ze sprzedaży paliw. Pewniejsze na Ziemi są tylko śmierć i podatki. Z tego względu nie wolno im inwestować zachowawczo;
- → pobudzanie rozwoju dostawców przez politykę zakupową – zakupy uwzględniające jakość i innowacyjność, kryteria ochrony środowiska, a nie tylko cenę. Wyjście poza zamówienie najprostszej usługi lub towaru.

By obraz był kompletny, zwróćmy uwagę na zamówienia publiczne – państwo w dużej mierze definiuje swoje potrzeby i może zrobić to tak, by dać szansę biznesom o różnym poziomie zaawansowania. Może formułować kryteria jakościowe w zakupach i obligo testowania nowych rozwiązań. Aby dostarczyć polskim przedsiębiorstwom więcej okazji przedsiębiorczych i budować przyzwyczajenie konkurowania nie tylko kosztami, przydałoby się obligatoryjne kryterium jakościowe w zakupach publicznych.

Pobudzające do ciągłego doskonalenia byłoby też obligatoryjne przeznaczanie ułamka budżetu publicznego na testowanie nowych rozwiązań – wydzielenie małego portfela „publicznych zamówień innowacyjnych" w jednostkach administracji i samorządach, 5–15% sumy zakupów. Pozwoliłoby to na testowanie potencjalnych usprawnień w usługach publicznych i umożliwiło MŚP sprawdzenia pierwszych prototypów w atrakcyjnych obszarach: zdrowie, OZE i transformacja energetyki, gospodarka obiegu zamkniętego, obrona narodowa, drony dla miast.

ROZDZIAŁ 3

Jaką Unię może Europie zaproponować Polska?

Tracimy parasol międzynarodowego ładu regulującego życie na świecie. Przez kilka dekad zapewniał on Europie bezpieczeństwo, energię, surowce, przewagę technologiczną i konkurencyjność, spokój społeczny.

Dotychczasowe pewniki jak: *Pax Americana*, globalny handel, brak ograniczeń środowiskowych dla wzrostu są podważane. Erozja tych niepisanych reguł ujawni splątanie trendów i interesów, które dotychczas leżały przykryte. Nowa gra światowa będzie dużo bardziej sieciowa, regionalna, siłowa, oparta na sojuszach.

W tym świecie będziemy potrzebowali Unii zdecydowanej, głębszej, sprawnie odpowiadającej na najnowsze wyzwania, a jednak szczupłej i niemieszającej się do wszystkiego. Unia potrzebuje pewnego pogłębienia i większej samodzielności, by dobrze reprezentować interesy Europejczyków względem nowych wyzwań, co nie znaczy wszakże, że powinna dostać licencję na dowolne poszerzanie swoich kompetencji kosztem państw członkowskich. To ostatnie byłoby łatwe i zarazem mało produktywne. Tymczasem Unia powinna orientować się na zewnątrz i mniej zajmować sobą – odzyskać swoje znaczenie dla świata i mieć poważną ofertę dla nowych partnerów. Choć została sformatowana do radzenia sobie w spokojniejszym świecie – zmieniającym się w stopniowo, bez urwisk i klifów – musi nauczyć się działać szybko. Reorientacja Unii jest już w toku, a w naszym interesie leży jej kształtowanie. Nic o nas bez nas!

Unia Europejska, w jej wszystkich pośrednich wcieleniach, przez 60 lat surfowała na czterech „przywilejach czasu pokoju" – światowych dobrach publicznych, pewnych gwarancjach, które dotąd brane były za pewnik i na których Unia budowała swój sukces[1]. Dostarczał ich ład międzynarodowy, nie trzeba było o nie zabiegać, pozwalały one nie płacić pełnej składki choćby za bezpieczeństwo, płynną wymianę handlową, stabilność polityczną i dobrobyt społeczny, zmiany klimatu, globalne problemy ochrony zdrowia[2]. W ostatnich 30 latach korzystaliśmy z niekontestowanego *Pax Americana*, ze wspólnego, otwartego rynku – mimo wszystkich problemów, które globalizacja ze sobą niesie. Ponadto nie widzieliśmy wielkich barier środowiskowych dla wzrostu gospodarczego, a w sferze społecznej silna klasa średnia gwarantowała stabilność państw demokratycznych. Dostęp do surowców naturalnych i źródeł energii nie wydawał się barierą, a tym bardziej bronią.

Po konferencjach kończących II wojnę światową i ustanawiających porządek gospodarczy z Bretton Woods świat był dwubiegunowy, a po 1989 roku zapanował pewien uniwersalizm – tak w orientacji na USA jako centrum siły gospodarczej, jak i w sensie dążenia do świata bez barier, choć (być może) z nieco innym podziałem ról przydzielonych poszczególnym graczom. Trochę to wyidealizowany obraz i z pewnością był to moment przesilenia – bo z drugiej strony w latach 90. protesty alterglobalistyczne przybrały na sile, kolejne interwencje zbrojne „w celu budowania demokracji" w Iraku czy Afganistanie ponosiły porażki i niekoniecznie były legalne[3]. Co do zasady jednak czołowe gospodarki starały się współpracować, a życie międzynarodowe wciąż było regulowane przez instytucje multilateralne jak ONZ, zapewniające żmudnie negocjowany konsensus. Wypracowane kompromisy były powszechnie do przyjęcia, choć generalnie sprzyjały UE, Ameryce i jej sojusznikom, krajom NATO. Korzystając ze stabilnego otoczenia, UE mogła prowadzić zaawansowaną integrację gospodarczą i realizować swoje interesy na świecie. Była silna handlem, negocjacjami, myślą technologiczną, standardami przemysłowymi i regulacyjnymi, które upowszechniała na świecie.

Każdy z tych czynników jest obecnie podważany, a suma zmian strategicznych na świecie przekroczyła możliwości przerobowe obecnego modelu UE[4]. Ruszyła

1 Z ekonomicznego punktu widzenia dobrem publicznym jest to, za które nie trzeba płacić, o które się nie konkuruje z innymi użytkownikami, a jeśli się z niego skorzysta, to nie traci wartości dla pozostałych.

2 Por. J. Pisani-Ferry, *Global asymmetries strike back*, Bruegel.org, 02 September 2021.

3 O momencie przesilenia por. rozmowa M. Jędrysik z E. Bendykiem, *Demokracja i apokalipsa. Co czeka świat i Polskę w 2023 roku?*, 01 stycznia 2023, oko.press.

4 Unijny problem z remontem globalizacji widać dość jaskrawo na przykładzie Niemiec. Jeśli uważały się za przygotowane do zglobalizowanego świata, bo korzystały z eksportu do Chin, rosyjskich źródeł energii i amerykańskich gwarancji bezpieczeństwa, przy okazji promując własną myśl techniczną, praktyczne podejście do negocjacji i zdolność pracy zespołowej – to wkrótce podobne wyzwania staną się udziałem UE.

przebudowa międzynarodowej szachownicy. Niewątpliwie Unia Europejska będzie bardziej niż inne regiony dotknięta nadchodzącymi zmianami – ze wszystkich graczy na światowej scenie to ona najbardziej polegała na otwartości świata, a jej poszczególni członkowie są z osobna na tyle mali, że nie mogą sobie pozwolić na regres, w którym rozgrywka wraca na poziom międzypaństwowy. Wojna Rosji wypowiedziana Ukrainie pokazała, że UE jest mało wiarygodna w oczach rywali mówiących agresywnie „sprawdzam", a ze względu na położenie i brak siły militarnej nie jest w stanie się ze świata wyizolować. Europa także dość wysoko stawia sobie poprzeczkę. Szczególnie w ostatnim półwieczu starała się być wspólnotą wartości sytuującą człowieka, jego godność i wolność w centrum. To jednocześnie siła, samoograniczenie i cel, który będzie wymagał większych poświęceń.

Zmiana przypomina przejście do kolejnej rundy turnieju pokerowego, kiedy rosną stawki „w ciemno" i cegiełki licytacji. Kiedyś można było wejść umiarkowanie i budować swoją obecność systematycznie, teraz trzeba po pierwsze tej zdolności nie stracić, a po drugie: od czasu do czasu wykazać się bardziej zdecydowanym ruchem, akceptując większą niepewność i silniejszych graczy przy stoliku, z których niektórzy będą uciekali się do szantażu. Szantaż, blef i niepewność mogą być nową stałą w polityce międzynarodowej. Nawet jeśli gospodarka światowa uniknie regresu do militaryzacji, duża część gry będzie toczyła się jako gospodarcze zapasy i wyścigi – o system handlu, przewagę technologiczną, rozwiązanie pętli surowcowej (materiałowo-energetycznej).

Najważniejsi gracze w Europie już widzą, że zmiana jest nieunikniona i chcą mieć na nią wpływ. O jej kształt będą walczyli liderzy – Niemcy i Francja, a i europejskie Południe (z Hiszpanią, Włochami, Portugalią) z całą pewnością potrzebuje restartu gospodarczego i nowych impulsów rozwojowych. Dlatego i Francja, i Niemcy formułują cząstkowe i bardziej całościowe wersje europejskiej przyszłości. Nieraz w postaci wystąpień, jak to Olafa Scholza na Uniwersytecie Karola w Pradze czy w opiniotwórczych *think tankach* – tak działają choćby Francuzi przez ogólnoeuropejski Bruegel, Włosi w Vox-CEPR, różne grona w ECFR. Pewnym potwierdzeniem zmiany podejścia jest nadzwyczajny charakter Zielonego Ładu – Europa w odpowiedzi na COVID złamała świętość, zaciągnęła pożyczki poza siedmioletnim budżetem, przeznaczyła dla Włoch wsparcie rzędu 200 mld euro.

Dyskusja szybko dojrzewa. Wiodą w niej prym ci, którzy mają pomysły. Nie liczmy na ankietę, w której dostaniemy listę opcji i zostaniemy grzecznie zapytani, czego chcemy. Gdy tylko główni inicjatorzy ustalą swoje postulaty, schłodzą dyskusję i Unia bezwładnie pojedzie ustalonym torem przez dekadę lub dwie. Jej kształt zostanie określony, zanim pojawią się paragrafy w projektach traktatów. Jeśli czegoś chcemy – musimy niezwłocznie to zgłosić.

Stąd kluczowa jest odpowiedź na dwa pytania. Co Unia może próbować osiągnąć w starciu z przetaczającą się falą? Jakie rozwiązania powinniśmy promować, by UE rozwijała się w sposób najbardziej korzystny dla Polski?

Splątany świat

Aby właściwie określić priorytety dla UE, warto na wstępie zbilansować zmiany, które szczególnie odbijają się na pozycji Unii w świecie. Przede wszystkim w nadchodzących dekadach będziemy musieli pogodzić się z realną wielobiegunowością świata i jej skutkami – konkurencja zmusi Zachód do wzmożenia starań o własną niezależność i do udowadniania, że ma światu coś do zaoferowania. Globalizacja i postęp technologiczny dały kilku krajom rozwijającym się szansę na zgromadzenie istotnej siły nabywczej. Pytanie brzmi: jak będą chciały z niej skorzystać? W gorszym scenariuszu wyłoni się świat bardziej zmilitaryzowany, obarczony ryzykiem, w którym handel stanie się trudniejszy, a wejście i wyjście ze współpracy międzynarodowej droższe. W lepszym – po prostu zwiększy się liczba chętnych na te same dobra pochodzące z tych samych surowców. W każdym wypadku szybciej dotrzemy do bariery środowiskowej wzrostu, z ryzykiem zbyt dużego zagęszczenia gospodarki, przeładowania świata, zbyt wielu statków czekających na redach portów. Będziemy mieli nowych poważnych konkurentów w biznesach, w których jako Europa należeliśmy do wąskiego grona liderów – produkcji samochodów, maszyn, chemii, farmacji, zaawansowanych usług.

Bezdyskusyjnie, nowym biegunem gospodarczym są Chiny, które próbują zyskać niesankcjonowany dostęp do oceanu światowego i szlaków handlowych. Stąd napięcia wojskowe w Birmie, kontakty Chin z Pakistanem, a po drugiej stronie: powstanie sojuszu wojskowo-technologicznego AUKUS, łączącego Australię, Zjednoczone Królestwo i Stany Zjednoczone. Chiny próbują przejąć Tajwan, bo jest czołowym producentem procesorów i daje dostęp do technologii, oraz podporządkować sobie kraje Azji Środkowej, by korzystać z bogactwa ich surowców naturalnych. ChRL dąży też do odtworzenia lądowych dróg handlowych przez euroazjatycki interior. Ponieważ partnerem o najwyższej sile nabywczej jest UE – drogi te prowadzą przez Ukrainę, Białoruś, Turcję, Uzbekistan, rysując mapę napięć międzynarodowych.

Obok Chin urosły Indie, których liczba ludności z czasem przewyższyła populację Chińczyków. Czy największa demokracja świata stanie się partnerem Zachodu czy tradycyjnie będzie pielęgnowała związki z Rosją? Jak bardzo przyczyni się do wzrostu popytu na surowce? I czy tak Indie, jak Chiny, kiedy już dotrą do linii pierwszych problemów demograficznych, nie uznają, że to ostatni moment, by utrwalić swoją pozycję, zanim popadną w marazm problemów wewnętrznych? Przecież podobnie zadziałała Rosja.

Dynamika demograficzna w ogóle zaczyna ważyć na układzie sił. To dla UE wyzwanie i warto, by zerknęła na sąsiadów. Statystyka ludności świadczy o tym, jak bardzo zmieniły się punkty odniesienia w ostatnich 30 latach. Rosja wchodzi w zapaść demograficzną. USA – przeciwnie. W 1990 r. ludność ZSRR to 290 mln osób, a Stanów 250 mln. W 2020 r. Rosję zamieszkiwało 143 mln ludzi, Stany 330 mln. USA przyjmują nowych ludzi i jakoś pozwalają im zostać Amerykanami, Unia nie. Europa jest otoczona od południa młodymi społeczeństwami. Liczba Egipcjan sięgnęła 107 mln, wzrastając od lat 90. o jakieś 45–50 mln osób. Inaczej na wschód od UE, kraje Wspólnoty Niepodległych Państw nie odzyskały witalności. Niestety starzejąca się Europa nie potrafi zbudować dobrego programu integrującego migrantów.

CIĘŻAR RYWALI Z CZASÓW ZIMNEJ WOJNY ZMIENIŁ SIĘ DIAMETRALNIE

Ludność, mln osób

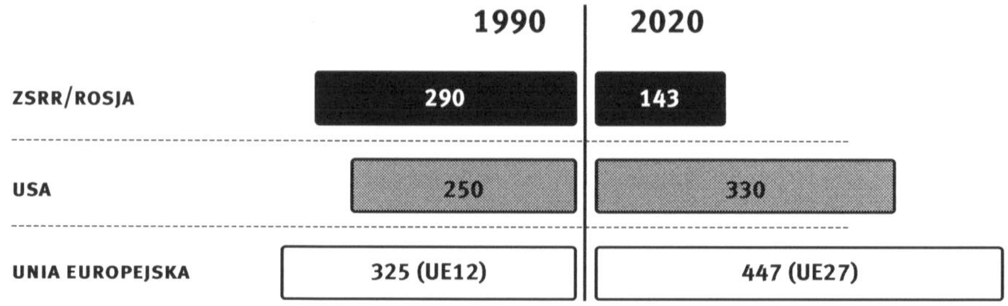

Demografia zmienia się na korzyść Afryki i Azji Południowo-Wschodniej. A to akurat w Afryce znajdują się surowce, a w Azji Południowo-Wschodniej wielkie szlaki handlowe – i tam będą działali przeciwnicy Europy, chcący skorzystać na destabilizacji świata. I choć do Unii będzie przybywało migrantów (a my powinniśmy znajdować dla nich miejsce i zainwestować w ich integrację), to w wymiarze społecznym (paradoksalnie) pod coraz większym znakiem zapytania staje przewaga normatywna Zachodu – wynikającą z ustalania wzorców dobrego życia, reguł gospodarczych, standardów technologicznych. Różnica potencjałów demograficznych rośnie w chwili, gdy Unia wątpi w siebie i gdy świat wątpi w Unię. Współpraca z sąsiadami UE może być w tych warunkach zwyczajnie trudna.

Niełatwo będzie odpowiedzieć na to wyzwanie przy pomocy polityki społecznej, bo od dłuższej chwili jest ona prowadzona w warunkach nowych mediów, skracających czas od pierwszej iskry do wybuchu społecznego niezadowolenia. Jednocześnie wywołane przez iskrę przepływy – ludzi, towarów, informacji, pieniędzy – mogą być na tyle duże i nagłe, że sprawią i problemy w zarządzaniu: i pozytywnym (np. integracji migrantów), i negatywnym (tamy, mury i barykady).

Możemy jednak i powinniśmy działać, bo masa przepływów wynika w dużej mierze z różnicy potencjałów między ośrodkami. Jeśli ją zmniejszymy, uspokoimy sytuację. Im lepiej przygotujemy gospodarki krajów sąsiadujących z UE do rozwoju, albo wręcz włączymy do Unii, tym mniejsza będzie potrzeba poszukiwania nowych miejsc do życia i tym łatwiejsze będzie przyjęcie „Nowaków".

Dbałość o otoczenie Europy ma szerszy sens także poza wymiarem migracji. Stopień połączenia świata, szybkość mediów i ambicje rosnących gospodarek zmieniają reguły rządzące konfliktami – i to mocno na niekorzyść Europy. Akurat Europa na konfliktach więcej może stracić, niż zyskać. Obudowanie świata infrastrukturą oraz bardzo szybkie media leżą u podstaw *prosperity* Zachodu. Jednocześnie ich powstanie otworzyło możliwości oddziaływania dywersyjnego i destabilizującego. Terroryzm i wojna hybrydowa, interwencje poniżej progu konwencjonalnego konfliktu zbrojnego, wykorzystanie wspólnej infrastruktury i obrotu energią do szantażu podważają pozycję Zachodu, który przecież korzysta właśnie z integracji handlowej i bardzo wiele zainwestował w infrastrukturę. Te zjawiska są poważnym odstępstwem od reguł obowiązujących w ostatnich kilku dekadach. W okresie zimnej wojny konflikt był obudowany strukturami wojskowymi i w pewnym sensie mocno zrytualizowany. Świat dzielił się na bogaty Zachód, imperialną orbitę wpływów Rosji-*alias*-ZSRR i „Trzeci Świat", zdystansowany do obu biegunów, mający za krótkie ręce, by dosięgnąć rywali. Po upadku Związku Radzieckiego świat wydawał się jednokierunkowy, dążący ku głębszej integracji, a płynąca ze strony alterglobalistów krytyka ostatecznie okazała się mniej skuteczna, niż na to zasługiwała – nieraz została zneutralizowana przez żarna marketingu w działania typu *fair trade*. Obecnie, nawet jeśli pozostałe kraje nadal są uboższe, zdobyły narzędzia do zaznaczenia swoich interesów w sposób zauważalny dla beneficjentów dotychczasowego porządku i mogą im fizycznie szkodzić (*sharp power*). Jasne, taki skrót perspektywy zakrzywia rzeczywistość – przez większą część zimnej wojny Zachód żył w cieniu nuklearnego strachu przed ZSRR, odbudowywał się po stratach II wojny światowej i był daleki od imperialnej kontroli nad światem. Prawdziwa jest jednak nowa świadomość Zachodu, który widzi, że jego pozycja jest bardziej niż niegdyś zagrożona. Liczba punktów, które złośliwy podpalacz mógłby na świecie zdestabilizować, rośnie.

Na obrazie świata waży to, że wreszcie pojawiły się dobre kwity na skalę kryzysu klimatycznego oraz jego nieuchronność. Wiele z tych wiadomości dociera w postaci zdjęć i filmów, które z kryzysem klimatu można powiązać, co daje do myślenia opinii publicznej[5]. Nawet wzrost temperatury o 1.5–2.0 stopnie

5 Interesujące opracowania są dostępne na wielu poziomach i z wielu źródeł. Jednym z nich jest NASA, *How Do We Know Climate Change Is Real?*, climate.nasa.gov. Bardziej

Celsjusza może mieć znaczące skutki społeczne w postaci otwartych konfliktów oraz migracji wymuszonych suszami i pogorszeniem warunków życia. Wyższe zmiany temperatur przesuną obszary nadające się do życia, upraw, sprawią, że przyroda będzie musiała dostosować się do warunków, z którymi nie mierzyła się w trakcie ostatnich kilkuset lat, przez co bioróżnorodność może być zagrożona.

Oczywiście, samoloty, cyfryzacja, satelity – zmieniają zarówno sens przestrzeni bezpieczeństwa, jak i to, co uważamy za wartość gospodarczą. Sam obieg technologii stał się nierozerwalnie związany z bezpieczeństwem – wrażliwe stało się pochodzenie sieci 5G, kraj pochodzenia komputerów wykorzystywanych do obsługi infrastruktury krytycznej, szpiegostwo przemysłowe i udzielanie licencji na „maszyny do produkcji maszyn", posiadanie w swoim regionie zaawansowanych technologii farmaceutycznych, optycznych, kosmicznych. Zaś Unia Europejska ma ograniczoną liczbę argumentów względem USA i Chin w nowych technologiach – i nie ma innego wyboru, jak tylko szybko gonić.

Pewnym paradoksem jest to, że dysponentem technologii i połączeń z międzynarodową siecią gospodarczą w mniejszym stopniu stają się państwa, a w większym – korporacje i metropolie. Na poziomie organizacyjnym to problem dla UE, bo ta nad decyzjami pracuje przede wszystkim z państwami, a dla miast ma politykę regionalną. Miasta są słabszym (niż mogłyby i powinny) uczestnikiem polityki. Z kolei na poziomie materialnym rosnące znaczenie korporacji to niedogodność i dla Europy, i dla Polski. Polska wciąż nie ma silnych międzynarodowych przedsiębiorstw, a przynajmniej nie ma ich dostatecznie wielu. Wyjątki dotyczą przeważnie dość przyziemnej energetyki, finansów. Rządowe projekty stworzenia silnych podmiotów w oparciu o spółki Skarbu Państwa koniec końców okazują się rachityczne i częściej nabywają charakteru protez, w których państwo topi doraźne problemy. Unia zaś staje w kłopotliwej sytuacji, w której jej czołowe przedsiębiorstwa są jednocześnie mniejsze niż amerykańskie czy chińskie odpowiedniki. Jednocześnie z perspektywy rządów poszczególnych krajów są czempionami narodowymi, z czym wiążą się pokusy subsydiowania i ograniczania konkurencji. Czasem polega to wprost na utrudnienia dostępu do rynku krajowego, jak w przypadku usług transportowych w zachodniej Europie. Wymienione słabości są dobrą przesłanką, by myśleć o ukończeniu Wspólnego Rynku UE oraz stworzeniu unii rynków kapitałowych.

techniczne podsumowanie ilustrujące skutki zmian średniej temperatury na świecie np. dla dostępności wody, stanu połowów, zbiorów zbóż, przesuwania się na mapie świata regionów mogących zapewnić wyżywienie ludności czy maksymalnych temperatur w miastach zawiera 6 raport międzynarodowego panelu klimatycznego IPCC, *Synthesis report of the IPCC Sixth Assessment Report (AR6): Summary for Policymakers*, 2023, www.ipcc.ch. Raport nie tylko wskazuje na prawdopodobieństwo i konsekwencje zmian – zawiera też obserwację, że środki finansowe, kierowane dotychczas na dostosowanie się do już przewidywanych zmian, są niewystarczające, by pokryć ich skutki.

OD PROSTEGO DO SPLĄTANEGO ŚWIATA...

BEZPIECZEŃSTWO I POLITYKA	GOSPODARKA I TECHNOLOGIA	ŚRODOWISKO	LUDZIE
WOLNY RYNEK GOSPODARKI I TECHNOLOGII BEZPIECZEŃSTWO GWARANTOWANE ORGANIZACJAMI MIĘDZYNARODOWYMI I SIŁĄ STANÓW ZJEDNOCZONYCH		DOWOLNE KORZYSTANIE ZE ŚRODOWISKA Koszty jeśli już są, to zlokalizowane blisko miejsca eksploatacji	MIGRACJE ŹRÓDŁEM SUKCESU GOSPODARCZEGO SKUTECZNA INTEGRACJA PRZYJEŻDŻAJĄCYCH

Ryzyko rozpadu sieci bezpieczeństwa tworzy ryzyko rozpadu sieci gospodarczych

Problemy środowiskowe tworzą presję migracyjną, większa presja utrudnia już i tak niełatwą integrację obywateli w Europie

Rozpad więzi światowych i tworzenie się sojuszy stawia pozbawioną surowców UE w krytycznej sytuacji

Ograniczenia w dostępie do surowców wzmacniają rywalizację geopolityczną

Wzrost gospodarczy potęguje problemy środowiskowe, ale sam rozwój technologii jest niezbędny do ich rozwiązania

Gospodarka bardziej cyrkularna

ŚWIAT BARDZIEJ ZMILITARYZOWANY, UE BARDZIEJ WYSTAWIONA NA RYZYKO	**UTRATA POZYCJI KONKURENCYJNEJ UE POLEGAJĄCEJ NA WIELOSTRONNYM HANDLU**	**BRAK DOSTĘPU UE DO KRYTYCZNYCH SUROWCÓW**	**MIGRACJE ŹRÓDŁEM NAPIĘĆ** **CZY BĘDZIE EUROPA?** **Czy Europa przetrwa jako wspólnota wartości?**

Mimo tych ograniczeń Unii nie pozostaje nic innego, jak wrócić do tradycji tworzenia własnych technologii, ponieważ technologia bardziej niż kiedykolwiek staje się narzędziem do radzenia sobie z ograniczonymi zasobami natury. Uzależnienie energetyczno-surowcowe Europy stało się ryzykowne od kiedy jasne jest, że przy 10 mld ludzi na świecie o te dobra nasili się konkurencja inna niż zakupowa. Jak na razie światowy postęp technologiczny wygrywa wyścig z demografią, bo (mimo wzrostu ludności) udaje się zapewnić ludziom coraz lepszy byt. Czy ostatecznej pułapki uda się uniknąć, gdy zbliżymy się do granic surowcowych i energetycznych Ziemi?

Europejczycy uznają za zagrożenie zależność od surowców kopalnych i obcych paliw. Skończyło się wiele źródeł gazu na szelfie Morza Północnego. Wykorzystanie węgla stoi pod dużym znakiem zapytania, jeśli chodzi o emisję CO_2. W Chinach, Indiach i Indonezji na uruchomienie czekają moce w elektrowniach węglowych, które zwiększą konkurencję o surowiec i spowodują wzrost jego cen. Wiele rafinerii we Francji, Włoszech, Wielkiej Brytanii jest poddanych olbrzymiej presji konkurencyjnej produktów dostarczanych drogą morską, importowanej gotowej benzyny i oleju napędowego. Rządy krajów Zachodu nie mogą przejść nad tym do porządku dziennego – gdzie bezpieczeństwo energetyczne? Niestety, producentami ropy naftowej są kraje autorytarne, a największym importerem ropy na rynkach międzynarodowych, odpowiedzialnym za ponad 20% handlu, stają się Chiny. Niewielu w Europie ma apetyt na negocjowanie z takiej pozycji w trudniejszych czasach. Tym bardziej, że w marcu 2023 roku to Chiny z kolei stały się brokerem odnowienia relacji dyplomatycznych między Arabią Saudyjską i Iranem – czołowymi producentami odpowiednio ropy i gazu na świecie[6].

Skutki geopolityczne niedostatku surowców są dla UE poważnym powodem do zmartwień. Unia Europejska jest nieraz w 98–99% zależna od rzadkich surowców, szczególnie metali ziem rzadkich (lekkich jak lit i ciężkich potrzebnych do produkcji samochodów elektrycznych), platynowców czy ogólnie minerałów, których złoża znajdują się najczęściej w Chinach, Południowej Afryce, Chile, Kongo[7]. Niezłe zasoby surowców mineralnych kryją się w ziemiach Azji Środkowej

6 Motywem przewodnim było prawdopodobnie przede wszystkim zapewnienie sobie dostępu do surowców w sytuacji, gdy Rosja będzie ponosiła konsekwencje sankcyjne swojej inwazji na Ukrainę. Dodatkowo Chiny pokazują się jako skuteczni dyplomaci. Na rękę Chinom byłoby też rozliczanie obrotu węglowodorami na świecie w yuanie, wzmacniające pozycję chińskiej waluty jako tej, w której banki centralne innych krajów trzymają część swoich rezerw.

7 Przy czym część przewagi np. Chin wynika z faktu, że analiza wąskich gardeł była prowadzona na etapie wstępnej obróbki pierwiastka, a niekoniecznie jego wydobycia. Przykładowo Chiny wydobywają 86% światowego erbu, terbu, dysprozu, ale z perspektywy UE uzależnienie sięga 98%. Zastosowanie tych metali obejmuje magnesy i optykę. Dostęp do metali ziem rzadkich i platynowców warunkuje działalność przemysłu hi-tech, zaawansowanej optyki, przemysłu kosmicznego, medycyny, elektroniki. Por. Komisja Europejska, *Study on the EU's list of Critical Raw Materials – Final Report*, 2020. Dostęp 29.01.2023 r.

(w tym metale ziem rzadkich w nierozwiniętych złożach), a nawet wschodniej Ukrainy. Traf chciał, że oś Wschód–Zachód i Północ–Południe, bramka kontrolna dla transportu dóbr i dostępu do surowców, najwyraźniej przecinają się gdzieś nad Krymem i Bosforem. Nic z tego oczywiście nie usprawiedliwia inwazji Rosji na Ukrainę – realizacja celów państwa niebandyckimi metodami jest możliwa, a cywilizowane kraje mogą prowadzić politykę zagraniczną – natomiast z pojawiającymi się faktami UE musi zacząć sobie radzić.

Splot okoliczności demograficznych, technologicznych i surowcowych wskazuje, że kończy się czas ekstensywnej gospodarki – przynajmniej do chwili sięgnięcia po zasoby Arktyki i surowce z dna oceanicznego (których eksploatacja jest niesamowicie szkodliwa dla środowiska). Edwin Bendyk pisze wręcz o rosnącej entropii świata – braku energii, by obecne rozwiązania podtrzymać oraz rosnącej szansie na to, że nasze otoczenie w obecnym kształcie zapadnie się pod własnym ciężarem i z wypalenia[8]. I o obowiązku syntezowania nowych rozwiązań, bo już w tym rozpadającym się systemie tkwimy. Sam fakt, że rozważamy karkołomne technologicznie scenariusze pozyskiwania surowców pokazuje, jak silnej konkurencji i wzrostu kosztów spodziewają się czołowe kraje. Również po stronie społecznej zmiana będzie poważna. Albo będzie oznaczała cofnięcie się pewnego poziomu komfortu, do którego Europa przywykła (a my w Polsce tylko nieco mniej), albo wypracowane rozwiązania technologiczne przyniosą zmiany stylu życia, które uznalibyśmy dziś za zaskakujące. Być może zaoszczędzimy na zakupie kolejnej pary butów w zamian je reperując, dostaniemy dłuższe urlopy zmuszeni, by oszczędzać energię w podróży, częściej niż z własnej kuchni skorzystamy z baru mlecznego[9]. Niektóre z tych zmian przyjdą jednak same, choćby jako moda i – tak długo, jak utrzymamy demokrację, która pozwoli je przyjąć lub odrzucić – nie ma czym się martwić.

Całość składa się na obraz splątanego świata, w którym poruszenie jednej zmiennej przekręca dwie inne, każdy z tworzących go trendów jest bardzo zachłanny, ciągnie w swoim kierunku i trudno wyrokować, co z tych zderzeń się wyłoni. Odpowiedzią na niepewność jest zwykle to, by w miarę możliwości ją zredukować, zdobywając na jej temat wiedzę, a obok uczyć się pływać, tworzyć narzędzia pozwalające kształtować sytuację, przygotowywać się na różne scenariusze. Natomiast w ogóle wypada uznać, że zmiana jest poważna, pojawia się nieciągłość, zmieniają się reguły gry. Na co Polska i UE powinny zwrócić uwagę?

8 E. Bendyk, *W Polsce, czyli wszędzie. Rzecz o upadku i przyszłości świata*, Wyd. Polityka, 2020.

9 Suma strachów wyciąganych dziś przez polityków obejmuje: mało tradycyjne w Polsce jedzenie świerszczy, zakaz spożywania mięsa, wycofanie samochodów spalinowych jako zamach na styl życia i próbę odebrania sukcesu ostatnich lat wzrostu PKB w Polsce, oddanie pracownikom większej ilości czasu wolnego zamiast wzrostu konsumpcji materialnej, mniejsze kuchnie w domach – częstsze korzystanie z restauracji i barów mlecznych. Są to w sumie drobiazgi.

Demontaż czterech „przywilejów czasu pokoju" i nowe reguły gry

Erozja ładu światowego to początek kłopotów dla Europy. Gdyby nadal obowiązywały stare reguły gry w relacjach międzynarodowych, reakcja Europy byłaby łatwa i do przewidzenia, i do zaprogramowania. Europa postawiłaby – jak już nieraz bywało – na handel i dyplomację, próbując wykupić się z problemów. Być może starałaby się skorzystać z tego, że ma dość dużo zgromadzonego kapitału, gotową infrastrukturę i może przeczekać trudne okresy we względnym dobrobycie. Niestety dla UE, suma wyzwań idzie w parze ze zmianą reguł gry. Gra globalna, w której (przynajmniej co do zasady) mogli wygrać wszyscy, przynajmniej miejscami zmieni się w grę regionów, sieci i sojuszy, gdzie zwycięstwo jednych odbywa się kosztem drugich[10].

Zjawisk obciążających dotychczasowy ład międzynarodowy nazbierało się sporo. Ich bilans dość jednoznacznie pokazuje, jak bardzo naruszone zostały dotychczasowe gwarancje dobrobytu. Za zastąpienie każdej z nich będzie trzeba zapłacić. Cztery przywileje czasu pokoju zostaną zamienione w *ersatz* – rozwiązania zamienne, które będą miały gwarantować bezpieczeństwo, możliwość handlu, ochronę środowiska, stabilność społeczną. Erozja ładu światowego prawdopodobnie sprawi, że porządkowanie gospodarki przypadnie ugrupowaniom regionalnym, sojuszom i sieciom. Cofnięcie się globalizacji w gospodarce ułatwi wprawdzie osłonięcie społeczeństw przed międzynarodową konkurencją, ale skutki dla dobrobytu będą podobne jak w przypadku Brexitu – odkryjemy, że w świecie podniesionych barier wszystko jest trudniej dostępne, a przez to droższe. Mniej wspólnych reguł na świecie będzie też oznaczało częstsze podstawianie sobie nogi i (na dłuższą metę) częstszy dyktat silniejszego. Moment, gdy poznamy koszty barier, które w jawnej lub ukrytej postaci muszą powstać pomiędzy rywalizującymi sojuszami, może być bolesny. Choćby w sferze bezpieczeństwa, gdy zabraknie konsensusu, że USA mogą pełnić rolę światowego policjanta, UE będzie zmuszona poważniej łożyć na obronę – straci pewną rentę. Będzie musiała pogodzić się z coraz silniej nakładającą się konkurencją gospodarczą, technologiczną i militarną. Technologie mogą stać się koncesjonowane, a więcej umów zostanie uregulowanych dwustronnie, a nie światowo. Ryzyko wojen handlowych wzrośnie. Będzie trzeba zabiegać o dostęp do surowców,

10 Czyli gry o sumie dodatniej zmienią się nieraz w gry o sumie zerowej. Przykładem może być dostęp do krytycznych surowców, jak np. metale z grupy platynowców, których wydobycie niemal monopolizuje RPA. Przynajmniej do czasu upowszechnienia recyclingu rachunek jest prosty – jeśli jeden klient kupi, drugi odejdzie z kwitkiem. Pojawią się też gry o sumie ujemnej – w których wygrani mogą zyskać mniej, niż przegrani stracą. Przykładem mogą być i wywoływane jednostronnie konflikty zbrojne niszczące infrastrukturę najechanego państwa, i nadmierna eksploatacja środowiska: czy to lasów, czy mórz.

ŚWIATOWE DOBRA PUBLICZNE – CO MIELIŚMY I JAK BARDZO SIĘ ZMIENIŁY?

	POLITYKA OBRONY I ZAGRANICZNA	WSPÓLNY RYNEK I GOSPODARKA	ENERGIA, KLIMAT, SUROWCE, GATUNKI	SPOŁECZEŃSTWO
stary świat	**POKÓJ**. Na serio nigdy nie kontestowany Pax Americana	**GLOBALIZACJA**. Wydajna integracja gospodarki światowej	**BRAK KRYTYCZNYCH OGRANICZEŃ ŚRODOWISKOWYCH** dla wzrostu gospodarki	**KLASA ŚREDNIA OSTOJĄ DEMOKRACJI**, migracje dają jej żywotność
nowy świat	**RYWALIZACJA SOJUSZY** gotowych sobie szkodzić Rysowane są **NOWE MAPY INTERESÓW**	**ROZPRZĘGANIE SIĘ** bloków gospodarczych **WALKA POZYCYJNA W ŁAŃCUCHACH DOSTAW** o centralność i kontrolę	**BARIERY ŚRODOWISKOWE** stają się obiektywne, nie tylko z nazwy	**ROZWARSTWIENIE** Demokracje tracą oś dialogu i tożsamości **UE BEZ DOBREJ POLITYKI MIGRACYJNEJ**

PRZYCZYNY ZMIAN

Najazd Rosji na Ukrainę Ryzyko „pogranicza UE w ogniu”	**Upolitycznienie gospodarki, walka o kontrolę** nad sieciami i łańcuchami wartości, sankcje	**Zmiana klimatu i CO_2 – coraz ostrzejsze skutki.** Powodzie, susze, żywność, migracje. Ryzyko przejścia progu reakcji łańcuchowej	**UE i wschód starzeją się, a kraje południa są młode** – migracje, uchodźcy, integracja, segregacja
Wzrost Chin i reorientacja USA na Pacyfik (AUKUS, Jemen). Reżimy niedemokratyczne tworzą >50% PKB na świecie	**Digitalizacja** – sytuacje typu zwycięzca bierze wszystko	**Walka o surowce w rosnącym świecie** – paliwa, metale ziem rzadkich np. dla OZE i pojazdów EV. Słabnąca pozycja Europy w energetyce – np. konkurencja rafinerii z Bliskiego Wschodu	**Erozja klasy średniej + utrata poczucia kontroli nad losem**. Rozpiętości rosną, szanse awansu maleją. Uspołecznione koszty kryzysów. Brak poczucia kontroli napędza Brexit i antysystemowców
Napięcia wzdłuż osi UE–Chiny Ukraina, Ujgurowie, Azja Środkowa	**Bardzo asertywne Chiny** budują wpływy w Afryce	**Pytanie o odpowiedzialność „globalnego Południa”** za klimat i bioróżnorodność – jednak to Brazylia wycina Amazonię...	**Internet, szybkie media, szybkie reakcje społeczne** – silny przekaz, emocje i manipulacje. Wzorce nieosiągalnej konsumpcji – co znaczy „żyć dobrze”?
Sharp power – więcej narzędzi szkodzenia innym. IT, prywatne armie, dywersja	Polaryzacja metropolie–wieś		**COVID** – globalizacja zdrowia
Potencjał konfliktu cyfrowego, kosmicznego, wartości – Chiny, GAFAM; genetyka	**Kradzieże IP** i inwigilacja, „wrogie przejęcia” biznesów		
	Koniec dekady taniego kapitału		
	Petrodolar – próby naruszenia związku ropy z USD i finansami		

ZA CO OD TERAZ UE BĘDZIE MUSIAŁA PŁACIĆ?

Wyższe nakłady obronne	**Więcej siłowych negocjacji dwustronnych** – mniej przez ONZ, MFW, WTO	**Technologie** pozwalające utrzymać jakość życia przy poszanowaniu środowiska	**Infrastrukturę wspierającą migracje** tak, wzmacniać rynki pracy, wspólny dobrobyt i dobrą integrację
Ciągłe uczenie się ryzyka	**Ryzyko wojen handlowych**	**Ekspansja gospodarcza** – wliczenie CO_2 i recyclingu do cen towarów, zabezpieczenie dostępu do surowców	**Narzędzia budujące spójność społeczną**, np. na rynku pracy
Nakładanie się konkurencji gospodarczej i militarnej. Regulowane rynki, więcej sojuszy i karteli, barteru	**Mniej pracy win-win**, więcej rozgrywek, gdzie wygrywa jedna strona		

a biznes zostanie zobligowany, by silniej włączyć do swojego rachunku koszty środowiskowe. Europa stanie przed decyzją, jak w epoce powszechnie dostępnej informacji zapewnić stabilność społeczną i zmniejszyć napięcie pomiędzy zamożnym, lecz demograficznie starzejącym się kontynentem a pozbawionym kapitału otoczeniem, które jest wyraźnie młodsze. By obniżyć napięcie na granicach, najlepiej byłoby i przyjmować migrantów, i rozszerzać sferę dobrobytu do krajów sąsiadujących z UE.

W tej sytuacji świat będzie układał się w bloki, usztywniając dostęp do technologii, rynków – także finansowych. Organizacje multilateralne (ONZ, MFW, Bank Światowy) tracą na znaczeniu jako forum koordynacji. W zamian na znaczeniu zyskują regionalne ośrodki przyciągania albo inicjatywy *ad hoc*. Osłabione forum koordynacji multilateralnej spowoduje częstsze negocjacje bezpośrednie między stolicami, stawiając mniejsze gospodarki w trudnej pozycji.

Mniejsze państwa, które do tej pory korzystały z – bynajmniej nie doskonałej – oferty światowych instytucji finansowych, będą uczyły się współpracy z ich odpowiednikami podporządkowanymi politycznie wybranym krajom, coraz częściej zawierając transakcje wiązane. Obok kwestii bezpieczeństwa, nowa gra połączy politykę handlową, inwestycyjną i kredytową[11]. Coraz więcej aktywności wykazują regionalne i krajowe banki rozwojowe, bilateralne oferty rządowe, w których handel, kredyt i inwestycje są powiązane w pakiety wzmacniające sieci oddziaływania swoich promotorów. Dziś podobną ofertę dla partnerów formułują głównie Chiny w Afryce i na Oceanie Spokojnym. Nie wiemy na jaką politykę zdecydują się Indie, ale już Arabia Saudyjska będzie zmuszona do wydania stosu pieniędzy pochodzącego ze sprzedaży ropy naftowej i zamiany ich na realne projekty gospodarcze. Chiny stworzyły nie tylko inicjatywę Pasa i Szlaku („Nowego Jedwabnego Szlaku"), ale też do 2035 r. chcą przygotować swój zestaw standardów przemysłowych dla technologii wschodzących – zagrażając pozycji, w której Europa była silna. Stworzyły też alternatywne dla systemu bankowego SWIFT rozwiązanie CIPS, pośredniczące we współpracy między bankami[12].

Regionów będzie kilka. W nowej grze na razie odnajdują się USA i Chiny. Choć Unia Europejska i Japonia mają potencjał, żeby dołączyć, nie poskładały jeszcze swoich zdolności finansowych, politycznych, badawczo-rozwojowych w konkretną ofertę dla świata. Duży znak zapytania stoi przy Indiach, Brazylii i Indonezji. Wielobiegunowość świata będzie oznaczała też więcej niepewności, bo definicje sukcesu różnych regionów rozjeżdżają się i tracimy wspólny język. W korzystnym scenariuszu wielość celów stwarza wszystkim możliwość osiągania sukcesów równolegle, a przy niepomyślnym obrocie wydarzeń – konflikty wynikające z deptania

11 Por. J. P. Ferry, *Asymmetries strike back*, Bruegel.org.

12 M. Jaeger, *Promoting the Euro – Countering Secondary Sanctions*, DGAP Policy Brief No. 2, 02.2022.

sobie po piętach. Z nowej gry wypada Rosja ze względu na brak wystarczającej siły kapitałowej, nieatrakcyjność technologiczną – być może z wyjątkiem odziedziczonych po ZSRR nisz w energetyce jądrowej i technologiach kosmicznych, mających być dowodem imperialnego formatu. Po inwazji na Ukrainę i towarzyszącym jej festiwalu samo-weryfikujących się kłamstw, Rosja ma też ujemną *soft power* i przekona do siebie już tylko tych, którym dostarczy taniej ropy lub uzbrojenia.

Zmieni się zachowanie małych krajów. Do tej pory mogły zabiegać o swoje interesy w sposób (przynajmniej co do zasady) równoprawny jak potentaci – tak już nie będzie. Te z nich, którym uda się nazwać swoje atuty, szybko znajdą się w orbicie zainteresowania graczy światowych. Kraje dysponujące dostępem do krytycznych surowców lub z wyjątkową pozycją na mapie będą starały się użyć ich jako dźwigni, a czasem wręcz narzędzia szantażu. Niestety dla Europy i dla przyszłości demokracji, młode gospodarki wywianowane bogatymi zasobami surowców w większości wypadków ulegną pokusie wyzyskania „renty monopolowej" i zatrzymają się w rozwoju gospodarczym na wczesnym etapie. Pieniądze z działalności wydobywczej zostaną wydane przez władzę na zbytki i zabezpieczenie rządzących przed utratą kontroli nad państwem zamiast na rozwój społeczny[13]. Na taki scenariusz niewiele możemy poradzić. Warunkiem wiarygodności gospodarczej staje się niezależność, a w praktyce chodzi o silną dywersyfikację dostawców oraz utrzymanie potencjału do udzielenia silnej odpowiedzi dyplomatycznej graczom decydującym się na rozstrzygnięcia siłowe i agresywny szantaż. Oczywiście rosnących na surowcach gospodarek nie podporządkujemy Europie. Takie rozwiązanie leży poza zasięgiem UE, bo importujemy z bardzo wielu stron świata i postępowanie siłowe wobec jednego z partnerów szybko zaczęłoby rodzić pytania u innych. Byłoby niehumanitarne i wracało do niesławnych tradycji kolonialnych. Czym innym jest jednak podporządkowanie, a czym innym posiadanie potencjału, który wyklucza nadużycie zaufania przez partnerów.

To, na ile formą zastępującą otwarty świat będą luźne sojusze, a na ile sieci, ma spore znaczenie[14]. Sojusze byłyby łagodniejszym rozwiązaniem, sieci są o tyle trudniejsze, że można z nich wykluczyć wybranych uczestników, pojawia się w nich wyraźna hierarchia między centrum a pozostałymi węzłami, pojawiają się punkty kontrolne. Dziś wykluczanie z sieci, choćby wspomnianego systemu bankowego SWIFT przy okazji sankcji nakładanych na Rosję, jest trudniejsze, bo były one projektowane z myślą o otwartym świecie. Będzie zupełnie inaczej, gdy architektura międzynarodowa zostanie zaprojektowana z myślą o kontrolowanym dostępie.

13 por. np. D. Acemoglu, J. Robinson, *Why nations fail?*, Profile Books 2013.

14 Na wiele zjawisk zwracają uwagę europejskie *think tanki*, szczególnie Breugel i ECFR. Na kształt katalogu asymetrii spory wpływ miały breuglowskie opracowanie J. P. Ferry, *Asymmetries strike back*, a także ECFR I. Krastev, M. Leonard, *The Power Atlas. Seven battlegrounds of a networked world.*

Generalnie logika sieciowa premiuje centralność i kontrolę nad krytycznymi ogniwami – rzadkimi materiałami, surowcami energetycznymi, technologiami, centrami danych, wejściami na duże rynki[15]. Sieci są hierarchiczne, a o hierarchii decyduje kontrola nad dostępem do sieci, nad obowiązującą w niej technologią. Premiowani są gracze znajdujący się w centrum sieci oraz na kluczowych ogniwach kontrolnych, gdzie pojawia się możliwość przechwycenia największej wartości[16]. Otwarte i zliberalizowane rynki zostają w pewnej mierze zastąpione zorganizowanymi łańcuchami o zmniejszonych możliwościach wpinania i wypinania się[17]. Realnym przejawem usieciowienia gospodarki są globalne łańcuchy wartości rosnące w siłę jako mechanizm koordynacji gospodarczej, nieraz wygrywający konkurencję z „rynkami" i tworzący własne ekosystemy. O ile w latach 70. handel wewnątrz łańcuchów wartości stanowił 35% obrotu, teraz zbliża się do 50%[18]. Przykładów dostarczają branże motoryzacyjna i informatyczna. W przemyśle motoryzacyjnym – obok producentów, których marki wszyscy znamy, dostawcy trafiają do koszyków *Tier*-1, *Tier*-2, co odpowiada komponentom o wyższej i niższej złożoności. Na szczycie są badania i projektowanie, dalej zadania inżynieryjne polegające na tworzeniu podsystemów pojazdu, ostatecznie produkcja części. Na przykładzie procesorów: projektują je w Stanach Zjednoczonych firmy takie jak: intel, amd, qualcomm; wrażliwe elementy wytwarzają przedsiębiorstwa na Tajwanie, w Chinach powstają elementy mniej skomplikowane i bardziej hurtowe (np. wafle)[19]. W Europie działa brytyjska firma ARM, dysponująca kluczowymi patentami dla produkcji procesorów stosowanych między innymi w telefonach komórkowych.

Z logiki sieciowej wynikają gry typu „zwycięzca bierze 90% wygranej" – na przykład o przywództwo cyfrowe i technologiczne, o zajęcie wysokiej pozycji na kluczowym węźle w sieci. W XXI w. postęp technologii rozmnożył takie wąskie gardła na rynkach, a wzrost gospodarczy podniósł na nie popyt[20]. Różnicę

15 I. Krastev, M. Leonard, *The Power Atlas...*, *op. cit.*

16 W węzłach regulowany jest dostęp do krytycznych zasobów, kumulowane są korzyści aglomeracji (np. różnych biznesów w jednym miejscu) oraz korzyści skali. Im lepiej okopane źródło przewagi, tym bardziej lukratywne dla właściciela.

17 Łańcuchy wygrywają tam, gdzie udaje im się redukować koszty transakcyjne związane z poszukiwaniem nowych dostawców na poszczególnych ogniwach łańcucha w porównaniu do scenariusza każdorazowego poszukiwania i koordynowania współpracy na rynkach. Ale także tam, gdzie dostawca technologii uważa, że ten sposób organizacji pracy da mu najwięcej korzyści. Bardziej reglamentowany dostęp do łańcucha otwiera ryzyka upolitycznienia.

18 P. Antràs, *Conceptual Aspects of Global Value Chains*, The World Bank Economic Review, 00(0), 2020, dostęp za pośrednictwem: www.scholar.harvard.edu.

19 Por. N.F. Poitiers, P. Weil, *A new direction for the European Union's half-hearted semiconductor strategy*, Bruegel Policy Contribution, July 2021.

20 Nie jest nowością, że zdolność decydowania o dostępie do przesmyku owocuje bogactwem miasta leżącego nad cieśniną – Konstantynopola a potem Stambułu. Kiedyś Chiny

może tworzyć dostęp do pewnego rodzaju litografii ultrafioletowej niezbędnej dla produkcji procesorów w technologii <14 nanometrów, której potrzebowały Chiny, miała Holandia, a USA nie chciały, by została sprzedana Chinom[21].

Im większa będzie erozja globalnego ładu gospodarczego i im większe będzie sprzężenie gospodarki mechanizmami sieciowymi, tym bardziej wzrośnie zapotrzebowanie na „siłę i sprawczość" państwa (*statecraft*) oraz na „przedsiębiorcze państwo", z ryzykiem poważnego przeregulowania. Sieci gospodarcze, wynikające z nich skupiska-aglomeracje, łańcuchy wartości – tworzą liczne dodatkowe korzyści motywujące państwa do wejścia w rolę animatora życia gospodarczego. Do tej taktyki odwołuje się wiele gospodarek wschodzących, patrzących na sukcesy azjatyckich tygrysów oraz amerykańskiej DARPA jako ukrytego źródła powodzenia sektora prywatnego w nowych technologiach w USA[22]. Równolegle takie etatystyczne podejście tworzy wiele sposobności do nadużycia pozycji politycznej i prywatyzowania korzyści z działania np. spółek państwowych.

Duża rozpiętość interesów w Unii

Wszystko to przekreśli dość pasywną dotychczas politykę zagraniczną UE, która mogła negocjować swoje postulaty handlowe i humanitarne w międzynarodowych forach dyplomatycznych, a faktycznie prowadzić politykę zwróconą do wewnątrz, integrując Wspólny Rynek i jego kolejnych członków – Hiszpanię, Irlandię, Polskę. Unia będzie musiała wyjść do świata i nauczyć się zarządzać wpływem tych zmian na gospodarkę wewnętrzną.

Zrównoważenie tych interesów nie będzie łatwe, bo Unia wygląda inaczej niż trzydzieści lat temu – tak jak zmieniły się relacje sił Rosji i Stanów Zjednoczonych, tak i ona[23]. UE urosła, jednak głównie przez rozszerzenia. Fakt, że zrzesza niemal

broniły tajemnicy papieru ryżowego. Stworzenie barier ma jednak konsekwencje dla ogólnego dobrobytu i rozwoju społeczeństwa. Zdobycie dostępu do technologii papierniczej dało światu islamu okres rozkwitu opartego na taniej wymianie wiedzy. Dostępność papirusu decydowała o czytelnictwie w Egipcie i Rzymie, rzadkość i nakład pracy potrzebny do wytworzenia pergaminu o reglamentacji wiedzy w średniowiecznej Europie.

21 Por. N.F. Poitiers, P. Weil, *A new direction for the European Union's half-hearted semiconductor strategy*, Bruegel Policy Contribution, July 2021.

22 M. Mazzucato, *The Entrepreneurial State*, J. Yifu Lin *New structural economics*.

23 Analiza na poziomie mocarstw sama w sobie jest nieco zwodnicza – drugą stroną sukcesu liberalnych gospodarek jest to, że nie o wszystkim decyduje się cynicznie w zaciszu gabinetów, liczą się też zwykli ludzie, ich dążenia, inicjatywa, opinie. Wiele do powiedzenia mają korporacje – także w sferze zbrojeniowej, a poprzez media społecznościowe – także jednostki, twórcy opinii. Przypadek i dynamika społeczna często nadają sprawom kierunek. Gdyby stosunki międzynarodowe były deterministyczne do tego stopnia jak sugerują geopolitycy i nie pozostawiały miejsca na ludzkie decyzje, winą za wojnę w Ukrainie równie dobrze można by obarczyć Chiny. Bo przecież to one – poszukując lądowego korytarza

450 mln ludzi wobec 325 mln trzy dekady wcześniej jest jej wielkim sukcesem. Choć początkowo rozszerzenie oznaczało rozwodnienie kapitału, bo przecież dołączyły wyraźnie uboższe gospodarki, to zyskały one ogromną witalność i podzieliły się nią z UE. Unia zyskała wielu pracowników, a w obliczu rosyjskiej agresji na Ukrainę – otrzymała energię do działania, której zabrakło krajom Zachodu.

Wraz z rozszerzeniem skomplikowało się zarządzanie Unią. W 1990 roku centrum ugrupowania stanowiło 4–5 porównywalnych gospodarek. Obecnie członków jest 27, a nie 12, a między pięcioma największym członkami odnotowujemy dużo większą rozpiętość potencjałów. Silne Niemcy, zjednoczone i otwarte na imigrację, uciekły Francji i Włochom politycznie i gospodarczo. Potem mamy Hiszpanię, Polskę i mniejsze kraje – nieraz wyjątkowo nowoczesne, ale bez ciężaru, który mogą rzucić na geopolityczną wagę. Muszą być sprytne, bo duże nie będą nigdy. Relacje stały się w ten sposób bardzo asymetryczne, a oczekiwania członków co do wspólnej polityki – rozbieżne.

RÓWNIEŻ WEWNĄTRZ UNII EROPEJSKIEJ RÓWNOWAGA ZMIENIŁA SIĘ

Ludność, mln osób

	1990 (UE12)	2020 (UE27)
RFN/NIEMCY	63	83
FRANCJA	57	67
WŁOCHY	57	60
WIELKA BRYTANIA	57	*Brexit*
HISZPANIA	38	47
POLSKA	*akcesja*	38
MNIEJ LUDNE KRAJE CZŁONKOWSKIE	53	152

→ **W 1990 r. były trzy-cztery stolice zdolne równoważyć swój głos.** Francja miała wiodący głos polityczny, także dzięki sprawnej armii

→ **Obecnie zamiast 12 głosów mamy ich 27.** Dużo większym wyzwaniem jest budowanie konsensusu i znajdowanie w UE przeciwwagi politycznej dla zjednoczonych Niemiec

handlowego do Europy na obrzeżach Rosji oraz monopolizując dostęp do rzadkich surowców, w które obfituje Azja Środkowa „stworzyły napięcie" w okolicach Krymu, a inwazja stała się „nieuchronna". W polityce Zachodu względem Rosji uwidoczniły się i odruchy – jak chęć powstrzymania przyszłego zagrożenia rosyjską wojną i zimne gabinetowe kalkulacje korzyści związanych z przeciągnięciem wrażliwego miejsca na mapie świata na stronę Zachodu, ale też i odruch humanitarny na rzecz Ukrainy i presja społeczna. Presja społeczna należałoby powiedzieć: *last but not least*, bo to przecież zmiana opinii publicznej w Niemczech, zdecydowana i refleksyjna postawa niemieckiego społeczeństwa, zmusiła niemrawy urząd kanclerski do działania. Por. również: J. Zielonka, *Mity o świecie*, rp.pl, 20.12.2022 r. dostęp 29.01.2023 r.

Rozpiętość geograficzna staje się wyzwaniem dla zwartości UE[24]. Kiedyś orientacja była prosta – „włoski but" plus Ren. Teraz każde z wyzwań tworzy przynajmniej kilka wektorów, które musimy pomieścić we Wspólnocie. Nabiera to znaczenia, kiedy spojrzymy na otoczenie UE. Kraje Unii mają bardzo różne możliwości integracji handlowej choćby z Jedwabnym Szlakiem, mają też bardzo różne szanse pozyskania energii dla swoich gospodarek. Dla Europy Środkowej przez wieki głównym szlakiem były rzeki, a uzupełniła je kolej. Kiedy Ukraina ma szansę dołączyć do Unii, otwiera ona dodatkową atrakcyjną oś handlową z portów czarnomorskich na północ od Karpat. Korzyściami musiałby podzielić się głównie Dunaj – a więc Węgry i Austria – które mogą utracić część swojej pozycji na kluczowym węźle transportowym, a stać się przelotowe. Są to więc kraje sceptyczne wobec wsparcia dla Ukrainy (nie tylko ze względu na historyczne relacje z Rosją) i jakaś oferta dla nich ułatwiłaby włączenie Ukrainy do UE. Z kolei Ukraina w UE to dobra wiadomość i dla Polski, i dla Szwecji, i Czech, i dla północnych Niemiec, a nawet dla Holendrów[25].

Zupełnie inaczej układają się interesy krajów Morza Śródziemnego, których handel zależy od własnych portów i może mieć więcej kierunków, a energia OZE może być pozyskiwana w wielu technologiach, także z instalacji morskich, oceanicznych oraz od partnerów w Afryce. Te kraje są też proporcjonalnie bardziej wystawione na dostawy paliw z Bliskiego Wschodu, które będą konkurowały z ich własnymi producentami. Wschód Unii będzie ponosił koszty (w postaci utraconych ułamków konkurencyjności) rezygnacji z surowców rosyjskich – które wydawały się tanie w zakupie, a okazały się bardzo kosztowne strategicznie.

Bez wyważenia tak różnych interesów Unia zostanie bezwładna. Co więcej, jeśli Polska chce kształtować politykę wschodnią UE, powinna rozumieć potencjał Morza Śródziemnego i dysponować ofertą, która pozwoli rozwijać się Włochom, południowej Francji czy Hiszpanii. W przeciwnym razie ogranicza swoją siłę przebicia o 100–150 milionów głosów obywateli, którzy zamieszkują te kraje i decydują o 1/3 potencjału UE[26].

24 Po drodze UE oczywiście reformowała się w kolejnych traktatach. Nie osiągnęła chyba jednak wciąż potrzebnej w dzisiejszym świecie zwartości.

25 Mapki powiązań z Jedwabnym Szlakiem rysują wszyscy zainteresowani – bo też każdy chciałby znaleźć się na tak lukratywnej osi. W praktyce przyłączenie Ukrainy do UE co najwyżej sprzyjałoby konkurencji między różnymi osiami transportowymi – ani korzyści dla Polski czy Szwecji nie byłyby tak ogromne, ani strata dla Węgier, Austrii czy Bałkanów tak dotkliwa. Dużo ważniejsze jest rozszerzenie strefy pokoju i dobrobytu oraz zwiększenie rynku wewnętrznego UE.

26 Mimo Brexitu Polska kształtująca UE powinna też mieć pomysły na współpracę Unii z Wielką Brytanią. Ta okazałą się cennym sojusznikiem w sprawie Ukrainy, a ze względu na dobre zrozumienie ze Szwecją, Holandią i Stanami Zjednoczonymi może być też partnerem w innych sprawach.

ENERGETYKA = BEZPIECZEŃSTWO I KONKURENCYJNOŚĆ KOSZTOWA*

Niedobór własnych surowców spycha Europę ku odnawialnej energii i atomowi

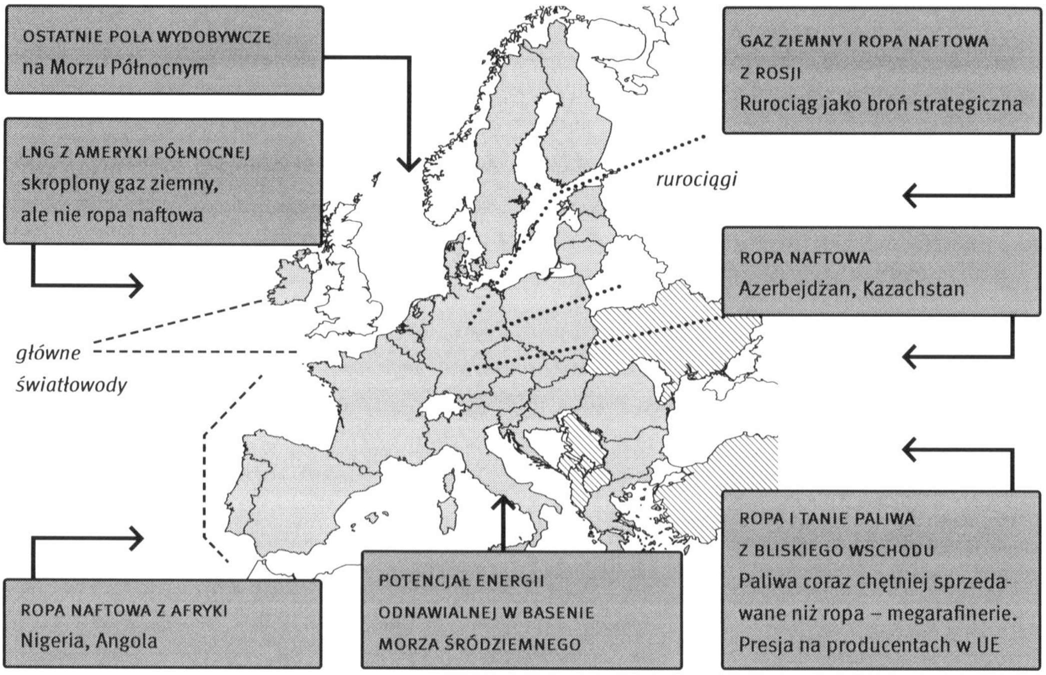

*Czynników decydujących o konkurencyjności kosztowej jest rzecz jasna więcej.

TRANSPORT = POTENCJAŁ POŁĄCZEŃ HANDLOWYCH

Jaki wspólny mianownik dla konkurencyjnych szlaków handlowych?

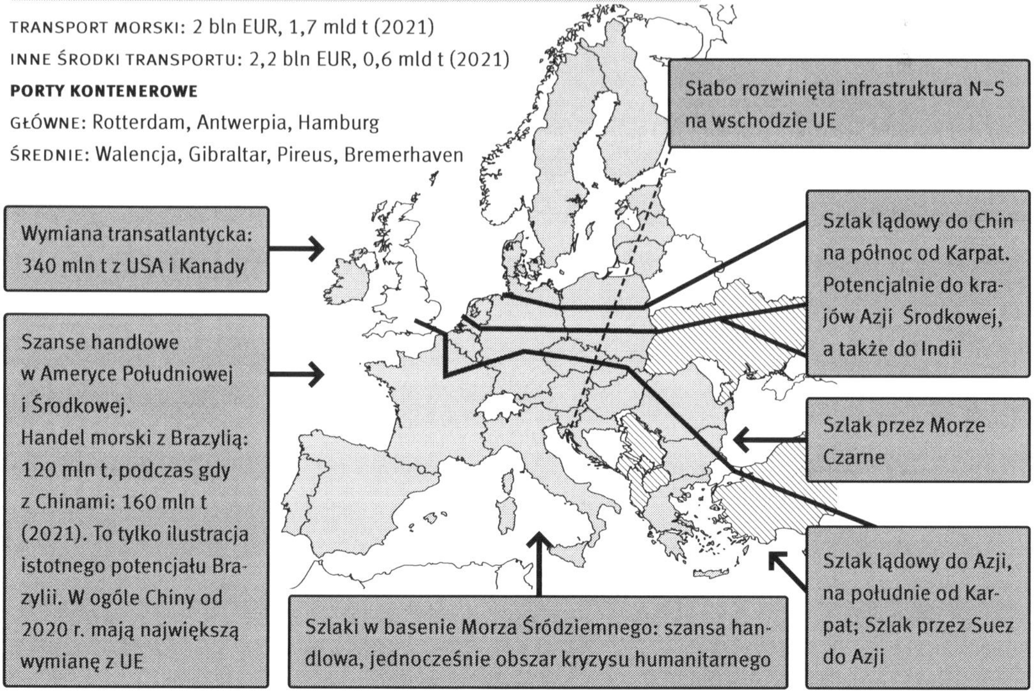

Dane: na podstawie European Maritime Safety Agency, NATO Association of Canada, International Transport Forum at OECD.

Bilans punktów oddziaływania na interesującej nas wschodniej granicy Unii zmienił się istotnie. Od zakończenia zimnej wojny, a zwłaszcza po wyjściu rosyjskich wojsk z Polski, linia demarkacyjna ustalała się przez rywalizację o pomniejsze żetony. Nie odmawiając sobie i sąsiadom podmiotowości, w zmianach można dostrzec ślady ścierających się interesów mocarstw albo dawnych mocarstw. Estonia rozwija się jak Singapur i jest bramą do Zatoki Fińskiej. Niejako w zamian jątrzącymi się ranami pozostają Naddniestrze i Kaliningrad. Kosowo i brama kosowska pozostają kością niezgody – stabilizacja regionu na poziomie ruin jest akceptowalnym rozwiązaniem dla Wschodu i Zachodu. Węgry mogą próbować szantażowania Zachodu Wschodem, ale są cenne, bo tak długo jak są w UE, nie pozwalają tworzyć pomostu do Serbii i Bułgarii, przez co Moskwa nie może wbić prawosławnego klina w Bałkany. Skoro tak – prowadzi działania dywersyjne, zapewne też przychylnie patrzy na kanały przerzutowe ludzi i narkotyków przez Albanię i Macedonię. Każda niestabilność jest mile widziana. Rosyjskie przedsiębiorstwa prowadzą pogłębioną współpracę inwestycyjną z energetyką w Austrii i na Węgrzech. Utrzymanie stabilnej energetyki w regionie jest ważnym zadaniem dla Polski i w ogóle dla Zachodu. Podobnie fundamentalnym wyzwaniem jest zabezpieczenie standardów demokracji i państwa prawa. Nikt Ukrainy nie pytał o zgodę na przynależność do moskiewskiej strefy wpływów, skoro jednak nie radziła sobie z podsycaną korupcją, a Polska i kraje bałtyckie przeszły na zachodnią stronę żelaznej kurtyny, to dla wielu wygodniejsze było pozostawienie jej na łasce Moskwy. Wejście Ukrainy w orbitę Zachodu będzie wymagało w równej mierze wzmocnienia zdolności obronnych, co determinacji Ukraińców i Ukrainek do sanacji polityki wewnętrznej.

Dziś kraje wschodniej UE, a w tym także Polska zdobyły na tyle silną pozycję, by nie dać o sobie zapomnieć – okazały się żywotne gospodarczo, wzbogaciły się, są coraz lepszym partnerem inwestycyjnym i handlowym, mają też większe możliwości finansowania swoich celów. „Strefa zgniotu" przestaje nią być i staje się sferą punktowych oddziaływań. Obiektywna grawitacja gospodarcza UE bardzo pomaga, pokazując, że sukces przemian gospodarczych jest możliwy w relatywnie krótkim czasie.

Czego powinna chcieć Polska i co proponować?

Przebudowa otoczenia międzynarodowego to wyzwanie także dla Polski, która w ostatnich 30 latach świetnie realizowała swoje interesy. Unia Europejska będzie się reformowała i to najlepszy moment, by wzmocnić swoją pozycję. Ludwik Dorn zadał zwięzłe pytanie – co chcemy w Unii i przez Unię osiągnąć[27]?

Dziś takie postawienie sprawy wydaje się szczególnie trafne, bo i strategicznie zmienia się świat i nasza pozycja finansowa w Unii. W ciągu pięciu lat, około 2027 roku, staniemy się płatnikiem netto do unijnej kasy, a UE będzie pogłębiała integrację, bo tego wymaga rywalizacja na arenie międzynarodowej. Skoro mamy być płatnikiem netto, to tylko tak, by na tym netto wygrywać. Nie skorzystamy już w dotychczasowym stopniu z transferów – musimy znaleźć inne źródło wartości dodanej. Czyli przejść od modelu, w którym sukcesem było uzyskanie dla Polski dodatkowych miliardów dotacji do modelu, w którym wkładane fundusze traktujemy jak inwestycję, z której oczekujemy zwrotu w postaci realizacji konkretnych, istotnych polskich interesów. Musimy być zdolni te interesy ustalać i artykułować, jeszcze raz podkreślając, że w coraz mniejszym stopniu będzie chodziło o przelew bankowy, który coraz częściej będzie faktycznie *in minus*.

Wypowiedzenie umowy Unii w ogóle się nie opłaca, bo prowadziłoby do gry przeciwko regułom światowym – a świat układa się w bloki i staje się nieprzyjazny dla niezrzeszonych. Suwerenność oznacza tu raczej możliwość przyjęcia dowolnej roli w występujących konfiguracjach, nie próbujmy natomiast wypisywania się z obiegu w ogóle. Czego więc powinniśmy chcieć dla nas?

Być mostem integracyjnym

Wydarzenia ostatnich miesięcy od czasu inwazji Rosji na Ukrainę już teraz inaczej budują naszą pozycję. Możemy i powinniśmy stać się mostem integracyjnym – w pierwszej kolejności dla Ukrainy. Rozszerzenie UE o Ukrainę oznaczałoby, że nie jesteśmy już ani najwięksi, ani najbardziej potrzebujący na Wschodzie Unii. Zmieni się możliwość odbierania świadczeń, obszar odpowiedzialności i korzyści. W zamian mamy realną szansę, by stać się wschodnim hubem infrastrukturalnym, w którym przecinają się szlaki energetyczne, przemysłowe, transportowe, informacyjne i polityczne.

27 L. Dorn, *Rzeczpospolita Trzecia i Pół*, wywiad-rzeka Jaremy Piekutowskiego, Wydawnictwo Nowej Konfederacji, 2021. Wśród prawicowych uczestników debaty pytania o to, co oryginalnego możemy zaproponować Europie stawiał też R. Legutko – niestety nie wyniknęła z tego konstruktywna odpowiedź; por. R. Legutko, *Esej o duszy polskiej*, Zysk i S-ka, Poznań 2012. Zdecydowanie bardziej konstruktywna, w pewnym sensie menedżerska, jest odpowiedź R. Kuraszewskiego, *Polska w nowym świecie*, Nowa Konfederacja 2021.

KIM POLSKA MOŻE STAĆ SIĘ W UNII EUROPEJSKIEJ?

MOST INTEGRACYJNY W EUROPIE ŚRODKOWEJ	**HUB GOSPODARCZY** PRZEMYSŁOWO-EKSPORTOWY	**AKTYWNY ANIMATOR** ŻYCIA UE
→ **Rzecznik przystąpienia do UE** Ukrainy i współpracy z Białorusią → **Hub energetyczny,** m.in. zabezpieczający energetycznie kraje bałtyckie po ich wyjściu z rosyjskiego systemu energetycznego BREL → **Jedna z dwóch głównych wschodnich bram do UE na Jedwabnym Szlaku,** do czasu akcesji Ukrainy i obok szlaku Morze Czarne–Dunaj → **Hub logistyczny na skrzyżowaniu szlaków Północ-Południe i Wschód-Zachód,** przy czym niekoniecznie w logice „jednego CPK”	→ **Dąży do wysokospecjalistycznej, ale zróżnicowanej gospodarki,** czasem jako twórca technologii, przeważnie jako czołowy partner skalujący technologie → **Walczy o nowoczesne łańcuchy dostaw** – zajęcie kluczowych ogniw produkcyjnych w dopiero tworzących się branżach – także przy okazji relokacji biznesu do UE po COVID → **Utrzymuje Wspólny Rynek UE jako dźwignię** rozwoju, dywersyfikuje odbiorców poza Niemcy → **Transformuje własną energetykę** z wykorzystaniem OZE, energii atomowej oraz z baczeniem na suwerenność energetyczną → **Zabiega o stworzenie ram „zielonego handlu”** promującego transformację UE bez dezindustrializacji i „eksportu emisji” CO_2	→ **Kształtuje UE i stara się wejść do rdzenia decyzyjnego, bo będzie płatnikiem netto** i musi korzystać z innych walorów Wspólnoty niż bezpośrednie transfery → **Dobrze identyfikuje wyzwania Europy Wschodniej** i dba o politykę sąsiedztwa UE ogólnie → **Utrzymuje i wzmacnia współpracę** w formatach łączących Europę Środkowo-Wschodnią, Finlandię i Szwecję → **Odbudowuje Trójkąt Weimarski,** rozwijając jednocześnie formaty współpracy w Europie Środkowo-Wschodniej → **Wspiera pełną realizację zobowiązań krajów UE względem NATO,** aktywizuje europejskie konsorcja obronne i technologiczne

Z tym postulatem wiąże się nadzieja na zmiany w Białorusi, która również ma prawo do niezależności, decydowania o sobie oraz organizacji politycznej szanującej wolność i godność człowieka. I dla Unii Europejskiej taka Białoruś byłaby atrakcyjnym partnerem, i bliższa współpraca z UE dawałaby Białorusi realne możliwości wyboru własnych kierunków rozwoju. Dla Polski każdy pokojowo nastawiony, respektujący prawa człowieka, dobrze prosperujący sąsiad jest ogromną wartością.

Być hubem gospodarczym

Obecne warunki współpracy w UE były dobre do wczoraj, kiedy silnym bodźcem dla rozwoju mogły być dotacje unijne zamieniane w inwestycje oraz rozwój eksportu dzięki dostępowi do Wspólnego Rynku i dopasowaniu krajowego prawa do unijnego.

W splątanym i wielobiegunowym świecie kraje średniej wielkości, takie jak Polska, będą miały sporo szans. Powinny pilnować pozycji w sieciach gospodarczych i ściągać do siebie ich najbardziej wartościowe ogniwa, tworzyć sobie opcje rozwojowe, które może nie zawsze będą od razu w pełni wykorzystane, ale pozwolą na wstrzelenie się w krótkie okno szans, kiedy to się pojawi. Powinny też tworzyć bardzo sprawne aparaty państwowe – co nie oznacza, że duże. To wszystko da się umieścić wewnątrz „polskiego pomysłu na Unię".

Niezłym celem na kolejny okres byłoby wykorzystanie siły Rynku UE do budowy polskiej gospodarki eksportowej i zmiany struktury gospodarczej w kierunku nowych technologii, a właściwie jej ukończenia. Eksportujemy już bardzo dużo; niestety produkty o umiarkowanym ładunku technologicznym, niebędące rodzimym wynalazkiem. Częstym importerem są Niemcy. Jeśli chcemy dobrobytu podobnego jak w Europie Zachodniej, nie ma wyjścia – musimy niemal skokowo zwiększyć udział własnej myśli w wytwarzanych produktach i zdywersyfikować rynki odbiorców. Wspierajmy rewitalizację Unii Europejskiej tak, by tworzyła nową przestrzeń gospodarczą dla krajowego biznesu także poza granicami UE.

Ważnym elementem może być relokacja biznesów do Europy po pandemii COVID. Polska należy właśnie do grona szybko rosnących gospodarek, na tyle zaawansowanych, by wdrażać najnowsze technologie. Jest jednym z najkorzystniejszych miejsc do relokowania działalności do UE. Nawet jeśli jeszcze chwilę nam zajmie wytworzenie własnych rozwiązań z najwyższej światowej półki.

Budowa hubu gospodarczego będzie oznaczała też wysiłek. Nie ulega wątpliwości, że będziemy musieli transformować energetykę na równi ze względów klimatycznych, jak i ze względów strategicznych. Elektrownie w Polsce starzeją się, zaś bez transformacji energetycznej trudno będzie utrzymać i poszerzyć dostęp do rynków zbytu, które coraz wyżej cenią niski ślad węglowy.

Być aktywnym animatorem UE

Po trzecie powinniśmy być animatorem nowych inicjatyw we Wspólnocie. To powinien być nasz sposób na zachowanie suwerenności i walki o własne interesy.

W 2028 roku i polska składka na UE może wynieść więcej, niż wpływy z różnych programów rozwojowych UE i gospodarka Polski będzie ważyła więcej od gospodarki Holandii. Przy unijnym stole negocjacyjnym nikt już nie uwierzy, że jesteśmy krajem na dorobku, potrzebującym wsparcia. Nawet jeśli z osobna Polacy będą zarabiali mniej od Holendrów, efekt wizerunkowy będzie duży. Biorąc pod uwagę rosnącą wagę Polski, powinniśmy dążyć do uczestnictwa w rdzeniu decyzyjnym UE, efektywnego, czyli decydującego o priorytetach i podziale środków. Aby liczyć się w gronie kluczowych decydentów, musimy być zdolni do przedstawiania innym swoich propozycji oraz mieć w zanadrzu ofertę dobrze skalkulowanych kompromisów.

Abyśmy skutecznie mogli kształtować UE, z pewnością w naszym interesie byłaby Unia poruszająca się szybko. Zdolności adaptacyjne polskiej gospodarki są duże, a wkładanie własnych celów do rozpędzonej maszyny UE byłoby łatwiejsze. Im bardziej dynamiczna Unia, tym Polsce łatwiej będzie np. tworzyć nowe branże w gospodarce.

Co możemy zaproponować partnerom w Unii jako nasz wkład w funkcjonowanie UE? Chodzi o wkład własny, oryginalny, niefinansowy. Gdyby UE miała stać się trochę bardziej jak Polska i przez to zyskać na jakości – to co z naszego doświadczenia musielibyśmy wnieść, by tak się stało? Nie jest prawdą, że przychodzimy z niczym. Wnosimy:

→ pozycję na mapie – na zupełnie inny poziom relacji z Unią za chwilę może wejść Ukraina. Potencjalne rozszerzenie już dziś inaczej buduje naszą pozycję w UE;
→ bardzo dobrą diagnozę Wschodu Europy – duży atut w momencie, w którym wschodnia granica Unii radykalnie zyskała na znaczeniu;
→ przedsiębiorczość i orientację na skuteczne działanie – podpartą 30-leciem sensownego, stosownego do możliwości, doboru priorytetów gospodarczych i idącego z nim w parze rozwoju sektora prywatnego;
→ dobry stosunek między jakością myślenia, bazą przemysłową i kosztami pracy – dające realną szansę kosztową na sprowadzenie do Europy bardziej zaawansowanych gałęzi przemysłu;
→ solidarność i umiłowanie niezależności – gotowość do działania nie według kryteriów przydatności gospodarczej a według zasad równego traktowania niezależnie od siły partnera i chwilowej koniunktury.

Co do solidarności, była ona widoczna po agresji rosyjskiej na Ukrainę i będzie potrzebna także wobec innych narastających kryzysów, byśmy my – i Europa – nie mieli w krytycznej chwili próby związanych rąk.

Nowa gra UE = samodzielność + oferta + sprawna organizacja

Spory pakiet wyzwań wymaga poważnych odpowiedzi. Dobrze przygotować odpowiedź modularną – taką, w której rezygnacja z jednego z elementów nie wywraca całej konstrukcji, elementy można podmienić, a budowę rozpocząć w dowolnej kolejności, tak jak materia pozwala.

Unia Europejska musi odzyskać dwa atuty… i się zorganizować. Wobec postępującej erozji ładu międzynarodowego, Europa musi odzyskać autonomię działania strategicznego i znaczenie międzynarodowe, czyli przydatność dla świata. Suwerenność strategiczna to w obecnej sytuacji wszystko, co Europa robi już dziś, plus zdolność poradzenia sobie bez czterech zwietrzałych światowych dóbr publicznych – w warunkach rywalizacji bloków gospodarczych, liderów gospodarczych dyktujących porządek w łańcuchach wartości, z barierami środowiskowymi ograniczającymi wzrost gospodarczy i demokracją, której podstawy społeczne i medialne zostały podmyte. To sam w sobie zestaw wyzwań, ale poradzenie sobie z nim to i tak za mało, aby utrzymać Unię Europejską w trójce wiodących aktorów światowych obok USA i Chin, a w niedalekiej przyszłości także Indii.

Oprócz nabywania odporności na kolejne kryzysy, Unia musi poruszać się w świecie. Stąd potrzeba drugiego elementu – budowy Znaczenia Europy. Unia musi być „po coś", dokładać jakiś element życia międzynarodowego pozwalający światu zewnętrznemu uznać, że Europa zaspokaja pewne jego potrzeby[28]. Taki atut można wymienić z partnerami na inną korzyść albo dokonać przy jego pomocy projekcji siły dyplomatycznej. Chiny przyniosły ze sobą obietnicę pełnienia roli fabryki świata i od lat 70. w pełni się z niej wywiązują. Stany Zjednoczone wciąż dostarczają – czy się to globalnie podoba, czy nie – ramy bezpieczeństwa umożliwiające światowy handel, innowacje w obszarach cyfrowym i medialnym oraz obsługują międzynarodowy system finansowy. Europa musi odzyskać podobne dźwignie pracy dyplomatycznej – wykorzystując do tego liczący 445 mln zamożnych odbiorców Wspólny Rynek UE, siłę kadry uniwersytetów i centrów badawczych (nawet jeśli nieraz trudno o ich przełożenie na nowe przedsiębiorstwa w gospodarce), wreszcie wykorzystać liczący rocznie 2 biliony USD strumień importu i drugie tyle eksportu do kształtowania standardów przemysłowych i relacji z otoczeniem.

Samodzielność i znaczenie UE idą w parze, wzajemnie się wzmacniają, a nie wykluczają. Z tej perspektywy starania o „suwerenność" nie zastąpią budowania swojego „znaczenia" w świecie, ale mogą UE pomóc, ograniczając kradzież własności intelektualnej, infiltracji lub obcej propagandy na rynkach, na których Unia inwestuje pieniądze.

Nowe priorytety trzeba pomieścić w instytucjach UE tak, by sprzyjały one codziennym relacjom wewnątrz Wspólnoty. W pewnej mierze będzie konieczna zmiana struktur organizacyjnych, w pewnej – finansowania, a w jeszcze innej – prawa głosu.

Przyjrzyjmy się tym elementom począwszy od suwerenności.

28 O potrzebie przeskoczenia dyskusji o reformach instytucjonalnych i atutach Europy por. T. G. Ash, *Europe (and yes, that includes Britain) can still be a superpower*, The Guardian, 02.03.2020 r.

SPLĄTANY ŚWIAT STAWIA PRZED UNIĄ EUROPEJSKĄ PYTANIA O JEJ...

ZNACZENIE	SAMODZIELNOŚĆ	ORGANIZACJĘ
→ podjęcie gry o własne miejsce w nowym świecie	→ radzenie sobie bez światowych dóbr publicznych	→ przystającą do wyzwań i zdolną do ciągłej adaptacji
JAK WYKORZYSTAĆ ATUTY EUROPY?	**ILE SUWERENNOŚCI PRZEKAZAĆ DO UE, BY ODPOWIEDZIEĆ NA PRAWDZIWE WYZWANIA?**	**JAKIM MECHANIZMEM GODZIĆ ROZBIEŻNE INTERESY 27–35 KRAJÓW?**
WSPÓLNY RYNEK UE i sukcesy integracji gospodarczej	**BEZPIECZEŃSTWO** Rywalizacja bloków i regionów	Jak sprawić, by **INSTYTUCJE UE BYŁY LEKKIE** mimo rozszerzenia?
UNIWERSYTETY badania i rozwój	**GOSPODARKA** Gospodarka pod dyktando liderów, łańcuchy wartości	**JAKIE FINANSOWANIE** trzeba zapewnić, jeśli myślimy poważnie o pokonaniu trudności?
RELACJE HANDLOWE i pozycja regulacyjna UE	**SPOŁECZEŃSTWO** Podmyta legitymacja społeczna i populizm	**JAK PODZIELIĆ SIŁĘ DECYZYJNĄ** między członków UE?

Samodzielność Unii, czyli jak dzielić się pracą z państwem narodowym

„Samodzielność strategiczna" to tyle, co deklaracja unijnego minimum operacyjnego i sieci wzajemnych ubezpieczeń w kilku szczególnie wrażliwych obszarach, a nie maksimów „suwerenności strategicznej" tak kontrowersyjnych, że spowodują buksowanie kół w unijnym pojeździe. Suwerenność rozumiana jest tu jako zdolność do samodzielnego decydowania o kierunku rozwoju, ale niekoniecznie przywództwo na świecie. UE mówi „chcemy być wolni od..." – inwigilacji cyfrowej, kryzysów militarnych czy żywnościowych w bezpośrednim otoczeniu Europy, którym można zapobiec policzalnym kosztem, a których skutki z pewnością przeleją się na UE, jeśli pozostawimy je samym sobie. Idzie o to, by zmniejszyć wrażliwość UE na zewnętrzne interwencje i dalszy regres otoczenia międzynarodowego. Można to osiągnąć przy pomocy dość efektywnych kosztowo działań zmniejszających ekspozycję UE na obce interwencje, dywersyfikujących ryzyko i poprawiających symetrię w relacjach między UE a partnerami, bo ta podnosi koszty dla atakującego i zniechęca[29]. W pakiecie nie ma kosztownych postulatów

29 O kosztach różnych strategii podnoszących suwerenność por. M. Jaeger, *The Logic (and Grammar) of US Grand Strategy. Implications for Germany and Europe*, DGAP Report, No. 8, June 2021.

budowania własnych przewag konkurencyjnych na korzyść UE, a lista celów związanych z samowystarczalnością-autonomią-autarkią jest ograniczona, bo odgradzanie się murami i zrywanie wszelkiej współpracy jest zwyczajnie drogie.

Utrata czterech światowy dóbr publicznych przekłada się na cztery zadania, które warto opisać nagłówkiem „samodzielność":

→ ochrona Wspólnego Rynku;
→ samodzielność energetyczna, klimatyczna i materiałowa;
→ polityka społeczna i ochrony demokracji;
→ zdecydowana polityka obrony i zagraniczna.

Każdy z tych elementów mógłby być gwarantowany przez państwa narodowe lub przez UE. Im niżej na liście – tym trudniej. Jeśli nie będziemy w stanie zrzec się części niezależności na rzecz Brukseli (a mówiąc twardym językiem – przekazać część suwerenności), to trudno będzie o zdecydowaną politykę obrony czy zagraniczną. Bylibyśmy dużo bardziej wiarygodni jako Europejczycy, gdybyśmy mogli szybciej i bardziej asertywnie odpowiadać na wyzwania w tych obszarach. Unii brakuje jednak mechanizmów szybkiego formowania się decyzji. Dlatego o wiele bardziej praktyczne wydaje się myślenie o umiarkowanym postępie – o szczebel, dwa. Dużo trudniejsze – o fundamentalnym przeskoku. Gruntowna zmiana w polityce obrony czy zagranicznej wymaga czasu, by nowy sposób działania okrzepł[30]. Podobnie jest z polityką społeczną, która odzwierciedla wiele utartych krajowych zwyczajów.

Większa rola UE to generalnie mniejszy zakres dowolności po stronie państwa narodowego. Ta zależność nie jest ścisła. Można wyobrazić sobie UE, która reguluje działania swoich członków wybiórczo, ale bardzo precyzyjnie (kiedy pewne inicjatywy są skierowane tylko do chętnych). Z pewnością też powyżej pewnego poziomu koordynacji wspólna polityka staje się bardzo wiążąca, trudno jest wydzielać wyjątki (kiedy ustalimy wspólny rdzeń polityki UE w danym wymiarze). Dobrym przykładem jest polityka konkurencji przedsiębiorstw – na

30 Organizacja mechanizmu decyzyjnego UE będzie omówiona w dalszej części. W tym miejscu chciałbym zaznaczyć, że próbaę przeskalowania krajowych instytucji politycznych na potrzeby Federalnej UE, bez uwzględnienia problemu funkcjonowania obok siebie dwudziestu kilku krajów, jestuważam za wątpliwaą. *Demos* europejski nie istnieje, istnieją natomiast co najmniej interesy państwowe i interesy poszczególnych społeczeństw (jeśli wahamy się przed użyciem hasła „interesy narodowe"). Z kolei proponowane mechanizmy federalizujące Europę są „paneuropejskie" i „narodowościowo obojętne" tylko z nazwy. W rzeczywistości ich promotorzy wydają się mieć w zanadrzu całkiem precyzyjnie oszacowaną siłę własnego „głosu narodowego". Ponadto w czasie konfliktu rosyjskiego Niemcy na długi czas efektywnie zawetowały swoją postawą dostawy czołgów dla broniącej się Ukrainy – co ma się nijak do ich presji na zdjęcie weta z procesów decyzyjnych w Europie. Siłą rzeczy brak oczywistych, akceptowalnych dla UE27 rozwiązań ustrojowych ograniczy głębokość integracji. Między innymi dlatego wydzielona została dyskusja o „Znaczeniu UE" jako szybkich, ambitnych tematach, co do których możliwe jest zbudowanie pogłębionego konsensusu.

tyle ściśle koordynowana, że już właściwie federalna. Paradoksalnie UE nie była w stanie zareagować, gdy Niemcy właściwie jednostronnie podjęły decyzję o 200 mld euro dotacji dla swojego przemysłu w związku z kryzysem energetycznym wywołanym przez Rosję[31]. Inne wymiary polityki gospodarczej są koordynowane w dużo luźniejszy sposób – polityka rynku pracy czy podatkowa są stosunkowo swobodnie ustalane, za co Niemcy mają odwieczne pretensje do Włochów.

Na ile te elementy podlegają Unii obecnie? W skrócie – żaden z obszarów jako całość nie został doprowadzony do poziomu „wspólnego rdzenia", który można by uznać za poziom federacji. Najbliżej jest Wspólny Rynek, koordynowany w wielu obszarach, ale bez wspólnej giełdy, ważnej dla polskich przedsiębiorstw integracji rynku usług, z różnymi założeniami polityki fiskalnej, rynku pracy itd. Najdalej jesteśmy w polityce obrony i zagranicznej oraz w polityce społecznej i ochrony demokracji. Pierwsza zawsze była zbyt kontrowersyjna, a druga przyjmowana jako oczywistość i opatrywana działaniami ukierunkowanymi na spójność gospodarczą między regionami, aktywizację rynku pracy, wspieranie inicjatyw społecznych. Koordynacja polityki obrony jest na etapie zalążkowym, mamy PESCO (ang. *Permament Structural Cooperation*, Stała Współpraca Strukturalna). W marcu 2022 r. został przyjęty Kompas Strategiczny (ang. *Strategic Compass*), który wytycza ścieżkę do stworzenia liczącej 5000 osób służby interwencyjnej dla różnych typów sytuacji kryzysowych (*EU Rapid Deployment Capacity*), potwierdzenia zobowiązań finansowych, wsparcie dla innowacji w nowych obszarach wojskowych. Mamy też stanowisko Wysokiego Przedstawiciela ds. zagranicznych i polityki bezpieczeństwa, z miękką, zależną od osobistych predyspozycji rolą rozpisaną na reprezentowanie Unii w sprawach unijnych, koordynację działań w sprawach awaryjnych oraz czuwanie nad spójnością działań poszczególnych krajów. Współpraca w tematach energetycznych i klimatycznych nabrała rozpędu wraz z dużym pakietem inwestycyjnym Zielonego Ładu i wojną Rosji z Ukrainą, kiedy Rosja zdecydowała się zamienić surowce i infrastrukturę w broń i narzędzie szantażu.

Jak kraje członkowskie powinny podzielić się odpowiedzialnością z Unią w nowej sytuacji międzynarodowej? Opcja federacyjna, promowana przez Niemcy, zmierza do ustalenia wspólnego rdzenia wszystkich wymiarów polityki z poziomu Unii, może z małym odchyleniem w polityce obronnej i zagranicznej, gdzie zaległości samej RFN są wyraźne, a też dystans dzielący nas od sformowania pod dowództwem Unii samodzielnych struktur „NATO-Wschód" jest wyjątkowo duży. Na przeszkodzie stoi też niezdecydowanie Francji, która dysponuje silnym przemysłem zbrojeniowym i niekoniecznie chce uchylić do niego drzwi

31 Mogła też nie chcieć zareagować. Koniunktura w Niemczech miała zbyt duże znaczenie dla innych krajów oraz dla podtrzymania społecznej gotowości do pomocy Ukrainie. Fakt jednostronnego działania Niemiec pozostaje faktem.

KOMU POWIERZAMY PROBLEMY?

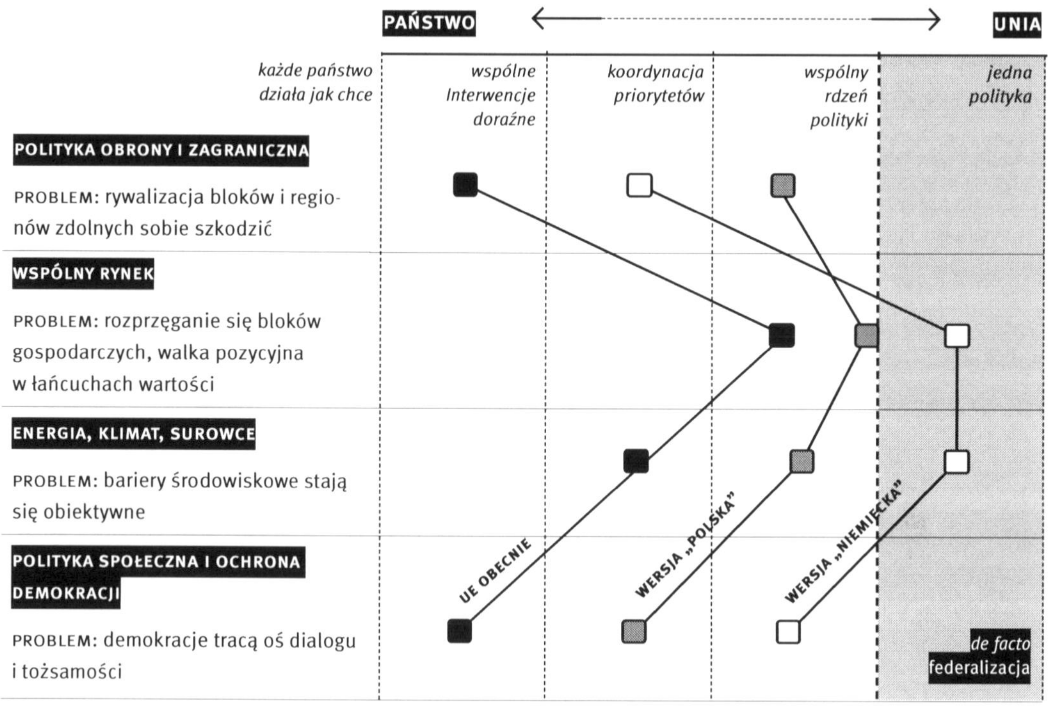

partnerom. Francja systematycznie prowadzi własną politykę zagraniczną, w tym handlu bronią, a zdolnościami odstraszania atomowego nie za bardzo chce się dzielić[32]. Z kolei gdy Olaf Scholz mówi o rozpoczęciu współpracy europejskiej od systemów obrony przeciwlotniczej, prawdopodobnie komunikuje, by nie kupować ich od Ameryki i wzywa Francję do pokazania technologii. Jesteśmy daleko od choćby zrębów konsensusu.

W sprawach gospodarczych i energetyce droga do przebycia jest krótsza. Tym niemniej, wspólna musiałaby być polityka podatkowa i rynku pracy – w sensie ścisłym, to znaczy z Komisją Europejską i Parlamentem Europejskim wyposażonymi w odpowiednie prerogatywy, by samodzielnie zaordynować cięcia wydatków społecznych we Francji i Włoszech oraz opłatę składek ubezpieczenia społecznego przez polskich kierowców na poziomie składki, powiedzmy, Szwecji. Możemy nie być gotowi na tak daleko posunięte interwencje.

Na szczęście pomiędzy obecnym stanem Unii a marzeniem o federacji wciąż pozostaje istotny katalog tematów, w które można wyposażyć centralę europejską – z korzyścią dla suwerenności Europejczyków.

32 por. S. Vallée, *Why Emmanuel Macron's EU Policy Keeps Failing?*, DGAP Online Commentary/Foreign Policy, 18.08.2022.

W obronności – wyzwaniem jest asymetria między Europą i światem wynikająca z braku sprawnych i skoordynowanych europejskich sił zbrojnych. Odpowiedź nie musi i nie powinna polegać na tworzeniu dziś alternatywy dla NATO lub odbieraniu roli krajowym armiom – ponieważ nikt się na to nie zgodzi, bo zharmonizowanie uzbrojenia to pewne kilkanaście lat pracy, ze względu na zaległości w stanie wyposażenia poszczególnych armii, które nie pozwalają na rezygnację z bardzo ścisłej współpracy transatlantyckiej.

Tu i w polityce zagranicznej możemy więc pójść do przodu może o punkt w skali integracji. Mimo to, już ten jeden punkt oznaczałby, że Unia ma do odegrania ważną rolę.

Istotne byłoby zakotwiczenie w prawie UE zobowiązań na wydatki zbrojeniowe przewidziane umowami NATOwskimi, co stanowiłoby większy krok w kierunku bardziej symetrycznej relacji z przeciwnikami, po których faktycznie możemy spodziewać się poszukiwania konfliktu.

W ramach budowania pewnej autonomii warto również wzmacniać i urealniać potencjał sił szybkiego reagowania w dyspozycji Komisji Europejskiej, być może na większą skalę niż przewiduje Kompas Strategiczny, tak by mogły one efektywnie zdejmować wagę NATO z interwencji kryzysowych w bliskim sąsiedztwie. Ich zadaniem byłoby nie tyle zastąpienie misji stabilizacyjnych ONZ typu „Błękitne Hełmy" czy interwencji w obliczu klęsk żywiołowych, co ubezpieczenie strategicznego interesu politycznego Europy w konfliktach o umiarkowanej i średniej skali. Czyli poniżej progu aktywności NATO, które nieraz ma związane ręce swoją skalą i rygorystycznie obronnym charakterem paktu.

Tego po *Strategic Compass* jeszcze nie możemy się spodziewać. Choć nagłówki i nazwy rozwiązań w nim zawartych wyglądają sensownie, nieco problematyczne jest zmiękczanie ich brzmienia. Foldery reklamowe *Strategic Compass* mówią o „wzmocnieniu zdolności do analizy działań wywiadowczych" (ang. *boost its intelligence analysis capacities*), kiedy potrzebne jest po prostu „wzmocnienie działań wywiadowczych" lub „stworzenie Europejskiego Wywiadu"? Po trosze padamy ofiarą niewyszukanego tricku korporacyjnego, w którym dopisek do głównego komunikatu tak zawęża zakres, że zamiast „agencji wywiadu" otrzymamy w praktyce „ocenę zawartości otwartych źródeł informacji prowadzoną metodą analizy zza biurka". Trudno jednak nie ulec wrażeniu, że udało się wynegocjować rozwiązania na miarę odwagi naszych rządów. Dopóki rządy nie zmobilizują się i nie wyposażą Unii w pewną dozę suwerenności i sprawczości, wycinając ją lub dobudowując do swoich obecnych kompetencji, będziemy mieli bardzo wiele rozwiązań wspólnotowych, które są z nazwy dobre, ale mają wątpliwą treść. Zaprojektowanie bardziej zdecydowanych działań będzie jednak wymagało pewnej uczciwości i śmiałości względem krajowych społeczeństw.

Wśród innych tematów ważna dla Polski mogłaby być praca nad pogłębieniem współpracy w przemyśle zbrojeniowym – z czasem, w połączeniu z rozszerzonym programem prac technologicznych w Unii Europejskiej, może przynieść owoce w postaci większej zdolności Europy do samodzielnej obrony. Taki potencjał przyda się też do obrony infrastruktury krytycznej na szlakach handlowych do Afryki i Azji.

W polityce zagranicznej chodzi o stworzenie bardziej symetrycznej relacji pomiędzy UE jako całością a innymi regionami gospodarczymi świata. Na poziom europejski dobrze byłoby przenieść „wolno toczące się" negocjacje ramowe z innymi blokami regionalnymi, ustalanie reguł współpracy z krajami BRICS, USA, krajami Azji Południowo-Wschodniej – choć już raczej nie pojedyncze projekty inwestycyjne. Ważne będzie przeciwdziałanie rozwojowi tendencji protekcjonistycznych na świecie. Być może poprzez uregulowanie własnego reżimu sankcyjnego do dyspozycji KE. Tu mieści się m.in. współpraca inwestycyjna, gdzie pozaeuropejscy inwestorzy podjęli próby przejmowania wrażliwych pod względem *know-how* przedsiębiorstw w Europie, szczególnie w Niemczech, potencjalnie pozbawiając Unię wypracowanego przez wiele lat kapitału intelektualnego. Dlatego przydałyby się europejskie służby wywiadu i kontrwywiadu, zakotwiczenie pełnej współpracy w walce z przestępczością zorganizowaną.

Warto, by w polityce bezpieczeństwa uwzględnić wzrost ryzyka związanego ze zmianą klimatu. Przydadzą nam się siatki asekuracyjne umożliwiające podział ryzyka między krajami UE. Radzenie sobie z kosztami zmian klimatycznych będzie wymagało coraz większego wysiłku; dotknie rolnictwa, miast, zaopatrzenia w wodę, gaszenia pożarów. Choć zazwyczaj lepsze rozwiązania przygotowuje się po szkodzie, bo już w miarę wiadomo, przed czym się bronimy, w przypadku klimatu skala ryzyka uzasadnia działanie z wyprzedzeniem.

W gospodarce – pakietem minimum jest podniesienie spójności Wspólnego Rynku, eliminacja najsłabszych ogniw infrastruktury, dywersyfikacja dostawców w łańcuchach dostaw, ucięcie nadzwyczajnych przywilejów. Poziom zintegrowania UE przesunęlibyśmy do granic federalizacji. W polskim interesie jest integracja rynku usług, eliminacja rajów podatkowych, przyspieszenie wyrównywania stanu infrastruktury kolejowej i drogowej we wschodnich krajach Unii, sprowadzenie krytycznych biznesów cyfrowych do UE. Uelastycznienia wymaga strefa euro, by koszty stabilizacji gospodarczej kraju dotkniętego wstrząsem gospodarczym nie były zbyt duże. To znacznie ułatwiłoby nam decyzję o przystąpieniu do wspólnej strefy walutowej.

Ochrona suwerenności gospodarczej musi mieć też znaczenie bardziej dosłowne – dla zaawansowanej gospodarki cyber-szpiegostwo jest wielką stratą. Wrogie przejęcia inwestycyjne ukierunkowane na przechwycenie własności intelektualnej albo zniszczenie rywala również są dotkliwe. Polska, jeśli ma osiągnąć sukces, w coraz większym stopniu będzie tworzyć własny kapitał intelektualny. Jego ochrona z poziomu UE ma dla nas sens.

Na styku z polityką zagraniczną leżą z kolei uprawnienia Komisji Europejskiej do tworzenia sankcji. Komisja, jeśli ma być skuteczna, nie może każdorazowo otwierać konsultacji z rządami. Zasklepienie najbardziej bolesnych słabości UE w dziedzinie gospodarki będzie wymagało jednak bardziej zdecydowanej, ofensywnej aktywności politycznej. Podniesienie euro do roli waluty światowej, może nie w pełni, ale w istotnej mierze konkurującej z dolarem, wymaga zintegrowanego programu działań łączących handel, inwestycje i kredyty oraz integracji rynku kapitałowego i giełdowego w Europie. Redukcja przewagi technologicznej Chin i USA wymaga pracy nad rynkiem kapitałowym oraz zorganizowania na dużą skalę prac nad najnowszymi technologiami, w dużej mierze z obejściem tradycyjnych ograniczeń. Te tematy zostaną podjęte w sekcji Znaczenie.

W energetyce ponownie natrafiamy na pakiet wyzwań. Potrzebujemy UE do koordynacji pragmatycznej transformacji energetycznej, tzn. z uznaniem atomu za energię sprzyjającą (w ostatecznym rozrachunku) ochronie klimatu. Pozostaje wiele do zrobienia w sprawach bezpieczeństwa energetycznego. Warte uwagi jest ustalenie minimalnej dywersyfikacji dostaw surowców energetycznych (i nie tylko), którą muszą spełniać państwa członkowskie, by nie tworzyć słabych ogniw, wokół których wspólna polityka UE staje się podatna na szantaż. Sensowne wydaje się też umocowanie KE do korzystania z połączonej siły przetargowej krajów członkowskich i kupowania przynajmniej krytycznej części zapasów surowców energetycznych w sposób scentralizowany (na podstawie zapotrzebowania zgłaszanego przez kraje członkowskie i w porozumieniu z nimi). Unia ma też ważną rolę w udrażnianiu systemu energetycznego. Dysponując spojrzeniem z lotu ptaka, mogłaby stanąć na straży „odporności systemu energetycznego jako całości", wychwytując jego słabe punkty, zapewniając odpowiedni dostęp do terminali odbiorczych gazu skroplonego, interkonektorów gazowych i elektrycznych, standaryzacji systemów zarządzania sieciami dystrybucyjnymi pracującymi na OZE, wzajemną asekurację poprzez magazyny energii. Sterowana przez Brukselę akcja koordynacyjna, którą wywołał szantaż energetyczny Rosji, pokazuje, że UE może dysponować skutecznymi procedurami – szczególnie w obszarach, gdzie nikt inny nie posiada narzędzi niezbędnych do skutecznego działania. Trzeba docenić, że Komisja Europejska była w stanie szybko wypracować skoordynowaną odpowiedź na agresję rosyjską w obszarze energetyki w postaci programu REPowerEU.

Powyżej pewnego poziomu aspiracji, postępy w integracji strefy euro, transformacji energetyczno-klimatycznej i polityce zagranicznej warunkują się wzajemnie – jedno zależy od drugiego. Skala transformacji energetycznej jest na tyle duża, że o (ile traktujemy temat serio) będzie wymagała od rządów potężnych inwestycji w infrastrukturę, finansowanych przez pożyczki, a więc opartych na długu publicznym i deficytach. Południowe kraje Unii Europejskiej są zadłużone pod korek, Włochy na 150% PKB, Hiszpania na 118%. Stopy procentowe na świecie mogą

POLITYKA OBRONY I ZAGRANICZNA	WSPÓLNY RYNEK I GOSPODARKA	ENERGIA, KLIMAT, SUROWCE, GATUNKI	SPOŁECZEŃSTWO
Rywalizacja bloków i regionów, zdolnych sobie szkodzić	Gospodarka pod dyktando zwycięzców, łańcuchy wartości	Bariery środowiskowe tworzą wymagania dla wzrostu PKB	Podmyta legitymacja społeczna i model życia, populizm
PUNKTY SŁABOŚCI UE			
→ **Brak armii** → **Brak floty umożliwiającej ochronę** handlu i infrastruktury krytycznej → **Wiarygodne odstraszanie atomowe** w dyspozycji Francji, ale nie UE → **Rozbieżne cele** polityczne liderów UE	→ **Niepełna integracja Wspólnego Rynku** → **Rola EUR mniejsza niż USD** jako waluty światowej → **Technologia**, głównym twórcą USA i Chiny	→ **Zależność od Rosji** w gazie i ropie → **Ryzyko dla rafinerii UE – silny Bliski Wschód** → **Bardzo ambitna polityka CO²** nie w pełni obudowana narzędziami → **Rynki wschodzące** windują ceny	→ **Podatność na zewnętrzną infiltrację** pod płaszczem wolności demokratycznych → **Ryzyko nadużyć i monopolizacji** na krajowych rynkach politycznych → **Giganci cyfrowi spoza Europy**
JAKIE DZIAŁANIA...?			
→ **NATO podstawą polityki obronnej.** +2% budżetów krajowych w UE na obronę → **Siły reagowania** – zadania policyjne w sąsiedztwie Unii → **Wspólna polityka wobec regionów i reżimów**: osi lądowej Chiny-UE, Rosji, basenu Morza Śródziemnego, Afryki Środkowej → **Regulacja migracji** na granicach UE → **Agencje UE** przeciwdziałające zatruciu demokracji: wywiad, kontrwywiad,bezpieczeństwo cyfrowe i medialne → **Walka z przestępczością zorganizowaną**: korupcja, narkotyki, handel ludźmi, trusty mediowe	→ **Wzmocnienie Wspólnego Rynku:** integracja rynku usług, eliminacja rajów podatkowych, unia bankowa i giełdowa, praca nad monopolami cyfrowymi, prawa własności intelektualnej → **Integracja infrastruktury transportowej i energetycznej** zwł. w Europie Wschodniej, TEN-T → **Reindustrializacja UE: digitalizacja i inne krytyczne biznesy** (po COVID – żywność, farmacja) → **Zdolność strefy euro do interwencji fiskalnej** w odp. na wstrząsy (emisja długu + budżet)	→ **Eliminacja ryzykownych zachowań.** Obligo dywersyfikacji dostawców energii, wspólne zakupy krytycznych surowców, wzajemna asekuracja ryzyka, eliminacja słabych ogniw – interkonektory, rewersy, magazyny. Recycling → **Redukcja CO_2 - stabilizacja i kompletność.** Objęcie opłatami CO_2 konsumpcji i importu (CBAM) „Sterowana", stopniowo rosnąca ścieżka cen CO_2 w ETS. Promowanie tej polityki u partnerów → **Adaptacja do nieuchronnych skutków zmiany klimatu** i zapobieganie regresowi (woda)	→ **Rozprowadzanie korzyści ze strefy euro** na gospodarki poza Niemcami → **Doraźne programy** aktywizacji rynków pracy w krajach po wstrząsie koniunkturalnym → **Wyrównywanie standardów ochrony zdrowia w UE** – wymiana doświadczeń, doradztwo → **Zgoda na mechanizmy dyscyplinujące** „Pieniądze za praworządność" → **Europejski Serwis Informacyjny** – ustanowienie standardu bezstronności mediów

być przez dłuższy czas podwyższone, więc koszty obsługi tego zadłużenia będą wysokie. Aby te gospodarki UE mogły prowadzić transformację, warto rozluźnić dla nich reguły zadłużania w strefie euro ustalone w Pakcie Stabilności i Wzrostu. Najkorzystniej byłoby, gdyby pożyczanie odbywało się na jak najbardziej rozbudowanym rynku euro i być może poprzez KE, bo wtedy łatwiej obejść problem awersji inwestorów do udzielania kredytów w wybranym kraju. Ma to jednak swoje poważne konsekwencje: projekty inwestycyjne w skali UE będą promowały silną rolę euro. Transformacja energetyczna czy jakakolwiek większa inicjatywa inwestycyjna Europejczyków może wprost wymusić pogłębienie strefy. Silniejsza integracja strefy euro byłaby niepomiernie bardziej wartościowa, gdyby udało się podnieść rolę euro jako waluty międzynarodowej – w której banki trzymają rezerwy i prowadzą transakcje handlowe. Wchodzimy w pętlę: UE potrzebuje projektów strategicznych, by sprostać wyzwaniom, ich finansowanie wymaga wzmocnienia strefy euro, wzmocnienie strefy euro otwiera dodatkowe możliwości gospodarcze, które jednak wymagają wzmocnienia zaplecza strefy oraz poniesienia dodatkowego ryzyka. Co oznacza, że pogłębienie integracji zwiększy znaczenie polityczne strefy euro. Podobną zależność widać na styku transformacji energetycznej i polityki zagranicznej. Z kolei transformacja energetyczna może być mniej bolesna dla europejskiego przemysłu, jeśli zaangażuje się w nią politykę zagraniczną – by zapobiec sytuacji, w której koszty CO_2 są doliczane do rachunków tylko europejskich producentów. Pełna i kompletna polityka łączy więc działania przedstawiane tu osobno w priorytetach Samodzielności i Znaczenia UE.

Ostatnim obszarem istotnym dla suwerenności Unii w ogóle jest suwerenność własna, czyli zdolność zachowania sterowności i polegania na sobie. Dlatego UE nie może bazować na słabych instytucjach. Potrzebuje wzajemnej procedury korekcyjnej wśród swoich członków w przypadkach systematycznego naruszania praworządności, odbierania znaczenia głosom opozycji, monopolizacji mediów. Taka korekta mogłaby następować przez wzajemne poszanowanie reguł i wtedy byłaby najmniej uciążliwa. Tę możliwość podeptaliśmy. Będzie więc wymagała mechanizmu ochrony praworządności, podobnie jak powinna zabezpieczać nas przed innym wyzwaniem z tego samego obszaru: skorumpowaniem elit politycznych niektórych krajów przez obce reżimy, na przykład przez Rosję.

Przesunięcie „suwerenności" Unii w pożądanym kierunku wymagałoby od Polski znacznego skrócenia otwartego katalogu wyłączeń, *désintéressement* i niechętnych akceptacji prawa europejskiego. Żeby nie straszyć Kartą Praw Podstawowych, której nie przyjęliśmy, a rzekomo „zagraża tradycyjnej roli rodziny", to – pisząc wprost – chodzi o zgodę na mechanizmy ochrony standardów prawno-politycznych, szczególnie demokracji. Traf chciał, że spośród wszystkich rozwiązań ustrojowych, akurat do demokracji partnerzy w Europie mają wyjątkowe zaufanie – i do takiego klubu świadomie się zapisaliśmy. Mechanizmy warunkowej współpracy typu: pieniądze za praworządność, środki przeciwdziałania korupcji, której złe owoce znamy z lat 90., zapobieganie zawłaszczaniu mediów oraz koordynacja działań prokuratorskich nie są bardzo ryzykowne przy prowadzeniu poważnej polityki. Bo Polska oczywiście może układać sobie system prawny według własnego upodobania. Natomiast na to, żeby monopol na fotele sędziowskie w 40-milionowym kraju, w którym UE ma lokować znaczną część inwestycji, mieli kandydaci jednej partii – nikt się jednak nie nabierze. Niezależnie od udrapowania tematu i stanu wojny za miedzą. *Sorry guys.*

Znaczenie strategiczne, czyli 3 oferty UE dla świata

Dbając o Samodzielność UE, Unia nie może zrezygnować z ofensywnej gry o Znaczenie. Czytelna rola Unii w świecie jest rękojmią przyszłej, strategicznej, długofalowej suwerenności. Mark Leonard wskazuje siedem metod skutecznego oddziaływania w sieciowym świecie – stanowienie zasad, zarządzanie dostępem do sieci i jej zasobów, zajęcie centralnego miejsca w sieci (im wyżej, tym lepiej), poszukiwanie niezależności (podobne do naszej autonomii strategicznej) oraz działania bardzo złośliwe – kontrolę nad danymi, działalność wywrotową i hybrydową, infiltrację[33]. To wśród nich warto szukać europejskiej oferty dla świata.

Trzy z tych metod są adekwatne do sytuacji Unii Europejskiej – centralność, zarządzanie dostępem do sieci, stanowienie zasad. Mogłaby z nich wynikać następująca oferta:

1. UE Dostawcą „Rozwoju na zamówienie" – rynek prawie 450 milionów zamożnych odbiorców jest na tyle „centralnym" miejscem dla światowej gospodarki, że preferencyjny dostęp do niego powinien być atrakcyjny dla nowych partnerów, a fakt posiadania przez UE siły finansowej i doświadczenia w wyciąganiu gospodarek z biedy można wykorzystać do budowania własnej strefy oddziaływania.
2. UE Twórcą „Technologii Cywilizacyjnych" – wykorzystanie „uprzywilejowanego dostępu" do silnych kadr naukowych i wytwarzanej własności intelektualnej może pozwolić na uruchomienie gry technologicznej by raz jeszcze, w XXI w., wynaleźć koło. Holandia, Finlandia, Szwecja, Austria, Irlandia dysponują silnymi instytucjami naukowymi i agencjami innowacji. Niemcy i Francja potrafią przechodzić od pomysłu do przemysłu. Warto spróbować. Ważna uwaga – jeśli wysiłek ma mieć sens, powinien dotyczyć nie tyle technologii przydatnych krótkoterminowo, co technologii ogólnego zastosowania, użytecznych w wielu dziedzinach, gruntownie zmieniających przebieg procesów produkcyjnych i znaczenie słowa „wartość" w gospodarce. Sztuczna inteligencja, wodór i paliwa syntetyczne w transporcie, fuzja jądrowa – jak niegdyś elektryczność, maszyna parowa, telefonia komórkowa.

33 I. Krastev, M. Leonard, *The Power Atlas...*, op. cit.

3. UE Regulatorem „Światowej Polityki Klimatycznej” – UE już obecnie stara się pozycjonować jako centrum przeciwdziałania zmianom klimatu i „stanowić zasady” w tym obszarze. I już raz się jej nie powiodło – w 2009 roku w Kopenhadze próbowała narzucić model transformacji energetycznej, którego nie przyjęły kraje BRICS[34]. Z drugiej strony standardy technologiczne UE przez lata były przyjmowane jako światowe. Europa promowała je, bo była w dużej mierze twórcą technologii, które standardów wymagały. Była też zmuszona ustalać spójne reguły dla kilkunastu, a potem kilkudziesięciu gospodarek – więc podstawy istnieją, by rozwijać ten model współpracy z otoczeniem. Tyle że jest różnica między promowaniem standardów w produktach, których Europa była po prostu wyłącznym dostawcą, a wypromowaniem swoich celów transformacji klimatycznej. W tym drugim przypadku podnoszenie poprzeczki oznacza po pierwsze wyższe koszty produkcji dla wszystkich, natomiast dopiero w przyszłości – korzyści środowiskowe. Jest wiele krajów rozwijających się, które w przeliczeniu na mieszkańca zużywają mniej energii niż UE i dla których pierwszym priorytetem będzie wykorzystanie dodatkowej energii choćby do poprawy warunków życiowych[35]. Aby skorzystać z przywilejów koordynatora ustalającego zasady gry w zakresie energii i klimatu, Unia musiałaby zrezygnować z samolubnego myślenia, że jest w stanie narzucić zmianę tylko przekształcając swój rynek wewnętrzny. Powinna wyjść z realną propozycją dla swojego otoczenia – silniej sterować polityką handlową w kierunku zielonego handlu, rzeczywiście domknąć system obrotu i opłat za emisję CO_2 na kontynencie, zaproponować partnerom preferencyjny dostęp do zielonych technologii.

Rywale zagrają o Znaczenie – musimy być przy stole. Chiny, USA i Japonia – a wkrótce pewnie również Indie i Indonezja – podejmą wysiłek co najmniej w zakresie technologii. Chociażby Chiny będą walczyły o prymat w roli dostawcy rozwoju gospodarczego na świecie – przejmując relacje gospodarcze, które Unia z pewnym lekceważeniem uznawała do tej pory za swoją domenę. Szczególnie dotyczy to krajów Afryki i rzadkich materiałów oraz dostępu do portów, cieśnin i kanałów na światowych oceanach – od których między innymi zależy europejski handel i dobrobyt. Pozornie wywrotna gra w przeciwdziałanie zmianom klimatu też jest raczej stabilna – bo i odnawialne źródła energii, i energia atomowa, i recycling są przyszłościowymi rynkami. Czułość, z jaką światowe rynki energetyczne reagują

34 Por. *Demokracja i apokalipsa. Co czeka świat i Polskę w 2023 roku?*, wywiad M. Jędrysik z E. Bendykiem, Oko.Press, 01.01.2023 r.

35 Siła nabywcza gospodarek wschodzących bardzo wzrosła i potrzebują one energii. Bardzo często te kraje popierają cele klimatyczne – tylko realnie muszą dokonać wyboru, który ma dla nich konsekwencje i musi być do zaakceptowania dla społeczeństwa. Dlatego mogą mieć dobre powody, by wybrać technologie emisyjne, które jednak chwilowo dają im szansę dalszego rozwoju.

GRA O ZNACZENIE NA ŚWIECIE.
JAK UNIA MOŻE PRZEKUĆ SWOJE ATUTY W OFERTĘ DLA PARTNERÓW?

ATUTY UE

- → **Rynek 445 mln konsumentów** dysponujących 15–17% światowej siły nabywczej
- → **Skuteczność Wspólnego Rynku jako mechanizmu rozwojowego** Hiszpania, Irlandia, Polska
- → **Euro – wspólna waluta** i jednolite regulacje dla Wspólnego Rynku
- → **Wciąż duża siła uniwersytetów w badaniach podstawowych**, choć ich komercjalizacja przebiega słabiej, niż w USA
- → **Zdolność przyciągania talentów** europejskim stylem życia
- → **Zasobność w kapitał**
- → **Regulacje UE** często są wzorem dla regulacji międzynarodowych
- → **Silne relacje handlowe** z innymi regionami świata
- → **Transformacja energetyczna**, rozpoczęta z wyprzedzeniem

TECHNIKI DZIAŁANIA W SIECIOWYM ŚWIECIE*

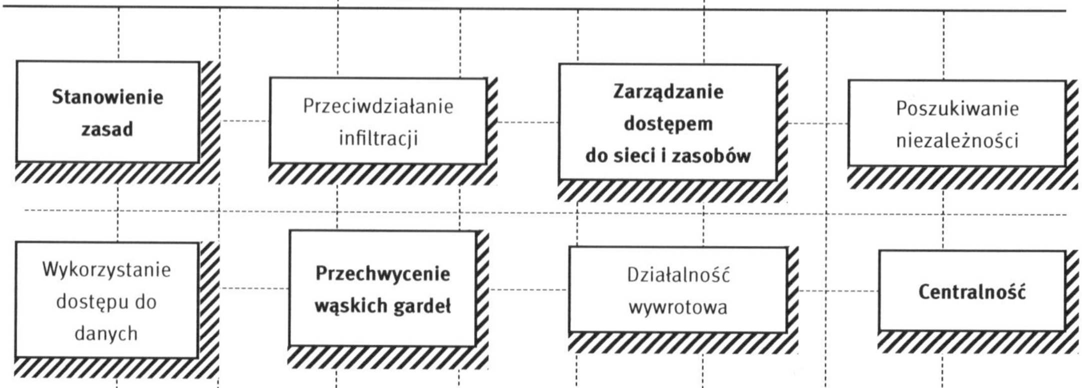

OFERTA UE DLA ŚWIATA

*wg M. Leonarda

UE DOSTAWCĄ ROZWOJU NA ZAMÓWIENIE
Unia oferuje partnerom uprzywilejowany dostęp do Wspólnego Rynku, wraz z inwestycjami, kredytami, gwarancjami obsługiwanymi poprzez walutę euro

UE TWÓRCĄ NOWYCH TECHNOLOGII CYWILIZACYJNYCH
Unia wytwarza technologie o fundamentalnym znaczeniu dla konkurencyjności jej partnerów: komputer kwantowy, fuzja jądrowa, AI, bioinżynieria, nanotechnologia i druk 3d

UE REGULATOREM ŚWIATOWEJ POLITYKI KLIMATYCZNEJ
Unia wyznacza akceptowalne dla świata tempo transformacji energetycznej, równolegle grając otwarciem kanałów zielonego handlu z Rynkiem UE, dzieląc się wiedzą i standardami. Przy okazji eksportuje produkty Zielonego Ładu stworzone na własne potrzeby

na lada zawirowanie gospodarcze, windując ceny surowców do niebotycznych poziomów, musi dawać do myślenia. Wraz ze wzrostem ludności i rozwojem rynków Azji, w dużej mierze już zaprogramowanym demograficznie, inwestycyjnie i z godną pozazdroszczenia dynamiką PKB – będzie tylko ciaśniej. I chyba wszyscy to widzą.

Są dwa dodatkowe narzędzia, które dają Znaczenie na świecie, jednak Europa musi obchodzić się z nimi ostrożnie. Chodzi o digitalizację i o wykorzystanie siły wojskowej. Digitalizacja jest nieco problematyczna – UE nie stać na zupełne wypadnięcie ze sfery cyfrowej, bo ona definiuje nową rzeczywistość. Jeśli jednak miarą jest szybkie osiągnięcie skali pozwalającej konkurować z USA czy Chinami – to Europa ma ogromne zaległości i w ciągu kilku lat tylko najwięksi optymiści będą spodziewać się wartościowych wyników. Większość platform jest amerykańska i chińska, chipy są produkowane w Azji, projektowane w USA. Tylko w niektórych niszach mikroelektroniki Europa faktycznie ma atuty. Optymistyczne jest też to, że Spotify i Skype powstały w Szwecji i Danii. Z czasem, dzięki zdecydowanym inwestycjom i nagromadzeniu kapitału – doświadczonych pracowników, wielu firm w branżach – mogą pojawić się warunki, by z peletonu przejść do czołówki. Inwestując w co tylko się da, trzeba chyba poczekać na kolejny nadjeżdżający pociąg.

Drugim trudnym obszarem jest rywalizacja militarna. Niegdyś Europa radziła sobie w niej bardzo sprawnie, czego wynikiem były imperia – ich sukces był okupiony jednak nieszczęściami kolonializmu i długimi okresami rozpadu dawnych mocarstw, generującymi olbrzymie koszty i nowe ryzyko. Wycofanie się z imperialnej przeszłości przyniosło też rezygnację z odpowiedzialności za otoczenie, z czego ochoczo skorzystały czy to Chiny, czy Grupa Wagnera w Afryce. O ile UE musi zdobyć się na asertywność wobec świata i mieć zdolność wyrażenia swojego zdania w sprawach bezpieczeństwa także poprzez potencjał militarny, o tyle będzie to miało raczej charakter defensywny i nie nastąpi szybko. Znaczne zaległości inwestycyjne i brak konsensusu w polityce zagranicznej to problemy po stronie państw członkowskich. Po stronie społecznej brakuje punktu równowagi między chęcią życia w pokoju z innymi, europejskim pacyfizmem i równoczesną potrzebą zabezpieczenia wartości demokratycznych, które nie są podzielane przez rywali. Po stronie przedsiębiorstw – uwidacznia się systemowy brak porozumienia w europejskich konsorcjach zbrojeniowych, niepowodzenia eksportowe projektów śmigłowcowych, łodzi podwodnych dla Australii – pokazują potrzebę pracy u podstaw. Notabene niepowodzenia w integracji sektora zbrojeń są ciekawe w zestawieniu z sukcesem Airbusa w lotnictwie cywilnym.

Gry to zakłady

W praktyce każdy wariant gry o Znaczenie UE to pewien zakład, że partnerzy i rywale na świecie dostrzegą powód, by z Europą się liczyć. W zamian Unia uzyska jakiś rodzaj wygranej. Czy powinniśmy wierzyć we wszystkie? To zależy i od wysokości poprzeczki, i od narzędzi w dyspozycji UE. Dla większego prawdopodobieństwa wygranej byłoby dobrze, by Unia uczestniczyła w więcej niż jednej grze.

Na czym polega zakład z rynkiem i jakie cząstkowe sukcesy są potrzebne? Aby stać się Dostawcą Rozwoju na Zamówienie, UE musi być przede wszystkim gotowa na obciążenie własnej waluty ryzykiem współpracy handlowej i inwestycyjnej z gospodarkami partnerów, choćby potencjalnie niewypłacalnej Ukrainy czy jednego z krajów afrykańskich. Musi być gotowa zainwestować poważne pieniądze w niepewne rynki i jeszcze większe, by je kredytować. Albo oszczędzając pieniądze, albo drukując czy dopisując na elektronicznych kontach – z pełnym ryzykiem inflacyjnym, jakie się z tym wiąże. EBC w większym stopniu musiałby też uwzględniać w swoich decyzjach politycznych sytuację w gospodarkach partnerów. Komisja Europejska i rządy państw członkowskich muszą być gotowe przebić ofertę infrastrukturalną chińską, saudyjską czy rosyjską i nie przestraszyć partnerów listą obostrzeń. Promowanie handlu denominowanego w euro musiałoby iść w parze z ułatwieniami w spełnianiu standardów europejskiego rynku, tak by ułatwiać decyzje o współpracy. Być może Europa powinna mieć silniejsze agencje ubezpieczeniowe dla handlu morskiego i narzędzia ochrony szlaków. To wszystko poważne wyzwania obciążające rachunki Europejskiego Banku Centralnego i europejskiej dyplomacji. Ostatecznym płatnikiem za 60% nietrafionych zobowiązań EBC są, ze względu na wagę PKB, Niemcy, Francja i Włochy. Bez ich gotowości „Rozwój na Zamówienie" będzie musiał zamknąć się w tradycyjnych rozszerzeniach UE, bez elementu projekcji siły dyplomatycznej. Pogodzenia wymagają niezbieżne cele gospodarcze członków strefy euro. Niemcom na takich narzędziach zależy umiarkowanie – mają rozwiniętą współpracę handlową w Europie Środkowej oraz eksport do Chin i Rosji. Wojna w Ukrainie i COVID mogą zmusić je do przewartościowania. Francji, Hiszpanii i Włochom zależy bardziej, bo chętnie poszerzyłyby swoje możliwości gospodarcze o pracę z krajami basenu Morza Śródziemnego i centralnej Afryki.

Przy tworzeniu Technologii Cywilizacyjnych zakład jest krótszy, ale podstępny – zdolność identyfikacji technologii, które fundamentalnie wpłyną na gospodarkę i świat graniczy z wróżbiarstwem. Skalę magii można ograniczyć bardzo intensywnie finansując koszyk badań, w silnej sieci uniwersytetów *stricte* badawczych, w ramach misji technologicznych. Przez długi czas nie zobaczymy korzyści finansowych, a być może przyjdzie nam tylko prowadzić rejestr kosztów utopionych. Aby faktycznie konkurować z USA i Chinami musielibyśmy być zdecydowani na ponoszenie nakładów podobnego rzędu, w dużej mierze w ciemno. Wymaga to wiary, że siła sfery B+R w Europie wciąż jest duża i że uda się skoordynować pomost do przemysłu, być może rozluźniając zasady polityki konkurencyjności. Wymaga też założenia, że badania będą prowadzone w instytucjach absolutnie topowych, ewentualnie umożliwiając preferencyjny dostęp do sieci młodszym doświadczeniem uczestnikom, natomiast nie zostaną rozprowadzone po ekosystemie badawczym. Zgoda polityczna na to, że w pierwszym rzucie korzyści będą skoncentrowane, a ich rozprowadzenie nastąpi dopiero na etapie przemysłowym, to bardzo trudny element zakładu. Pomocna, choć nie krytyczna, byłaby współpraca w zakresie standardów przemysłowych – z USA

UE DOSTAWCĄ *ROZWOJU NA ZAMÓWIENIE*	**UE TWÓRCĄ NOWYCH TECHNOLOGII CYWILIZACYJNYCH**	**UE REGULATOREM ŚWIATOWEJ POLITYKI KLIMATYCZNEJ**
PODSTAWOWY ZAKŁAD Z RYNKIEM		
Europa potrafi zaprząc Wspólny Rynek, i podjąć ryzyko obciążenia wspólnej waluty euro ciężarem współpracy z partnerami poprzez inwestycje, kredyty i zabezpieczenia handlu zagranicznego. UE potrafi działać na tyle zdecydowanie, by wiązać partnerów i promować standardy europejskie, oferując im większe korzyści niż Chiny i Rosja. Replikuje model Irlandii, Hiszpanii, Polski także u partnerów spoza UE.	**Europa potrafi zidentyfikować uniwersalne technologie fundamentalnie zmieniające logikę produkcji i nawiązać rywalizację kapitałową z USA i Chinami,** rozluźniając reguły „konkurencji rynkowej", w zamian licząc na rosnące korzyści ze „spływania technologii" na gospodarkę. Siła B+R w UE wciąż może stworzyć technologię o trwałości ≈20 lat i tu uprzemysławianą.	**Europa jest zdolna koordynować politykę świata wobec zmian klimatu.** Istotna część G20 orientuje się na to wyzwanie. UE wdrożyła zaawansowane rozwiązania u siebie, ma siłę handlową i wiarygodność poza osią USA-Chiny, szczególnie wobec dużych państw „na rozstajach dróg" pomiędzy węglem a OZE (Indonezja, Brazylia, USA – samochody). Geopolityka i finanse wspierają odejście od kopalin (unikanie „utopionych aktywów").
POTENCJALNE WYGRANE		
ZWYCIĘSTWO OGRODNIKA PRZEZ ZADBANE OTOCZENIE → **przestrzeń do rozwoju gospodarczego dla firm UE** wzrost wymiany handlowej dzięki dotarciu do 100–200 mln odbiorców → **stabilizujący efekt dobrobytu**- poprawa sytuacji migracyjnej, humanitarnej → Rozwój sąsiadów w partnerstwie z UE, a nie z Chinami lub Rosją. Dostęp do rzadkich surowców. Przeciwdziałanie „czarnym rynkom" w pobliżu UE – przemytowi ludzi, narkotyków, praniu brudnych pieniędzy	**ZWYCIĘSTWO BOKSERA PRZEZ NOKAUT** → **zarabianie na odnowionych łańcuchach wartości.** Wykorzystanie „technologii ogólnej" w wielu branżach. Odzyskanie przewagi jakościowej → **przesunięcie rubieży technologicznej** ku bardziej zaawansowanej technologii, trudnej do kopiowania, zmuszające innych do podniesienia poziomu inwestycji → **zdolność narzucania cen za innowacyjne produkty** i przesuwania w ten sposób w dół cen konkurencji	**ZWYCIĘSTWO SZACHISTY PRZEZ UKŁADANIE POLA GRY** → **kształtowanie konsensusu** co w gospodarce światowej dozwolone, zapobieganie dumpingowi i erozji *terms-of-trade* → **wyższy stopień suwerenności energetycznej i materiałowej** (recycling materiałów rzadkich) → **redukcja ryzyka** klimatycznego i związanego z wyzwaniami świata zamieszkiwanego przez 10+ mld ludzi – migracje, żywność, materiały
SENS DLA POLSKI		
→ Program gospodarczy dla Ukrainy – wersja turbo → Dywersyfikacja polskiego eksportu wspierana euro	→ Ścieżka do polskich specjalizacji gospodarczych i naukowych → Aktywizacja polskich miast i wartościowe miejsca pracy	→ Szansa na hub energetyczny w Europie Wschodniej oraz wypracowanie i eksport „tańszego modelu transformacji" → Osłonienie przemysłu przed zbyt gwałtownymi zmianami w energetyce

i zaawansowanymi gospodarkami wschodniej Azji. Gdyby to forum się utrzymało i stanowienie wspólnych standardów było możliwe, właściwie świat jako całość nie miałby sposobności, by je podważać.

Niewiele łatwiejsza jest gra o pozycję Regulatora Polityki Klimatycznej. Zakłada ona, że Europa może koordynować chybotliwy konsensus w gronie największych gospodarek świata G20 i będzie bardzo dynamicznie reagowała przy pomocy narzędzi swojej polityki handlowej, podporządkowując strumienie importu wymaganiom Zielonego Ładu. Najtrudniejsze może być nawiązanie współpracy przy *zielonych produktach* z państwami dostatecznie zaawansowanymi, by samodzielnie rozwijać się w technologiach węglowych – Turcją, Indiami, Arabią Saudyjską, Indonezją. Z drugiej strony, import z Chin i USA stanowi łącznie ponad 30% obrotów UE. Wydzielenie w nim kanałów *zielonego handlu* mogłoby mieć ciągnione efekty w całej gospodarce światowej. Promowanie transformacji klimatycznej musiałoby być zarazem stopniowe i wymagało kompletnego systemu ceł CO_2 chroniących przedsiębiorstwa UE. Istotne jest też opodatkowanie śladu węglowego z konsumpcji dóbr i usług, by za emisje płaciły bezpośrednio także bogatsze kraje-konsumenci, a nie głównie podwykonawcy-producenci. Tak konsekwentne podejście miałoby pewne skutki dla stylu życia mieszkańców Unii oraz dla tutejszych przedsiębiorstw. Ostatecznie sukces zależałby od osiągnięcia stanu delikatnej równowagi między konkurencyjnością przedsiębiorstw unijnych a atrakcyjnością europejskiego rynku dla partnerów.

Skala i jakość zwycięstwa Europy w poszczególnych wariantach jest różna. Stworzenie nowej technologii szerokiego zastosowania dawałoby bezdyskusyjne zwycięstwo gospodarcze i strategiczne, właściwie bokserskie: przez nokaut. Własna technologia, z której korzysta świat, dostarcza poważnych atutów do budowania sukcesu gospodarczego. Pozwala na zarabianie na własności intelektualnej i stworzonych wokół niej łańcuchach wartości. Drugą korzyścią jest przesunięcie rubieży technologicznej – odstawiające rywali na dystans i dające możliwość narzucenia nowych cen za innowacyjne produkty, przy okazji spychające całą drabinkę konkurencji w dół. Jeśli kiedykolwiek między Europą a USA pojawiała się różnica w PKB, to – można stwierdzić z przymrużeniem oka – w 1/3 deltą jest przywództwo technologiczne[36]. Niestety, nie sposób przewidzieć, kiedy wynalazki się pojawią, przynosząc zwrot z poniesionych nakładów.

Zwycięstwo w regulowaniu zmian klimatu można porównać do zwycięstwa szachisty, który układa otoczenie dla przeciwnika, dbając o to, by nie pojawiło się zbyt wiele punktów nierównowagi na swoją niekorzyść. Jest kwalifikowane – pomaga przetrwać okres kosztownej transformacji energetycznej bez pomniejszenia

36 Pozostałe dwa elementy to przywództwo finansowe wyrażone dolarem oraz większa elastyczność rynków i mniejsze zabezpieczenie społeczne, za którymi niekoniecznie chcemy podążać.

konkurencyjności Europy. Daje na dłuższą metę większą niezależność w energetyce i przemyśle – redukujemy zapotrzebowanie na materiały, zyskujemy nieco autonomii. Pewne korzyści mogą wyniknąć z samego faktu kształtowania wymiany handlowej i promowania tych *zielonych technologii*, które stworzy na swoje potrzeby Unia. Wreszcie, redukuje ryzyko klimatyczne widoczne w pożarach na południu Europy, migracjach, schnących polskich rzekach.

Najbardziej tradycyjne jest zwycięstwo osiągnięte przez pracę z rynkami sąsiadującymi z Unią – rozwój Irlandii, Hiszpanii czy Polski dostarcza grupy porównawczej do prognoz. O nowe 50–100–200 milionów odbiorców, którzy będą zwiększali swoje dochody warto się starać, to dobry rynek zbytu – tak w basenie Morza Śródziemnego, jak i za wschodnią granicą UE. Pozwala na dywersyfikację źródeł korzystnej wymiany gospodarczej i zwiększenie autonomii UE w obszarze surowcowym, dzięki współpracy z krajami dysponującymi rzadkimi zasobami. Większy obszar handlowy krajów powiązanych z UE może równoważyć przewagi dolara jako waluty międzynarodowej. Wzrost dochodów po stronie partnerów i rozwój gospodarek przez specjalizację pomoże ustabilizować sytuację społeczną i przeciwdziałać skutkom niestabilności politycznej czy katastrof klimatycznych (mniejszy przymus migracji dzięki możliwościom rozwoju w kraju; więcej środków ekonomicznych do radzenia sobie z suszami i powodziami).

Każda z gier dotyczy stworzenia pewnego dobra wspólnego na poziomie UE, co również ma swoje konsekwencje. By odnieść zwycięstwo na polu dobra publicznego, potrzebna jest współpraca. Problemem dóbr publicznych jest niedoinwestowanie przez korzystających z nich uczestników rynku, bo pożytki z niego nie muszą rozchodzić się proporcjonalnie pomiędzy wszystkich użytkowników, przez co opłaca się jeździć na gapę. W praktyce nową technologią będzie przecież dysponowała w pierwszym kroku konkretna firma, na polityce sąsiedztwa bardziej zyska bliska granicy gospodarka, a o stanowiska w strukturach europejskich sterujące zmianą klimatu w relacjach UE-świat trzeba będzie rywalizować. Decyzja o podjęciu gry o znaczenie Unii musi w tej sytuacji oznaczać gotowość do powierzenia odpowiedzialności za nią Komisji Europejskiej jako silnemu i wdrażającemu koordynatorowi, by całe ćwiczenie nie skończyło się wetem któregoś z kapryśnych uczestników. Państwa członkowskie muszą być gotowe na to, że to nie będą ćwiczenia z redystrybucji środków i wygładzania regulaminów.

Dla Polski zyski byłyby bardzo konkretne. W przypadku rozwoju na zamówienie wygraną jest postawienie na nogi gospodarcze Ukrainy, współpraca z którą ożywiałaby wschodnią część naszego kraju i przede wszystkim zapewniała bezpieczeństwo strategiczne. Silna agenda technologiczna pozwoliłaby stworzyć na orbicie europejskiej program naukowy, niemożliwy do realizacji przez Polskę samodzielnie, pomimo zalążków kadr i wizji komercjalizacji. W Unii tworzącej nowe technologie łatwiej byłoby wypracować polską specjalizację gospodarczą, być może nie trzeba byłoby walczyć o pozycję w już utrwalonych łańcuchach wartości. W sterowaniu zmianą klimatu chronimy konkurencyjność polskiego przemysłu – transformacja wprawdzie pociągnie za sobą koszty, lecz będzie nieporównywalnie łatwiej ją prowadzić, jeśli równolegle będą w tym kierunku zmierzać wszyscy nasi konkurenci. Może nawet udałoby nam się zbudować ofertę taniej transformacji energetycznej, którą potem wyeksportowalibyśmy do partnerów handlowych.

Bez działania nie ma gry. 3 gry=3 zestawy działań

Każda z gier UE pociąga za sobą zestaw działań potrzebnych do jej realizacji. To prototypy, które warto zbudować, by móc prowadzić dalszą dyskusję o wspólnym projekcie.

Zacznijmy od dostawcy rozwoju na zamówienie. Europa tylko połowicznie korzysta z potencjału Wspólnego Rynku do promowania swoich interesów. Mogłaby zyskać na znaczeniu międzynarodowym zarządzając dostępem do niego, jednocześnie eksportując standardy instytucjonalne odpowiedzialne za rozwój Polski, Hiszpanii czy Irlandii. Oferta „współpracy gospodarczej dla wybranych" musi być poparta zapleczem w postaci wzmocnionej infrastruktury euro, instrumentów kredytowych i inwestycyjnych pozwalających na wejście z ofertą kapitałową w porty, lotniska i drogi w innych gospodarkach. Aby korzyści z ekspansji geograficznej nie zatrzymały się w Unii na krajach nadmorskich, w parze z inwestycjami w rynki zagraniczne należałoby myśleć o ukończeniu unijnej infrastruktury kolejowej i drogowej, szczególnie na wschodzie, który ma zaległości infrastrukturalne. Zbudowanie zaplecza po stronie UE jest o tyle ważne, że konsensus polityczny w Europie musi powstawać szybko, a tworzona oferta powinna być obsługiwana przez agencje celowe i mieć charakter strategicznych programów rozwoju relacji międzynarodowych. Jednocześnie istotne jest, by narzędzia były zaprojektowane na tyle zręcznie, żeby nie cofnąć gospodarki światowej do destrukcyjnej dla dobrobytu wojny na cła i subsydia z Chinami, Indiami czy USA.

Szczególnie ważne jest podbudowanie infrastrukturalne strefy euro. Aby możliwa była rywalizacja z Chinami o względy szczególnie gospodarek afrykańskich i wschodnioeuropejskich, potrzebna jest kompleksowa oferta łącząca inwestycje, kredyty, ubezpieczenia eksportowe, zabezpieczenia kursu walutowego (np. liniami *swap* w Europejskim Banku Centralnym ograniczającymi ryzyko kursowe dla obrotu gospodarczego)[37]. Powinna być podparta współpracą w zakresie standardów i certyfikacji technicznej, stąd potrzeba włączenia agencji ubezpieczeniowych dla statków i samolotów. Wrażliwym punktem są kredyty. Oznaczają one zobowiązanie

37 por. J. Pisani-Ferry, *Global asymmetries strike back*, Bruegel, 02 September 2021.

finansowe podejmowane na odpowiedzialność strefy euro, którego ryzyko zależy od sytuacji partnera gospodarczego. Im więcej współpracy, tym więcej ryzyka przyjmują na siebie kraje członkowskie.

Wyzwaniem jest sformułowanie propozycji asertywnie i po partnersku, unikając podejrzeń o nowy imperializm[38]. Konkurenci z innych regionów są zdeterminowani, by wejść na rynki interesujące UE w Afryce i Azji, więc warto zracjonalizować poziom wymagań stawianych partnerom. Unia składa się z bardzo różnych jakościowo gospodarek i ma już przetestowane na wielu poziomach mechanizmy współpracy – nie ma powodów, by była mniej elastyczna wobec partnerów zewnętrznych. Jeśli rzeczywiście zależy nam na współpracy, może warto ustąpić z postulatu, by programy inwestycyjne łączyły się z wymogiem transformacji na obraz i podobieństwo Europy. Z drugiej strony polityka rozwojowa nie może być zbyt marzycielska. To jednak działanie ukierunkowane na osiągnięcie własnych celów, obarczone poważnymi nakładami – Komisja Europejska musi dysponować silnymi narzędziami pracy dyplomatycznej, w tym sankcyjnymi. Jeśli się zdecydujemy, musimy KE umocować politycznie i prawnie do działania wobec rywali i wobec partnerów.

Dla Polski reforma unijnej polityki współpracy gospodarczej z zagranicą byłaby bardzo cenna, bo jej samodzielne prowadzenie wymaga sporych nakładów i doświadczenia, a próg wejścia na nowe rynki bywa wysoki. Tego rodzaju polityki osadzonej w MSZ czy PFR w zasadzie nie mamy. Polsce powinno na niej szczególnie zależeć, także przez wzgląd na współpracę gospodarczą z Ukrainą i potrzebę programów rozwojowych dla tego partnera. Do obsługi takiej oferty potrzebna jest także maszyneria administracyjna. Część usług finansowych pewnie można kupić na rynku, ale nieraz warto zbudować swoje centra. Niechby powstały w Polsce – mamy bogate doświadczenia z transformacji gospodarczej, o których jeszcze nie zapomnieliśmy. Możemy się nimi skutecznie dzielić.

Innej infrastruktury twardej i miękkiej Europa może potrzebować na drodze do stworzenia nowych technologii cywilizacyjnych[39]. Chodziłoby w pierwszym rzędzie o wypracowanie technologii bardzo podstawowych, mających potencjał, by trwale oddziaływać na gospodarkę przez 15–20 lat, mogące istotnie poprawić jej produktywność, będące dopiero na etapie wczesnego opracowania. Wokół technologii podstawowych można zbudować nowe sieci wartości, z nowymi centrami gospodarczymi – stoi za nimi fundamentalne pytanie „co zmieni się na

38 Można powiedzieć, że chodzi o merkantylizm pozbawiony imperializmu.

39 Czasem określa się podobne zjawiska Technologiami Ogólnego Zastosowania. Koszyk technologii, które powinny zainteresować Europę jest jednak szerszy, a bardziej otwarty opis pozwala też uciec od dość teoretycznej dyskusji o tym, czy komputer kwantowy i fuzja jądrowa zostaną równie powszechnie wdrożone do gospodarki co – w swoim czasie – elektryczność, silnik parowy czy internet.

ZNACZENIE UE: CZEGO POTRZEBA, BY ASPIRACJE ZAMIENIĆ W KONKRET?		
UE DOSTAWCĄ ***ROZWOJU NA ZAMÓWIENIE***	**UE TWÓRCĄ NOWYCH TECHNOLOGII CYWILIZACYJNYCH**	**UE REGULATOREM ŚWIATOWEJ POLITYKI KLIMATYCZNEJ**
Pakietowy dostęp do Rynku UE jako dźwignia dyplomacji → Kredyt + inwestycje + handel + wzajemny dostęp do rynków → Arsenał sankcyjny **Ukończenie Rynku UE** – przepływ usług, energetyka, unia rynków kapitałowych	**Misje technologiczne** o trwałości wyników ≈ 20 lat, dotyczące komputerów kwantowych, genetyki, fuzji jądrowej... **...i wzmocnienie prac nad popularnymi technologiami** o trwałości ≈ 10 lat: półprzewodniki, procesory, komputery HPC, smart grid, baterie, zdalna opieka zdrowotna, satelity	**Zdecydowany kurs na neutralność klimatyczną w UE** – utrwalanie Zielonego Ładu, redukcja CO_2 w energetyce, transporcie, przemyśle **Porozumienia o Zielonym Handlu z partnerami** wspierające import i eksport produktów o niższym śladzie CO_2
FINANSE		
Euro – dźwignia zewnętrzna → Oferta kredytów i inwestycji w euro dla partnerów zewnętrznych → Promowanie euro jako waluty rozliczeń i rezerw → Zgoda na przyjęcie ryzyka krajów partnerskich na bilans EBC	**Agresywne finansowanie wczesnych prac B+R**, jako działań misyjnych. Silna koncentracja na głównym zadaniu, eliminacja celów pobocznych programu **Zgoda na „nierynkowe" wsparcie** pierwszych firm skalujących rozwiązanie, np. 5–10 lat bez podatku	**Mobilizacja długoterminowego kapitału**, np. funduszy emerytalnych **Inne podatki**: akcyza z paliwa przestaje finansować budżet państwa **Inwestycje w regiony pogórnicze**, zastępowanie starego przemysłu **Dbanie o konkurencyjność**: czysta energia z OZE dla przemysłu UE
PRACA NAD SIECIĄ		
Strategiczne programy rozwojowe dla krajów sąsiadujących z Unią **Zaplecze do obsługi handlu** i inwestycji strefy euro. Banki Ex-Im, ubezpieczenie kredytów, certyfikacja **Inwestycje w infrastrukturę partnerów**. Porty, terminale **Rozprowadzanie korzyści** do wewnątrz UE – kolej, autostrady	**Rozwój aglomeracji i klastrów** jako węzłów dających konkurencyjność **Uprzedzenie drenażu mózgów** i szpiegostwa technologii **Inwestycje:** sieci uniwersyteckie, mobilność naukowców, światłowody, satelity, centra mocy obliczeniowej, podmioty w „branżach kosmicznych", „otwarta infrastruktura" B+R	**Zielony import:** preferencje, opodatkowanie CO_2 w konsumpcji, podatek graniczny CBAM chroniący przed dumpingiem **Wzmacnianie naśladowców:** oferta tanich technologii OZE dla partnerów **Rozwój sieci energetycznych,** magazyny energii, algorytmy do obsługi rozproszonej sieci, atom
STANDARDY I REGULACJE		
Zapobieganie „konkurencji na skalę protekcjonizmu". Inwestowanie w organizacje typu Bank Światowy, WTO **Stworzenie mechanizmu uzgadniania** zagranicznej polityki gospodarczej w UE	**Standardy UE** jako standardy światowe **Lepsze prawo własności**, np. pracownika do zysków z innowacji **Obniżanie progu wejścia** – ograniczanie formalności, „piaskownice regulacyjne", szybkie patentowanie	**Stabilne otoczenie inwestycyjne energetyki**, motoryzacji, lotnictwa – branż o cyklu inwestycyjnym 15–30 lat **Promowanie produktów z UE** energooszczędnych + z recyclingu + z surowców bio

świecie, gdyby udało się je wynaleźć?". W takich technologiach nie przeszliśmy też pełnej ścieżki do wdrożenia przemysłowego. Oznacza to, że Chiny czy USA nie osiągnęły jeszcze w swoich zakładach wytwórczych korzyści skali, które byłyby praktycznie nie do nadrobienia.

Jako że relatywna siła Europy leży w badaniach, nie jesteśmy bez szans. Musimy jednak podjąć wysiłek działania portfelowego, bo futurystyczne technologie są obarczone wysokim poziomem nieprzewidywalności i nie można inwestować w jeden priorytet. O paliwie wodorowym i fuzji jądrowej od trzydziestu lat mówi się, że za dziesięć lat będą gotowe. Wybierzmy kilka obszarów. Tematy obecne na szpaltach blogów popularnonaukowych można ubrać w Misje Technologiczne:

→ autonomiczne komputery – sztuczna inteligencja, komputery kwantowe – i ich zastosowania, wbudowywanie funkcji świata cyfrowego w świat materialny;
→ materia na miarę – nanotechnologia, inżynieria materiałowa, druk 3d, modyfikacje genetyczne, rozwiązania wspierające recycling i biodegradację na poziomie składu molekularnego tworzyw sztucznych, przedmioty fizyczne z wbudowaną warstwą cyfrową (np. kamuflaż adaptujący się do otoczenia);
→ energia bez granic – fuzja jądrowa, komputery kwantowe, wykorzystanie algorytmów sztucznej inteligencji do bilansowania sieci energetycznej produkującej i zużywającej OZE, technologie laserowe, magazyny energii (wodór, amoniak, inne);
→ medycyna i rozszerzanie możliwości organizmu ludzkiego – sztuczna krew, zastępcze cyfrowe oko, naprawa przerwanego rdzenia kręgowego, ksenoboty (komputery bioniczne złożone z żywych cząstek)[40];
→ misja załogowa na Wenus.

Tak postawione zadania wymagają tego, by mecenasi stojący za nimi mieli przekonanie, że Unia za 15–20 lat będzie istniała i odda zainwestowane pieniądze. Ale i zwrot może być szybciej, po drodze – warto zadbać, by podjęte prace B+R tworzyły odgałęzienia technologiczne w kierunku przemysłu już istniejącego. Dużą sprawą jest też wyjście poza horyzont polityczny bieżącego cyklu wyborczego. Dobrze, by (lubiąca podkreślać swoją długą historię) Europa zdobyła się na proporcjonalnie perspektywiczne projekty. Argumentem praktycznym niech będzie dystans, jaki UE ma do nadrobienia względem Chin czy USA w związku ze swoją krótkowzrocznością. Obaj konkurenci, każdy z osobna, wydają obecnie ponad dwukrotnie więcej na B+R niż UE. Za tym

40 Interesującym przykładem jest opracowanie *Human Augmentation – The Dawn of a New Paradigm*, wydane przez brytyjskie Ministerstwo Obrony we współpracy z biurem planowania obronności niemieckiej Bundeswehry. Zdaniem autorów powinniśmy podjąć wyzwanie, bo kraje Azji na pewno to zrobią, a nasza praca może odbywać się na naszych warunkach etycznych. Por. UK Ministry of Defence, *Human Augmentation – The Dawn of a New Paradigm*, 2021.

idzie zdjęcie ciężarów administracyjnych z naukowców, wyższy apetyt na ryzyko i rozdawanie „dzikich kart" na realizację projektów idących w poprzek schematom[41].

Aby nieco zbilansować ryzyko i nie inwestować wszystkiego w abstrakcyjne projekty naukowe, drugim filarem powinna być intensyfikacja inwestycji w kluczowe technologie krótkoterminowe, z mniejszym horyzontem oddziaływania 5–10 lat, obecnie bardzo szybko się rozwijające. Chodzi o rozwiązania już wdrażane do przemysłu i w których postęp między kolejnymi generacjami produktów jest duży, gdzie jest miejsce na zbudowanie dużej skali produkcji. Zaliczyć tu można choćby półprzewodniki, baterie do samochodów elektrycznych, systemy laserowo-radarowe dla samochodów autonomicznych, zdalną opiekę zdrowotną. Technologie tego typu są nieźle zidentyfikowane w europejskiej inicjatywie IPCEI – ang. *Important Projects for Common European Interest* – ważnych projektów leżących we wspólnym interesie europejskim. Coraz lepiej brzmią też kolejne edycje programów innowacyjnych realizowanych przez UE.

Pytanie wobec tego, czym różni się nowe podejście od obecnego programu innowacyjno-technologicznego UE. Po pierwsze: nowe podejście jest bardziej zorientowane „misyjnie" i w większym stopniu jest grą w ciemno z pewnymi wytypowanymi gałęziami technologii, gdzie chcemy dokonać wyłomu. Jest oderwane od perspektywy rynkowej, w której pierwszym pytaniem jest potrzeba konsumentów, a drugim rachunek finansowy. To podejście pomaga przy krótkoterminowych innowacjach i może nawet wesprzeć technologie, których wdrożenie jest oddalone o 5–10 lat. Napędzenie fali 10–20-letniej to już trochę projektowanie przyszłości. Będziemy mieli to, co sobie postanowimy, minus niespodzianki po drodze i pytanie, co wymyślą inne metropolie gospodarcze. Po drugie: chodzi o podniesienie skali wsparcia – otwarcia na projekty wyższego ryzyka, nieoglądanie się na zasady finansowego zwrotu i pomocniczości, mniejsze uzależnienie finansowania od sytuacji państwa wspierającego projekt (środki najpierw w całości przekazane Komisji Europejskiej, a potem w całości przez nią rozdysponowane – bez tworzenia dylematu, czy w krajowym budżecie znajdzie się finansowanie), otwarcie na budowę klastrów innowacji przez Komisję Europejską. Ważnym postulatem byłoby też oddemokratyzowanie wyboru, tak by rzeczywiście finansować projekty o wysokim poziomie zaawansowania, nawet kosztem koordynacji konsorcjów tylko przez kilka czołowych technologicznie gospodarek. To oczywiście trudne politycznie, być może na granicy naiwności. Ale w jakimś wymiarze trzeba spróbować przynajmniej „wypromować szpicę", oddając diabłu ogarek. W obecnych programach unijnych nieraz wsparcie jest przyznawane tak, by „dla każdego znalazła się szansa" i to jest szlachetne podejście, które w wyścigu technologicznym może się nie sprawdzić. Sporo pracy

41 The Economist, *Mothering Invention*, 15.10.2022 r.

wymaga też miękka infrastruktura prawna – szybsze patentowanie, lepsze zdefiniowanie praw własności do wynalazków (by przekazać pracownikom większych i mniejszych przedsiębiorstw korzyści z patentowania ich rozwiązań, a nie zostawiać ich w całości w firmie), tworzenie piaskownic regulacyjnych pozwalających na testowanie innowacji.

Podejście misyjne spotyka się nieraz z krytyką czołowych ekonomistów, którzy słusznie wskazują, że najlepsze klastry rozwijają się samorzutnie, a rynek lepiej przetwarza informacje niż hierarchia urzędników[42]. Równie prawdziwie wskazują, że ważne jest budowanie warunków dla innowacji, a nie fantazje polityków, którzy potem powierzają ich realizację podległej biurokracji. Realia są takie, że dziś w Europie technologii nie mamy, a niezbędnie potrzebujemy. I choć mielibyśmy to zrobić nieefektywnie i przepłacić, jest za co. Więc z pewnością będzie potrzebne godzenie skrajności, które – mimo wszystko – na świecie jakoś się udaje. Potrzebne będzie i przedsiębiorcze podejście urzędników, i szybkie odcięcie pępowiny.

Skoro chcemy działać przeciwko rynkowi, warto przy tej okazji nazwać źródła nieefektywności na rynku, które uzasadniają podjęcie takiej gry. To może pozwolić na ograniczenie strat do minimum. Po pierwsze: dążymy do inwestycji w bardzo wczesny etap badań, który jest właściwie badaniem podstawowym – jako taki stanowi dobro publiczne, niedoinwestowane przez uczestników rynku. To szczególnie odczuwalne wobec rozdrobnienia rynku europejskiego i trudności w zmobilizowaniu tak finansowania, jak odbiorców na hipernowoczesne produkty. Po drugie: skalowanie nowych pomysłów na styku uniwersytet–biznes jest umiarkowanie pomyślne ze względu na ograniczoną ilość kapitału gotowego do podjęcia podwyższonego ryzyka. Taki kapitał zaczyna się agregować przy dobrze zintegrowanych rynkach finansowych, które są w stanie z ułamków zainteresowania złożyć większą całość. W Europie to działa słabo i nie ulegnie poprawie wystarczająco szybko. Po trzecie: pomoc w tworzeniu klastrów może być uzasadniona ograniczeniami w mobilności pracowników między rynkami pracy działającymi w językach narodowych, krajowych systemach ubezpieczeń itd. Równolegle do pracy nad „misjami technologicznymi” UE powinna rozpracowywać te utrudnienia.

Z perspektywy polskiej tworzenie technologii może wydawać się dość abstrakcyjnym celem – mieliśmy sukcesy w medycynie, ale nie w lotach w kosmos. Już z perspektywy UE te same aspiracje niekoniecznie są na wyrost – to raczej poziom, od którego Stany Zjednoczone, Chiny czy Korea Południowa zaczynają licytację.

Przejdźmy do wymagań, jakie staną przed UE w związku z grą o pozycję Regulatora Światowej Polityki Klimatycznej. Transformacja energetyczna jest niezbędna, jeśli chcemy żyć w czymś kształtem przypominającym dzisiejszą Ziemię. Będzie

42 J. Tirole, *Economics for the Common Good*, Princeton University Press, 2019.

wymagała zatrzymania wzrostu liczby cząstek CO_2 w atmosferze i zmniejszenia ich liczby nie tyle we wskaźnikach produkcji, co w realnej konsumpcji odbiorców[43]. Wskaźniki produkcji można przesuwać poza granice UE, a koszty przenosić na klienta lub ukrywać w cenie towarów. Na dłuższą metę *clou* problemu jest znalezienie modelu dobrobytu, który zmniejsza ślad węglowy konsumpcji pojedynczego mieszkańca naszej planety. Kształtowanie przebiegu transformacji energetycznej może dać Europie i wzrost znaczenia na świecie, i więcej suwerenności. UE musi zgrać wszystkie swoje atuty, wykorzystać dostęp do swojego rynku wewnętrznego jako dźwigni mobilizującej partnerów gospodarczych do równoległych zmian i wkładać postulaty zieloności do światowych regulacji technicznych i finansowych, często wzorowanych na europejskich.

Etap przejściowy będzie wymagał gimnastyki, to jest koordynacji inwestycji, polityki zagranicznej i przemysłowej. Taka koordynacja jest właściwie nie do przeprowadzenia bez Komisji Europejskiej w roli koordynatora. Musi ona być wyposażona w mandat dyplomatyczny, nawet okresowo odnawiany, do prowadzenia działań w tej kwestii. Podstawą mogłyby być Porozumienia o Zielonym Handlu z partnerami UE, gwarantujące utrzymanie korzyści z wymiany handlowej i inwestycyjnej. Negocjowanie z partnerami handlowymi korytarzy wysokowartościowego, zielonego importu jest niezbędne, jeśli chcemy równolegle utrzymywać konkurencyjność europejskiej gospodarki, wpływ na politykę gospodarczą partnerów i korzystne oddziaływanie na środowisko. W krajach Azji jest bardzo wiele niedawno oddanych elektrowni węglowych, które posłużą przez wiele lat. Europa może obrać rolę lidera zmian tylko wtedy, gdy nie odbierze innym możliwość rozwoju. Chiny, Indie, Brazylia, Pakistan, a nawet Stany Zjednoczone, muszą mieć powód, by dokonywać transformacji, nawet jeśli wcześniej spiszą na straty wyspy Fiji czy inne terytoria zalewowe.

Transformacja będzie wiarygodna i skuteczna, jeśli zostanie poparta kompletnymi i szczelnymi zmianami w prawie. Ściślejszego potraktowania wymagają:

1. Przeniesienie kosztów śladu CO_2 na konsumpcję – obecnie koszty CO_2 ponoszą producenci. Jednak to konsumpcja, często nadmiarowa, napędza emisję CO_2. Odbiorcy powinni widzieć ten wybór w cenie oraz swoich możliwościach nabywczych. To szybko ograniczy znaczenie „zabiegów pozorowanych" typu marketingowe 5% czy 10% rekompensaty za CO_2 przez sadzenie drzew usychających po drugim sezonie albo symboliczne 3% zawartości surowca z recyclingu.
2. Kompletność sektorowa opodatkowania CO_2 – dziś ETS objęty jest przemysł i w pewnym zakresie całość emisji w krajowych gospodarkach (przez

43 Kompletnego przeglądu wyzwań transformacji dostarczają podcasty D. Helma, por. D. Helm, *The Retreat From Net Zero, And How To Stop It*, Helm Talks: Podcasts, www.dieterhelm.co.uk.

NDC – *Nationally Defined Contributions*, krajowe wkłady do redukcji emisji). Rolnictwo, budownictwo, transport są objęte opodatkowaniem CO_2 raczej pośrednio.
3. Zapobieganie pozorowanej „ucieczce emisji" z Europy – przenoszeniu działalności bez ograniczenia emisji. Wiąże się to z opodatkowaniem śladu węglowego konsumpcji oraz wzmocnieniem cła węglowego CBAM promującego rzeczywistą redukcję CO_2 w przedsiębiorstwach UE w miejsce ucieczki emitujących gazy cieplarniane za granicę.

Wzrost opodatkowania CO_2, prawdopodobnie do czasu wypracowania nowych niskoemisyjnych technologii produkcji przemysłowej, zmniejszy realną siłę nabywczą konsumentów. Przede wszystkim jednak umożliwi podejmowanie świadomych decyzji. To po prostu włączenie kosztów środowiskowych do rachunku produkcji energii. Ponadto przesuwanie bazy podatkowej i modernizacja polityki celnej są ważne dla finansowania transformacji oraz wydatków publicznych – akcyza z paliw w Polsce czy Chorwacji może stanowić i 8–10% dochodów budżetu państwa. Nie jest to regułą – w krajach skandynawskich, Niemczech czy Francji jest bliżej 3–4%. Wraz z przechodzeniem na samochody EV te środki trzeba będzie przełożyć z benzyny na elektryczność w stacjach ładowania.

Reformy wewnątrzunijne kierujące nas na OZE i energię atomową muszą być na tyle konsekwentne, by wymuszać ruch ku neutralności klimatycznej i na tyle powolne, by wyżej zawieszona poprzeczka kosztów nie podważała zaufania do UE. Każde tąpnięcie w regionach przemysłowych i napędzenie bezrobocia będzie opóźniało transformację. To balansowanie na linie.

Od strony inwestycyjnej potrzebna jest maszyna finansowa ułatwiająca europejskiej energetyce stawianie infrastruktury i przejście do nowych technologii. Europie potrzebna będzie mobilizacja długoterminowego kapitału koncentrującego się na stabilnym wzroście. Wydatki w nową infrastrukturę są też na tyle wysokie, że będą tworzyły nowy dług publiczny, bo przecież to państwa gwarantują infrastrukturę. Od strony technicznej potrzeba wielu nowych elementów sieci energetycznej – nowych linii i kabli o odpowiedniej przepustowości; oprogramowania pozwalającego na jednoczesne sterowanie dostawami, odbiorami i magazynowaniem energii; szerokich interkonektorów pozwalających na bilansowanie energii na granicach; centrów bilansowania energii z wielu źródeł OZE bliskich centrom przemysłowym. Otrzymanie prądu o optymalnej jakości przez odbiorców przemysłowych będzie dla nich warunkiem konkurowania na rynkach międzynarodowych.

Od strony prawnej musimy stworzyć taki mechanizm handlu prądem i taki system inwestycji w nowe moce, by producenci energii mogli łatwo optymalizować swój rachunek kosztów w całym cyklu inwestycji – nie byli wystawieni na ryzyko wahań cen paliw i częste zmiany humoru po stronie regulatorów. Tu z pewnością występują napięcia pomiędzy elektrowniami używającymi paliw kopalnianych i OZE – ich sposób pracy i elementy inwestycji są tak różne, że trudno znaleźć wspólny mianownik.

Powszechny dostęp do energii jest wymogiem funkcjonowania demokratycznego społeczeństwa. Jednoczesne zapewnienie bezpieczeństwa energetycznego i prowadzenie transformacji musi uwzględniać zabezpieczenie zmienności OZE w okresie przejściowym przez tradycyjne paliwa. Okresy wzrostu cen paliw będą się zdarzały i wymagają aktywnego zarządzania.

Wspólna waluta jako stolik decyzyjny UE

Możliwość skutecznego wdrożenia zmian w obszarach suwerenności i znaczenia Unii Europejskiej coraz silniej będzie łączyła się ze wspólną walutą. Jeden po drugim wymagają inwestycji, dzielenia się ryzykiem, wspólnego oddziaływania na politykę handlową. Zmiany w programie rozwojowym Unii Europejskiej prawdopodobnie podniosą euro do pozycji osi obrotowej w polityce UE. Dyskusja o zarządzeniu strefą euro toczy się od kilku lat i świadczy to o tym, że jest niełatwa. Choć niemiecki Federalny Trybunał Konstytucyjny opowiada się przeciwko spłacaniu przez Niemcy zobowiązań innych państw i wydał wyrok przeciwko Europejskiemu Bankowi Centralnemu (ten skupował w 2015 r. obligacje innych państw strefy euro), COVID doprowadził efektywnie do dalszego uwspólnotowienia europejskiego długu publicznego. Dotyczy to zobowiązań wspólnie zaciągniętych na sfinansowanie odbudowy gospodarek UE po pandemii koronawirusa. Duże wsparcie, zgodne z potrzebami makroekonomicznymi, otrzymali Włosi. Coraz więcej świadczy o tym, że euro zostaje dowartościowane i przestanie pełnić funkcję wyłącznie techniczną, a spełni rolę wspólnej waluty ułatwiającej handel wewnętrzny i przemieszczanie się po Europie. Przeciąganie liny – między Niemcami z jednej strony oraz Francją i Włochami z drugiej – trwa.

Rachunek „przyjąć wspólną walutę – czy pozostać poza strefą walutową" zmieni się na dobre, kiedy euro zostanie wykorzystane jako:

→ klamra integrująca polityczny rdzeń Unii – jeśli współpraca w polityce pieniężnej i fiskalnej będzie pogłębiana, to szczególnie po stronie polityki fiskalnej (budżetowej) będzie dochodziło do coraz bardziej szczegółowych ustaleń. Decyzje zapadające przy stoliku gospodarek zrzeszonych w euro będą więcej ważyły, niż te podejmowane na forum ogólnym;

→ narzędzie finansowania inwestycji rządowych. Programy inwestycyjne wymagają olbrzymiego finansowania, a dług publiczny w Europie, po kryzysach 2009 r. i COVID, jest wysoki i będzie wymagał redukcji. Aby ograniczanie długu nie odbyło się kosztem rządowych inwestycji rozwojowych, może pojawić się albo centralny fundusz inwestycyjny, albo regulacje pozwalające rządom odliczać inwestycje od całości wydatków rządowych;

POGŁĘBIENIE STREFY EURO TWORZY Z NIEGO CENTRUM POLITYCZNE UE

FUNKCJA	NARZĘDZIA	KORZYŚCI DLA POLSKI
OBECNE NARZĄDZIA		
HANDLOWA I INWESTYCYJNA	Strefa Wolnego Handlu Unia Celna	→ Rozwój handlu: brak podstawowych barier ograniczających eksport do UE → Większa wiarygodność Polski jako miejsca lokalizacji inwestycji zagranicznych → Wspólne zasady UE wobec wielkich graczy jak USA, Chiny, Indie, Rosja
MONETARNA	Jedna waluta dla 340+ milionów obywateli Wspólna polityka stóp procentowych Interwencje słowne – wiarygodne dla rynku Skupowanie krajowych papierów wartościowych po kryzysie 2009 roku	→ Silny kurs walutowy → Niższe ryzyko ucieczki kapitału → Łatwiejszy rozwój giełdy. Można pozwolić sobie na ściągnięcie krótkoterminowego kapitału portfelowego do Polski
FISKALNA	Emisja długu UE w celu interwencji fiskalnej po wstrząsach gospodarczych Podział ryzyka – część długu na wspólnym koncie Przeniesienie długu COVID do „Europejskiej Agencji Długu"	→ Minimalizacja ryzyka z uczestnictwa w euro przy znaczących korzyściach → Wspólne fundusze minimalizują koszty zarządzania kryzysami – np. po COVID → Tańsze kredyty do finansowania pożyczek państwa (wiarygodność euro)
NOWE NARZĘDZIA (TAKŻE TE POTENCJALNE)		
FISKALNA	*Potencjalnie*: uelastycznienie polityki fiskalnej w strefie euro, mniej reguł – więcej standardów. Większa przestrzeń dla wydatków rozwojowych	*Potencjalnie*: utrzymanie praktycznie pełnej elastyczności w krajowej polityce budżetowej dzięki „standardom" fiskalnym
INSTRUMENT POLITYKI ZAGRANICZNEJ	Wspieranie wymiany handlowej poza UE Instrumenty inwestycyjne dla partnerów Kredytowanie handlu zagranicznego – *linie swap* Euro walutą rezerw bankowych	→ Kompleksowe programy UE realizowane zgodnie z interesem Polski – m.in. odbudowa Ukrainy → Szansa dywersyfikacji polskiego eksportu na nowe, wspierane przez UE rynki
CENTRUM POLITYCZNE UE	→ Definiowanie kierunków rozwoju UE → Emisje obligacji (Zielony Ład, cyfryzacja) → Wspólne inwestycje Unijne → Ratunkowe interwencje makroekonomiczne	→ Udział w decyzjach o wydatkowaniu wspólnego budżetu, potencjalnie z pozycji Top 5 gospodarek UE, a nie z boku

- → narzędzie polityki zagranicznej, szczególnie gospodarczej, dostarczającego zewnętrznym partnerom UE linie kredytowe (*swap*), programy inwestycyjne, wsparcie w tworzeniu połączeń handlowych;
- → waluta międzynarodowa zwiększająca odporność Europy na skutki krążących po świecie sankcji wywołanych rywalizacją USA-Chiny[44]. Wskutek sankcji pojawiają się ograniczenia walutowe wtórnie uderzające w europejskich producentów – na co zwracają uwagę Niemcy, a w praktyce jest to w interesie wszystkich krajów, które chciałyby rozwijać rynki zagraniczne inne niż rynek wewnętrzny UE.

Z euro jest trochę jak z benzyną – teoretycznie w kolejnej dekadzie tankujemy to samo paliwo, a w praktyce standardy zmieniły się na tyle istotnie, że mówimy o innym jakościowo produkcie. Faktyczne euro przeszło istotną ewolucję jako waluta: od początkowo bardzo silnego rozdziału na politykę pieniężną banku centralnego i politykę fiskalną krajowych rządów, do uznania faktu, że część polityki fiskalnej powinna być wspólna, a Europejski Bank Centralny może poluzować nieco warunki gospodarcze w wybranych krajach, dokonując skupu obligacji wyemitowanych właśnie w tych gospodarkach[45].

Strefa euro będzie nabierała znaczenia politycznego z kilku powodów. Nawiedzające UE i strefę euro kryzysy gospodarcze wskazują na potrzebę lepszego zgrania polityki pieniężnej i fiskalnej. Aby umożliwić dobrą koordynację między polityką Europejskiego Banku Centralnego i krajowymi gospodarkami, strefa musi dopracować zakres zadań i uprawnień dla krajowej polityki fiskalnej. Należy ustalić, ile długu kraje mogą zaciągać i w jakim tempie muszą go spłacać. Ponadto do sprawdzenia jest zasadność utrzymania sztywnych wymagań wobec rocznych deficytów budżetowych – bo szybciej rosnące gospodarki mogą mieć więcej przestrzeni na zadłużenie się i wyrastanie z długu.

Każda taka zmiana będzie wymagała koordynacji, bo skoro kraje dzielą walutę, to problem już na starcie jest wspólny[46]. Ryzyko klinczu wynika z faktu, że kraje dysponujące nadwyżką kapitału chcą większej pewności, że pieniądze

44 Umiarkowana rola euro jako waluty międzynarodowej podnosi koszty napięć na linii USA-Chiny dla przedsiębiorstw europejskich. Potrzebne jest ograniczenie wpływu sankcji dolarowych na europejską gospodarkę. Wzmocnienie rynków kapitałowych i dokończenie integracji strefy euro jest właściwie niezbędne, by inwestorzy i banki zagraniczne bardziej zaufały wspólnej walucie. Por. M. Jaeger, *Promoting the Euro – Countering Secondary Sanctions. Germany Should Push to Complete Monetary Union*, DGAP Policy Brief No. 2, February 2022.

45 por. A. Bénassy-Quéré, *European fiscal rules in the air*, Direction générale du Trésor, www.tresor.economie.gouv.fr.

46 Zrozumienie wspólnego bagażu strefy euro jest dostrzegane przez wszystkie silne gospodarki wspólnoty por. Ch.-H. Weymuller, G. Lorenzoni, F. Giavazzi, V. Guerrieri, L. D'Amico, *Revising the European fiscal framework, part 1: Rules*, 14 Jan 2022, Cepr.org; O. Blanchard, Á. Leandro, J. Zettelmeyer, *Redesigning EU Fiscal Rules: From Rules to Standards*, Peterson Institute for International Economics, February 2021; M. Jaeger, *Promoting the Euro – Countering Secondary Sanctions*, DGAP Policy Brief No. 2, 02.2022.

zostaną dobrze wydane, a wraz z wydatkami nastąpią reformy sprzyjające konkurencyjności na południu Europy, natomiast Włochy, Hiszpania czy Francja nie chcą utracić kontroli nad własną polityką, choćby podatkową. Wszyscy wydają się być jednak świadomi konsekwencji i tego, że każdy scenariusz trzeba przyjąć z dobrodziejstwem inwentarza – także ugrzęźnięcie wynikające z braku decyzji może zakończyć się bankructwem jednego z krajów lub jednego z priorytetów politycznych. Jak wszystko inne w unii walutowej – coś za coś.

Jedną z poważniejszych zmian w obecnej rundzie modernizacyjnej strefy euro jest wsparcie wspólnej waluty dla krajowych inwestycji. Tam, gdzie pojawiają się budżety i reguły wydawania pieniędzy, nieuchronnie wkracza polityka i wszczyna się walka o priorytety własne. Niemcy i Francja – kraje zainteresowane rozwiązaniami (i zarazem ponoszące największe koszty podjęcia dodatkowego ryzyka) wydają się zgadzać co do potrzeby wsparcia krajowych inwestycji. Istotna debata dotyczy następujących zagadnień: 1) czy odstępstwo od obowiązujących reguł byłoby jednorazowe, czy zaszyte jako zasada oraz 2) czy chronione powinny być zielone inwestycje, czy obędzie się bez rozróżniania typu podejmowanych projektów. Niemcy, które wolałyby odstępstwa jednorazowe i uzasadnione nadzwyczajną sytuacją gospodarczą, mają do realizacji program inwestycyjny 60 mld EUR w zieloną energetykę oraz program inwestycyjny 100 mld EUR w modernizację sił zbrojnych. Nie mamy więc do czynienia z przesadną pryncypialnością[47]. W porównaniu do postawy sprzed kilku lat, kiedy wszelkie próby wykorzystania siły wspólnej waluty do rozwiązywania problemów gospodarczych spotykały się z kategoryczną odmową RFN, zmiana jest znacząca. Choć pojawiały się i bardziej ambitne propozycje – np. zdjęcia z krajowego długu kosztów kryzysu COVID, i przesunięcia go do osobnej „agencji zarządzania długiem strefy euro", by nie utrudniał elastycznego działania rządom krajowym[48].

Jeśli UE chce na poważnie wykorzystać strefę euro jako dźwignię przyciągającą partnerów gospodarczych w Europie Wschodniej, Afryce czy Azji, musi wzbogacić je o narzędzia kredytowe, inwestycyjne, handlowe. Budowa takich narzędzi oddziaływania tworzy obciążenie dla strefy walutowej – za ewentualne niepowodzenia solidarnie będą płacić kraje strefy. W większym stopniu będą też musiały zwracać uwagę na oddziaływanie własnej polityki pieniężnej na partnerów. To wszystko odbiera strefie euro neutralność.

47 por. Bundesministerium für Wirtschaft und Klimaschutz, *Proposed principles to guide the German government in deliberations on the reform of EU fiscal rules*, www.bmwk.de

48 por. Ch.-H. Weymuller, G. Lorenzoni, F. Giavazzi, V.Guerrieri, L. D'Amico, *Revising the European fiscal framework, part 1: Rules* oraz *Revising the European fiscal framework, part 2: Debt management*.www.cepr.org, a także O. Blanchard, Á. Leandro, J. Zettelmeyer, *Redesigning EU Fiscal Rules:From Rules to Standards*, Peterson Institute for International Economics, 2021, www.piie.com.

Euro powinno też w coraz większym stopniu stawać się walutą światową, także rezerwową dla partnerów gospodarczych. Perspektywy francuska i niemiecka prowadzą do podobnych wniosków, wychodząc z różnych punktów – Francuzi skłaniają się ku wykorzystaniu euro jako narzędzia wspierającego handel międzynarodowy, argumenty niemieckie dotyczą ograniczenia wtórnych skutków, jakie sankcje dolarowe nakładane np. na Chiny mogą mieć dla niemieckiego eksportu. Większa rola euro na świecie to korzyści związane choćby z większym rynkiem, na którym można pożyczać pieniądze. Promowanie euro będzie tym łatwiejsze, im lepiej zintegrowany i płynny będzie europejski system giełdowy. Im lepszy dostęp do europejskich aktywów, akcji i obligacji, tym większe możliwości zarządzania ryzykiem po stronie partnerów i tym wyższy poziom zaufania do europejskiej waluty[49]. Wtedy łatwiej też partnerom traktować europejskie aktywa jako bezpieczne i wymienialne w każdych warunkach, na równi (lub prawie na równi) z dolarem. Obecnie w euro świat lokuje 20% aktywów rezerwowych, a w dolarze 60%. Jest przestrzeń do korekty w zakresie kredytów czy wycenie kontraktów surowcowych[50].

Jak pozycjonować się względem centrum gospodarczego UE, które będzie kumulowało coraz więcej narzędzi decyzyjnych? Nadchodzące zmiany w strefie euro będą zamieniały pytania z zakresu inżynierii ekonomicznej w pytanie ze strategicznej polityki rozwojowej państwa. Pragmatyczne myślenie o funkcjonowaniu wspólnej waluty wywoła, już wywołuje, potrzebę upolitycznienia strefy euro. Bardziej polityczna strefa euro wymaga naszej uwagi, konsolidacja decyzji w strefie euro pozostawi coraz mniej do dyskusji dla UE poza strefą. Jeśli pojawi się Budżet Strefy Euro i przykładowa Francja włoży tam 3% swojego PKB, a na drugą rękę 1% do ogólnego budżetu Unii – to jaki smak będzie miała dla nas dyskusja o kolejnej wieloletniej perspektywie finansowej UE? Najważniejsze tematy będą dawno rozegrane.

Nowy bilans kosztów i korzyści przechyla się coraz bardziej „na tak" – a bilans pozostania poza strefą coraz bardziej „na nie", bo koszty zorganizowania narzędzi zastępczych, które pozwalają poradzić sobie ze skutkami pozostania poza wspólną walutą mogą silnie rosnąć[51]. Dostęp do nisko oprocentowanego kapitału, zdjęcie z gospodarki statusu „rynku wschodzącego", z którego w razie turbulencji w światowej gospodarce się ucieka i współdecydowanie o budżecie UE to niezłe powody, by w strefie uczestniczyć.

Zgoda, że obiecywane u zarania strefy euro korzyści w postaci wzrostu handlu i redukcji kosztów transakcyjnych (powiedzmy „kantorowych") prawdopodobnie nie zmaterializowały się w oczekiwanym stopniu albo zostały przykryte

49 J. Pisani-Ferry, *op.cit.*, M. Jaeger, *op. cit.*

50 M. Jaeger, *op. cit.*

51 Rozprawa z bilansem gospodarczym wspólnej waluty euro – por. D. Rosati, *Euro Mity i fakty*, Polskie Wydawnictwo Ekonomiczne, 2022.

innymi wydarzeniami, jak choćby szybkim postępem IT, zmniejszający koszty zarządzania walutami w firmach.

Porównując faktyczne wyzwania związane z obecnością w strefie euro, odnieśmy je raczej do połatanej koordynacji polityki makro w kraju, niż do książkowego ideału. Na pytanie o skutki wstrząsów koniunkturalnych we wspólnej strefie walutowej można zapytać retorycznie – a czy krajowa polityka pieniężna w ostatnich latach redukowała wstrząsy, czy była raczej ich generatorem? Jaka część „niezależnej polityki pieniężnej" była faktycznie inna niż EBC oraz faktycznie skuteczna? Bo przecież w odróżnieniu od Wielkiej Brytanii jesteśmy „rynkiem wschodzącym", który ma stosunkowo płytki system finansowy i margines, w którym możemy prowadzić „krajową politykę fiskalną w oderwaniu od krajowej polityki pieniężnej" jest mały. Wciąż musimy liczyć się ze zdaniem inwestorów mogących zagłosować nogami, o czym przekonał się Rząd przy nieudanej próbie wyemitowania obligacji w 2022 r. Popyt był mały, ceny wysokie – wszystko to było skutkiem wojny w Ukrainie, ale w takiej rzeczywistości żyjemy. Na końcu pojawia się pytanie, czy Rząd, który poprzez BGK emituje obligacje sam nie unieważnia skutków polityki NBP.

Bez dwóch zdań, wejście do strefy euro wywołałoby konieczność zdyscyplinowania i uelastycznienia polityki, przede wszystkim fiskalnej. Rządowi będzie z tym niewygodnie, ale to cena za przyjemność zasiadania przy stole decyzyjnym. Być może już wkrótce będzie warto ją zapłacić[52].

Furtka umożliwiająca awaryjne interwencje fiskalne uzasadnione sytuacją makroekonomiczną została w strefie euro otwarta (finansowanie inwestycji rządowych). Jeśli zechcemy wejść do unii walutowej, w interesie Polski pozostaje opracowanie narzędzi, które pomogą w zastąpieniu stabilizującej roli, jaką ma płynny kurs walutowy. Szczególnie takich, które pozwolą zamortyzować straty konkurencyjności cenowej eksportu w chwilach zawirowań. Dziś tę funkcję może pełnić przedłużające się tolerowanie słabego złotego. Dzieje się to kosztem inflacji oraz utraty zaufania partnerów – im dłużej będzie trwało, tym będzie bardziej czytelne. Być może rozwiązania leżą w polityce podatkowej i jakiejś formie antycyklicznego podatku koniunkturalnego w okresach prosperity. Taki czy inny kompromis nie obędzie się bez konsekwencji, którymi trzeba będzie zarządzać, również pozostając poza strefą euro.

52 Nie warto byłoby płacić za wiarę w to, że przynależność do strefy euro okiełzna temperament niektórych krajowych polityków lub przyczyni się do poprawy praworządności. Choć to ostatnie akurat jest bardziej prawdopodobne, bo cierpliwość partnerów szybciej by się wyczerpała, to jednak lepiej ten problem rozwiązać własnymi rękami, a niezależność gospodarczą oddać w zamian za bardziej konkretne korzyści z udziału w podejmowaniu decyzji dotyczących wykorzystania wspólnej waluty.

Jak zorganizować Unię, by była skuteczna tu i teraz?

Jedno to powiedzieć, czym Unia powinna się zajmować, drugie to znaleźć sposób organizacji. Jeśli wyposażymy UE w dużą biurokrację i rozmyte priorytety, to ta będzie szukała zatrudnienia i wchodziła w ciągle nowe obszary. Jeśli znajdziemy szczuplejsze rozwiązanie – większe niż dziś, ale podporządkowane realizacji określonego programu – UE może pozostać organizacją dynamizującą gospodarki krajów członkowskich i podnoszącą rangę kontynentu na świecie.

Unia Europejska ma kilka dobrze ustalonych zasad. Komisja Europejska jest wyłączona z bezpośredniej polityki krajowej. Przez kilka lat może działać zgodnie z uzgodnionym przez rządy krajów członkowskich kierunkiem. Może dość asertywnie bronić swoich racji. Budżet UE ukierunkowany jest (co do zasady) na działania inwestycyjne. Inwestycje realizowane przez UE są często z kategorii tych, których pojedyncze państwa nie realizowałyby same.

Jednocześnie Unia ma problem z decyzyjnością. Wśród 27 członków często znajdzie się szantażysta gotowy zawetować strategiczny w skali kontynentu projekt dla uzyskania kilkuset milionów euro. Mogliśmy zapłacić za to słono w przypadku Ukrainy. Poza tym dla poszczególnych krajów trzeba zabezpieczyć etat Komisarza UE, bo każdy członek Unii ma słuszne oczekiwanie, by być reprezentowanym w najwyższych władzach. Jak to pogodzić z nadchodzącymi rozszerzeniami Unii? Unia zorganizowana tak jak dziś okaże się zbyt ospała, by poradzić sobie ze światowymi wyzwaniami. Dodatkowo, działając nieefektywnie będzie premiowała bardziej zamożnych zawodników. Tych, którzy są w stanie zapłacić za przezwyciężenie oporów otoczenia. Dla Polski byłaby to podwójnie zła wiadomość.

Organizacja Unii powinna być dla nas równie ważna, co zakres jej zadań.

Cztery możliwości reorganizacji

Pytanie o przyszły model działania Europy było stawiane już przez Komisję pod przewodnictwem Jeana-Claude'a Junckera, który musiał widzieć, że dociera do granic wydolności istniejących rozwiązań[53]. W ostatnich latach pojawiło się kilka

53 W 2017 r. Komisja Europejska, ówcześnie pod przewodnictwem Jeana-Claude'a Junckera, opublikowała *White Paper on the Future of Europe* zawierających scenariusze dla Unii do roku 2025. Scenariuszy było pięć: *Scenario 1: Carrying on, 2: Nothing but the single market, 3: Those who want more do more, 4: Doing less more efficiently, 5: Doing much more together*. Gdyby odnieść nasze opcje do pięciu scenariuszy Junckera, to Europa Dwóch Prędkości jest najbliższa „3", Federacja Europejska „5". Europa Wspólnot koncentruje się na wyborze priorytetowych obszarów współpracy zgodnie z „4", ale wybiera ambitne priorytety rozwojowe typu innowacje i wsparcie kredytowe dla partnerów, które w Białej Księdze są skorelowane z „5" lub „3".

propozycji reorganizacji UE. Zwykle są one przedstawiane łącznie z zakresem zadań, jaki UE miałaby realizować. To logiczne: forma Unii powinna wynikać z tego, co UE ma robić. Generalnie przedstawiane modele idą albo w stronę usprawniania traktatu z Maastricht, czyli współpracy międzyrządowej, albo w stronę federalizacji[54].

Startując z pozycji zajmowanej dziś, UE może:

1. Szukać powrotu do korzeni i stać się „Europą Ojczyzn", przy czym poziom zaawansowania integracji, który wyobrażali sobie twórcy tego rozwiązania został przekroczony już dawno i musielibyśmy mówić o wycofaniu się z zadań europejskich[55]. Opcję tę lansują środowiska konserwatywne[56].
2. Przyjąć model „Dwóch Prędkości", z Renem, strefą euro i zaawansowanymi technologicznie gospodarkami w centrum integracji, a pozostałymi jako mniej zaawansowany obszar handlowy i trzecim pierścieniem będącym czymś na kształt unii celnej. Ta opcja jest lansowana przez Francję z zamiarem pobudzenia integracji i restartowania gospodarczego krajów Morza Śródziemnego. Jednocześnie idzie o wzmocnienie pozycji w rdzeniu decyzyjnym UE w kierunku co najmniej „życzliwej równowagi" między Francją i sojuszem krajów południowych poturbowanym kryzysami gospodarczymi ostatniej dekady a Niemcami.
3. Skoncentrować się na kilku wspólnych wyzwaniach dotykających całości UE, zmniejszając intensywność prac nad integracją struktur politycznych, decydując się na pakiet minimum w zakresie suwerenności i dobierając do tego minimum dodatkowe „orbity zainteresowania", które zdecydowanie pogłębiają oddziaływanie Unii w kilku obszarów współpracy – nie tworząc ekskluzywnego klubu o większych prawach, ani nie decydując się na

54 Nawet niektórzy francuscy autorzy są pogodzeni z pewnym przesunięciem suwerenności w kierunku Wspólnot Europejskich. por. J. Tirole, *Economics for the Common Good*, Princeton University Press, 2017.

55 Por. rozmowa z Olafem Osicą i Markiem Cichockim, w *Układzie otwartym* Igora Jankego, 17.01.2022 r.

56 Aby na marginesie oddać sprawiedliwość krytyce UE formułowanej przez środowiska konserwatywne – sceptyczne podejście do dalszej integracji i promowanie Europy Ojczyzn wydaje się wynikać w większym stopniu ze względów światopoglądowych niż z przyczyn gospodarczych. Bardziej z niechęci do kształtowania prawa obyczajowego na poziomie europejskim i zachowania tego elementu na szczeblu krajowym oraz z widzenia Europy przez pryzmat chrześcijańskiego, średniowiecznego uniwersalizmu niż późniejszego, krytycznego wobec niego oświecenia, idącego w parze z rewolucją przemysłową i emancypacją społeczną – podczas gdy to one napędzają obecną integrację. Dyskusja o źródłach Europy sama w sobie jest pasjonująca. Idea „Europy Ojczyzn" ma jednak konsekwencje gospodarcze, strategiczne, w stosunkach międzynarodowych. Bardzo ryzykowne dla Polski. O niedogodnościach izolacji przekonują się obecnie Brytyjczycy. Jakimś wyjściem dla konserwatystów jest poszukiwanie argumentów pozwalających promować je w innych modelach Unii niż Europa Ojczyzn, która w świetle ryzyk wypada dość blado.

ryczałtowe przekazanie UE całego życia politycznego. Ten model można nazwać „Europą Wspólnot" i ma on trochę cech wspólnych z „Europą Dwóch Prędkości", ale jest bardziej demokratyczny.

4. Wzmacniać integrację w modelu federacyjnym, dążąc do Stanów Zjednoczonych Europy, których zadania wyraźnie wykraczałyby poza obecny model Unii i wymagały zainwestowania w nową infrastrukturą traktatową i organy UE. Ten model promują Niemcy jako zwiększający sterowność Europy, ale także dopasowany do ich kultury politycznej zorientowanej na długi dialog wokół zmian, owocujący systematycznymi korektami kursu. Daje on dużym krajom większy wpływ na sterowanie wydatkami w znacznie większym budżecie unijnym, preferuje głębokie przygotowanie merytoryczne reguł prawnych, które potem są bardzo trudne do przestawienia i pozwala wygrywać tym, którzy mają dostateczne zaplecze, by wyliczyć, jakie rozwiązania prawne byłyby akceptowalne dla całej Wspólnoty.

Z jednego dodatkowego rozwiązania organizacyjnego warto zrezygnować od razu – integracji UE koncentrującej się na regionach. Nie jest on istotnie różny od „Europy Dwóch Prędkości" – dość trudno zaś wyobrazić sobie inny praktyczny podział regionalny w UE. Prowadziłby albo do Unii z potężną różnicą potencjału rozwojowego między zachodnim „centrum" i „peryferiami" na wschodzie, albo do dezintegracji UE, gdyby jakimś cudem Francja, Włochy, Hiszpania i Niemcy doszły do wniosku, że zaprzepaszczenie kilku dekad owocnej współpracy jest warte poświęcenia na rzecz równoległego budowania Europejskiej Unii Północnej oraz Unii Południowej opartych na sojuszach z dużo biedniejszymi sąsiadami.

Dopasowanie formy UE do wyzwań splątanego świata

Do czego nadają się różne modele organizacji UE? Każdy z nich tworzy osobny zestaw problemów. Wybór dotyczy podzielenia ciężaru niedoskonałości i tych problemów, z którymi chcemy sobie radzić.

Obecna Unia Europejska stawia sobie coraz bardziej ambitne cele, mimo ograniczeń zaplecza organizacyjnego. UE dysponuje budżetem 1% PKB krajów członkowskich, tymczasowo podwyższonym w związku z realizacją programu odpowiadającego na zawirowania gospodarcze wywołane przez COVID. To niedużo w skali potrzeb Europy – władze krajowe zarządzają 30–40% PKB, z czego 15–20 punktów jest niezwiązanych sztywnymi świadczeniami socjalnymi (a więc po prostu redystrybucją PKB w inne ręce) czy utrzymaniem infrastruktury. Z drugiej strony w przestrzeni publicznej pojawiają się argumenty, że pieniądze z UE to ułamek w porównaniu z wielkością krajowej gospodarki – taki zarzut stawiany jest szczególnie przy ocenie znaczenia Funduszy UE dla wzrostu gospodarczego Polski. Faktycznie, kiedyś środki unijne miały dla nas większe znaczenie niż obecnie. Ogólnie to argumenty tyle prawdziwe, co puste – tak Unię skonstruowano, by posługiwała się punktowo ograniczonymi środkami. Nie jest winą surykatki, że jest najmniejsza w zoo ani zasługą słonia, że jest największy. Wraz z ograniczeniami mechanizmów decyzyjnych, zależnych od zatwierdzeń Rady Europejskiej, konsensusu w Komisji Europejskiej, kontrasygnaty Parlamentu – mamy przepis na Unię, która nie jest w stanie dostarczyć Europie znaczenia międzynarodowego, a w sferze suwerenności łata dziury. Inwazja Rosji na Ukrainę uwidoczniła je choćby w podatnym na turbulencje systemie energetycznym czy w niefunkcjonujących mechanizmach sankcyjnych. Podobnie nadzwyczajne środki były podejmowane w czasie COVID. Uczciwie mówiąc, dzięki przytomności czołowych polityków, w tym komisarzy, Unia i tak robi wiele w stosunku do osiągów zapisanych na tabliczce znamionowej.

Co można powiedzieć o innych rozwiązaniach? Europa Ojczyzn dałaby komfort układania prawa obyczajowego bez oglądania się na inne kraje, na czym Polska zyskałaby z chwilą najbliższej zmiany władzy. Obranie tej formy organizacyjnej rozwiązałoby też wątpliwości co do organizacji systemu bezpieczeństwa – w pełni opartego na NATO. Strefa Schengen pewnie by działała, bo to sprawa codziennego komfortu dla obywateli Unii. Kompromisu wymagałoby utrzymanie współpracy policji różnych krajów, w taki sposób, by strefa Schengen pozostała funkcjonalna. Niestety, dalej nie jest już tak prosto.

Wyzwania wywołane zmianami porządku światowego – asertywna gospodarczo-strategiczna polityka Chin, agresywna i ukierunkowana na destabilizację polityka Rosji, skutki zmian klimatu: od klęsk żywiołowych po migracje, siła korporacji dysponujących przychodami wielkości rządów – pozostałyby bez odpowiedzi, tworząc olbrzymie ryzyko rozgrywania poszczególnych członków UE. Dla Wyspiarzy Brexit jest trudnym doświadczeniem. Dla Polski, przy braku brytyjskich aktywów militarnych, dostępu do oceanu, londyńskiego City, Oxford, Cambridge i światłowodów łączących Europę z USA – osłabienie UE byłoby traumą. W wymiarze suwerenności strategicznej pojawiłoby się więcej pytań niż odpowiedzi, ponieważ utracilibyśmy usługi obecnie dostarczane przez Unię, nie otrzymując nic w zamian. To, co dzieje się z Węgrami w obecnej, w pewien sposób uporządkowanej Unii, dostalibyśmy w trójnasób – korupcję, izolację, spowolnienie rozwoju i ograniczone pole manewru, próbując grać na kilku fortepianach w pogarszającym się otoczeniu. Musielibyśmy poradzić sobie z nową polityką Francji i Niemiec, które wyciągną wnioski z nowej sytuacji i tracąc korzyści wspólnoty, zaczną szukać mniejszych korzyści, ale już z gry na siebie. Co stanie na przeszkodzie, by Francja zacieśniła współpracę z Rumunią, wykorzystując swoją dyplomację do izolowania Polski? Co stałoby na przeszkodzie, by Niemcy zawiązali klub z Wielką Brytanią, Czechami i państwami skandynawskimi, w którym reguły będą pilnowane dużo ściślej, niż w Unii – co pozostawi nas bez dużych partnerów do współpracy? Ostatecznie wszystkie te kraje chcą pozostać czołowymi gospodarkami świata i jeśli nie z Unią, to same poszukają swojego „Znaczenia" międzynarodowego.

Europa Ojczyzn nie byłaby też przesadnie atrakcyjna finansowo dla Polski. Składka na wspólny budżet byłaby niewiele mniejsza, natomiast miejsca cięć mogłyby okazać się niedogodne dla nas – o tym dalej.

Suma ryzyka generowanego przez Europę Ojczyzn i brak wyrazistej odpowiedzi na wyzwania najnowsze właściwie przekreślają ją jako opcję na przyszłość. Czy oznacza to, że każde jej założenie należy odrzucić? Nie. Narodowość pozostaje silnym magnesem identyfikacji. Różnorodność kulturowa jest bogactwem Europy. Warto tworzyć szczupłe struktury biurokratyczne. Tym niemniej prawdopodobnym skutkiem obrania ścieżki Europy Ojczyzn jest osunięcie się integracji europejskiej w nicość i tworzenie mniejszych jednostek integracyjnych w podgrupach, w grze w której atuty Polski są stosunkowo słabe. Nie warto eksperymentować z takim scenariuszem.

Ciekawsze są trzy opcje wzmocnienia Unii. „Europa Dwóch Prędkości" równie sprawnie podjęłaby tematy dotyczące „Samodzielności" i „Znaczenia" UE. Odbyłoby się to kosztem zawężenia grona, którego dotyczą inicjatywy. Powstanie centrum decyzyjnego UE wokół krajów zachodnich zrzeszonych w strefie euro skróciłoby protokół rozbieżności w negocjacjach, ułatwiając podejmowanie decyzji, z perspektywy słabiej zintegrowanych byłby regresem. Oznaczałoby zaciągnięcie kotary na część problemów i potrzeb Europy Wschodniej oraz słabszych krajów południa. Trochę jak w przypadku matematyka, który wygrał z biegaczem i inżynierem konkurs na ogrodzenie największej działki. Biegacz pobiegł z siatką na plecach, inżynier wyliczył optymalny obwód i objechał samochodem, a matematyk owinął się siatką i oznajmił, że działka jest na zewnątrz.

UE Pierwszej Prędkości zapewne stworzyłaby własną armię – w ramach lub obok NATO. Ta armia byłaby podporządkowana polityce zagranicznej ustalanej między Francją i Niemcami, więc po pierwsze: między krajami o bardzo rozbieżnych priorytetach, co obezwładniłoby ją w kryzysie, a po drugie: w gronie gotowym iść na duże ustępstwa względem Rosji. Wspólna polityka społeczna prowadziłaby do ustalenia wspólnych standardów ochrony pracy oraz praw małżeńskich, adopcyjnych, swobód obywatelskich. Pierwsze zostaną zapieczone tak, że rozmowa o liberalizacji sektora usług z Unią „Drugiej Prędkości" okazałaby się możliwa dopiero wtedy, gdy zabraknie rąk do pracy. Bardzo konkurencyjny polski sektor usług zostałby z niczym. A co ze swobodami obywatelskimi w Europie? Nie po to tworzy się ekskluzywny klub, by pozwalać na łatwe wejście do niego. W niedługim czasie powstałby w pełni europejski paszport, otwierający każde drzwi na świecie pod warunkiem, że jest się obywatelem UE „Pierwszej Prędkości". To, co dla mieszkańców UE byłoby niedogodnością, dla przedsiębiorstw oznaczałoby uszczerbek na konkurencyjności. Zupełnie inaczej układałyby się priorytety geopolityczne Unii. „Europa Dwóch Prędkości" przekierowałaby zainteresowanie integracją gospodarczą na południe – wykorzystując euro do budowania współpracy z państwami Morza Śródziemnego, a nie z ludną Ukrainą.

	EUROPA OJCZYZN	**UE OBECNIE**
NA CZYM POLEGA TEN WARIANT UNII?	→ **UE oddaje kompetencje państwom i wycofuje się do technokratycznego minimum** gospodarczego – obsługi Wspólnego Rynku UE → **Parlament Europejski traci sens** ze względu na brak wspólnych tematów → **Strefa Schengen działa** - można podróżować bez paszportu. Strefa euro pod znakiem zapytania → **Polityki zagraniczne osobne** i często na kursie kolizyjnym → **Siłą rzeczy więcej NATO** → Więcej przestrzeni na różnice w sprawach kulturowych	→ **UE zaprojektowana jako wsparcie rządów krajowych**, przewidziane do działania na spokojniejszych wodach → **Ambitne cele bez oparcia w legitymacji politycznej oraz finansach.** Trudno ustalić nowe inicjatywy zwłaszcza w tematach siłowych – polityka zagraniczna, obronna → **Budżet UE to tylko 1% PKB**, ok. 165 mld EUR rocznie, a budżet polskiego rządu to ≈100 mld EUR → **Konkretne wyniki wymuszane kryzysami** – Zielony Ład. Skuteczna raczej Rada UE niż Parlament
PIENIĄDZE W GESTII UE % PKB CZŁONKÓW	**0,65% PKB**	**1% PKB**
ZNACZENIE MIĘDZYNARODOWE W jakim stopniu tak skonstruowana UE byłaby zdolna realizować projekty wzmacniające jej ZNACZENIE NA ŚWIECIE?	0% ⚠ Projekty poza zasięgiem (wizja, finanse, organizacja). Mało atrakcyjne – przy niskim budżecie UE nie zaproponuje zbyt wiele „ekstra” Inne regiony przejmują inicjatywę	25% UE jest zdolna realizować duże wspólne inicjatywy typu IPCEI ale KE ograniczona w zasięgu swoich działań nie zrobi już więcej
SUWERENNOŚĆ STRATEGICZNA W jakim stopniu tak skonstruowana UE byłaby SAMODZIELNA NA ARENIE MIĘDZYNARODOWEJ? ORAZ: czy kraje członkowskie w wybranym modelu Unii zyskałyby na własnej suwerenności względem świata?	⚠ Zawężenie integracji do Wspólnego Rynku wydaje się proste, ale podważa sens strategiczny UE	25% Mało wiarygodna dla świata UE jedzie „szybciej niż producent pozwala”
RYZYKA DLA POLSKI	**Wspólny Rynek słabnie.** UE koordynuje tylko bieżące sprawy **Każda granica UE patrzy w swoją stronę.** Oferty „dla wybranych” od Rosji i Chin rozbijają UE	Ograniczone zdolności UE w sferze międzynarodowej Obecna formuła Unii mniej przydatna Polsce na kolejnym etapie rozwoju gospodarczego

EUROPA DWÓCH PRĘDKOŚCI	EUROPA WSPÓLNOT	FEDERACJA EUROPEJSKA
→ **Zachodnia część UE tworzy mini-super-państwo** koncentrujące 80% ludności i 85% siły nabywczej, który szybciej podejmuje decyzje dzięki ≈15 a nie 27 członkom → **Niejasna pozycja UE 2.** Prędkości, która traci siłę polityczną, włącza się raczej w projekty gospodarcze → **Rozbudowa Rynku UE w kierunku południowym** – krajów Morza Śródziemnego → **Francja stara się pogłębić Unię o stworzenie Armii UE** i wykorzystuje swoje siły zbrojnych jako istotną kartę przetargową w jej budowie	→ **Komisja Europejska otrzymuje 3x więcej środków** i działa jak „+1 rząd", ale ze wzmocnionym nadzorem rządów krajowych → **Zdecydowane działanie za cenę doboru tematów** i zgodę na płytsze rozwiązania → **Struktury administracyjne UE nie zastępują krajowych.** Mniejsza skala zmian organizacyjnych → **Polityka obronna budowana wewnątrz NATO** i ewentualnie po osiągnięciu pewnej dojrzałości wyodrębniana → **Parlament UE w 1/3 reprezentuje samorządy**	→ **Stany Zjednoczone Europy, integracja wszystkiego.** UE realizuje cele na arenie światowej w sposób zbliżony do samodzielnego państwa → **Dyskusje polityczne wędrują z kraju na poziom UE.** Komisja stoi nad rządami krajowymi, Parlament – nad parlamentami → **Ambicja stworzenia Sił Zbrojnych UE.** Konieczna wspólna polityka zagraniczna → **Integracja administracyjna podstawą.** Czas i pieniądze inwestowane w administrację np. zdolność zarządzania zróżnicowaną gospodarką UE, a nie w znaczenie na świecie
›3% PKB w UE 1. Prędkości **‹1%PKB** w UE 2. Prędkości	**›3% PKB U WSZYSTKICH**	**6,5% PKB**
75% ⚠ Dynamiczna UE 1. Prędkości może okazać się zbyt wąska – mniejsza skala pomysłów, budżet Jeśli zasady w UE są niejednolite – jak przekonać do nich świat?	100% Priorytet dla projektów, które podnoszą znaczenie UE w świecie dzięki mniejszej skali zmian organizacyjnych i ograniczeniu aspiracji co do „suwerenności"	50% Niezła pozycja startowa, ale uwaga zarządcza będzie szła na „federalizację" – UE zajęta sobą, tryby mielą powoli, brak priorytetu
75% ⚠ Zawężenie grona, by przyspieszyć – tworzy ryzyko dla reszty	50% Obniżenie poprzeczki, by skrócić listę ryzyk. Funkcjonalne minimum, by solidarnie minimalizować ryzyka międzynarodowe	100% Plan maksimum, w długim terminie dający UE najwięcej (ale nie w krótkim i tylko dużym państwom)
Brak zgody w polityce zagranicznej obezwładnia Armię UE. Ryzyko „letniej" polityki względem Rosji **Słaby głos wschodniej flanki, ogranicza rozszerzenia UE**	**Potrzebne ale niełatwe dyskusje,** integracja rynku usług, raje podatkowe, polityka strefy euro	**W przyjaźni z NATO,** ale *de facto* rzadko razem

W tym kierunku idą wszystkie propozycje modernizacji strefy euro proponowane przez Francję i Włochy. Z perspektywy ugrupowania integracyjnego francuska propozycja opcja EDP jest dobra, dla Niemiec średnia+. Dla Polski jest sensowna tylko w przypadku, gdybyśmy zdecydowanie podeszli do stolika numer 1, co wymagałoby zbudowania elementarnego konsensusu wokół priorytetów polityki zagranicznej między stronnictwami w Polsce, wycofania się z awanturnictwa polegającego na wykorzystaniu dużych spraw państwowych do osiągania minimalnych zysków w sondażach. Skorelowanie woli politycznej z racją stanu byłoby niezłą gimnastyką.

Dwie kolejne koncepcje, Europa Wspólnot i Federacja Europejska, są ustawione po przekątnych. To, na co kładzie nacisk Federacja, ma obniżony priorytet w Europie Wspólnot. Jeśli Federacja to odpowiedź pochłaniająca zasoby na pogłębioną integrację instytucjonalną, Europa Wspólnot koncentruje się na otoczeniu zewnętrznym i projektach rozwojowych. W dającej się przewidzieć przyszłości Federacja dostarczy więcej w wymiarze „Samodzielności", Europa Wspólnot – w „Znaczeniu UE", czyli zakotwiczeniu Zielonego Ładu w przestrzeni światowej wymiany gospodarczej, inwestycjach w technologie cywilizacyjne, rozszerzeniu strefy oddziaływania gospodarczego Europy przez euro. Zasadą naczelną Europy Wspólnot ma być ta, by w czasie niepokojów koncentrować się na działaniach, które najdalej przesuną nas w kierunku strategicznym i by wystrzegać się ugrzęźnięcia w zbyt ambitnych postulatach. Dlatego w sprawach „Samodzielności" Europa Wspólnot realizuje minimum funkcjonalne.

Federacja Europejska zajmie się polityką tak, jakby zajmowało się nią osobne państwo, siłą rzeczy przejmując znaczną część budżetu od rządów krajowych. Można się spodziewać, że Federacja dobrze poradzi sobie z zadaniami defensywnymi, polegającymi na wykorzystaniu połączonej siły gospodarek do negocjacji z USA, Chinami, Rosją w zakresie inwestycji, ochrony rynku. Armia, polityka podatkowa, konkurencyjności – to byłoby w orbicie jej zainteresowania. Prawdopodobnie byłaby silna w polityce transferów gospodarczych – na skutek podniesienia roli Parlamentu Federacji. Federacja byłaby demokracją, przez co budżet unijny straciłby charakter funduszu czysto inwestycyjnego – Parlament i Komisja zostałyby zobowiązane przez obywateli UE do zajęcia się po pierwsze problemami zgłaszanymi przez ludność, a dopiero po drugie rozwojem. To tworzy dokładnie to ryzyko ugrzęźnięcia, którego Europa Wspólnot chciałaby uniknąć.

Europa Wspólnot pozostawi politykę raczej rządom i państwom narodowym, a Komisję Europejską doposaży w budżet pozwalający jej funkcjonować jako równorzędny partner, także dla większych krajów członkowskich – Francji, Niemiec, Włoch. Komisja miałaby w ramach zadań dotyczących „Znaczenia" jasne prawo do samodzielnego działania – takie, jak gdyby stanowiła N+1 rząd UE. W Federacji trudne byłoby określenie tematów, którymi się zajmuje – raczej na zasadzie wyjątku wyodrębnione musiałyby być uprawnienia państw narodowych. Ilu krajom po drodze uda się uzyskać tego czy innego rodzaju derogacje – trudno spekulować.

Obie koncepcje sprzyjałyby akcesji nowych członków UE. Dla Federacji byłoby to przedłużenie doświadczeń z sukcesami wcześniejszych rozszerzeń i jedyna inicjatywa rozwojowa, do której miałaby gotowe algorytmy. Dla Europy Wspólnot byłaby to część walki o znaczenie międzynarodowe i pogłębiona misja rozwojowa, realizowana z większą intensywnością niż dotychczas, z zapewnieniem aktywnego wsparcia przyjmowanym gospodarkom.

Różnice w czasie potrzebnym na rozruch poszczególnych rozwiązań są istotne – 2022 rok nie pozostawia wątpliwości, że w okresie reform Unia Europejska będzie poddawana próbom destabilizacji. Krótsze i prostsze pociągnięcia są szansą na zminimalizowanie tego ryzyka.

Problem z Federacją Europejską zawiera się w pytaniu o szybkość działania i gotowość obróbki bieżących tematów. Jaką część naszej energii, uwagi i środków finansowych pochłonie reforma administracyjna i uczenie się pracy w nowych realiach instytucjonalnych? Kiedy tryby Unii dotrą się na tyle, by osiągane kompromisy nie były „letnie", a rzeczywiście tworzyły nową jakość? Praca nad tak dużym projektem jak Federacja, niewątpliwie wymaga pokaźnych zasobów. Trudno sobie wyobrazić skuteczną politykę w pierwszych latach funkcjonowania systemu Federacyjnego. Gdyby Federacja rozwinęła skrzydła w 2–3 lata, to już byłby sukces. W międzyczasie uwagę poświęcono temu, by, jak to w korporacji, krzątać się wokół spójności Unii, porządkować procedury, wprowadzać bezpieczne zmiany administracyjne. Federacja będzie musiała nauczyć się zarządzania krajowymi gospodarkami. Te same powody, które zapewnią Federacji dobre wyniki w tematach defensywnych – stabilność, orientacja na procedury, praca nad tematami długoterminowymi – spowodują, że słabiej poradzi sobie z odpowiedzią na pilne wyzwania międzynarodowe. Owszem, Federacja będzie działała systematycznie, więc z czasem zacznie się uczyć i gromadzić wiedzę – na zasadzie procentu składanego. Efekty tej nauki, które z czasem powinny kumulować się na koncie UE dzięki zapobiegliwemu podejściu Federacyjnemu, mogą być jednak zbyt odroczone, by przydać się w konfrontacji z wyzwaniami splątanego świata.

Tymczasem południe Unii Europejskiej potrzebuje restartu gospodarczego w możliwie szybkim trybie. Ukraina wymaga wszechstronnego wsparcia – inwestycyjno-handlowego, dyplomatycznego, w dostawach sprzętu obronnego. Dla Polski najkorzystniejsza będzie Europa poruszająca się szybko w sensie rozwoju gospodarczego i wzrostu PKB – wtedy doganianie jest łatwiejsze, nie ryzykujemy konfliktów z partnerami, niezdrowej konkurencji. Im szybciej Unia wzmocni się na ścieżce innowacji, a kraje południowej Europy odzyskają gospodarczy wigor, tym lepiej dla nas. Także z tego względu ugrzęźnięcie w dyskusjach organizacyjnych na temat kształtu ministerstw europejskich jest ryzykiem, którego powinniśmy się wystrzegać. Świat stawia przed Europą nowe wyzwania na tyle szybko, że warto zaangażować siły Unii Europejskiej do bezpośredniego rozwiązywania tych problemów, nie czekając na osadzenie się fundamentów nowego systemu.

W których instytucjach ulokować władzę UE?

Modelom wzmacniającym współpracę europejską warto przyjrzeć się od kuchni, w której podejmowane będą decyzje. Na podstawowym poziomie nowa UE oprze się na tych samych instytucjach, którymi dysponuje dziś – Radzie Europejskiej skupiającej szefów państw, najczęściej premierów oraz ministrów w sprawach wymagających specjalistycznej dyskusji; Parlamencie oraz Komisji Europejskiej. Od wyważenia relacji między tymi instytucjami będzie zależało, czy nowa Europa będzie bardziej federacyjna, ze zunifikowanym prawem i jednym rządem, czy konfederacyjna, bliższa związkowi państw[57].

Wydaje się, że wymienione instytucje wychwytują główną część potrzeb i aspiracji politycznych obecnych w społeczeństwach. Można wyobrazić sobie znaczące modyfikacje – przykładowo wzmocnienie Rady Europejskiej do roli „Senatu" czy przesunięcie Parlamentu Europejskiego w kierunku izby w części zaludnionej politykami wybranymi przez regiony UE, a nie w wyborach państwowych.

Trzy przedstawione koncepcje pogłębiania integracji Europejskiej różnie wykorzystują potencjał Parlamentu, Komisji i Rady. „Europę Dwóch Prędkości", „Europę Wspólnot" i Federację Europejską można ustawić pomiędzy obecnymi instytucjami Unii w sposób uwidaczniający, że każdy z modeli pogłębionej integracji silniej opiera się na dwóch z trzech wymienionych filarów. Postawienie na dowolne dwie instytucje nie wyklucza trzeciej, pokazuje raczej rozłożenie akcentów. Na potrzeby dyskusji można przyjąć, że „Europa Dwóch Prędkości" lokuje swoją energię w Radzie Europejskiej i Parlamencie Europejskim, ponieważ promujący ją Francuzi widzą potrzebę wspólnego prawa, ale dumni ze swojej państwowości, z dwóch aparatów „władzy wykonawczej", wybiorą raczej krajowy rząd niż Komisję Europejską. Federacja Europejska, na rzecz której argumentują Niemcy, korzystałaby ze wspólnego prawa stanowionego przez Parlament UE. Dziś Parlament EU jest raczej izbą konsultacyjną, służącą dialogowi i ucieraniu się racji, w Federacji ten stan uległby istotnej zmianie na rzecz tworzenia prawa. W końcu dotarcie do poziomu integracji „Stanów Zjednoczonych Europy" wymagałoby zdecydowanej legislacji i podobnie zdecydowanego wdrożenia. Komisja Europejska stałaby się faktycznym rządem federalnym, który nie tylko koordynuje obecne programy rozwoju regionalnego, innowacji czy spójności społecznej. W nowej formie decydowałaby o podatkach, polityce konkurencji, ubezpieczeniach społecznych, polityce zdrowotnej. Europa Wspólnot idzie inną ścieżką, stawiając na współpracę dwóch organów wykonawczych – Rady Europejskiej i Komisji Europejskiej. Obie mają silne kompetencje wykonawcze, przy czym

57 por. B. Góralczyk, *Europa pęknięta i spolaryzowana*, ResPublica, 11/2020.

GDZIE ULOKOWAĆ CENTRUM DECYZYJNE NOWEJ UE? JAK SZYBKO MOŻE ZADZIAŁAĆ?

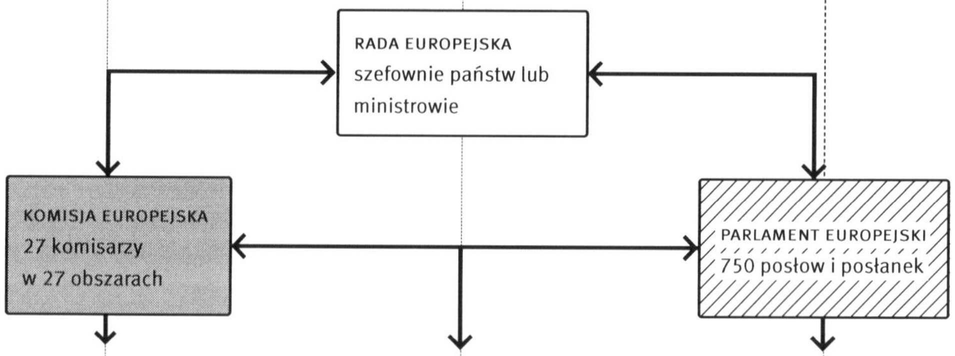

EUROPA WSPÓLNOT	FEDERACJA EUROPEJSKA	EUROPA DWÓCH PRĘDKOŚCI
CZAS DO UZYSKANIA SPRAWNOŚCI: 1–2 LATA.	**CZAS DO UZYSKANIA SPRAWNOŚCI: 2–3 LATA.**	**CZAS DO UZYSKANIA SPRAWNOŚCI: 1 ROK.**
Przy woli politycznej – w tempie przyjęcia Zielonego Ładu. Wzmocnienie tego, co już istnieje i działa.	W tempie traktatowym. Kilkanaście miesięcy negocjacji, dwa lata wdrażania i krzepnięcia nowego układu władzy.	Wdrożenie prowokuje podział i konflikt w UE, ale po zmianie traktatów wąskie grono działa szybko.

CZYM TO SIĘ KOŃCZY DLA POLSKI?

EUROPA WSPÓLNOT	FEDERACJA EUROPEJSKA	EUROPA DWÓCH PRĘDKOŚCI
Podobna waga Polski jak obecnie. **Formuła międzyrządowa** – więcej szans koalicyjnych, niż *via* Parlament Europejski **Większe szanse na rozszerzenie** i podmiotową pozycję nowych członków **Przyspieszenie działania UE** przy utrzymaniu hamulca awaryjnego dla tematów krytycznych **Utrzymanie formatów współpracy** międzynarodowej	**Polska pozostaje z ok. 50 mandatami w Parlamencie ale bez dźwigni w Radzie UE.** Niezbędne stworzenie dużych centrów eksperckich dających parlamentarzystom narzędzia promowania polskich interesów. **Duże szanse rozszerzenia na Wschód i Bałkany,** ale słaba pozycja przystępujących krajów – podobne słabości co Polski **Trudne do koordynacji formaty współpracy regionalnej.** Naturalny większy sojusz – z Niemcami oraz po akcesji Ukrainy. Osłabienie Grupy Wyszehradzkiej, krajów bałtyckich.	**Pozycja Polski dobra tylko w UE 1. Prędkości.** W drugiej prędkości – traci wpływ na kluczowe obszary wspólnej polityki oraz kontakt z sojusznikami. **Mniejsze szanse rozszerzenia** – interes UE 1. Prędkości definiowany przez pogłębienie integracji. **Przecięcie formatów współpracy:** Grupy Wyszehradzkiej, Międzymorza, Trójkąta Weimarskiego

te Rady Europejskiej pochodzą z wyborów krajowych. Obie mogą też tworzyć rozwiązania prawne, przy czym Komisja Europejska ma szersze spojrzenie na sytuację w Europie a Rada Europejska, czyli premierzy i ministrowie, doświadczenie w zarządzaniu krajowym. Dzięki temu mogą projektować, akceptować i wdrażać narzędzia użyteczne w terenie. Owocem tej współpracy była i reakcja na COVID, i przygotowanie Zielonego Ładu. Tu wydaje się być ulokowane źródło skuteczności UE. Opcja „Europy Wspólnot" jest podobnie konfederacyjna jak „Europa Dwóch Prędkości", stawiając na dialog rządów krajowych. W odróżnieniu od EDP sprzyja równomiernej integracji wszystkich członków UE. Podobną przewagę ma nad Federacją Europejską, bo leżący u jej podstawy Parlament Europejski z pewnością nie ma wystarczająco silnej konstrukcji, by poradzić sobie ze zróżnicowaniem sytuacji wszystkich krajów członkowskich, które nawet obecnie mają nieraz tylko po 6 przedstawicieli[58].

Komu sprzyjają różne formy organizacji UE?

Zarysowany podział władzy wpływałby na siłę polityczną poszczególnych krajów. W każdym formacie mielibyśmy jednak inaczej ustalone miejsce, w którym podejmowane będą najważniejsze decyzje polityczne. W „Europie Dwóch Prędkości" debata toczyłaby się wokół strefy euro i bez specjalnej przesady, skoro promowała ją Francja, wokół dawnego Imperium Karolińskiego. W Federacji Europejskiej dysputa przeniosłaby się do Parlamentu, bo zasada byłaby podobna jak w państwach członkowskich – rząd (Komisja) musi być skuteczny, więc wymiana idei odbywa się w Parlamencie. Czy dyskusja stałaby się przez to ponadnarodowa i przejęły ją dwie-cztery-sześć partii europejskich zamiast stronnictw narodowych? Na pewno nie od razu. Interesy wyborców ze wschodu UE są często egzotyczne dla wyborców zachodnich i na odwrót. Wyborcze zwycięstwo Braci Włoskich pokazuje, że społeczeństwa można zmobilizować wokół wodzowskiej włóczni, a narodowość jest silnym źródłem identyfikacji. Nieraz państwa starają się działać przez frakcje, nieraz frakcje tworzą się wokół licznej reprezentacji danego kraju. Partia odbudowy Europy Renew jest wiedziona przez francuskie zaplecze prezydenta Macrona. PiS bez towarzystwa Torysów jest silny w stronnictwie Europejskich Konserwatystów

58 Dotyczy to Malty, Luksemburga i Cypru, w nieco lepszej sytuacji są Estonia, Łotwa i Słowenia reprezentowane przez 8 lub mniej parlamentarzystów. W przyszłości może nawet mniej, gdyby bardzo dosłownie potraktować propozycje Olafa Scholza z przemówienia w Pradze. Według kanclerza głos każdego obywatela UE powinien mieć jednakową wagę. Czyli: jeśli Malta ma 6 posłów i 515 tys. ludności, to Niemcy powinni mieć przy 83 mln ludności 969 – a mają 96. O ile niedoważenie głosów większych krajów faktycznie jest jakimś problemem, powinniśmy rozmawiać o nim nie w izolacji, a przez pryzmat ostatecznej siły politycznej kraju czy też frakcji partyjnych.

i Reformatorów, więc nie chciał przyjąć zaproszenia Mateo Salviniego do partii suwerenistycznej Tożsamość i Demokracja kierowanej przez Włochów. Akurat zdolni do ponadnarodowej refleksji choćby w sprawach Rosji i bezpieczeństwa Zieloni mają 35% posłów z Niemiec. Z kolei największa Europejska Partia Ludowa ma silne zaplecze w chadecjach wielu krajów i najliczniejsze CDU/CSU jest równoważone głosami Hiszpanii, Włoch, Rumunii oraz Polski. Ciekawe, bo zwykle o kosmopolityczne koneksje oskarżało się międzynarodówki – międzynarodówkę liberałów, międzynarodówkę ekologów, międzynarodówkę suwerenistów.

Szereg debat z ostatnich miesięcy: o strefie euro, o reakcji na postępowanie Rosji, o polityce energetycznej, o stosunku do korporacji cyfrowych, świadczył raczej o ustaleniu opinii publicznej na poziomie krajowym, narodowym, ewentualnie regionalnym niż paneuropejskim. *Demos* europejski to raczej fikcja. Nie odejdziemy tak łatwo od myślenia w kategoriach narodu. Wciąż więc warto (choćby pobieżnie) spojrzeć na Unię przez pryzmat siły poszczególnych państw, choć już nie zawsze rządów.

EUROPA DWÓCH PRĘDKOŚCI

Prawdziwa polityka w strefie euro *alias* Starej UE *alias* Imperium Karola Wielkiego

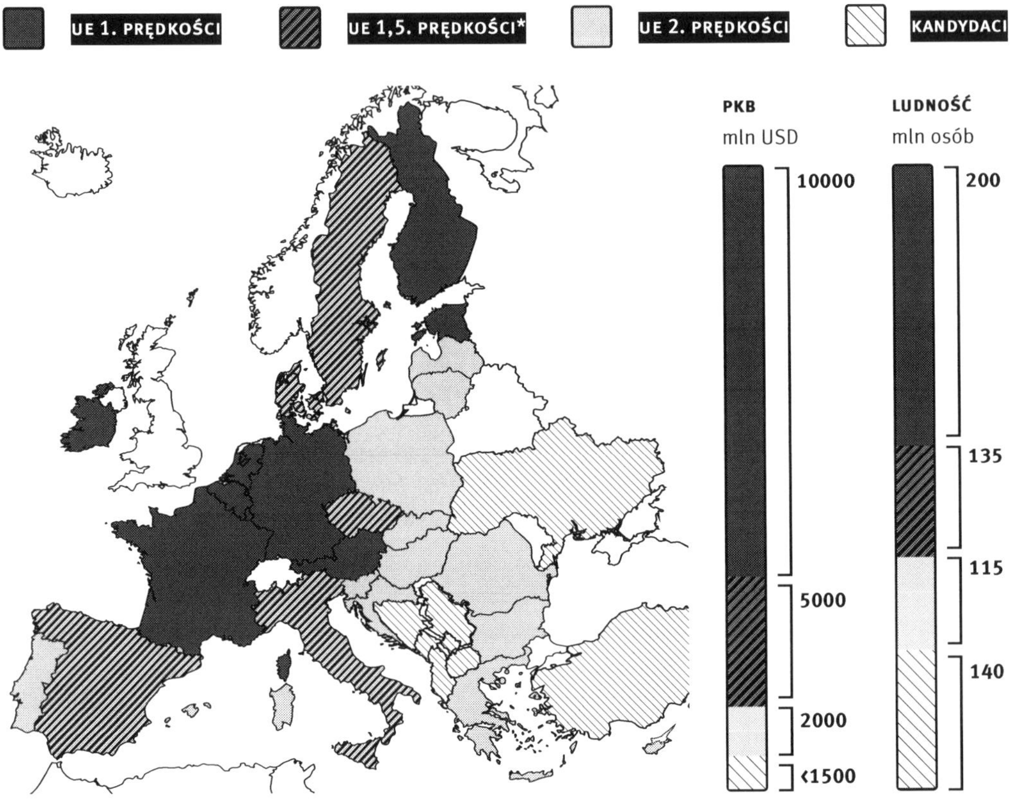

*Poza UE 1. Prędkości ze względu na 1) brak euro - Szwecja, Dania; 2) politykę rynku pracy, podatkową, budżetową – Hiszpania, Włocy; 3) kwestie światopoglądowe – Czechy, Słowenia.

RÓŻNA WAGA FRANCJI W RÓŻNYCH KONTEKSTACH

48% PKB

UE 1.5P
Francja + Niemcy

→ Waga Francji względem Niemiec to 20/48 PKB, armia i sojusze na Południu UE

→ Do przekroczenia 50% wystarczy mały sojusznik

42% PKB

UE27 (1+2P)
Francja + Niemcy

→ Do przekroczenia 50% pożądany duży sojusznik (Włochy, Hiszpania)

→ Obawa o utratę % wagi w UE, wzrost PKB na wschodzie

52% LUDZI
175/335 mln osób

„Południe" w UE 1.5P
Francja, Hiszpania, Włochy

44% LUDZI
197/447 mln osób

„Południe" w UE27 obecnie
Francja, Włochy, Hiszpania, Grecja, Portugalia

FEDERACJA EUROPEJSKA

Dyktat Berlin Mitte metodą dziel i rządź

Symulacja podziału mandatów w Parlamencie UE33,
przy (niemal) jednakowej wadze głosu każdego obywatela

nowa liczba posłów

15_{21}

liczba posłów obecnie

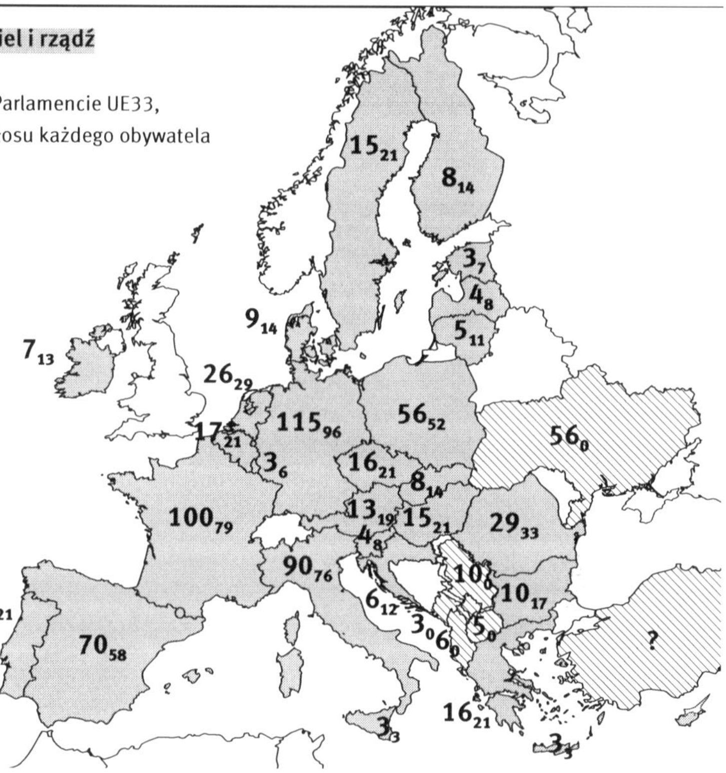

** Min. 3 mandaty na kraj, maks. 750 w sumie, wykorzystane 46 mandatów po Wielkiej Brytanii. Mandaty potrzebne do uzupełnienia głosów mniejszych krajów UE zostały dobrane z puli Niemiec (9) i Ukrainy (6). Bez rozszerzenia UE i głosach proporcjonalnych do ludności Niemcy miałyby 139, Francja 113, Włochy 100.

WSZYSTKIE OSIE PODZIAŁU USTAWIAJĄ NIEMCY W CENTRUM, DAJĄC IM WYJĄTKOWĄ MOŻLIWOŚĆ ROZGRYWANIA

KOALICJA SPRAW ŚWIATOPOGLĄDOWO-SPOŁECZNYCH ················

[PROGRESYWNI ≈270 **NIEMCY ≈115**] TRADYCYJNI ≈370

KOALICJA SPRAW OBRONNYCH I ZAGRANICZNYCH – – – – –

AKTWYNI ≈300 [**NIEMCY ≈115** PASYWNI 330]

KOALICJA GOSPODARCZA ———

[PÓŁNOC ≈280 **NIEMCY ≈115**] POŁUDNIE ≈350

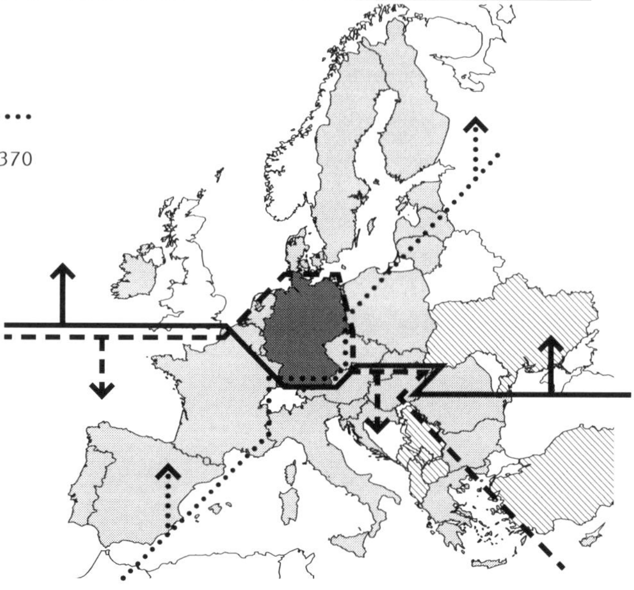

EUROPA WSPÓLNOT: ZWRÓCONA DO ŚWIATA, ZORIENTOWANA NA WYRÓWNYWANIE RÓŻNIC I SPRZYJAJĄCA DYNAMICZNYM INICJATYWOM

Wzmocnienie głosu regionów spoza rdzenia UE

PKB per capita względem średniej UE | 100–150% | 75–100% | ‹ 100%

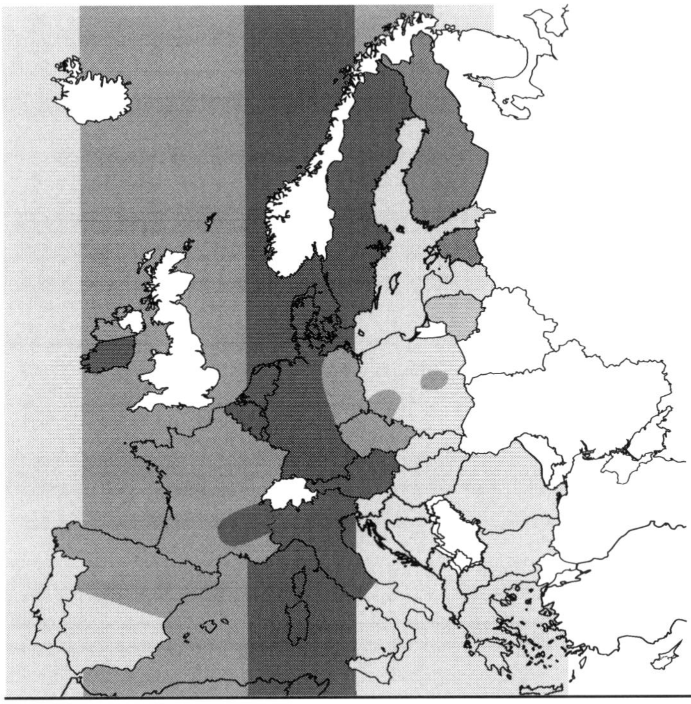

↗ DEMOKRACJI I REPREZENTACJI w Parlamencie UE dzięki silniejszemu uwzględnieniu pierwiastka regionalnego i dużych miast

Silny głos państw członkowskich: Rada Europejska rozszerzona, pracuje jako senat UE, proporcje głosów między krajami maksymalnie 4:1.

↗ szersza współpraca z partnerami wokół UE: WZMOCNIENIE REGIONÓW UE POZA PASEM CENTRALNYM

↗ ELASTYCZNOŚĆ koalicji *ad hoc* dzięki wygospodarowaniu w budżecie UE środków na wzmocnienie swojego znaczenia na świecie i mniejszym skupieniu na przekazywaniu uprawnień we wrażliwych obszarach z państw do instytucji centralnych

System sprzyjający tworzeniu wewnątrz UE bardziej dynamicznych koalicji „na rzecz konkretnych spraw"

1. KOALICJA WOKÓŁ ROZWOJU CYFROWEJ MEDYCYNY
Irlandia → Szwecja → Polska

2. KOALICJA WSPÓŁPRACY HANDLOWEJ Z KRAJAMI CENTRALNEJ AFRYKI
Hiszpania → Portugalia → Francja → Włochy

3. KOALICJA INTEGRACJI UKRAINY Z UE
Polska → Rumunia → Niemcy

4. KOALICJA NA RZECZ INFRASTRUKTURY TRANSPORTOWEJ WSCHODNIEJ UE
Estonia → Łotwa → Litwa → Polska → Słowacja → Węgry → Chorwacja

5. KOALICJA WSPÓŁPRACY W PRZEMYŚLE OBRONNYM
Francja → Włochy → Czechy → Polska

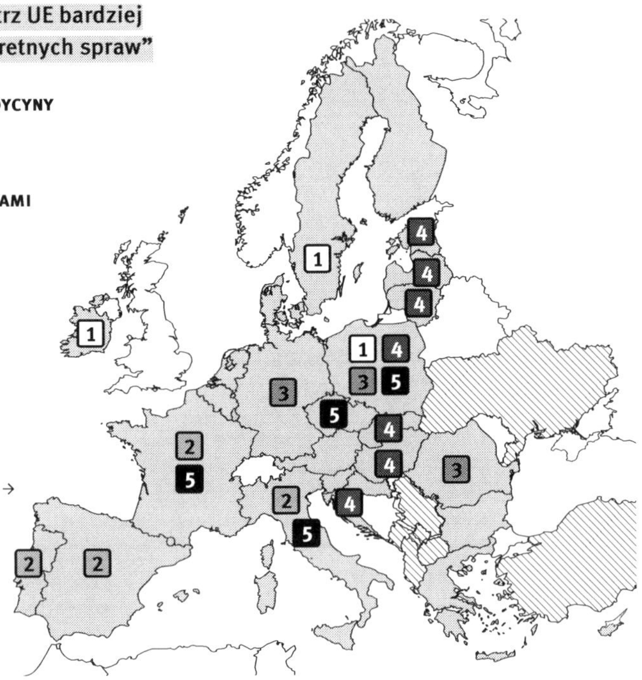

Bardzo wyraźnie widać, jak propozycje przywódców niemieckich i francuskich budują ich pozycję w przyszłej UE. „Europa Dwóch Prędkości" to szansa Francji na strategiczny duumwirat z Niemcami. Ponieważ kluczowe dla UE w tym wydaniu są relacje międzyrządowe, różnica ludnościowa zostaje zredukowana do dyplomatycznej relacji 1:1. Silniejszą gospodarkę Niemiec równoważy siła francuskiej armii oraz jej potencjał koalicyjny z Hiszpanią i Włochami (Traktat Kwirynalski). Wprawdzie o dominacji nie można już mówić, tym niemniej w UE ograniczonej do krajów strefy euro (czyli bez Szwecji i Danii), które akurat nie przeżywają regresu gospodarczego (czyli bez Hiszpanii i Włoch), Francja staje się niezbędnym partnerem Niemiec. Korzyścią dla Francji byłoby to, że w skład „Europy Pierwszej Prędkości" wchodziłaby „Strefa 1.5 Prędkości", składająca się z państw nominalnie silnych, lecz odstających pod jakimś względem od modelu idealnego członka UE lub przeżywających kłopoty gospodarcze. Pozostałe państwa pierwszej prędkości byłyby wyraźnie mniejsze niż Francja i Niemcy. Poza potrzebnym przyspieszeniem działań UE, które słusznie jest traktowane jako atut tej koncepcji, zmiana ewidentnie chroni Francję przed erozją siły gospodarczej i dynamiki ludnościowej. Pozwala jej skutecznie zarządzać programem integracji europejskiej, czyli powrócić do roli pełnionej przez dekady i wykorzystać jedną z niewielu prawdziwych opcji projekcji siły dyplomatycznej, co jest stałym elementem francuskich marzeń politycznych. Z analogicznych powodów taka oferta skierowana do Niemiec powinna spotkać się z uznaniem. Niemcom nie musi się jednak podobać siła koalicji państw europejskiego południa, które wraz z Francją zapewne wymogłyby luźną politykę fiskalną i monetarną w strefie euro, wyższy poziom tolerancji dla długu publicznego, wsparcie przedsiębiorstw przez państwo. W poszerzonej „Strefie 1.5 Prędkości" miałyby 52% ludności, w tym kontekście dwa razy więcej niż Niemcy, czego nie sposób zignorować.

Między innymi z tego powodu Niemcy wolałyby szerszą UE, jednej prędkości, w której żaden członek nie jest pozostawiony samemu sobie. W istocie, w każdej konfiguracji mógłby być przydatny do konstruowania koalicji pod przywództwem Niemiec. Olaf Scholz zgłosił w Pradze potrzebę dowartościowania głosów dużych członków pod pretekstem równego przeliczania głosu każdego obywatela na głosy parlamentarzystów europejskich. Dziś Niemcy i Francja na tym tracą, bo wyliczenie jest prowadzone tak, by koniec końców siła polityczna różnych krajów umożliwiała im wspólne funkcjonowanie. Nie można spaść poniżej 6 mandatów, nikt nie ma więcej niż 96 (Niemcy), w sumie nie mogą przekroczyć 750. To sprawia, że głosy najmniejszych ludnościowo krajów przeliczają się na korzystniejszą liczbę mandatów – na Cyprze łatwiej zostać europosłem. Średnich krajów właściwie to nie dotyczy. Propozycja Niemiec idzie w kierunku bardzo proporcjonalnego przełożenia liczby mieszkańców na mandaty, co zwiększyłoby wagę ich, Francji i Włoch. Takie doważenie Niemiec wraz z przeniesieniem dyskusji do Parlamentu Europejskiego ustanowiłoby Niemcy trzonem wszystkich koalicji – gospodarczych, światopoglądowo-społecznych, spraw obronnych i zagranicznych. Ten mechanizm można jeszcze doszlifować. Pomogłoby zsynchronizowanie wyborów krajowych z europejskimi, wtedy rząd federalny, skądkolwiek by się wywodził, nie musiałby się martwić o to, że głosy opozycji w Parlamencie Europejskim unieważnią jego politykę – wszyscy pochodziliby z jednych wyborów.

Jasne jest, że przewaga Niemiec nie byłaby w pełni automatyczna. Trzeba liczyć się z tym, że umowne 45% polityków będzie stanowiło opozycję do rządu krajowego i odda głosy przeciwne. Ten argument jest jednak obrotowy, bo opozycje są wszędzie. Co ważniejsze, ostatnie kryzysy dość skutecznie ujawniały linie podziału politycznego w Europie – wobec Rosji, uchodźców, liberalnego czy etatystycznego porządku gospodarczego[59]. Niemcy mogliby więc liczyć na to, że statystycznie rzecz biorąc Północ oraz powiązana z nimi gospodarczo i handlowo (spragniona konkurencji i lepszego standardu życia) Europa Wschodnia będzie głosowała z nimi w sprawach gospodarczych. Ta ostatnia przegra jednak każdorazowo w sprawach bezpieczeństwa, jeśli Niemcy zmobilizują „Starą Unię" leżącą z dala od Rosji. W sprawach światopoglądowych dyskusja pobiegnie nieco w poprzek, w praktyce jednak raczej jako „Zachód i regiony portowe" – kontra „interior i Wschód" i zawsze z Niemcami w centrum, co dawałoby naszym sąsiadom pole manewru politycznego. Nie tyle problemem byłaby hegemonia Niemiec, co fakt, że kolejne grupy leżące poza aktualną koalicją (ułożoną przez Niemcy) zostałyby pozbawione skutecznego głosu, co stanowiłoby farsę w demokracji. Wartość polityczna ważnych dla Polski formatów współpracy regionalnej okazałaby się niska (Partnerstwo Wschodnie, Wyszehrad), a Trójkąt Weimarski bezbarwny i nadmiarowy.

Wobec tych propozycji Europa Wspólnot jest ukierunkowana na współpracę międzyrządową i budowę mniejszych koalicji, które muszą sobie zjednać przychylność reszty Unii. Gronem wymagającym przekonania jest jednak 27 partnerów, a nie przekreślające szansę na sukces mniejszych krajów 750 osobowe grono parlamentarne. Pozycja Polski byłaby podobna jak dotychczas, a wartością dla nas jest możliwość budowania kontaktów z sąsiadami w ramach sieci takich jak Partnerstwo Wschodnie czy Międzymorze. Współpraca „równoleżnikowa" w Unii, w sensie Trójkąta Weimarskiego z Francją i Niemcami, mogłaby mieć w przyszłości sens także polityczny. To również szansa, by Ukraina, która wejdzie do UE zapewne już funkcjonującej na nowych zasadach, miała podmiotowe zdanie jako nasz potencjalny sojusznik.

Głosy to jedno, a zdolność przygotowania atrakcyjnych propozycji prawnych to drugie. Federacja bardzo sprzyjałaby społeczeństwom, które potrafią wyjść naprzeciw potrzebom całej koalicji partnerów w UE, z góry skalkulować dla nich korzyści i na tej bazie zaproponować przynajmniej szkielet przyszłego rozwiązania. Do tego

59 I. Krastev, *After Europe*, University of Pennsylvania Press, 2017.

potrzebne jest silne zaplecze typu *think tank*, ośrodki refleksji, centra strategiczne rządu, które rutynowo kalkulują interesy nieraz przy pomocy twardych narzędzi planistycznych. To potrafią bodaj tylko Francja i, w sposób niedoskonały, Niemcy. Bo już Włosi, którzy mają wielu świetnych ekonomistów oraz doskonale odnajdują się w aparacie wykonawczym Komisji Europejskiej, z powodu jakiejś zadziwiającej blokady instytucjonalnej, nie są w stanie przełożyć tych kompetencji nawet na krajową politykę. Niemcy dysponują wszelkimi narzędziami, by formułować politykę o szerokim poparciu w Europie, natomiast trudności z wyjściem poza własny punkt widzenia nie pozwalają im zbliżyć się do pozycji europejskiego lidera. Natomiast gdy tylko przezwyciężą swoją niemoc, wyprzedzą wraz z Francją resztę o dwie długości. Poza nimi, oraz być może Holandią i Szwecją, nikt nie ma wystarczającego aparatu analitycznego i lobbingowego w Europie. Na ich tle straciłyby demokracje, które prowadzą politykę na zasadzie wypadkowej dialogu i wiecowania, w tym Polska. My takiego sposobu działania niezbędnie powinniśmy się uczyć, ale nie miejmy złudzeń, to trwa lata, a startujemy z poziomu poniżej zera. Dlatego Europa międzyrządowa, w której poszczególne państwa jasno określają swoje interesy i nie ma potrzeby ich modelowania, zgadywania, wyliczania – innymi słowy „próżni interesów, które dopiero trzeba sobie wyobrazić" – jest dla nas lepsza.

Kuchnia władzy – mechanika procesów decyzyjnych

Komisja Europejska jest na granicy wydolności. Składa się z 27 komisarzy, po jednym na kraj, a każdy z nich ma swój obszar. Ponieważ niełatwo znaleźć 27 niezależnych od siebie dyscyplin, podział obszarów wydaje się sztuczny, a sami komisarze ostatecznie muszą pracować w grupach roboczych. Polskie rządy ostatniej dekady miały około 16 ministerstw, z poprawką na to pojawiające się, to przepadające ministerstwa cyfryzacji i gospodarki morskiej. Jeśli UE ma przyjąć do swojego grona kolejne 3 czy 6 państw, to zasada 1 komisarz na 1 kraj członkowski musi upaść – i tu pełna zgoda z kanclerzem Scholzem. Wprowadzenie dwuosobowej obsady poszczególnych Dyrekcji Generalnych, na czele których stoją Komisarze (Dyrekcje odpowiadają polskim ministerstwom), ograniczyłoby dzielenie problemów na zbyt małe części, rozwiązywanie tych samych problemów osobno, bez dzielenia się dobrymi praktykami, wyważanie otwartych drzwi. Dwuosobowe zespoły to też szansa, by proponowane rozwiązania w mniejszym stopniu wynikały z temperamentu politycznego pojedynczego komisarza, który przecież też jest politykiem i chciałby zyskać popularność. Krok polegający na dwuosobowej obsadzie poszczególnych obszarów wydaje się na tyle logiczny, że wszystkie modele nowej UE powinny go uwzględniać. Zawężenie Komisji wywoła wprawdzie pytania: jak zapewnić odpowiednio prestiżową i równoważną reprezentację wszystkim państwom? Czy KE bez przedstawiciela Niemiec lub Francji w pierwszym szeregu jest do pomyślenia? Część odpowiedzi zawiera się w tym, że współrządzenie większym obszarem powinno być bardziej prestiżowe, niż mały obszar istotny tylko z nazwy. Drugą sprawą jest to, że liczba wyzwań stojących przez UE wzrosła i nawet w ramach zdublowanych obszarów komisarze mogliby odpowiadać za szerokie, atrakcyjne programy podobne do Zielonego Ładu.

Zawężenie Komisji Europejskiej to pierwszy z kroków, by odpowiedzieć na bardziej ogólny problem: jak wygospodarować więcej przestrzeni do działania instytucji, by poradziły sobie z wyzwaniami, jakie stawia przed Unią „splątany świat". Zaplecze administracyjne Unii musi być zwinne i skuteczne, bo tylko w ten sposób może wywalczyć dla UE i jej obywateli suwerenność i znaczenie na świecie. Najskuteczniejsze inicjatywy UE do tej pory były owocem współpracy KE z Radą Europejską, czyli na linii instytucji władzy wykonawczej. Skuteczność tej ścieżki postępu osłabiało kilka zjawisk:

→ konieczność zapewnienia równej reprezentacji wszystkim krajom członkowskim – skutkuje dużą liczbą komisarzy kierujących zbyt dużą liczbą Dyrekcji Generalnych wskazaną wyżej;
→ napięcie na linii rządy-Komisja. Na przeciwnych biegunach leżą dwie ambicje: ambicja Komisji, by być rządem rządów, przeciwstawiona dążeniu rządów do tego, by KE pełniła wyłącznie rolę techniczną i jedynie wykonywała ustalenia Rady Europejskiej;
→ weto pojedynczego kraju członkowskiego w Radzie Europejskiej – gdyby kultura korzystania z weta wymagała powstrzymania się od grożenia nim jak bombą atomową przy lada okazji, pewnie byłoby mniejszą kością niezgody. Ale jesteśmy, gdzie jesteśmy;
→ słabość Parlamentu Europejskiego, który mając ograniczone możliwości tworzenia prawa nie daje oparcia Komisji Europejskiej w jej działaniach. Ponadto, jak pokazuje przykład także polskiej reprezentacji do PE, jego dynamika polityczna nie odzwierciedla tego, co dzieje się w krajach członkowskich;
→ nakładanie się obowiązków przywódczych pomiędzy Przewodniczącym KE a szefem Rady Europejskiej. Nawet przy dobrej współpracy, wzajemnej przychylności i profesjonalizmie obu stron, są to dwa stanowiska, z których jedno bezpośrednio odpowiada za wdrożenie polityki unijnej, a drugie koordynuje politykę rządów, mających w UE najwięcej do powiedzenia.

Jak usprawnić system? Z dużym przekonaniem, można zredukować napięcie na linii rządy-Komisja. Komisja Europejska została powołana jako odpowiednik rządu UE. Ale niekoniecznie jako podwykonawca, ani jako rząd sterujący rządami. Czasem przewodzi wspólnej polityce i nie wychodzimy na tym źle. Wiele inicjatyw – Zielony Ład, odpowiedź na kryzys energetyczny czy COVID – było sprawnie przeprowadzonych, a ich owoce przydadzą się w przyszłości. Przejęcie przywództwa przez Komisję w wybranych sprawach jest obiecujące, bo jeśli mamy wdrażać użyteczne rozwiązania realizujące wspólne interesy Europy, to ktoś musi wziąć na siebie ciężar przekonywania niezdecydowanych, budowania konsensusu, kształtowania narzędzi, opomiarowania wyników. Doprowadzenie tematów do skutku między szczytami europejskimi to ogrom pracy, którą trzeba komuś powierzyć. Lepszą osobą niż szef Rady Europejskiej, który bezpośrednio negocjuje interesy między rządami, jest tu przewodniczący Komisji Europejskiej, który jest bliżej „europejskiej racji stanu".

Drugim elementem, nad którym warto zapanować jest silniejsze nadawanie kierunku pracom Komisji Europejskiej przez Radę Europejską. Komisja Europejska wydaje się absorbować coraz to nowe obszary odpowiedzialności. Rozprzestrzenianie się biurokracji nie jest cechą szczególną administracji unijnej – każda korporacja tak działa. Raz powołane jednostki administracyjne poszukują swojego uzasadnienia w pozyskiwaniu nowych zadań, starając się przejąć dodatkowe obszary życia. Choć krytycy KE nieraz dostrzegają w tym makiaweliczny plan podporządkowania sobie rządów krajowych mniejszych państw przez państwa większe, prostsze wyjaśnienie wystarczy, by opisać problem. Nie zmienia to w niczym faktu, że to rządy krajowe ponoszą odpowiedzialność demokratyczną przed wyborcami. To także rządy krajowe zarządzają realnymi gospodarkami i czują, gdzie jest próg bólu i granica zdolności przerobowych krajowej maszynerii administracyjnej. Dlatego warto rozważyć model, w którym Rada Europejska, którą obecnie stanowią szefowie rządów, ewentualnie ministrowie odpowiedzialni za wybrany temat, została zachowana i uzupełniona o szerszą Radę Delegatów Krajowych, na bieżąco pracujących z Komisją i nadających kierunek bieżącym działaniom. Rada Europejska zbierałaby się tylko w sprawie tematów krytycznych. Radę Delegatów mogłoby stanowić 75–100 osób, np. 2x przedstawiciele rządów i 1x przedstawiciel opozycji. W tej konfiguracji szefowanie Radzie Europejskiej wymagałoby budowania konsensusu, a przewodniczenie Komisji wiązało z pełną odpowiedzialnością lidera za realizowane programy. Rada Delegatów tworzyłaby coś na kształt europejskiego senatu.

W zamian wzmocniona byłaby pozycja Komisji Europejskiej, tak by nie stała ani nad rządami krajowymi, ani pod, tylko obok i stanowiła wirtualny N+1 rząd w UE[60]. Tematów obrony narodowej w tym modelu może nie warto oddawać z MON do Komisji Europejskiej, ale działania koordynujące zagraniczną politykę gospodarczą lub integrację infrastruktury transgranicznej – dlaczego nie? Taka hybryda niosłaby ze sobą pewne koszty organizacyjne i nieuniknione konflikty odpowiedzialności. Teka ministrów odpowiadających za sprawy europejskie musiałaby zostać rozszerzona o sterowanie programami transformacyjnymi realizowanymi przez UE. Musieliby

60 A nawet w tematach jej powierzonych mogła bezpośrednio zlecać zadania wybranym ministerstwom w rządach krajowych.

też koordynować kontakty z istniejącymi instytucjami w kraju – PFR, agencjami zajmujące się cyfryzacją, rozwojem. Faktycznie jest to wyzwanie, jednak do przezwyciężenia: korporacje międzynarodowe z powodzeniem funkcjonują w takich strukturach o krzyżującej się odpowiedzialności za zadania.

Powołanie Rady Delegatów osłabiałoby znaczenie weta w Radzie Europejskiej, zmuszając członków procesu do budowania konsensusu w powiększonym gronie decyzyjnym. Znaczenie ścisłego weta pojedynczego kraju członkowskiego w Radzie Europejskiej również warto przemyśleć. Weto jest ostatnią redutą obrony przed utratą kontroli nad własnymi interesami (zanim rozważymy Brexit, Polexit czy po prostu wyjście kraju z Unii). Rezygnacja z weta jest atrakcyjnym postulatem tak długo, jak wierzymy w racjonalność, przewidywalność i bezinteresowność naszych partnerów w Czechach, Niemczech i innych krajach UE. Ale czy gdyby w Niemczech rozpędziło się AfD, a we Francji Marine Le Pen zdobyłaby władzę, bylibyśmy pewni i przestrzegania przez nie „wartości europejskich" i udzielenia zdecydowanej odpowiedzi na wyzwanie rzucone przez Rosję? Może więc warto rozważyć rozwiązanie, w którym do wetowania projektu konieczna jest koalicja trzech krajów i trzeba znaleźć wśród państw członkowskich dwóch sojuszników, którzy uznają, że problem jest dość ważny, by pomóc zatrzymać jeden czy drugi błąd instytucji unijnych?

Warto poświęcić chwilę uwagi Parlamentowi Europejskiemu jako trzeciemu rogowi trójkąta. To najbardziej progresywny, w sensie zdolności formułowania nowych idei, uczestnik dyskusji, najmniej uwikłany w konieczność rządzenia. Byłoby bardzo ciekawie, gdyby właśnie ten jego atut wzmocnić i tak ułożyć jego skład, by reprezentował jeszcze szersze spektrum poglądów społecznych i z samej konstrukcji myślał szerzej, by postawić na myślenie lateralne. Europarlament, który nie jest tylko odbiciem krajowych sejmów, a pokazuje inne problemy polityczne, przydałby nam się bardzo. W jego składzie mogliby pojawić się przedstawiciele samorządów, wzbogacając dyskusję o zupełnie nowe obserwacje. Miasta czy regiony to w końcu zupełnie inny zestaw interesów, polityka odbywa się tu na innych zasadach. Regionów w Europie jest 240 plus kraje kandydatów. Poprzez przekazanie do ich dyspozycji 1/3, a może nawet 1/2 miejsc w europarlamencie wprowadzilibyśmy nową dynamikę i ograniczyli liczenie krajowych szabel[61].

Tak zorganizowana UE miałaby szansę być decyzyjna przy 28–30 członkach. Dzięki organizacji opierającej się na współpracy rządów, Europa Wspólnot dawałaby realne prawo głosu wschodniej części UE składającej się z mniejszych państw. Realne byłoby też dalsze rozszerzenie, choćby o Ukrainę.

61 B. Sienkiewicz sugeruje 2/3 europarlamentu złożonego z przedstawicieli wielkich miast, wywiad D. Subbotko, *Bartłomiej Sienkiewicz: Jeśli Rosjanie tak uzależniali Niemców biznesowo, to w Polsce tego nie robili?*, Gazeta Wyborcza – Wolna Sobota, 22.07.2022.

EUROPA DWÓCH PRĘDKOŚCI	EUROPA WSPÓLNOT	FEDERACJA EUROPEJSKA
CZAS DO UZYSKANIA SPRAWNOŚCI: 1 ROK.	**CZAS DO UZYSKANIA SPRAWNOŚCI: 1–2 LATA.**	**CZAS DO UZYSKANIA SPRAWNOŚCI: 2–3 LATA.**
Na wstępie podział i konflikt w UE, ale po zmianie traktatów wąskie grono działa szybko.	Przy woli politycznej – w tempie Zielonego Ładu. Wzmocnienie tego, co już istnieje i jest oprogramowane.	W tempie traktatowym. Kilka lat negocjacji, kilka lat wdrażania i krzepnięcia nowego układu władzy.

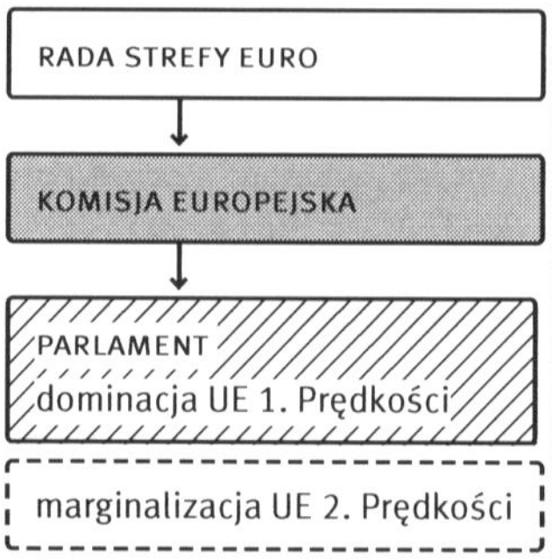

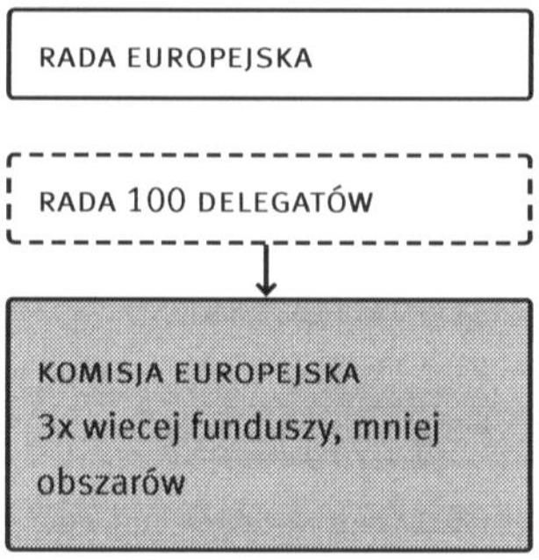

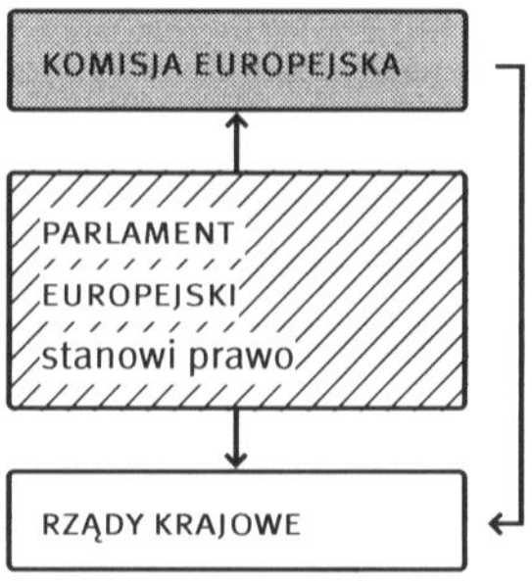

MECHANIZM DECYZYJNY

EUROPA DWÓCH PRĘDKOŚCI	EUROPA WSPÓLNOT	FEDERACJA EUROPEJSKA
Główne ustalenia w gronie rządów 13–15 państw UE 1. Prędkości. **Komisja Europejska wspiera priorytetowo projekty UE 1. Prędkości.** **Parlament Europejski:** pomocniczy, trzon prawa ustalany w strefie euro. **Istotna waga krajowych rządów** i parlamentów. **Weto:** ma małe znaczenie – istotne decyzje zapadają w strefie euro.	**Silna Komisja Europejska jako „+1 rząd krajowy".** 2x komisarzy na obszar, 2x mniej obszarów. 1 komisarz na kraj, praca w tandemach **Międzyrządowa Rada Europejska zmienia się w Radę Delegatów** – rodzaj Senatu na 50–125 osób. **Weto koalicyjne,** brak *liberum veto*. **Parlament UE: 1/3 Parlamentu (250) to przedstawiciele regionów,** wybieranych przez samorządy.	**Parlament stanowi prawo** a Komisja stoi ponad rządami krajowymi. **Liczba posłów proporcjonalna do ludności,** tj. bez sufitu 96 posłów (tu: Niemcy). Mali mogą mieć min. 3 głosy (zamiast min. 6 obecnie). **Weto:** zniesione. Kontrolę nad „krajową racją stanu" mają tylko duże państwa – przez Parlament UE. **Życie polityczne dużych przenosi się do UE.** Mali mają za małe delegacje, by to miało sens (3–20 posłów)

BILANS SIŁY POLITYCZNEJ

EUROPA DWÓCH PRĘDKOŚCI	EUROPA WSPÓLNOT	FEDERACJA EUROPEJSKA
Zawężenie UE buduje Francję. Ludność, armia, brak głosów Wschodu związanego gospodarczo z Niemcami. **Potrzeby UE 2. Prędkości gubią się** poza głównym stołem negocjacji **UE 1. Prędkości** ma przewagę nawet 2:1 w Parlamencie Europejskim. **UE 2. Prędkości:** głównie wschód. 15% PKB, 20–25% ludności, do 250 z 750 miejsc w Parlamencie	**Rośnie siła Komisji Europejskiej** Budżet 3% PKB zamiast 1% **Małe i średnie kraje** mogą tworzyć skuteczne koalicje. Wyszehrad, Międzymorze, Trójkąt Weimarski zyskują jako fora koordynacji **Kraje na granicach UE:** większe szanse na rozszerzenie Wspólnoty **Rośnie oddolna siła obywateli** – Parlament ukierunkowany na regiony.	**Wygrywają kraje, które stać na lobbying** oraz zaplecze eksperckie potrzebne do tworzenia polityki UE. **Premia dla dużych.** Przy liczbie posłów proporcjonalnej do ludności Francja, Niemcy i Włochy mogą liczyć na 42% mandatów (31% obecnie). **Niemcy i Włochy silne.** Mogą zmieniać równowagę Wschód/Zachód. **Niemcy.** Łatwość budowania większości parlamentarnej

Budżet UE: ile to będzie kosztowało?

Moment, w którym Unia przekracza poziom zachowawczej „Samodzielności" i zaczyna rozmawiać o „Znaczeniu", jest wrażliwym punktem, gdzie zaczyna się pojawiać duża wartość dodana dla Polski. W tym miejscu Unia Europejska zaczyna operować środkami finansowymi po pierwsze w sposób ofensywny – w celu uzyskania jakiejś dodatkowej wartości dodanej, a po drugie – gospodaruje nimi w sposób niedostępny dla Polski i innych średnich krajów z osobna. Po prostu dysponuje masą krytyczną umożliwiającą realizację projektów wyższej jakości. Unię stać na badania nad fuzją jądrową, cząstkami elementarnymi, biotechnologią, komputerem kwantowym. Polska, Hiszpania czy Czechy z osobna – nie mogą sobie na to pozwolić.

Dlatego ma sens stworzenie Unii, która (wychodząc od obecnych priorytetów) porusza się na poziomie >3% PKB wytwarzanego we wspólnocie. To około trzykrotnie więcej niż obecna baza. Może i trudno oczekiwać od polityków krajowych, że zgodzą się na sześcio – czy dziesięciokrotne zwiększenie wspólnej bazy finansowej UE, a tego wymagałaby Federacja. Ale przyjęcie nowych priorytetów nie odbędzie się za darmo, z czym również należy się pogodzić. Poziom 3% to trzykrotnie więcej, niż zwykły budżet UE i o 50% więcej, gdybyśmy w rachunku uwzględnili nadzwyczajne fundusze na Zielony Ład czy *Next Generation EU*. Zielony Ład jest jednak współfinansowany długiem, a nie składką z budżetów państw członkowskich. Tu natomiast sprawa dotyczy bezpośredniej składki przekazywanej przez członków. Wzrost nakładów byłby więc znaczny. Oczywiście potrzebne byłoby przeniesienie wpływów z budżetów krajowych do dyspozycji Komisji Europejskiej. Rozwiązanie składkowe wydaje się na dłuższą metę bezpieczniejsze niż bardziej radykalna wersja pozwalająca UE na bezpośrednie przejęcie części pobieranych w kraju podatków lub nakładanie nowych.

Sama kwota nie powinna nas powstrzymywać od większego zaangażowania finansowego w UE. Tak czy inaczej będziemy musieli wygospodarować miejsce w budżecie na działania rozwojowe. Niedostatek inwestycji, który odnotowujemy w Polsce w obszarze nakładów B+R na aktywa niematerialne, tworzenie marek – to minimum 50 mld zł rocznie. Przekazanie dodatkowego 1,5–2,0% PKB, czyli 40–60 mld zł, przyczyni się do domknięcia luki inwestycyjnej i mieści się w możliwościach polskiego państwa.

Warto się składać! Pieniądze wrócą, a korzyść będzie taka, że sfinansujemy projekty normalnie dla nas niedostępne. Polska bez UE nie pokryje zabezpieczenia kredytowego na wielomiliardowe programy inwestycyjno-handlowe dla nowych krajów członkowskich, nie umożliwi pracy polskim naukowcom nad przełomowymi technologiami (gdy zrobi to UE, będą mogli być przynajmniej częścią międzynarodowych konsorcjów), nie wynegocjuje z innymi regionami świata reguł bezpiecznej dla europejskiego biznesu transformacji energetycznej. Zasadniczo wskazane byłoby inwestowanie we wszystkie trzy szanse budujące znaczenie UE – B+R, rozwój rynków zagranicznych, transformację energetyczną.

Przy okazji ujawnia się bardzo poważna słabość koncepcji Europy Ojczyzn – ograniczenie integracji europejskiej wywołałoby bardzo niekorzystne dla nas skalowanie budżetu UE w dół. Ograniczenie budżetu UE pozostawiłoby nas bez dokładnie tej części wartości dodanej, która jest nam potrzebna, by budować swoją (Polski) pozycję na arenie międzynarodowej.

W pomniejszonym budżecie ważne miejsce zachowałaby zapewne Wspólna Polityka Rolna z jej dopłatami. Głównie dlatego, że jest mało prawdopodobne, by Francja zrezygnowała z tego komponentu unijnego budżetu. Także Fundusze Spójności pewnie by zostały – tyle że (wraz z bogaceniem się Polski) trafiałyby w coraz mniejszym stopniu do nas. Za to za burtę wyleciałyby wartościowe projekty wspierające nowe technologie i innowacje. O pogłębionej współpracy finansowej na rzecz krajów kandydackich i sąsiadujących z Unią można byłoby zapomnieć – fundusze rozwojowe dla Ukrainy byłyby finansowane z budżetów wybranych gospodarek, nazwijmy je G7, co doprowadziłoby do bardzo jawnego preferowania przedsiębiorstw z tych krajów. Aby wesprzeć wschodnich sąsiadów inwestycjami i kredytami handlowymi, musielibyśmy organizować koalicję chętnych zrzutkowiczów na wschodniej flance, która do dziś ma mniejsze możliwości finansowe i organizacyjne niż Zachód. Wyzwaniem byłoby samo uformowanie systemu giełdowo-bankowo-ubezpieczeniowego zdolnego unieść ciężar współpracy z dużą gospodarką partnera. Fakt, że Europa Ojczyzn nie podjęłaby wysiłku rozwiązania szeregu wyzwań międzynarodowych, nie oznaczałby bynajmniej oszczędności – faktycznie musielibyśmy zwiększyć wydatki po stronie krajowego budżetu. Brak wspólnej polityki migracyjnej na poziomie UE będzie oznaczał wyższe wydatki krajowe na tworzenie standardów i programów integracyjnych. Niezdolność Europy do utrzymywania składki obronnej zgodnej ze standardem NATO będzie oznaczała, że w Polsce będą musiały znacząco przewyższać średnią. Ograniczenie budżetu UE miałoby dla nas cechy samospełniającej się przepowiedni – mając do dyspozycji mniejsze korzyści z uczestnictwa w integracji, wkrótce doszlibyśmy do wniosku, że członkostwo w UE w ogóle nam się nie opłaca.

Czy warto składać się aż na Federację? To złożone pytanie. Przy 6,5% PKB przeznaczanego na UE mówilibyśmy o przeniesieniu 1/3 będących do dyspozycji rządu środków z budżetów państw członkowskich (odliczając zobowiązania z tytułu rent i emerytur, wynagrodzenia sfery budżetowej oraz pieniądze przekazywane władzom lokalnym). Przy 10% PKB – zabieramy rządom krajowym 55% „przestrzeni decyzyjnej". W USA rząd federalny dysponuje budżetem wydatkowym na około 20% – dwa razy większym, choć już bez rozróżnienia na wydatki sztywne i uznaniowe. W Europie przekroczenie 5% byłoby rewolucją, a to nadal daleko w stosunku do poziomu kraju zorganizowanego w sposób federacyjny.

WYBÓR MODELU UE BĘDZIE MIAŁ KONSEKWENCJE BUDŻETOWE. ZMIENIĄ SIĘ KIERUNKI WYDATKOWANIA ŚRODKÓW.

	EUROPA OJCZYZN	UE OBECNIE*
PIENIĄDZE W GESTII UE % PKB CZŁONKÓW	**0,65% PKB**	**1% PKB**

NA CO IDZIE ROCZNY BUDŻET UNII?

Polityka sąsiedztwa i zagraniczna

Bezpieczeństwo i obronność

Migracje i zarządzanie granicami

Polityka rolna i środowisko

Fundusze regionalne i społeczne

Wspólny Rynek, Innowacje, Cyfryzacja

dodatkowe wydatki

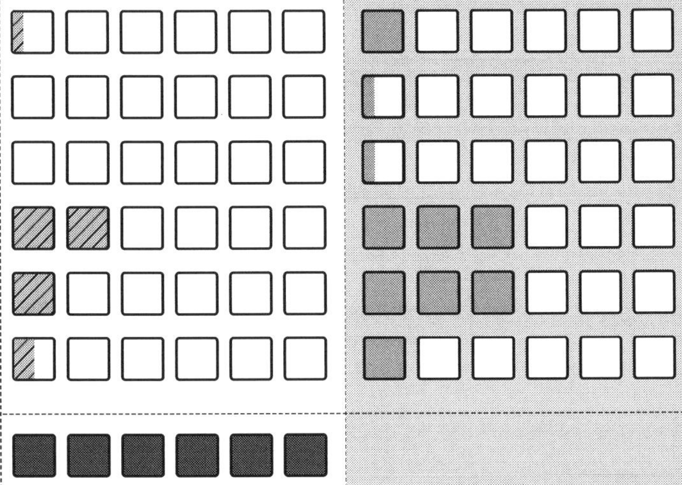

Słabość UE powoduje dodatkowe wydatki obronne w krajach UE

MNIEJSZA FINANSOWO UE NIE JEST W POLSKIM INTERESIE - INTERESUJĄCE NAS WYDATKI ROZWOJOWE ZOSTANĄ NIEPROPORCJONALNIE ZMNIEJSZONE

Ograniczenie Europy w obecnych warunkach ujawni konieczność dużych wydatków na ochronę granic i zbrojenia po stronie państw członkowskich

Dużą pozycją w budżecie pozostaje Wspólna Polityka Rolna, na której demontaż nie zgodzi się Francja

NA POZIOMIE 1% PKB UE DOPIERO ZACZYNA DOSTARCZAĆ KORZYŚCI INNYCH NIŻ WSPÓLNA INFRASTRUKTURA PRAWNA, KTÓRE SĄ ISTOTNE DLA POLSKI

Fundusze Regionalne oraz inwestycje w realną infrastrukturę Wspólnego Rynku mają podstawowe znaczenie dla integracji polskiej gospodarki z UE (obecnie patrz: Via Carpathia, TEN-T)

- *20 mld EURO*
- *obecny budżet*
- *budżet po zmianie PKB*
- *dodatkowe wydatki*

*Źródło: Dane Komisji Europejskiej.

W SKRAJNYCH SCENARIUSZACH NIEKORZYSTNE DLA POLSKI SKUTKI OBEJMĄ TAKŻE KRAJOWY BUDŻET

EUROPA DWÓCH PRĘDKOŚCI	EUROPA WSPÓLNOT	FEDERACJA EUROPEJSKA
>3% PKB w UE 1. Prędkości **<1%PKB** w UE 2. Prędkości	**>3% PKB U WSZYSTKICH**	**6,5% PKB**

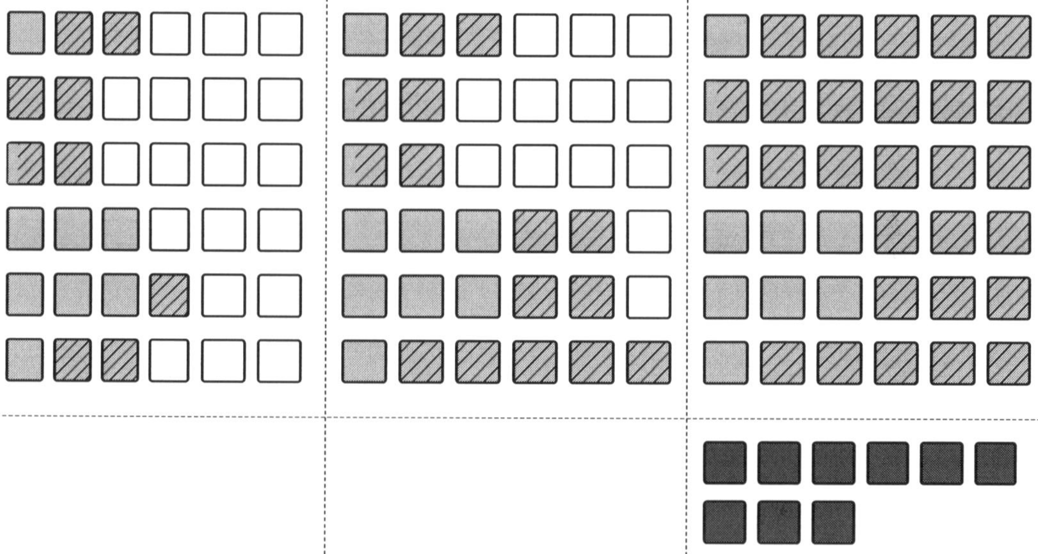

Inne wydatki przejęte z budżetów krajowych (np. opieka zdrowotna)

3% PKB Z UE 1 PRĘDKOŚCI IDZIE NA ROZWÓJ WSPÓLNEJ ARMII ORAZ INTEGRACJĘ KRAJÓW BASENU MORZA ŚRÓDZIEMNEGO	**POWYŻEJ POZIOMU 3% PKB UE BYŁABY W STANIE DOSTARCZAĆ KORZYŚCI NIEOSIĄGALNE DLA POLSKI W INNY SPOSÓB**	**TU PYTANIE ODWROTNE: CO ZOSTAJE W GESTII KRAJOWEJ?**
Pozostała część Unii składa się na dotychczasowe priorytety, szczególnie Wspólny Rynek oraz Politykę Rolną. Składka na obszary zainteresowania Europy Wschodniej spada, bo ta sama nie jest w stanie ich sfinansować, a Europa Zachodnia tworzy dla siebie „lepsze wersje" tych programów.	Finansowanie oferty inwestycyjno-handlowej dla partnerów UE – Afryki Północnej ale i przede wszystkim: Ukrainy Tworzenie szans technologicznych, na które samodzielnie nie mielibyśmy funduszy, ale kapitał ludzki – pewnie tak Solidarne inwestowanie w nową energetykę	6,5% PKB to często 1/3 „wolnego budżetu" w dyspozycji rządów państw członkowskich UE (wyłączając środki na renty i emerytury, płace budżetówki oraz pieniądze samorządowe)

Co Polska może zyskać na nowo sformatowanej UE?

W reformowanej Unii Europejskiej musimy być przy stole decyzyjnym, a nie w pozycji roszczeniowej obok stołu. Oddanie inicjatywy spowoduje, że pozostałe kraje zaprojektują swoją planszę, na której nie będziemy umieli się odnaleźć. Możemy przesunąć się w lepsze, całkiem dobre miejsce, jeśli wykażemy się inicjatywą i stworzymy propozycje ciekawe dla innych krajów członkowskich.

Powinniśmy postawić na Unię głębszą, z trzykrotnie większym budżetem, ale selektywną. Jeśli Unia ma być dla nas korzystna na nowym etapie, musi dysponować większymi funduszami niż obecnie i bardziej zainteresować się światem, otoczeniem, a mniej sobą. Mimo bezsprzecznego sukcesu trzydziestu lat transformacji, wzrostu PKB i wynagrodzeń, wciąż mamy zaległości w tworzeniu kapitału, mamy go mniej niż dojrzałe kraje. Unia mogłaby uzupełniać ten nasz deficyt. W sposób konkretny – realizując programy, na które normalnie nie byłoby nas stać – i finansowo, i pod względem zasięgu dyplomatycznego, i organizacyjnie, i ze względu na konieczność wielkich inwestycji w ludzi. Zabiegajmy o Unię, która walczy o odzyskanie znaczenia na świecie – przez aktywną współpracę inwestycyjno-handlową z partnerami geopolitycznymi w Europie, Azji, Afryce, Ameryce Południowej; przez tworzenie silniejszego programu badawczo-technologicznego niż pozwalałyby rozdrobnione potencjały krajów członkowskich; przez promowanie w jednym pakiecie transformacji energetycznej i zielonego handlu po to, by rozpowszechniać własne standardy klimatyczne, jednocześnie chroniąc europejski przemysł i miejsca pracy.

Z drugiej strony Unia powinna mieć silniejszy wpływ na budowanie sieci bezpieczeństwa na rzecz swoich członków – gospodarczego, energetycznego, po części militarnego. Nie powinien być to mandat o sile federacyjnej, natomiast należy bezwzględnie wykorzystać całą wagę, jaką ma połączenie potencjałów UE27 do wzmocnienia ich suwerenności. Tak – chodzi o przesunięcie części suwerennych decyzji państwa do negocjacji na poziom unijny, ale nie o zrzeczenie się ich. Unia nie musi być para-państwem, może być bardzo sprytną i zdecydowaną w swoich działaniach konfederacją. Optujmy więc za Unią międzyrządową, a nie federacyjną.

Jeśli chcemy Unii w dobrej formie, działającej w naszym interesie, to ta musi poćwiczyć i zacząć korzystać ze swoich atutów – podjąć pracę nad ukończeniem wspólnegom rynku, uelastycznieniem strefy euro, wykorzystaniem swojej siły regulacyjnej, potencjału badawczo-rozwojowego i technologicznego. Powinno nam zależeć na Unii myślącej z wyprzedzeniem o problemach klimatycznych, surowcowych i potrzebie transformacji energetycznej. Duże znaczenie będzie miała gotowość do podejmowania odważnych działań, podejmowania ryzyka. Jej brak ograniczał dotychczas wykorzystanie bardzo wartościowych narzędzi – polityki technologicznej, kredytowo-inwestycyjno-handlowej strefy euro, wspólnej polityki współpracy gospodarczej z zagranicą. Abyśmy mogli mówić o Unii realizującej te postulaty, powinna ona dysponować około trzykrotnie większym budżetem. Powinniśmy natomiast uniknąć podniesienia budżetu sześcio – czy dziesięciokrotnie, ponieważ oznaczałoby to już właściwie niezbyt korzystną dla Polski federalizację[62].

Bardziej potrzebujemy Unii szybkiej niż powolnej – raczej międzyrządowej niż federalnej. W tej ostatniej więcej do powiedzenia musiałby mieć parlament, przez co i trudniej byłoby promować nasze stanowisko, i sama UE straciłaby na chyżości ruchów. Unia utknęłaby wtedy w zwykłych problemach wszystkich demokracji, a jest wątpliwe, czy aż tak silnie odczuwamy wspólnotę naszego losu na kontynencie, by organizować się w jedno państwo. Powinniśmy jednak zabiegać o silniejsze przedstawicielstwo obywateli w instytucjach unijnych – niech w Parlamencie UE zasiądą także przedstawiciele samorządów, miast.

Aby zapewnić Europie skuteczność działania warto potraktować Komisję Europejską jako partnera rządów krajowych, wręcz Rząd N+1, zajmujący się sprawami ponadnarodowymi. Taka KE byłaby dużo silniejsza w obszarach wspólnej polityki handlowo-inwestycyjno-kredytowej, budowania sieci bezpieczeństwa energetycznego i gospodarczego, rozwoju technologii. Choć Unia musi być szybsza i bardziej sprawna w kwestii podejmowania decyzji, trudno myśleć o zupełnej eliminacji weta – na pewno warto je zachować w polityce obronnej i bezpieczeństwa energetyczno-materiałowego. W pozostałych sprawach być może wprowadzenie zasady „koalicji wetującej" byłoby kompromisem między samodzielnością państw i sterownością UE. Cała konstrukcja wzmocnienia KE (przy jednoczesnym utrzymaniu silnych rządów, ale bez tworzenia federacji opartej o Parlament UE) jest ukierunkowana właśnie na ominięcie problemu weta przy podniesieniu sprawności Unii.

Unia, która ma być sprawna i dysponować większym budżetem, siłą rzeczy będzie skoncentrowana wokół wspólnej waluty – euro. Powinniśmy to uznać i przyjąć euro, ustalając po drodze rozsądne warunki makroekonomiczne, inwestując w jego wzmocnienie tak, by mogło stać się silniejszą walutą rezerwową na świecie. Być wykorzystane do finansowania programów inwestycyjnych w krajach zbliżających się do Unii, wiązania z rynkiem UE dostawców krytycznych surowców (jak metale ziem rzadkich, platynowce), budowania współpracy handlowej zorientowanej na zieloną gospodarkę – z mniejszym śladem węglowym, recyklingową, cyfrową.

Inwestycja w te właśnie atuty Unii Europejskiej pozwoli myśleć o załatwieniu spraw dla nas naprawdę ważnych. Po pierwsze, o przyjęciu Ukrainy do UE

62 Przede wszystkim ze względu na przekazanie dużej części budżetów państw członkowskich będących w swobodnej dyspozycji rządów – czyli niezwiązanych sztywnymi wydatkami na wynagrodzenia pracowników ochrony zdrowia, policji, wydatkami na programy społeczne, utrzymaniem infrastruktury.

JAKĄ UNIĘ EUROPEJSKĄ MOŻEMY ZAPROPONOWAĆ?

Raczej ZORIENTOWANA NA ZEWNĄTRZ niż skoncentrowana na sobie

Budżet w dyspozycji Komisji Europejskiej

→ **1→3% PKB**

TAK dla **szybkiego rozszerzenia**

Inwestująca w... ZNACZENIE NA ŚWIECIE / SAMODZIELNOŚĆ

- → **Równoważy zadania** aktywne z defensywnymi, asekuracyjnymi
- → **Ma ofertę dla partnerów** spoza UE
- → **Inwestuje w swoje znaczenie**: dostarcza programy rozwojowe dla partnerów, rozwija technologię, reguluje politykę klimatyczną
- → **Niezależna energetycznie.** Rozkładająca ryzyko, tam gdzie niezależność jest niemożliwa
- → W obronności: **uzupełnia NATO**, zdolna do inter-wencji poniżej progu NATO. Dba o 2% PKB
- → **Dba o krajową praworządność** na zasadzie partnerskiej odpowiedzialności za wspólnotę
- → Jeśli **euro ma być narzędziem polityki**, to przy jego stoliku muszą zapadać decyzje

EURO-CENTRYCZNA Wykorzystująca euro jako dźwignię polityki międzynarodowej

Raczej SZYBKA niż wolna

Raczej MIĘDZYRZĄDOWA niż federalna

Zamiast weta w Radzie Europejskiej: **koalicja wetująca** lub odnawiane **okresowo porozumienia o zawieszaniu prawa do weta** – wygasające co pół kadencji Komisji Europejskiej (3–4 lata)

Dba o **równowagę między partnerami różnej wagi** ludnościowej i gospodarczej

Bardziej obywatelska: PRZEDSTAWICIELE SAMORZĄDU I MIAST w Europarlamencie

Równoważy silniejszą pozycję egzekutywy – Komisji Europejskiej i Rady Europejskiej przez **silniejsze uwzględnienie bezpośredniej reprezentacji obywateli**

...BARDZIEJ ZINTEGROWANA UE

- → Pogłębia integrację w imię wiarygodności międzynarodowej
- → Nie celuje w superpaństwo jako cel sam w sobie

KOMISJA EUROPEJSKA JAKO N+1 RZĄD DO „ZADAŃ SPECJALNYCH" z własną legitymacją, ale nie nadrzędny względem rządów krajowych

i stworzeniu dla niej wielomiliardowego programu rozwoju gospodarki. Ukraina jako duży sąsiad może być dla nas świetnym partnerem gospodarczym, jeśli tylko uda się zapewnić, by jej gospodarka nie padła łupem oligarchów. Zachowując inicjatywę w tej sprawie, możemy też przy okazji współkształtować relacje UE z Ukrainą w dziedzinie rolnictwa, gdzie będzie ona silnym konkurentem. Musimy jednocześnie chronić się przed szokowymi zmianami, jak i tworzyć okazje do rozwoju współpracy. Zachowanie inicjatywy w sprawie Ukrainy tworzy również szansę na rozwój wspólnej infrastruktury w Europie Wschodniej oraz uniknięcie ryzyka, w którym przedsiębiorstwa niemieckie zaczynają omijać Polskę na rzecz inwestycji w Ukrainie, gdzie koszty pracy jeszcze przez lata będą niższe. Po drugie, taka inwestycja w UE wzmocni szanse na dywersyfikację polskiego eksportu i źródeł inwestycji, czyli krajów z których one pochodzą. Powinniśmy wykorzystać okazje związane i ze Wschodem, i z innymi rynkami zagranicznymi – także w rejonie Morza Śródziemnego. Po trzecie – zwiększenie finansowania wymienionych wyżej atutów pozwoli myśleć o rozwoju zaawansowanych technologicznie łańcuchów produkcyjnych, a właściwie o tworzeniu w Polsce ich wartościowych ogniw. To one umożliwiają budowanie w pełni samodzielnej gospodarki.

Potrzebujemy trampoliny gospodarczej, a nie klubu ochrony interesów przed polską konkurencją. Pozycja polskiej gospodarki w międzynarodowych sieciach wartości, łańcuchach produkcji jest godnym uwagi celem targów. Obecnie Polska właściwie nie ma kontroli nad węzłami ważnych sieci wartości lub ma w formie zalążkowej. Gdy UE będzie się reformowała – choćby w obszarze obronności – próbujmy to wykorzystać do poprawy swojej pozycji w łańcuchach produkcyjnych tak, by już kontrolować część procesu wytwórczego. Wynajdywanie nowych sieci tworzenia wartości może też przynieść większe efekty niż atakowanie starych. Dlatego Unia inwestująca w nowe technologie jest w naszym interesie.

Polska powinna zaproponować swoją przedsiębiorczość, pomysłowość w działaniu, zorientowanie na reformy i szczerą, niekoniunkturalną solidarność. W najlepszym wydaniu powinniśmy dążyć do tego, by z czasem móc wiarygodnie podpisać się pod dwiema dewizami „Polska – cuda gospodarcze na zamówienie" (*Poland. Engineering miracles*; nomen omen będziemy potrzebowali jeszcze jednego takiego właśnie cudu, by wyjść z inflacji i rozdmuchanych przez obecny rząd oczekiwań) oraz „Polska – przywództwo ze środka stawki" (*Poland. Leading from the middle*).

Z pełnym przekonaniem, zakres kompetencji Unii nie powinien zostać uszczuplony. Stanowiłoby to egzystencjalne zagrożenie dla funkcjonowania wspólnoty w ogóle, nawet na poziomie wspólnego rynku. Tendencje odśrodkowe byłyby bardzo duże, a mianownik wspólnych interesów mały. Tym bardziej, że Unia powinna być zwrócona do świata i reprezentować wspólne interesy, a nie odruchowo do wewnątrz. Osiągnięcie takiej postawy byłoby trudne, gdybyśmy zredukowali znaczenie wspólnoty europejskiej do technikaliów wspólnego rynku, a silniejsi gracze zaczęliby otwarcie prowadzić własną, już bardzo egoistyczną, politykę zagraniczną bez żadnej kontry czy równoważenia ze strony wspólnoty. Z czysto krajowej, polskiej perspektywy cele, które UE realizuje obecnie to minimum pozwalające odebrać korzyści ze składek członkowskich – a pamiętajmy, że wkrótce staniemy się płatnikiem netto i nasze składki zrównają się z otrzymywanymi transferami. Wtedy liczyć się będzie już tylko jakość tych transferów – na co te pieniądze idą, jak wiele korzyści jesteśmy w stanie wyciągnąć bezpośrednio z nich oraz czy potrafimy czerpać z siły UE jako całości. Przy mniejszych składkach nie otrzymalibyśmy zwrotnie inwestycji w infrastrukturę, B+R, innowacje i rozwój technologiczny, których bardzo brakuje. Pod znakiem zapytania stałaby Wspólna Polityka Rolna, przynosząca tak wiele korzyści polskim rolnikom.

Także ewentualna próba utrzymania Unii Europejskiej w zachowawczej formie, podobnej do obecnego UE27, nie leży w polskim interesie. Choć Polska znakomicie wykorzystała dotychczasowy kształt Unii, to paliwo się kończy. Bez programu odnowy Unia nie odzyska wigoru w sferze międzynarodowej i dynamiki PKB. Czar dotychczasowych rozwiązań wynikał z tego, że ziarno pod plony posiano dużo wcześniej. Na falę rozwoju Unii złożyły się upadek ZSRR, traktat z Maastricht, zjednoczenie Niemiec, euro, kolejne rozszerzenia, skapitalizowanie całego dorobku regulacyjnego UE w nowej rozszerzonej wspólnocie, a ostatecznie Traktat Lizboński z 2009 r. przekształcający UE w podmiot prawny. Nie można oczekiwać, by dawały podobny napęd UE czy Polsce przez kolejne dekady. Z obecnym budżetem Unia może wygenerować zbyt krótką listę pozytywnych efektów zewnętrznych, żeby zaradzić dzisiejszym wyzwaniom.

Z opcji szerzej dyskutowanych, leżących na stole, na pewno ciekawsza jest dla nas francuska Europa Dwóch Prędkości, niż niemiecka federalizacja UE. Do krajów pierwszej prędkości przy odrobinie woli politycznej możemy dołączyć, a w ich gronie dyskusja powinna być bardziej międzyrządowa, niż parlamentarna – czyli dla nas dobrze. Federalizacja jest trudna, bo waga naszego głosu i wszystkich innych mniejszych sąsiadów z Europy Środkowo-Wschodniej zostanie bardzo zrelatywizowana. Nie mamy też wystarczająco silnego zaplecza strategicznego, koncepcyjnego, *think tankowego*, by w tak zdefiniowanej UE projektować i skalkulować rozwiązania powszechne dla Europy. Skalkulować tak, by wszyscy oddali głos „za", a same rozwiązania były dobre dla nas. Tylko garść krajów Unii jest do tego zdolna i w ostatecznym rozrachunku federacja tworzyłaby bardzo nierówne pole gry.

Każdy z wektorów budujących Znaczenie UE ma szansę stać się trampoliną rozwojową dla Polski. Korzyści nie są automatyczne – bliżej im do szans, otwarcia nowych sytuacji i szczelin, przez które możemy się przecisnąć. Nie powinno być to problemem – przedsiębiorczość jest w Polsce dobrze zakorzeniona. Inwestycja w trzy priorytety daje rękojmię, że przynajmniej z niektórych szans skorzystamy. Z mechanizmami oferującymi automatyczne korzyści w postaci finansowych kroplówek zdecydowanie musimy się pożegnać. Jakiego rodzaju szanse możemy sobie stworzyć?

Rozwój na Zamówienie – polegający na wykorzystaniu siły euro i przyciągania Wspólnego Rynku do rozwoju współpracy UE z nowymi partnerami gospodarczymi to szansa, by wesprzeć rozwój polskich eksporterów i dywersyfikację rynków zbytu przy pomocy narzędzi, które na dużą skalę były dotychczas poza naszym zasięgiem – denominowanych w euro kredytów, inwestycji, gwarancji dla krajów partnerskich. Tego typu dźwignia z pewnością wzmocniłaby oddziaływanie programu rozwoju gospodarczego dla Ukrainy. Obok kwestii bezpieczeństwa dałaby impuls do rozwoju miastom wschodniej Polski, które wreszcie miałyby naturalnego partnera handlowego.

Technologie Cywilizacyjne – szansą dla Polskie jest wsparcie przez UE dyscyplin, które są na tyle ambitne i odległe w czasie, że leżą poza krajowymi możliwościami finansowymi. Przeważnie w punkcie nowego startu przewaga doświadczonych graczy jest mniejsza, a coraz lepszym polskim kadrom będzie łatwiej skrócić dystans. Choć celem ostatecznym jest sprowadzenie do Polski najnowszych inwestycji technologicznych o skali przemysłowej, w międzyczasie wartościowe byłoby wystąpienie w roli młodszego partnera dla ośrodków badawczych w Szwecji, Finlandii, Holandii. Zwłaszcza gdybyśmy mogli wypracowane rozwiązania potem skalować. Obok korzyści rozwojowych, bardzo istotne byłyby korzyści finansowe. Zaawansowany program B+R w UE umożliwiłby nam wyekspediowanie na orbitę europejską kosztów najbardziej zaawansowanych badań, dotyczących „kosmicznych" obszarów technologicznych. Warto też pamiętać o wymiarze humanistycznym takiego wysiłku – jeśli UE będzie promowała zaawansowane technologie, istnieje dużo większa szansa na to, że zostaną ukształtowane zgodnie z europejskimi wartościami, niż gdyby ich rozwój i standaryzację pozostawić gospodarkom o innych tradycjach albo oddać bezkrytycznie krótkowzrocznym korporacjom (proszę się nie bać, to nie jest zaproszenie do centralnego sterowania, nowe rozwiązania ma wytworzyć rynek).

Polityka Klimatyczna – przebudowę energetyki musimy przeprowadzić tak czy inaczej, bo obecna jest coraz bardziej przestarzała, a ucieczka do przodu przed konfliktami surowcowymi tylko wyjdzie nam na zdrowie – bo chcemy rozwijać nowoczesny przemysł, a własnych surowców rzadkich właściwie nie mamy. Podstawową sprawą jest skorelowanie ambitnego programu zmian w Europie z zadbaniem o konkurencyjność gospodarki – przez zapobieganie ucieczce emisji z UE i tworzenie dla partnerów handlowych spoza UE symetrycznych warunków konkurencji na rynku wspólnotowym. Możliwe jest też wykorzystanie polskiej pozycji geograficznej jako ostatniego miejsca w UE, gdzie można ulokować hub energetyczny bilansujący kraje bałtyckie i środkową Europę. Gdybyśmy dobrze pogłówkowali, to może nawet bylibyśmy w stanie eksportować tanią wersję transformacji energetycznej i materiałowej za granicę. Rozwiązania, które zastosujemy u siebie powinny być z definicji tańsze niż to, co wymyślą dla siebie Niemcy czy Szwedzi.

Co do Samodzielności UE, czyli tematów związanych z bezpieczeństwem i suwerennością, Unia po myśli Polski powinna:

1. Opierać wspólną politykę obronną na NATO, promując realizację ustaleń Sojuszu przede wszystkim w sferze finansowej – wymagając od krajów członkowskich 2–3% wydatków na obronność. Wspólne europejskie inicjatywy zaczynać od otwarcia szans technologicznych w konsorcjach zbrojeniowych dla mniejszych gospodarek. Warto wprowadzić umiarkowany pod względem rozmiaru i bardzo dobrze zorganizowany mechanizm interwencji, wzmacniający zdolności działania UE w jej bezpośrednim otoczeniu. Taki mechanizm mógłby być wpięty logicznie w NATO, ale pozwalać na interwencje bez angażowania całego jego ciężaru.
2. Wypracować narzędzia umożliwiające asertywną odpowiedź gospodarczą i dyplomatyczną na politykę innych graczy światowych. Zmiany powinny być odczuwalne w pakietach sankcyjnych, w spójnej infrastrukturze energetycznej, w eliminacji wąskich gardeł infrastrukturalnych, w dywersyfikacji dostaw i częściowych wspólnych zakupach, w zdolnościach wywiadowczych i kontrwywiadowczych potrzebnych do rozwijania polityki handlowej.
3. Prowadzić transformację energetyczną tak, by wzmocnić suwerenność energetyczną i materiałową Europy – z uwzględnieniem energetyki jądrowej, rozwoju wspólnej infrastruktury energetycznej, silniejszego opodatkowania konsumpcji oraz podatków granicznych chroniących uczciwą konkurencję (jak cło węglowe CBAM)[63]. Prowadzić w taki sposób, by jej przebieg nie wywracał gospodarki i społeczeństwa, tylko drogą zdecydowanych bodźców tworzył warunki jej przekształcenia.
4. Dokończyć integrację Wspólnego Rynku – szczególnie pod kątem rynku usług, wzmacniania odporności gospodarki na reżimy autorytarne, wzmocnienia infrastrukturalnego gospodarek wschodniej UE. Jako kraj o średnich kosztach pracy i nieźle wykształconych kadrach powinniśmy szukać szans w przenoszeniu wrażliwych biznesów do Europy – tych, które dają szansę na rozwój kapitału ludzkiego i budowę krajowych specjalizacji.

63 Opodatkowanie CO2 w konsumpcji, a nie tylko w produkcji jest istotne, by bardziej zamożne gospodarki miały większy udział w finansowaniu działań zaradczych związanych ze zmianami klimatu oraz by mniej zamożne gospodarki, które nieraz prowadzą fizyczną produkcję przemysłową nie traciły miejsc pracy na rzecz krajów spoza UE, których nie obejmują regulacje klimatyczne.

Patrząc na model decyzyjny z polskiej perspektywy, Unia powinna iść w kierunku Europy Wspólnot, czyli:

1. Oszczędnie alokować czas na pracę nad wewnętrznymi zmianami organizacyjnymi, w zamian koncentrując się na wyzwaniach zewnętrznych w otoczeniu UE.
2. Trzymać formułę międzyrządową, w której realnie pozostajemy przy stole decyzyjnym – więc Europa Dwóch Prędkości tylko pod warunkiem, że obejmie Polskę od pierwszego dnia wdrożenia. Federacja Europejska – raczej nie, także ze względu na kilka lat pracy traktatowej, małą przedsiębiorczość rozwiązania.
3. Wzmocnić Komisję Europejską jako N+1 rząd, realizujący własne, choć zlecone zadania i dysponujący 3x większym budżetem niż obecnie.
4. Wzmacniać głos regionów i obywateli – choćby przez włączenie reprezentacji metropolii lub samorządów do Parlamentu Europejskiego.
5. Osłabiać rolę weta i zmniejszyć częstotliwość jego zgłaszania, a w obszarach wyżej wspomnianych priorytetów rozwojowych zupełnie zrezygnować z weto.

Jeśli drugą stroną tych dążeń jest przyjęcie przez Polskę euro i akceptacja dla rozwoju współpracy UE także w basenie Morza Śródziemnego, to powinniśmy te ruchy wykonać. Tak jak Europa Zachodnia słabo rozumiała wyzwania wiążące się z polityką rosyjską, tak nasza część UE nie rozumie ogromnego potencjału rozwoju UE w obszarze Morza Śródziemnego – który jest w interesie Włoch, Hiszpanii, Francji. Szerzej patrząc – jest to w interesie europejskiej energetyki oraz w interesie stabilności społecznej. Powinniśmy wyjść tym postulatom naprzeciw, także po to, by analogicznie budzić zainteresowanie Brukseli granicami Unii po naszej stronie.

BARTOSZ KRZEMIŃSKI
Polska jak petarda, czyli praktyczny patriotyzm

Ilustracje zostały opracowane przez autora i projektantkę. Wszelkie materiały źródłowe zostały wskazane obok grafik. Odpowiedzialność za pozostałe błędy ponosi autor.

Mapy konturowe Europy opracowane na podstawie pliku pozyskanego z Wikipedia Commons, *Blank map of Europe (with disputed regions).svg*, autor: maix.

Mapy konturowe Polski opracowane na podstawie pliku pozyskanego z Wikipedia Commons, *Poland location map.svg*, autor: NordNordWest.

Książka złożona krojem FF Meta Erika Spiekermanna.

Wszelkie prawa zastrzeżone © Bartosz Krzemiński

Redakcja i korekta: Elżbieta Owczarek

Projekt graficzny, skład, łamanie: Katarzyna Wolny-Grządziel

ISBN 978-83-970138-0-3

Warszawa / Katowice 2023

Printed in Poland
by Amazon Fulfillment
Poland Sp. z o.o., Wrocław

29851612R00163